教育何为

发现自我，成为自我

席酉民 韩巍 李娜 —— 主编

北京大学出版社
PEKING UNIVERSITY PRESS

图书在版编目(CIP)数据

教育何为:发现自我,成为自我/席酉民,韩巍,李娜主编.——北京:北京大学出版社,2024.8.

ISBN 978-7-301-35541-1

Ⅰ.K825.46

中国国家版本馆CIP数据核字第2024QS3819号

书　　　名	教育何为:发现自我,成为自我
	JIAOYU HEWEI: FAXIAN ZIWO, CHENGWEI ZIWO
著作责任者	席酉民　韩　巍　李　娜　主编
责任编辑	徐　冰　邢纺娟
标准书号	ISBN 978-7-301-35541-1
出版发行	北京大学出版社
地　　　址	北京市海淀区成府路205号　100871
网　　　址	http://www.pup.cn
微信公众号	北京大学经管书苑(pupembook)
电子邮箱	编辑部 em@pup.cn　　总编室 zpup@pup.cn
电　　　话	邮购部 010-62752015　　发行部 010-62750672
	编辑部 010-62752926
印　刷　者	北京九天鸿程印刷有限责任公司
经　销　者	新华书店
	720毫米×1020毫米　16开本　25印张　414千字
	2024年8月第1版　2024年11月第3次印刷
定　　　价	98.00元

未经许可,不得以任何方式复制或抄袭本书之部分或全部内容。
版权所有,侵权必究
举报电话:010-62752024　电子邮箱:fd@pup.cn
图书如有印装质量问题,请与出版部联系,电话:010-62756370

业改革》，机械工业出版社 2000 年出版），有就网络系统提出核与核度理论的许进博士，有针对可能流行的组织网络化在国际上提出"多层多核网络组织"数理模型的唐方成博士，有勤于思考、见我就有点紧张但如今掌管一个大学人文学科发展的曾宪聚教授，有以硕士生身份带领研究团队（成员包括许多教授）在黄河水利委员会开发防洪决策支持系统的田军同学，有带领公司在纽交所上市的优秀企业家汪莹同学，有海尔公司如今的掌门人周云杰和梁海山先生，有曾任中航工业集团副总裁、掌控中国各类航空研究院所的张新国博士，有在深航和 TCL 纵横捭阖的高手薄连明博士，有长期担任中国农业生产资料集团公司董事长、党委书记和总裁的肖仲凯先生，有曾经的华电国际掌门人陈建华先生，有在青啤收购、兼并及市场拓展过程中冲在一线、进行战略运作的杨华江先生，有民营企业家王立贵先生、王方胜先生，有奋战在金融战线的马骏博士、余虹女士、王凯先生，有一直耕耘在管理教育和研究一线的姚小涛教授，有从政的李忠民博士、邢欣女士、王程先生，有主政学校的王济干书记、刘晓君校长、冯耕中院长、李红霞院长、José Alves 院长、白云涛院长，有从市领导岗位转至大学书记后又成为联合国科教文组织高等教育创新中心主任的李铭博士，有深耕中国文旅产业的主题公园专家王刚博士，有从华为离职创业后又毅然投入特殊学生教育的顾骁博士，有不时就会冒出新点子的王洪涛博士，有常常以数学眼光看世界的陆晓铭博士，有有点儿另类、后来献身中小学教师培训和以社交媒体传播管理知识的黄丹教授，有与我同龄、在楼道领了一大帮学生齐喊我"师爷好"的张建琦教授，有遭受重挫还兢兢业业投入教学研究的尚玉钒教授，有以教授身份跟随我读博的郭菊娥老师，有憨厚老实、徜徉在数字经济政策研究一线的佘丛国同学，有单身入学、拖儿带女毕业的博士夫妇——中国标准研究专家王益宜博士和从企业到官场再回归教育的毕鹏程教授，等等。也有众多投身国内高校、正在以饱满热情探索教育何为的众多年轻老师，例如，着眼国家改革开放政策的徐立国博士，洋溢着青春活力持续创新的张琳博士，默默沉思和努力的李鹏翔教授，跟着时代节奏共舞的网红教授张向前博士，闯荡海内外名校的李圭泉、曹瑄玮教授，兢兢业业坚守教学一线的韩平、余晓钟、王磊、刘树林教授，努力探索奋进的张华博士、曹春辉博士，等等。还有，在国际舞台多条战线拼搏的任玉清教授、刘凤玲博士，

2000 年师门聚会合影

2007 年师门聚会合影（西交大）

从政、驻外、现奋斗在国家科技创新工作战线的柏杰博士，新进入席门、说不清辈分却承载着师门风格的杨荣等同学，打理着师门业务、以沉着稳重著称的梁磊教授和雷厉风行的葛京博士……他们在各自领域有滋有味地生活和奋斗着，都在各自工作岗位上以其努力和智慧发光发热，他们都是这个时代一颗颗闪亮的星……

构建、想象力、创造性、社交智能、人人与人机协作能力、认知负荷管理、自我驾驭力等将更加关键！希望书中经历过复杂人生和初尝人生复杂的"学生"及朋友们的感悟、反思、灵感、洞见，能对你的教育事业和人生成长有所启迪！

  如果我们都是鱼，无论是否朝海洋游去，都要努力做一条快乐的鱼！活出生命的意义！对教育，也该有属于自己的答案！

目　录

第一篇　发现自我

01	教育乃心灵转换	夏静雯 /	003
02	晚生仍在旅途	杨　荣 /	008
03	时光漫步	李　娜 /	013
04	教书育人，传承热爱	张　琳 /	021
05	师者，伯乐也	徐立国 /	027
06	成为像他一样的人	李圭泉 /	035
07	我的开窍时刻	刘　鹏 /	041
08	师者：言传、身教、境教	曹春辉 /	050
09	自我发现之旅：在受教育的过程中感悟教育的真谛	张晓军 /	055
10	教育是指引方向并鼓励行动	张　华 /	069
11	教育：怀抱诚意，努力成"人"	曾宪聚 /	073
12	观乎天文以察时变　观乎人文化成天下	张向前 /	082
13	师者，传道授业解惑也	白云涛 /	089
14	理论与实践的桥梁	王　磊 /	098
15	君子务本，本立而道生	马　骏 /	101
16	关于教育真谛：我的感悟与启示	佘丛国 /	104
17	逆俗前行，无问东西	毕鹏程 /	108
18	"忆"师"忆"友二三事	王洪涛 /	118
19	一席话，十年书	刘　芳 /	124

第二篇　成为自我

20	"席酉民之问"与我的实践探索	薄连明 /	131
21	道之所存，师之所存也	王方胜 /	138
22	命运：我的求学故事	王　刚 /	146
23	从物理到管理的蜕变	李鹏翔 /	171
24	改变与成长的青春故事	唐方成 /	179
25	可亲可敬的师长	顾　骁 /	185
26	师者，从此岸到彼岸的摆渡人	尚玉钒 /	191
27	相交的平行线	黄　丹 /	197
28	走过路过，没有错过	葛　京 /	201
29	多元镜头中的学习与成长感悟	姚小涛 /	209
30	两个"自负者"的"负负得正"	韩　巍 /	216
31	严谨、创新和信任	郭菊娥 /	229
32	不拘一格	路一鸣 /	237
33	从粉丝到学生的成功转型	韩　平 /	244
34	从锻炼、历练、磨炼、锤炼到修炼	梁　磊 /	249
35	创新意识的培养	柏　杰 /	259
36	体验"一日为师，终身为师"	刘晓君 /	263
37	润物无声，让每个人都拥有偏离轨道的勇气	吴淑琨 /	267
38	认识自我，让认知更理性	陆晓鸣 /	274
39	师道与悟学	井润田 /	278
40	以学生为中心的开放式教育：学习席老师的教育理念	张建琦 /	286
41	思维养成与文化传承：师傅带徒弟？	冯耕中 /	290
42	教育工作者要先成为合格的教育体验者	王济干 /	299
43	管理教育之门开启	余晓钟 /	306

第三篇　再思教育

44	陪你走过四载，人生之幸也	丁洋洋 /	313
45	确认过眼神，你的眼里有光	祝菲菲 /	322
46	教育的畅想曲：目的与承诺	Stuart Perrin /	329
47	春风化雨	李春萱 /	339
48	两种不同的人生：携众前行与孤独呐喊	赵向阳 /	343
49	教育何为：一个"过来人"的点滴感悟	席酉民 /	359

后记　没有反思，难言教育何为　　　　　　　韩　巍 / 367

第一篇

发现自我

| 01 |

教育乃心灵转换

夏静雯[①]

作为一个土生土长的苏州人,我第一次听说西交利物浦大学是在 2007 年填报高考志愿时,当时就被这所国际化的学校所吸引,尤其喜欢西浦的融合式教育理念。当时的独墅湖高教区很偏僻,独墅湖隧道还没有开通,我们从苏州市区过去参观学校,要坐很远的车,而且学校只有一栋基础楼,父母对这所刚建立一年的高校有很大的顾虑,都极力反对我填报西浦,我只好拱手听命了。

原以为此生和西浦就这样失之交臂了。但是,谁知道,十四年后,我的"西浦梦"又一次萌发,而且成真了。

苏格拉底说,不经审视的人生不值得一过。这是一个动作,不是一个结论。2021 年,我开始复盘大学毕业后的这十年。2011 年本科毕业后,我辗转服务了多家行业内头部企业,包括日本公司、意大利公司和法国公司。2021 年,我在职读完复旦 MBA,毕业论文获评复旦大学优秀论文。在大学时代给自己拟定的毕业十年目标早已提前完成,于是我开始思考下一个人生目标。我感觉自己处在人生的十字路口,深切感受着方向调转之时的猝不及防、时代变迁之中的茫然无措、潮流裹挟之下的去路彷徨。我前所未有地体会到个体的渺小,却又从未如此迫切地渴望把握自身的命运。我萌生了一个大胆的想法:

[①] 夏静雯,西交利物浦大学和英国利物浦大学联合培养博士生(在读)。渴望做一个理想的现实主义者。

继续学习，攻读博士！

《礼记》讲"学然后知不足"，在攻读 MBA 的过程中，我发现自己需要继续学习的地方还有很多，特别是很多熟悉的管理理论，在实际工作中不知道该如何应用。理论和实践似乎是割裂的，理论始终是理论，而实践却还在重复那些理论知识早已指出的错误。此外，我还感觉在理论的天空飞行的都是"白天鹅"，而实践当中却充满了"黑天鹅"。有了十多年实践经验的我，决定通过在职读博来学习如何在实践和理论之间搭建一座桥梁。

研究了西浦博士研究生入学要求后，行动派的我用了三个月时间把材料准备齐全，向学校递交了申请。2021 年夏天，我联系到刘鹏老师，和他沟通了我的读博意愿以及研究方向。让我很感动的是，刘老师没有嫌弃我这个大龄且缺乏学术理论基础的学生，反而悉心指导优化我的研究内容。通过刘老师，我第一次听说了和谐管理理论。我惊讶地发现这个比我出生还早的理论为我的研究提供了新的思路。终于，在 2021 年 12 月我正式入学，非常荣幸地成为刘鹏老师和席酉民老师共同指导的博士生。

2022 年 1 月 7 日，在刘老师组织的一场论坛活动上，我第一次见到了席老师，第一次现场听他生动地讲解和谐管理理论以及如何重构和谐心智，帮助人们生活得更加真实。记忆中最深刻的是，席老师说他本人"浸淫在世俗里，活在理想中，行在从世俗到理想的路上"。而我本人，一直认同陈毅元帅的观点：我们是世界上最大的理想主义者！我们是世界上最大的行动主义者！我们是世界上最大的理想和行动的综合者！席老师和陈毅元帅的观点，何其相似！我感觉自己真的找对了领路人。

由于我是边工作边读博，且不像有些在职读博的同学那样，工作就在学校里面，我在企业工作，还经常出差，因此我去学校的时间比较有限。刘老师和席老师都对我特别包容。最让我感动的是，当我写邮件向席老师汇报阶段性研究成果时，他总是第一时间回复我，给我提出很多宝贵的建议，也犀利地指出目前还存在哪些漏洞，叮嘱我加强对这部分的研究。在导师们的指导和鼓励下，我鼓起勇气将一篇不太成熟的文章投给一家学术刊物。当我被编辑拒稿时，席老师还鼓励我说这是很正常的事情，让我继续加油。最终我成功独立发表了我作为博士生的第一篇文章，这样的成绩离不开他们的悉心指导。

2023年4月15日，在第十五届"管理学在中国"年会上，我中途离开会场去接了一个工作上的紧急电话。在会场外面，我听见一个人对会场里面的演讲内容略有微词，然后我就接过话题与他攀谈起来。我跟他说，我在学生时代是老师既喜欢又讨厌的学生——喜欢是因为读书成绩还算"给老师面子"，讨厌是因为我上课总喜欢提一些让老师答不上来的问题，有些"不给老师面子"。所以，我们就从米尔斯的社会研究聊到哈耶克所批评的科学主义（Scientism），再对管理世界中"寻求真相"的诉求（To seek the truth）表示怀疑。让我惊讶的是，那人不仅没有反驳我，反而肯定了我。记得我当时还在朋友圈发了自己的结论："怀疑精神不可丢。"后来我才知道和我聊天的人就是席老师那个最特殊的学生——韩巍老师。当时还挺担心他会把我的"胡说八道"告诉我的导师们，好在我是"以小人之心度君子之腹"了。会议结束的那天，我和一个同学对韩老师说："我们被你圈粉了。"韩巍老师笑着借用北岛的话说："粉丝是一种邪教。"

教育何为？在那一刻我似乎突然感悟到了。苏格拉底曾说，教育不是灌输，而是点燃火焰。他的学生柏拉图则说，教育非它，乃心灵转换。我感受到的是，教育也许就是一个灵魂唤醒另一个灵魂。2021年的那种迷茫也在此刻烟消云散了。教育不应该是老师直接照本宣科地灌输知识，这也是我从小最讨厌的教育方式之一。我过去的老师常常形容我是"行走的十万个为什么"，因为我更想知道老师所教给我们的知识的底层逻辑，而不是被强制性地填充这些知识。所以，当我遇到席老师、刘老师和各位师门前辈，我欣喜地发现，他们的教育方式主要靠启发和鼓励，让我们养成独立思考的习惯。

美国作家戴维·布鲁克斯在《第二座山：为生命找到意义》一书中把人生比作登山：第一座山是为了获取个人成就，为了外在的名利和享乐。第二座山是关于奉献，强调摆脱自我和舍弃自我，受到某种召唤去帮助需要帮助的人，超越世俗之乐，追求道德快乐，生活向着终极的善靠拢。第二座山与我目前所研究的可持续发展和ESG（environmental, social and governance）也是相通的。概言之，ESG理念摒弃"股东至上"这种狭隘的价值创造观，采纳视野更加宽广的利益攸关者价值创造观，努力实现从单纯的经济价值创造向复合价值创造的升华，主动承担社会责任，使各利益攸关方都能分享企业发展的成果。人们努力攀登的第一座山是精英式的独自攀登，依靠很强的能力、很强的自驱力，这个阶段里，成功显得很重要。接下来，也是我想做的，是去爬第二座山，希望通过和谐管理理论、ESG 和组织学习的研究，改变企业家对于 ESG 的看法，使 ESG 不只停留在形式上，而是通过组织学习使 ESG 得到很好的践行，将社会责任、ESG 这方面的认知内部化，把 ESG 植入组织的长期战略和日常运营，来创造共享的价值，从而使企业家和社会双赢，让这个世界更美好。

可以说，正是关于"教育何为"的思考让我选择了一条非股东利益至上之路，采纳了利益攸关者价值创造观，倡导商业向善这条人迹稀少、布满荆棘的道路。

2023 年 6 月我去德国出差，途经海德堡时虽然已经夜深了，但仍在夜色中探访了海德堡大学旁边著名的"哲学家小径"。许多伟大的德国哲学家和文学巨匠，黑格尔、费尔巴哈、谢林、费希特、歌德、席勒和荷尔德林等，都曾在这条幽深小径上留下足迹。他们都喜欢在这里漫步，思考哲学和诗，追寻宇宙和人生的意义。如今这条哲学家小径仍然吸引着成千上万慕名而来的游人前来寻访先哲的思想路径。先哲的智慧和思想如同夜空中璀璨的星辰，指引我们追求真理的道路，跨越几个世纪仍然熠熠生辉。或许这就是这条哲学家小径一直被寻访、被传颂的原因。

教育就像这条哲学家小径一样幽深，就如海德格尔所说的"林中之路"。卢梭也曾在散文集《一个孤独漫步者的遐想》中写道："当我对这个世界失去了希望，再也不能从尘世中汲取滋养心灵的养料时，我应该学会用心灵自身来滋养心灵，学会从自己身上寻找养料。"走在哲学家小径上，我仰望星空，不禁感叹：教育应该是心灵的转化之旅，它赋予我们知识的力量，让我们懂得如何思考、如何创造。在教育的路上，我们孕育自己的梦想。梦想是心灵的指南针，引领我们勇往直前。通过教育，我们不仅学会了技能和知识，更重要的是发现了自己内心深处的梦想和渴望。教育让我们变得更加智慧和成熟，也让我们懂得珍视自己的梦想，并为之努力奋斗。唯愿教育成为心灵的驱动力，唯愿梦想成为心灵的归宿。

观思行录

在变革时代,要敢于特立独行!只要面向未来,紧扣趋势和需求,就会找准方向;只要踩在点上,就会跟上未来的趋势;只要没有大的判断失误,根本无须担心被社会评价体系所左右,因为你将会处在引领的地位!

——席酉民

| 02 |

晚生仍在旅途

杨 荣①

师门群里收到老师关于"教育何为"的文章征集令,我想无论身份是老师、学生、家长,还是企业家,都会有自己的感触和心声。作为师门晚生,我的经历素材略少,认知感悟略显单薄,难得学生时期还能有"教育何为"这样一份特殊的寒假作业,便将所想所思记录下来,请师友指教。

一、师门前缘:跨越时空,润物无声

师门对我的教育影响其实在进入师门之前就开始了。记不清楚是本科还是研究生初始阶段,一次回家无意中从电视里看到一位满头银发、戴着红围巾的老师在《开讲啦》的讲台上侃侃而谈,由于时间太久已经记不清讲了什么,当时也没捕捉到相关介绍,只清楚记得当时的直观感受:"我觉得老师就应该这样,这位要是我老师就好了。"虽然那是我第一次"看"到老师,但事实上,在更早之前我就已经间接受益于老师对教育事业的探索和改革了。高考填报志愿时,父母一致认为我一个女孩子应该报考"稳当"的师范类专业,但当时年少的我只想逃离校园,又受一个做金融/财务工作的光头新娘的电视剧形象吸引,于是在提交志愿时悄悄将师范类专业改为财务管理专业。入学后,西安交

---

① 杨荣,西安交通大学管理学院 2020 级在读博士生。爱电影,要做一个见世界、懂自己,有一技之长的有用之人。

通大学管理学院正在进行改革,每位青年教师都在改革阶段的动荡不安中探索着自身的出路。而那会儿陕西师范大学国际商学院新成立,于是就吸引了部分西交大管理学院的青年教师前来入职,我也便机缘巧合地享受着西交大"双一流"的师资。尽管对当年改革之事知之甚少,但不妨碍我成为那场教育探索和改革的受益者。

二、懵懂入师门:海纳百川,自由包容

既在西安,又在中意的老师门下读博,让我有一种天然的安全感。经过之前的一番折腾,我抱着选我所爱、不做二选的态度报考了交大管院的博士生。其实对于录取并没有太大自信,如果能被录取体验一把读博的乐趣更好,否则就安安心心地去工作。我这次并没有提前联系好席老师,也没有像其他同学那样在考前面见导师。我的报考材料是截止日那天提交的,初试的前一天才从一个师兄处得知席老师忙于西浦工作,并且给了我葛京老师的电话。也是初试那天下午,我才给葛老师发了短信,让她知道有我这个考生的存在。我也不知道老师们对我这种看上去有些异常的行为怎么想,反正结果就是无知少年锦鲤附体"捡漏"入了师门。

初入师门,我对一切还很陌生,习惯沉浸于自我世界又喜欢慢慢来的我并不知道所在师门的前辈如此众多、如此优秀。我的博士学习初体验与学术研究的精神与风格有关。我们的学术研究没有命题作文,在研究方法上,席老师一直主张的是案例研究;研究方向则不拘,葛老师说只要在组织、战略、制度、领导力领域内即可。我当时凭着本科时的浅薄经验,认为案例研究就是和具体的人深入交流,这种方式有趣又鲜活,而且研究方向还没有限制,真是"顶顶好"的情景。第一次见到席老师是在 2021 年 4 月院庆活动那天,在葛老师安排下,我和师兄师姐们在南洋大酒店等席老师结束会议。终于要见到自己的导师了,我表面默不作声,其实内心既紧张又激动。会议结束时已经是下午一点多了,一个有些面善的满头白发的身影走近,我十分惊讶:这不就是很久前我幻想中的老师吗?!紧张的行程、长时间的会议、已经不热乎的饭菜,让我对带着伟大理想奋斗在教育前线的老师顿生一种敬畏感。聚餐过程中,师兄师姐

们在老师的引导下依次讲了自己的现状和研究进展，此刻我意识到老师对学术研究的坚持、重视和高要求，第一次感悟到了学者精神。轮到我讲了，由于太紧张记不清楚具体讲了什么，只记得老师问我发现了什么问题或现象，这也是我第一次接受管理研究要以问题为导向、扎根现实的启迪。随后我又怯怯地提了对和谐管理理论的疑惑，看师兄当时的表情，这问题应该是提得挺"虎"的了。聚餐结束，我兴奋地和席老师第一次合影，也如愿加了老师的微信。这次聚餐中，老师的随和、包容、学术精神、责任心让我潜心学术的热情高涨。（还有个小插曲，开始时看到老师西装上特意带着西浦的胸针，我心里闪现一丝难过，可能小学生、小女生、小家子气的人才会有我这种感受，但随后在老师的大格局感染下秒释了）。

三、博士生涯：隐忧隐化，能量积蓄

潜藏的好奇与疑惑

我们从杜甫的诗中可以看到唐代由盛转衰的历史巨变，以及诗人壮志难酬的沉郁。无论是时代巨变，还是个人经历，我总觉得与上到权威人物、下到普罗大众都有的人性弱点紧密相关。老师说的"浸淫在世俗里，活在理想中，行在从世俗到理想的路上"践行起来是何其艰辛，可能是在和根深蒂固的人性弱点作对！现代网络上流传着"累感不爱"这一个词，我很好奇老师有没有过这样的一瞬间，尤其在事业有成之后再起炉灶，在西浦开拓新的教育事业的过程中。

虽说初入师门时学术热情满满，但像无头苍蝇似的看文献、找方向，淹没在文献中的学术生活还是给我一种无力感，就好似在象牙塔中竭尽全力建造海市蜃楼。我也因此浅浅领悟到老师引导教育改革，尤其工商管理学科改革的时代使命和社会价值，也进一步意识到老师要求我们论文以案例研究为主的必要性。但我对于如何做好真实完美的案例研究颇有疑惑，这主要源于以下现象：一是，当我跟同学谈起我们以案例研究为主时，他们潜意识里觉着这就是谈谈主观认知、码码文字的事情，同时也看到一些产出率较高的作者的案例研究文章像是在套用同一个模板；二是，我观察到一些发表在顶刊的案例研究文章，追踪时间长、研究者驻扎时间久，如果要效仿就难免需要在毕业和好文章之间好好权衡；三是，学生"势单力薄"，可选企业、访谈对象等方面限制颇多（当然这个问题借助外力能有一定程度缓解）。

走在毕业路上

很多人会认为，席老师常年在苏州，而留在西安的我们就是被"放养"的孩子。确实，我们无法像师门前辈那样时刻得到老师的言传身教，羡慕他们和老师朝夕相处之中密切自然的交流互动。尽管现在，老师不能授我们以"鱼"，但我们仍可以隐约感受到老师在以自己独有的方式授我们以"渔"（比如，和谐的心智、机会、视野等），有时对于老师的一些引导和帮助，尚年轻的我们也是后知后觉。而且在校的我们还可以跟在校的师兄师姐们请教和讨论，也可以通过邮件和老师交流，这些都很大程度弥补了不能跟老师见面的遗憾。当然，我也很好奇老师如何看待我这个像问题少年的师门晚生——不仅学术成果迟迟未出，还没有主动找老师讨论研究，又总是在应付着一些无关学术的"幺蛾子"事件。

老师的光环似乎是读博路上绕不过去的主题。"你导师是谁"似乎是博士生们开启交流的必问话题。我很爱戴自己的老师，但老师的光环无形中增加了我的交际烦恼。一种情况是，别人认为西安的我们是"留守儿童"，这对我们而言并没什么影响，最多就是遭到些许轻视；另一种情况是，有人会另眼相待，或保持距离，或前来主动攀谈。不知道老师如何看待自身光环和学生的关系，我想我们的交际烦恼和个人的自我修炼有一定关系，但根本原因可能是人性或社会教育的问题，而我当前的科研能力和学术成果还无法与老师的光环相匹配，也羞于借老师的光。

我深感自身能力和认知不足，有时会尝试跟着老师画画五角星图，运用和谐管理的思维反思和管理非和谐状态的自己。我这个师门的"问题人物"面对爱戴的老师自然会感到焦虑和紧张。何时毕业？毕业后何去何从？会成长为什么样？但值得庆幸的是，一切在慢慢变好，除了感谢老师，还要感谢师门前辈的善意和帮助，比如葛京老师、郭菊娥老师、姚小涛老师，以及师兄师姐们。希望我这个师门晚生能够"虽迟但到"地穿过连成一线的开悟之门、修炼之门、智慧之门,到达豁然堂,认真治学,不负博士年华。

入师门以来,最大的感受就是有足够的空间去自由生长。自由成长主打的是依个体本性的自由演化,这就难免在学术、生活中走弯路。但在老师的理念引导、躬体力行、情境化指点、思路启发等多样化的影响下,我更加感受到老师作为教育家的本体性教育及其推动个体内在成长的伟大之处。

面对成长过程中个体的忧虑、复杂性,教育者需用巨大的能量、胸怀、智慧去平息学生内心的风暴,避免学生内心和思想的僵化,这也是"教育何为"的根本,即帮助本性不坏的人拔高、提纯,再辅以工具性教育,帮助个体成长为无害于社会,甚至拥有一番事业的社会栋梁之材。

观思行录

面对未来,我们也许永远无法确知前景,因为我们的行动过程会影响它,于是有两条路:一是不断试错,摸着石头过河;二是不断纠错。基于理论或经验判断,我们能相对容易地知道现实中某些做法是"错误"的,尽管还不知"最好"("真理")是什么,但可以知道"更好"是什么。管理不就是一个从"更好"到"更好"的旅行吗?

——席酉民

| 03 |

时光漫步

李 娜[①]

在这熙熙攘攘的人世间,教育,如同一面镜子,映照着时代的灵魂。我常常自问:教育的真谛,是知识的灌输,还是智慧的启迪?是规矩的束缚,还是自由的放纵?或许,教育的意义,便在于那些不经意间触动人心的瞬间,那些平凡却又充满力量的回忆。

回忆的片段,如同散落的珍珠,串联起我人生的轨迹。它们或温馨,或深刻,或平淡,都蕴含着教育的智慧与力量。

片段一:书店

20世纪80年代的常熟方塔街上,一群孩童正围拢在镇上唯一的新华书店门口,翘首以待。片刻,一位戴老花眼镜的中年阿姨揪着一个小男孩的衣领到店门外,厉声呵斥:"再敢来店里抄答案就告诉你老师!"小男孩拿着本子仓皇而逃,结伴群童也意兴阑珊,铩羽而归。此时,一胖女孩信步店内,因无笔无本,阿姨未加留意。但见女孩在习题集书架旁翻阅片刻,遂出书店,至一旁不起眼之处,将作业答案口述于另一持笔记录的小男孩。余童见状,纷纷围拢,竞相抄写。胖女孩则悄悄穿过书店旁小巷,回到祖母家,爬上破旧的藤椅,伏

[①] 李娜,西交利物浦大学未来教育学院人工智能与教育研究中心主任,数字教育主任,教育研究系副教授。西浦首位教育学博士(2019—2022),爱书画、探险。

于八角桌上，一边书写，一边自桌上的两个铁盒中掏饼干和糖果吃。

时光荏苒，昔日的胖女孩如今已为人母，每见女儿习题集上被撕掉的答案页，就常忧昔日所为是否误人子弟。

片段二：短发

千禧年秋的常熟外国语学校，高一（2）班进来一少年，身着运动校服，面庞清秀，似曾相识。骤闻有人惊呼："李娜怎么剪了个男生头！"原来，那曾在新华书店"过目不忘"、中考免考的"虚荣"少女，因入学摸底考一科未及格，竟将一头秀发视为"罪魁祸首"。而三年后高考无缘清北时，却未能重拾胆识再次剃掉头发，反而学会了接受平凡，随后度过默默无闻的大学生涯。回归平常心之后才发现，与其在从99到100的路上苦苦挣扎，反不如用更为充裕的时光，去尝试发现真实的喜好。当时的计算机行业如日中天，虽与我所学专业风马牛不相及，但偶然的接触却让我沉迷其中。如今回想，就像故事里拾柴烧水的和尚，所拾之柴恐不够烧开壶中之水，与其执念于难取之柴，何不如倒掉一些水？

不受世俗偏见影响，不盲目追求"完美"，以理性的方式看待自己的优缺点，理解每个个体的独特性，客观地接受自我，或许正是教育的意义所在。

反观当下教育，是否过于追求分数和成绩？我们是否忽略了孩子们的兴趣和特长？我们是否应该反思，如何才能真正做到因材施教，让每个孩子都能找到属于自己的道路？

片段三：开悟门

大学毕业后，在IT界摸爬滚打逾六年，机缘巧合加入西浦。彼时，年轻的西浦被称为"一栋楼大学"，四周楼群还在缓慢建设中，信息化发展却势如破竹，锐不可当。我肩负全校五十余应用系统的实施与项目管理重任。凡采购金额逾5 000元，均需校领导审核，最终一关把控于西浦执行校长席酉民老师手中。依稀记得首次到席校长办公室是为汇报SharePoint OA门户网站的实施必要性。我紧张地阐述项目的 ROI（投资回报率），而席校长则和蔼问道："你在企业工作过对吧？"我故作镇定，点头称是，没想到大佬竟注意到我，心中窃喜。

2015 年，我加入西浦新设的教育技术支持团队，专心致志于西浦虚拟学习环境（VLE）爱思系统（后更名为西浦学习超市）的研发与教师培训。为宣传新推出的教学数字媒体的内容创作服务，团队想邀请喜好探索和尝试新事物的席校长来试用并录制宣传片。然而转部门后，与席校长的会面愈发得少，循官方途径发出的邀请未得到回复。于是我这个"I 人"选择了自己最舒服的一种沟通方式——在西浦教工微信群申请加席校长好友。未曾料想，不仅好友验证第一时间被通过，而且微信对话框中邀请内容还没有写完，就收到了确认接受邀请的电子邮件。于是，那未曾编辑完的微信消息，始终没有发送出去。

直至 2017 年冬，我鼓起勇气，向席校长发微信询问西浦是否有计划招收教育学博士生。席校长荐我至张晓军老师处。我向张老师坦言，自身科研基础薄弱，只因多年沉浸于教育技术支持的工作，方有攻读教育学博士之志。家境平平，工资仅供家用，中科大工程硕士是在职所读，博士亦希望能在职攻读。张老师未对我有丝毫轻视，反给予耐心辅导，助我撰写研究计划书，更邀席校长加入导师团队，联络利物浦大学的博导。我作为首批中英联合培养的西浦教育学博士生的一员，历经曲折，终在 2019 年正式入学。

在读博的岁月里，我的三位导师不仅以渊博的学识为我在学术领域拨云见日，更在无数次的交流碰撞中，让我体悟到学术研究的真谛与魅力。张老师无论公务如何繁忙，也必挤时间为我们解惑，并常言："交流辩驳为学术之精髓。"利物浦大学的导师则通过电子邮件对我的疑问知无不言，即使所问十分幼稚。席老师则给予我诸多以文字为媒、交流思想的机会。例如参加大型会议时，席老师偶有空档，就会不时通过微信为我指点迷津："坐你旁边那位校长，你认识他吗？""你觉得刚才那位演讲嘉宾的分享怎么样？讲得好在哪里，不好在哪里？""听完今天上午的学术汇报，你可以思考总结一下，什么是好的演讲PPT，下午我们再交流。""待会儿有个闭门会议，你感兴趣的话，可以带你去学习一下。""这个问题可请教姚小涛老师。"等等。

正是这样一次次的交流与指导，助我在学术道路上不断前行。我的研究话题也逐渐聚焦在 VLE 如何推动高等教育变革上，通过六个子项目多线程并行展开研究。这些项目涉及管理学、教育学、心理学、信息技术学和教育技术学等多个学科的理论和研究方法。管理学方面，虽我曾在读研时（项目管理专业）学过些皮毛，但管理学博大精深，非浅尝辄止者所能领悟。于是张老师向我推荐了理查德·斯科特的《制度与组织：思想观念、利益偏好与身份认同》一书作启蒙之用，一是因为此书经典，二是因为相对易读易懂。但每当我翻开书，仍感觉字字皆识，却句句难明。什么"制度化""制度性""制度逻辑""制度载体"，于我而言，简直抽象如天书。

张老师常说"实践出真知"。博士生例会中，每每以身边实事为引，令人豁然开朗。不仅如此，他常放手让我们根据自己的兴趣去选择、体验、探索。他所行，既非完全的理论教导，亦非纯粹的实践操作，而是将二者巧妙地融为一体。如此一来，我们不仅能从中学到知识，更能在实践中领悟真谛。

我初读博士时，由于科研基础薄弱，所撰论文直如小儿涂鸦。张老师总是耐心批阅，一一指出瑕疵。他坚持"授人以渔"，从不直接给答案，本着"不愤不启，不悱不发"的原则，但凭一席席灵魂拷问，终使我在思索与辩驳中觅得解决之道。

当时，我在做"Meaning-making in virtual learning environment enabled educational innovations: a 13-year longitudinal case study"一文所对应的子项目，采用基于建构主义扎根理论的质性研究方法。根据研究计划，我需要追溯和收集西浦自2006年建校启用VLE系统至2019年所有相关的档案文件，并以滚雪球策略去访谈尽可能多的当事人，直至所谓的"理论饱和"。说到这"理论饱和"，真是个让人头疼的词。书上的解释五花八门，抽象得让人摸不着头脑。我实在困惑，于是向张老师求教。张老师反问："你访谈过几人了？"我尴尬回答："还没开始。"张老师笑了笑，建议我先去"实践"一番。随后我访谈了10位受访者，按照张老师的建议及时分析数据，可还是对"理论饱和"一头雾水。不得已，再次向张老师求助。张老师没有直接回答，而是问我自己怎么理解。我犹豫着说："有的书上说，当调查对象无法再提供新信息时，就是资料数据饱和；还有的说，当新数据不再催生新概念时，理论就算饱和了。"张老师听后，没有给出定论，只是建议我继续在实践中体会。终于，在访谈了51人并完成数据分析后，我恍然大悟。原来"理论饱和"并非书本上的抽象概念，而是实践中的真实感受。就像学游泳，不喝几口水，就没法真正领悟到动作的要领。同样，只有亲身实践，才能真正理解"理论饱和"的含义，并灵活应用，融会贯通。

张老师常言："这是席门的传统。"后来我了解到，此为席老师提出的研究导向型教学法。

新冠疫情期间，利物浦大学部分学子因心理压力过重纷纷申请休学。英方评审委员会恐我亦陷心理健康之困，竟特地与我导师团队沟通，欲将我的读博周期延长至六年以上。我导师团队从没在毕业年限方面施压，反而赋予我充分自主权，凡事让我自行抉择。这与我昔日"以教师为中心"的教育经历大相径庭。在自我施压下，我以两年半时长提前毕业，也因此，两位老师常戏言："有的人，压力越大越健康。"

事实证明，此种以学生为中心的研究导向型教学法于我而言是极为有效的。

攻读博士期间，我发表了六篇学术论文，其中多篇是与两位恩师携手合作的成果。犹记我第一次怀着忐忑的心情，询问张老师"Disrupting the disruption: a digital learning HeXie ecology model"一文是否可以邀请席老师共同参与。张老师沉默片刻，问我："这篇文章有没有需要席老师贡献和指点之处？"我答："确实需要。"张老师于是同意了，并补充道："以后，对你的文章没有实质性贡献，就不用加我们的名字。"

张老师悉心指导，与我深入探讨了文章的构思，仔细梳理了文章的逻辑，还对我的文章进行了多次修改和编辑。席老师也提出了很多建议，亲自撰写了文中关于"和谐教育"理念的整个章节，后来又给我机会参与了《和谐教育之道：西交利物浦大学办学探索与实践》一文的写作。合作中发现，席老师始终致力于"和谐教育"理念的推行与完善。

和谐教育，实则是呼吁教育的核心应在于心智的孕育与营造，欲雕琢学生的心智模式，以心智的升华为基石，助力学生习得学习的技巧，培育其在纷繁复杂、未知未卜的世界中洞察与生存的能力。

席老师和谐教育的理念与西浦校园中的三扇门（开悟门、修炼门和智慧门）相得益彰。张老师总说，学生"开悟"的时机各异，我也未承想，如我般应试教育的"失败品",经良师点拨后,可以重拾不甘平凡的心。或许,此即为"开悟"的真谛。

片段四:长衫

2022年,我有幸成为一名数字化教育专业老师。然而,学年末,我的一个学生因种种缘由,竟濒临退学。考务官执意如此,我身为专业主任,竟也任由其发生。我因此事首次遭到张老师的严厉责备。我才意识到自己竟变得如此迂腐,恍若儿时最讨厌的随意放弃"差生"的老师。学生时期嘲笑的孔乙己的长衫,居然穿在了自己的身上。当时我正在整理平时记录的席老师讲过的话,其中关于"心理放弃"的论述,竟与我此刻的心境完美契合。顿觉是对自己的莫大讽刺。

当年我为学子时,射向"迂腐"的子弹,如今在我为人师时,正中我眉心。

教育何为?

是误人子弟,还是传道授业?

是厚此薄彼,还是有教无类?

是冷眼旁观,还是仁者爱人?

片段五:露台上的小白花

在2023年4月的一个黄昏,疫情后的第一次师门聚会正酣,席老师与众同门走在太仓古镇的河边小道上。他蓦地驻足,回首对后面的一位女老师说道:"看,那是你最喜欢的花。"那花盛开在古舍二楼的露台上,洁白无瑕。女老师微笑回应:"一直想在家中种上这花,可惜花期短暂。"彼时我还不知那位就是师母侯老师,现在想起仍十分汗颜。

再见席老师和侯老师是因为张老师指派我去新疆大学参加他因时间冲突而无法参与的中国管理学年会。散会时已逾十点,我偶遇席老师在等待出租车,他要去接侯老师回酒店。那会儿正值乌鲁木齐交通高峰,打车难如登天。恰好我自驾而来,便诚邀席老师同乘。他起初直接拒绝了我,但等待良久仍无司机接单，因担心侯老师在外久等逐渐焦急。于是终被我以请他驾车的理由哄骗上了车，但我也没真的心安理得到让席老师驱车，而是由我丈夫代劳。（后来在韩老师的文章中了解到，其实席老师酷爱自驾，我还为此略感愧疚。）

当我们抵达侯老师所给的定位时，她在街对面一见我们，便急切地想要过马路。席老师急忙挥手示意她不要动，自己则小跑过去，嘴里还嘀咕着："你这定位真不准，该开共享定位才对。过马路也不看看，多危险啊……"

教育何为？

为人师者若眼中无爱，又怎能培养出有大爱之才？

片段六：橘猫和手套

2023年初夏的一个傍晚，我读到一个温暖的小故事：一处工地上的手套无端堆积如山，众人不明所以。忽见一橘猫，神态泰然，步履从容，口中叼着一只手套，娴熟地走到一个角落，轻轻放下。原来，这只流浪猫曾饥寒交迫，奄奄一息，幸得一位工人一念之间的善举，才得以活下来。自此以后，橘猫便常常在工地上游荡，每当看到散落在地的手套，便叼起献给恩人。此事传开后，众工人皆感慨万分。

本书立项是我蓄谋已久，本意欲借故事的羽翼，探寻教育的真谛，记录那些温暖人心的师门传承。毕竟，真正的教育，非为短暂的荣耀，实乃培养有思想、有情感、有责任心之人。席老师和张老师一如既往地鼓励和支持我探索心中所好，更邀请梁磊老师、韩巍老师二位尊长，悉心指点。不承想就像工地上的橘猫，明是感恩之举，反给众多门中长辈带来了阔别已久的"寒假作业"，因而惴惴不安，深感歉意。

片段七：祖母的铁盒

2023年，最疼爱我的祖母离开了。当我再次瞥见那两个斑驳的铁盒，心中涌起无尽的思绪。这铁盒，宛如我人生所向，也是我心中的两重天地。

再探其深，这铁盒内似乎藏有教育的答案。一个盒子里，"和"字静静地躺卧，而另一个盒子，则包裹着"谐"的奥秘。合起来，便是"和谐教育"。它们象征着席门的教育理念，如同祖母的铁盒深深烙印在我心中。

我希望我有两个铁盒：一个是学生的渴望，一个是老师的慷慨。这渴望与慷慨，原是两心之间的桥梁，却常常被误解与傲慢所阻隔。而所谓"终身学习"，不过是让这两颗心，始终保持对话的勇气和耐性。

我还希望我有两个铁盒：一个装载已知，一个容纳未知。只有不断地学习，不断地探索，才能让两个铁盒有"魔力"。"已知"的铁盒中，秩序井然，宛如陈列馆中的古董，历史的尘埃也遮不住其辉煌；"未知"的铁盒混沌一片，却有暗流涌动，时而闪现奇异的光芒。

"已知"是否会成为我们前行的桎梏，使我们困于旧识的牢笼，而忘却了探索未知的勇气与决心？"未知"是否会成为吞噬我们的巨浪，使我们陷入迷茫与恐惧？抑或是柳暗花明的转机，带来崭新的希望？教育，究竟何为？

也许答案已在北宋大家张载的话里。读书人，当"为天地立心，为生民立命，为往圣继绝学，为万世开太平"。

仅以此浅薄认知，与诸君共勉。

观思行录

许多事看起来难，实则并非那样难，有心、有勇气去尝试，便会发现凡人也可做到。问题是因为"难"，大部分人会将"难"假想般地放大，进而从内心退却，我称之为心理放弃。芸芸众生，我们很多人为没有实现人生梦想而后悔，但大部分人不是没有能力，可能是过早或一开始就从心理上放弃了追梦。

——席酉民

| 04 |

教书育人，传承热爱

张　琳[①]

2010年10月，我收到了西安交通大学管理学院的保研录取通知，得知能够跟随席酉民导师硕博连读后，我激动地给家人和好朋友打了一下午电话。离校前最后一次毕业生座谈会上，学院领导一一询问保研学生的具体去向，大家说了各自的学校和导师，大多数都没有引起回应，但当我说出西安交通大学和席酉民教授的时候，在场的领导和老师无一不表现出惊喜和祝贺，那一刻我知晓了席老师有多知名。十四年已过，这些画面依然记忆犹新。在当时懵懵懂懂的喜悦中，我还不太明白博士生导师对学生的影响能有多大。事后才发现，这几乎是我目前人生经历中最重要的三个转折之一。能够进入席门，真的很幸运，席老师在潜移默化和言传身教中激发我不断思考管理研究和管理教育的意义。

如今自己也成为一名高校教师。站在讲台上，每次自我介绍，我都会从进入席门的故事讲起，并告诉我的学生："学术的路径依赖会存在很多年，有的老师可能教学生做三年的研究，而有的老师教学生做三十年的研究，之间的差距不仅仅在研究方向和方法的选择上，更在于研究视野和动机的形成。我非常感谢我的导师席酉民教授，从他身上我真正看到了'管理是管理者的美好生活'，也希望这是各位同学通过学习管理学课程感受到并带出课堂的最重要内容。"

[①] 张琳，西北工业大学公共管理系副主任、助理教授。爱好跳舞、游泳，"盐以律己，甜以待人"，有所热爱，有所期待。

一、初入席门：烙上"本土管理研究"的印记

价值观的形成往往依赖早期受到的影响。如果说学术研究也有"三观"的话，回想自己的研究经历，恰好是在我刚进入师门的那几年，席老师及研究团队推动的"探索中国本土管理研究"对我理解"为什么要做管理研究""做什么样的管理研究"影响很大。

2010年和2012年，席老师团队先后获批两个国家自然科学基金重点项目。这两个重点项目皆聚焦于中国本土管理实践，采用多维视角构建本土管理理论。因为这两个重点项目，当时席老师团队聚集了很多早期从师门毕业、已经从教多年的优秀老师共同指导研究，也有很多博士在读的师兄师姐们带领我们参与。印象很深的是当时的分组方式以及组内、组间的频繁交流讨论。每组选择不同的企业家作为研究对象，高低搭配兼顾"大领导"和"小领导"："大领导"主要是在中国改革开放中涌现的全国范围内的知名企业家（例如我们组是王石），"小领导"主要聚焦陕西本地的典型企业家（例如我们组是向炳伟）。同一小组内，研究对象虽相同，但每人关注的研究问题不同，大家一起参与资料收集、一起研讨分析案例；不同小组间则会交叉分享案例，大家听到了很多有趣的故事，一起分析故事背后的理论问题，一起学习研究方法。这样的分组设置让刚进入师门的我归属感很强，很快在老师和师兄师姐的帮助下融入了团队。那段时间，横向对比其他同学参与研究的过程，的确明显觉得我们师门团队的力量很强大，无论是参与人员还是参与活动的内容，都让我的舍友、同学很羡慕。

在质性研究的数据收集和分析过程中，我们也遇到了很多困难和挑战。质性研究方法鼓励我们要亲自下到现场，先去看，去感受，在丰富的资料中尽可能从多方面将故事还原，让真正的问题浮现出来，而不是带着明显的理论视角和偏好去筛选数据。然而，"如何来到现场"以及"能够从现场带回什么"都曾是让我非常苦恼的问题。在对一些企业的深度访谈中，我能够感受到质性研究的现场是生动和有趣的，很多次2—3个小时的深度访谈获得的信息量远超预期，有些受访企业甚至是"真不拿我们当外人，什么都说"，但是也有些企

业因为各种原因很难完成一手数据的收集。此外，当数据和事件被反复整理，依然无法很好地进行理论化解释的时候，也很沮丧。回想那段时间，师门内部不停地开会讨论，席老师及团队各位老师不断地帮助我们解读"看到的现场"。有些时候，即使面对相同的数据和信息，大家也能够给出不同解读，让我真正感受到质性研究的复杂性和启示性。

那段时间，席老师和团队也引导我参与了国内多次有关管理研究范式的探讨，这些"争锋""论道"对我冲击很大。虽然当时很多观点不能理解透彻，甚至一时想不明白，但"为什么要做管理研究""管理理论与实践之间关系""本土管理研究意义和方向"等重要问题早早在我心里扎下根来。随着自己在研究过程中的不断成长，时刻保持对这些问题的思考，对我很重要。我由衷认为是进入师门后的耳濡目染真正激发了我对中国本土管理研究的好奇心和内驱动力。进入席门的研究起点，几乎是天然地引导我关注中国本土管理问题，将管理理论与管理实践紧密联系在一起，重视管理研究的启示性而非唯一解释性和预判性。

二、苏州三年：管理研究与管理教育的交叉启蒙

在博士论文选题阶段，基于之前对本土领导者的研究，我开始关注战略层面组织资源获取与个体层面领导者作用机制之间的联系，试图回答"本土领导者如何为组织获取资源"的研究问题。在研究问题的牵引下，考虑到样本选择的典型性和可行性问题，我最终将研究的组织类型由企业转变为高校。

2013年11月，在席老师的支持和晓军师兄的帮助下，我从西安前往苏州，在西交利物浦大学领导与教育前沿研究院兼任研究助理，直到2016年8月离开。这三年对我而言是非常难忘的一段时光，有幸在研究院刚成立、开始探索高等教育改革的机遇下，跟随席老师和晓军师兄一起接触到管理与教育的交叉领域研究，也和当时同在研究院兼职工作的圭泉师兄、鹏飞师兄一起参与了很多次研究院举办的会议与培训工作。直到今天，我对于高等教育的很多思考，其实都是在这段时光里萌芽的。同时，在这段时间，围绕高校领导者，我也有机会收集了大量的一手研究数据，完成了我的博士论文。

来到苏州之后，席老师首先成为我的研究样本，进而在席老师和晓军师兄的指导下，我完成了对 21 位国内高校领导者及相关人员的 51 次访谈，包括 985 高校、211 高校、公办高校、民办高校等多种类型的高校领导者，形成了 42.9 万字的访谈记录。访谈的高校领导者大多都曾来西浦参加过会议和培训。当时让我印象深刻的是，这些高校领导来西浦后，看到席老师领导下的西浦做的很多教育改革探索，在"不住赞美"的同时都强调"学习不了"。我常常听到类似这样的评价："席校长做得很好，但这是西浦、是席校长，我们（回去）做不了。"在收集的大量访谈资料中，也呈现很多类似的"无奈和被动"，例如，校领导 A 讲述了自己曾经跟另一所学校的校领导 B 聊天的故事。

  B：我是真的觉得这学校要是再不改，再就这么下去，那是不行的。

  A：那你改啊。

  B：我哪改得了啊？

  A：你是校长啊，你都改不了，那别人谁能改得了啊？

  这也是研究过程中，曾经让我非常困扰的问题："在制度环境限制下，个人究竟有没有突破约束的可能性？如何才能创造性地获取资源？"通过与数据反复对话，以及跟随席老师不断观察和讨论，我逐渐形成了对这个问题的理解角度——个人对制度逻辑的主观选择和能动性。这些研究结论成为我博士论文的一部分，帮助我获得了博士学位。但更重要的是，这个研究过程的所见所想真的影响了我后续的做人做事。在案例中我看到，面对为组织获取资源的职责，席老师也有很多困难和无奈，通过不断沟通和新的尝试，有些问题很快得到了理解和支持，但有些问题的解决仍需等待新的机遇，甚至就是解决不了。然而无论什么情况下，他几乎都不太把问题全部归因于外部环境，他有自己的"坚持"，敢于挑战很多"理所当然"，总在"想办法"。席老师展示的可能性对我的研究来说非常重要，那是一种激励人心的力量，是即便在既有环境中大部分人都告诉你"放弃吧"，还有人让你能够愿意"再试试"的勇气。

  我在苏州的办公室就在席老师办公室隔壁的隔壁，上下楼时经常可以遇见他。下午下班后，很多次被席老师看到我打包简单的包子或玉米回来加班，有次他开玩笑说："怎么就吃这么少，多吃点、不用减肥，写博士论文很辛苦的。

之前你有师姐在写博士论文的过程中瘦了十多斤……"这么多年了，我也说不上来为什么这些画面我记得特别清楚，包括席老师当时微笑的神态和轻松的语气。在我心目中，席老师一直都是特别睿智的人，同时也特别亲切和真诚。

三、毕业之后：当学生也成为老师

2018年9月，博士毕业之后，我进入西北工业大学公共政策与管理学院工作。根据当时的教学安排，我需要在2019年4月份开始给MPA学生上课，压力很大。出于对教学的热爱，也受在西浦期间参与的很多次高教会议和培训的影响，我很重视这次教学的准备工作。在我看来，教学虽然是整个学校人才培养中的微观层面，但也是对学生影响最为直接的一个环节，很多大的目标都需要通过一门门小小的课程去实现。

我花费了大量的时间和精力来备课，几乎占到当时所有工作内容的90%以上，感觉每天都在准备上课，1个课时恐能对应50个小时以上的备课时间，这一比例应该只多不少。作为跟学校签订"非升即走"指标的青年教师，这么备课似乎有点不太合适，因为这门课程教得好或不好，并不直接体现在学校考核我的KPI中。但是，因为喜欢，也就来不及计较，只是由衷地想把这件事做好。其实，之所以如此花精力备课，也是受到之前几年在西浦的研究经历影响，想把课程上好，有些问题就不得不去想办法回答。席老师探索高等教育改革的很多理念和做法都激发我不断思考。

我天马行空地想了很多，也把很多想的内容放到实践中尝试。比如，我首先想的问题是：学生为什么要上我的这门课？席老师讲过一则哈佛商学院教授的预言："未来十五年内，一半美国大学会面临破产。"我对此的理解是当今数字化技术等新发展对高等教育的冲击，对大学课堂的重塑。如果学习的仅仅是知识，可能不需要上这门课，甚至都不需要来大学学习，书上、网上信息更多。但是有关这门课程的信息怎么筛选和整合，怎么建立体系、怎么发展、学了又有什么用、应该怎么用……这些能力和素养的培养都需要我们对教学内容进行重构，需要进行教学方法的参与性和体验性设计。其次，学校、课程、学生、教师等多种因素如何动态匹配？对比自己待过的几所学校，其实差异很大。西工大的"三航"特色和工科优势都很明显，既然学校的人才培养目标是国防科技领军人才，那么该怎么给这样的学生上管理学课程？此外，又如何将自己的背景和经历融入课程？我常常想，课程和教师之间或许也是有特定联系的，不回避教师个人特征和优劣势，找到那个合适的匹配点，教学内容的组织和呈现可能会有更鲜活的情境。结合课程内容，我会跟学生分享自己的研究经历，讲解席老师及团队对我的影响，引导学生看到不同场景中"实践管理学""创新管理学"的多种尝试，邀请他们讨论、模拟、创造。

在这两年，基于自己对教学想法和做法的总结，我参加了全国高校教师教学创新大赛，也很幸运地一路从校赛、陕西省赛闯进全国赛，而且都获得了一等奖的成绩。在参赛过程中，我认识了全国各地很多老师，相互交流和学习中，有不少专家鼓励我，评价我的有些理念和做法的确很与众不同、很有启发。而我知道，自己对教学的很多理解其实都受到了席老师和师门的影响。2023年8月，在浙江大学全国高校教师教学创新大赛颁奖仪式现场，我给席老师发送了信息，感谢席老师对我的指导和帮助。席老师回复说："希望你拥有一个开心和成功的教师职业生涯。"那一刻我真的很高兴能够收到席老师的祝福，也希望未来能够如席老师所言，通过不断的努力和探索，拥有一个开心和成功的教师职业生涯。

教育何为，想来想去，目前我还实在回答不了，只是感觉教育是一件很美好、值得期待，而且会变得更好的事情。展望未来，在席老师的指导下，在师门的影响下，在每一次学生的主动反馈和积极期待中，"教育何为"这四个字好像已经成了今后几十年我想努力尝试去回答的那个问题。

观思行录

真正的本土研究必须关注现实的种种无法解读或难以有效理解的问题和现象，以历史、社会、文化、互动的整体视角构建自己的解释模型，并从理论和实践上探讨破解方法！

——席酉民

| 05 |

师者，伯乐也

徐立国[①]

从教育的视角提笔撰写与席老师的故事，总是不想轻易落笔。因为内心深处对席老师的敬仰和对教育的敬畏，不允许我有半点儿的草率。对教育作何理解，在跟随席老师学习的过程中答案早已有了雏形，但始终没有真正梳理出来。春节期间，我全面复盘了我和席老师交往的点点滴滴，在一个个故事中不断涌现出那份对教育最为朴素的理解：师者，伯乐也。我成为一名教师多年，将席老师传授的知识、思想及做人与做事的原则与道理，践行于三尺讲台上的酣畅淋漓，学术研讨中的观点碰撞，电脑屏幕前的凝思畅想，待人处事中的真诚练达。正如鲁迅先生所言，教育乃"立人之事业"，席老师是我人生的伯乐、指引者与驱动者，"夫子循循然善诱人，博我以文，约我以礼，欲罢不能"。

一、教育背后的伯乐情怀：人生路口的橄榄枝

2009年9月10日教师节，下午三点五十，我坐在电脑前，满怀敬仰谨慎地给席老师发了一封博士报考申请的邮件，遂开始了我跟随于席老师的求学问道之路！

其实，对席老师的了解在我读硕士时就开始了。那时，我到西安交大北门

[①] 徐立国，西安交通大学管理学院副教授。爱好阅读、自驾游等，努力用管理研究与智慧服务社会。

口的书店（现已搬迁）去购买李怀祖老师的《管理研究方法论》，无意中看到书架上有一本《和谐管理理论》，怀着好奇心取下这本书，封皮上"席酉民"三个字便跃入眼帘。翻开扉页，便被扉页上席老师的照片和作者简介中丰富的个人经历深深吸引：方正的脸庞、睿智的眼神、学者的风范、我国内地第一个管理工程博士、做出突出贡献的中国博士学位获得者、中国青年科技奖获得者、国家级有突出贡献的中青年专家、国家杰出青年科学基金获得者……继续翻开下一页，是席老师写的序，其中那句"和谐管理理论将自身定位于管理问题的解决学"深深触动与启发了我，也在我内心深处埋下了做管理理论研究要面向管理实践的情结。所以，除了《管理研究方法论》，我还购买了《和谐管理理论》一书，认真研读学习了和谐管理理论，由此"认识"了席老师。这一本书为我将来与席老师的交往打下了关键基础。

邮件发出后，我心中充满期待和不安，期待席老师能在百忙中回复邮件，不安的则是博士报考申请能否得到他的接受。席老师很快就回复了邮件。我激动地打开回信，见到席老师回复说："立国，我不知道是否还有名额，请与交大葛京老师联系。"并且抄送了葛京老师。看到这里，席老师言语中的亲和令我非常感动。

我随即联系了葛京老师，并了解到葛京老师曾经是席老师的博士生，协助席老师负责交大研究团队的管理与科研事宜。在电话中，葛老师讲话干脆利落，同样非常友好和善。我和葛老师约好了时间，来到她办公室（在管理学院八楼）面谈。我向葛老师表达了我读博士的目的和初步设想，葛老师对我的想法给出了一些具体建议，并告知我席老师还有一个博士名额，让我积极备考。我听后非常高兴，表示感谢。一番交谈后，葛老师又带我到了郭菊娥老师的办公室（在管理学院四楼）。郭老师和葛老师一样，也曾经是席老师的博士生，协助席老师管理交大研究团队与科研事宜。郭老师将我带到她办公室对面的露台上，那儿有一个石桌和几个石墩。郭老师、葛老师和我就坐在石墩上，对我的读博规划又进行了具体的交流。最后两位老师都鼓励我好好备考。在这里我想说的是，郭老师和葛老师对席门团队的指导与管理付出了很多心血。在我读博甚至留交大工作后，她们都持续给予我重要的指导和帮助，这也是席门的一种传承。

见完葛老师和郭老师后,我回到家里,立刻给席老师发了一封邮件,把见葛老师和郭老师的情况向席老师进行了汇报。席老师回复让我好好备考。三位老师的接受和鼓励给予了我备考复习的强大动力。

2010年3月16日,我通过邮件向席老师递交了我的博士阶段研究计划,并参加了西安交大博士生入学考试。我幸运地考取最高分,并顺利通过了4月份的面试。

面试后,郭菊娥老师把我带到了她的办公室,并指导我如何开展学术研究。然而,事情往往会出现戏剧性变化。4月24日上午,我的电话铃声响起,一看是葛京老师的电话,本以为是通知我去办理相关签字手续,便很激动地接通了电话。葛老师却说:"立国,有一个意外,席老师今年本来有四个指标,但由于一些情况今年只能招录三名博士生。席老师目前在读的三名硕士生都要转博,三个指标都被占完了,所以没有指标了。"葛老师接着很关心地安慰我说:"立国,不过没关系,由于你的成绩最高,其他导师也会录你的。"听到葛老师的话后,我头脑中先是一片茫然,沉默了一会回答道:"谢谢葛老师关心,不过我非席老师的博士不上,如果今年上不了席老师的博士,我明年继续努力。"在电话中,和善的葛老师再次给予我安慰。

接完电话,我坐在电脑前沉默了很久,毅然决定发邮件给席老师,表达希望跟随他学习的决心,争取最后一次机会。

第二天早上,席老师回信:"立国:收悉,几位老师会努力争取名额的。希望你能够顺利。"我看到席老师的邮件后,内心充满感动!下午,葛老师的电话打来,说名额已经争取来,席老师在读的一名硕士转博调到了其他导师名下,这才有了我的名额。我激动地给席老师发了邮件,表达了发自内心的感激!席老师回复:"立国,我们硬挤出了一个指标给你,望你能珍惜这个机会,利用博士阶段与团队积极合作,真正取得研究和人生这一阶段的成功!"看到席老师的回复,我内心的感恩之情,已难以用语言表达。冷静过后,决心如席老师所讲,将此化为未来之努力!

和席老师的这段交往,让我深深感受到教育魅力的第一要义是老师对学生的伯乐情怀。席老师是我人生的伯乐,在关键路口,向我伸出了橄榄枝,同行于人生的更高阶段。伯乐情怀已成为我心中的一种情结。在我毕业留校后,无论是给学生上课,还是指导研究生,都不由自主涌现伯乐情怀,发现学生的美好。这也许就是孔子所倡导的"因材施教",和鲁迅先生说的教育乃"立人之事业"吧。

二、教育内在高端的指引:管理研究的狂热

怀着感恩之情,我迈进了席门。还没有等到 9 月份正式入学,便参与了师门的相关研究。第一份研究任务是参与《中国大学国际化发展特色与策略研究》(教育部科学技术委员会战略研究专项)一书的第六章、第七章的撰写及整书的统稿工作。在此过程中,席老师给予我重要的指导,尤其在如何完成一套系统性研究的宏观建构,以及如何进行前瞻性判断与思考等方面。这些在我的学术研究历程中起到了重要的作用。我清晰记得 2010 年 10 月份,我独自出差北京,与中国人民大学出版社的编辑对本书进行全面的校稿,其中有些类似论述逻辑等问题,最后都基于席老师的系统思维的指导有效解决。

最为关键的是,我很幸运地参与了席老师当年获批的国家自然科学基金重点项目(从历史、情境以及行动中重新理解领导:(来自中国人的)理论与经验研究,项目编号:71032002)的研究。自此,也正式开启了我对领导研究的学术生涯。按照研究内容,师门团队进行了分工,我负责项目研究的一个分支——领导者社会化过程研究,这也为我后来对领导领域中领导特质的研究打下了扎实的研究基础。

师门每周举行一次例会,以推进项目研究。在研究过程中,我对每一次例会都非常重视,如果轮到我汇报,我会精心准备每一张 PPT。当时葛京老师经常说:"立国做的 PPT 很简洁明了,有罗兰贝格的风格。"有一次例会非常特别,那是 2010 年 9 月 29 日下午,除了例会要开,我女儿也即将出生,这是我唯一缺席的一次师门例会。当时内心为此很纠结,现在想来当然是女儿出生更重要。但对于当时的我而言,两件事同样重要。我站在产房外等待女儿到来的时候,脑子里还思考着研究项目的事情。我当时的这种内心活动应该就是席门教育氛围的呈现,是一种责任感,是对学术研究的担当。

对刚上博一的我而言,女儿的出生为我的求学和研究增添了动力和色彩。

每天在外面忙碌时，总是想着能早点回家抱抱可爱的女儿，但却总是早出晚归。经常是等晚上女儿睡熟后，我再静静地打开电脑，继续我的学术研究，往往持续到凌晨 4 点。现在的我不鼓励熬夜，但回望那时，深夜中的宁静与思考才是我学术研究实现高效跨越的高光时刻。

2012 年 12 月，领导项目中期验收，席老师、葛京老师、韩巍老师和我分别从苏州、深圳、西安三地飞往北京参加中期答辩。我们在酒店会和后，席老师很轻松地对我们讲："要相信自己，我们走了一条不同寻常的领导研究之路（质性研究），用心做了，中期答辩只是对我们研究的复盘和反思而已。"能感受到席老师的言语里不只有对我们的安慰，更多的是发自内心的对团队的自信。第二天答辩时，席老师从他在飞机上看到的一则报纸新闻讲起，突出了领导实践中的奇怪现象——"用荒诞应对荒诞"，以此来凸显领导研究需要从真实的质性数据中发现、建构理论。中期答辩很成功，席老师的情境式应变以及就地取材的睿智深深启发了我以后的学术与职业生涯。后来，领导项目结题答辩也是顺利通过，并获得了优秀。

在领导项目的研究过程中，席老师在一次例会上向团队分配了研究任务，领导项目要出 10 本书，作为本项目的成果。按照已有的研究领域，席老师让我负责撰写以海尔集团时任首席执行官张瑞敏先生为研究对象的一本书。在分配研究任务时，席老师讲述了这项研究工作的意义和价值。在席老师的指导下，我完成了《中国本土领导角色研究：基于互动及社会化的视角》一书，并由科学出版社出版。这本书最终也获得了陕西省哲学社会科学优秀成果一等奖。同时，在席老师、富萍萍老师（时任香港中文大学教授）的指导下，我完成并在领导领域权威期刊 *Leadership Quarterly* 发表了关于领导特质的论文，为我后期的研究打下了重要基础，这篇论文当时也获得了陕西省研究生创新成果最高奖。

2014 年 12 月，在席老师的指导下，我带着对管理研究的狂热，顺利完成了我的博士毕业论文，参加了预答辩，并顺利通过了盲审和正式答辩，最终获得了西安交通大学优秀博士学位论文、陕西省优秀博士学位论文。我最终留在西安交大工作。

三、教育的深远影响：格局为天，天道酬勤

席老师不仅用思想和知识指引师门的每一个人，更用他的品格和行为示范于我们，充分展现了"为人师表，行为示范"的真谛！席老师的魅力在深深影响着师门的每一个人。为便于表达，我把席老师对我的影响凝练为八个字：格局为天，天道酬勤。

高尚的品格是我在席老师身上看到的"格局"的第一要义。席门的每个人能深深感受到席老师身上的那股正气。我记得 2017 年 9 月 28 日，师门在苏州金鸡湖为席老师祝贺生日，几百个学生汇聚一起，有同门甚至从国外专程赶来。那天的天气非常好，黄昏时大家在金鸡湖高尔夫球场的草坪上准备着当晚的师门聚会。蓝蓝的天空彩云朵朵，一排排大雁飞过，很有意境。当晚的师门聚会很浪漫、很温馨，每个人都在回忆当年在席门求学时的经历，畅想着与席老师的故事，诉说着每一个美好的回忆，称赞着席老师高尚的品格。席老师说："师门聚会，同学们精心准备了礼品——从我著作中选择了一部分，3D 打印出来，最顶上是我去年出版的《理性'狂'言：教育之道》，我想大家以此寓意因教育形成了我们这个群体，教育孕育了大家的丰富生活，教育助推了各自的多彩事业！下边刻印了一段话：'问道治校六春秋，钦著作等身，学林共庆南山寿；化雨春风三十载，喜庭前桃李，今日都成架海梁。'其实这些话语可看成与大家的共勉！"席老师的品格对我有着深深的影响，我认真端正地对待每一个人和每一件事，努力做到待人处事的真诚与练达。在指导我的学生时，常常对他们强调"格局为天，天道酬勤"，勤奋的前提是格局，格局的第一要义就是高尚的品格。

博大的胸怀是我在席老师身上看到的"格局"的第二要义。席老师的座右铭是："浸淫在世俗里，活在理想中，行在从世俗到理想的路上！"席老师有着自己的理想，但用博大的胸怀拥抱世俗，用自己的行为进行改变。席老师曾说过："思考通常需要宁静的环境，但现代，我们要习惯在熙熙攘攘的人群中独立思考，在喧闹的氛围里冷静思考，在浮躁和功利的社会中长远思考，在错综复杂的信息缠绕中有意义地思考……"这充分体现了席老师拥抱"世俗与理

想""喧闹与冷静""浮躁与长远""缠绕与意义"等两种持续性矛盾关系（悖论）的博大胸怀。席老师的这种博大胸怀深深影响着我留校后的工作状态，使我能更有效地拥抱"理论与实践"的交互融合，"短期与长期"的协同并存，"世俗与理想"的相生相依，用更宽大的胸怀做事待人。

高远的视野是我在席老师身上看到的"格局"的第三要义。席老师曾说："所有的伟大，源于一个勇敢的开始。"这句话也成了"管理学在中国"2017年会的主题。"勇敢的开始"更源于高远的视野。席老师放弃重点大学校长的机会，去西交利物浦大学这一新型的国际化大学任校长，充分展现了席老师高远的视野。席老师带领西交利物浦大学的成功充分证明了他的正确选择。我记得"管理学在中国"2014年会在云南财经大学召开。其间，我和席老师、葛京老师等一起用餐，聊到我准备留交大工作的事宜，席老师对我说："立国，要把视野放远，并敢于向别人证明你的实力。要留交大管院，就要向管院展现和证明你的实力。"饭后，我还和葛京老师聊席老师讲的话，葛京老师对我说："立国，你要站在席老师的角度去理解他这句话的意义。"在席老师的鼓励和影响下，有一天晚上，当时还没有博士毕业的我敲开了时任交大管理学院院长办公室的门。在我留校工作后，我一直用心践行着这一"格局"的第三要义——高远的视野。工作后，每次见到席老师，席老师对我的第一句话往往是："立国，最近工作怎么样？"席老师这句话的背后更多的是在关注我工作中的视野。为开展"产教融合，协同育人"，整合校友资源，在交大各部门及校友力量的支持下，我在交大面向全校本科生开设了"打造青年领导力"课程，于2023年秋季正式开课。期末课程结束时，我计划举办"西安交通大学'打造青年领导力'（第一届）结课仪式"，给席老师发微信，邀请席老师能在百忙中为学生录一个几分钟的视频，在结课仪式上播放，作为指导与鼓励。席老师欣然答应了，让我感动的是，席老师专门配合PPT讲解录制了一个15分钟的视频。席老师在视频中指出：每个人都在世界舞台上扮演世界公民的角色，其领导力的体现是要具备独特价值、进入社群或生态、营造生态！在更高的品格、素养和心智基础上，争做有专业造诣的专业精英，或有行业造诣、跨文化领导、企业家精神的行业精英与业界领袖！席老师的视频讲话用其高远的视野为学生们指明了发展的方向。

席老师让我看到了天道酬勤。 席老师的勤奋从有效的时间管理开始，他总是善于利用好每一个时间段，把时间安排得很有效。为了当面指导博士生，他总是抽空回西安与学生面聊，面聊的起止时间往往是提前几天就已安排好。席老师总是准时出现在约定的办公室，在规定的时间内精心指导每一位学生。时间一到，他会准时处理下一个已经安排的事情。席老师的勤奋在他的永无止境的管理研究探索和创造无数可能的管理实践中体现得更加淋漓尽致。在管理研究中，席老师紧扣时代节拍，做有实践的理论。在管理实践中，席老师总能独辟蹊径，做有理论的实践。每次听席老师作报告，都能深深感受到席老师在管理研究和实践中结合当前时代的最新思考。席老师的勤奋深深影响着我，启发我在工作中有效管理时间，用勤奋创造未来的无数可能。

写到这里，席老师对我的影响还有很多很多，为了能够系统表达我的观点，只写了以上四点，凝练起来即为"格局为天，天道酬勤"。"格局"为高尚的品格、博大的胸怀、高远的视野，是立人树业的前提；格局之下，方可天道酬勤！

回想和席老师交往的点点滴滴，还有很多很多，如席老师指导我论文、和席老师一起参会、一起调研与访谈、聊天……这些点点滴滴融合在一起，逐渐加深了我对教育何为的理解，即伯乐的情怀、高端的指引、深远的影响。师者，所以传道授业解惑也，更谓伯乐也！

观思行录

在千年未有之大变局下，个体的崛起或事业的成功依赖于对时代发展趋势的洞察和游走于风口浪尖上的驾驭力。世界上没有透视未来的水晶球，其实未来也并不存在，它是人和自然、大量社会个体和群体互动演化的结果。若有面向未来的愿景和影响未来的使命担当，就一定能以未来导向的心态，滋养宏大格局，找到每个阶段符合趋势和需求的关键议题，一步一步踏着时代的脚步，穿越迷雾，逆风飞翔，像裂缝中的光，照亮和创造未来。

——席酉民

| 06 |

成为像他一样的人

李圭泉[1]

一、我居然提了个问题

2005 年，我考上了西安交通大学管理学院工商管理专业，由于老家甘肃庆阳离西安不远，我专门利用假期来到了咸宁路 28 号看一看自己即将生活和学习的地方。这本来应该是一件极度浪漫的事情，然而说实话，除了感慨大学真的比高中要大，便没有什么更丰富的感受了。从大一入学开始，我陷入了标准的大学学习和生活中，上课、踢球、玩电脑游戏，按部就班。成就感也有一点，例如当了班长、组织了一些班级活动，但是不多，成绩稳定居于班级中游，并且觉得缺乏目标，也没有去想未来的事情。

这种状态一直延续到大学二年级。一次偶然的机会我们班级有幸与赫赫有名的席酉民教授就组织设计这个话题进行了一次长达两小时的交流。根据安排，前一个半小时由席酉民教授讲，剩余半小时交流。需要说明一下的是，我当时属于在课堂上极少发言的那拨学生，一进教室就往最后排找座位。那次交流我照例坐在了靠后的位置，但意外的是，听完席教授的讲授内容，我内心居然有了想提一个问题的冲动。至于提了个什么问题，我现在已经全然记不清楚

---

[1] 李圭泉，北京大学心理与认知科学学院副教授，博士生导师。曾在南开大学、法国雷恩商学院任教。喜欢踢足球，努力成为一个积极的影响者。

了，能记住的只有提完问题后心脏的狂跳。

一个人会如何发展很大程度上取决于遇到了什么样的人，总有少数几个人会改变你的人生轨迹，或是新结识的好友，或是某门课的老师，或是偶然遇见的陌生人。于我而言，席老师便是第一个改变我人生的人。不知道在那次的课堂上席老师用了什么样的魔法，居然让我这个教室的"边缘人物"燃起了提问的热情。这是我与席老师的第一次交集，故事因此有了开头。

二、420 实验室

与席老师的第二次交集不久就到来了。

我就读的是管理学院的本硕连读班，只要不出现挂科等问题，符合条件的同学都可以免试录取为本院的研究生，因此，我们在大学本科阶段最主要的任务就是不犯错，顺利拿到保研名额。有天辅导员通知学院某个研究团队的实验项目可以自愿报名参加，我心想最后反正要挂上"研究生"的名头，不如去看看研究是怎么做的，于是就报名参加了。辅导员口头通知我某天某时去管理学院 420 实验室找"狼"老师参与实验。结果，我把时间地点记得很牢，联系人的姓氏却忘记了，只记得老师名字和动物有关，就以为是比较常见的"马"老师。

到了实验这天，我如约到了 420 实验室。

"请问马老师在吗？"我忐忑地问。

420 实验室里有不少人，他们面面相觑，显然实验室里没有"马"老师。我反应过来应该是记错姓氏了，当即说："也可能是'猴'老师，我应该是记错了。"但显然在座的各位更迷惑了。当我解释我是辅导员安排来做实验的，刚刚还静悄悄的实验室一下子沸腾了。在一声声"老马""老猴"中，一位个头很高却略显腼腆的人站起来说："同学你好，我姓'狼'。"

欢乐的气息马上席卷了实验室，大家开始拿"狼"老师开玩笑。一位坐在旁边的老师用领导讲话的语气说："老马、老猴、老狼，都一样都一样，都是动物系列的。"我也跟着大伙哈哈笑了起来，叫错老师姓氏的尴尬马上消失了。

直到现在，我还清楚记得420实验室的欢声笑语，后来才知道这里就是席老师的实验室。当初被我叫错姓氏的老师，是席老师的博士研究生郎淳刚师兄。我当时被420实验室的氛围所感染最深刻的感受就是：如果有机会加入这个实验室，该是多么开心的一件事情！

现在回想起来，席老师对实验室的管理一直都很有"温度"，他让整个团队成了一个大家庭，团队本身就是席老师对学生培养与呵护的一部分！这样的团队会让其中的每个学生都变得积极、自信与从容。我现在也有自己的团队和实验室，在实验室的指导与管理方面，我也在有意地模仿着席老师的做法，让每一位学生在实验室度过几年后，都变得更加积极、自信、从容！

三、"写得不错"

2009年本科毕业加入席门后，我开始学习与管理研究相关的理论和方法。和其他所有研究生一样，我迫切地想发表自己的第一篇论文。写论文这件事情，让我有一种道理都懂，但就是做不好的感觉。这篇论文用的就是行为实验的方法，探讨了团队领导风格的问题。第一稿写好后，我通过邮件发给了席老师。尽管席老师已在从想法、设计到实施等各方面给了很多的指导，实验结果也的确如理论所预期，但我仍然十分忐忑，对自己的第一篇作品非常没有信心。

次日，席老师回信了。他在邮件里对我的第一篇论文给予了肯定，开头便是"写得不错"，这让我兴奋不已。但当我打开附件的论文时，才知道其实自己写得并不好：整个文档里密密麻麻的全是席老师的修订，并且关键的地方批注了为什么要这么改。那一刻我的感受复杂得难以言表，有尴尬，有感动。当我逐字逐句修改的时候，忽然明白了很多之前不明白的地方。不久后我发给了席老师第二篇文章，席老师帮我做了三件事：第一，肯定了我为研究项目做出的努力；第二，逐字逐句帮我修改了论文的引言部分，并要求我按照这种方式把论文全文修改一遍；第三，发给我一篇关于他对这个问题的思考的文章（作为西交利物浦大学执行校长和英国利物浦大学副校长，席老师有着丰富的理论和实践经验），并启发我思考所研究问题的核心机制是否如我的论文所写的那样。席老师"手把手"的教导与春风化雨般的鼓励和肯定让我在科研方面成长了很多,也让我看到一个优秀的教育家是如何引导和培养学生的。

四、指示牌事件

2014年3月,我有机会去西交利物浦大学做一段时间的研究助理,一方面在晓军师兄的带领下做一些教育研究,另一方面也是与席老师讨论博士论文写作问题。到苏州后,我与鹏飞师弟、张琳师妹共同在一间办公室工作,距离席老师办公室仅几米远。在苏州的这段时间近距离跟随老师学习了很多,但让我印象最深刻的一件事情是席老师罕见地生气了。

在西交利物浦大学的育人理念中,很重要的一个方面是"培育有国际视野的世界公民"。记得那是一个周末,西交利物浦大学举办了一个教育相关的会议,邀请了很多教育界、实践界的学者、专家共同探讨教育问题。会议开始前,我跟席老师一起从办公室步行到会场,快到的时候看到了会场的指示牌。我看到席老师眉头微微一皱,随后加快脚步往会场走去。到了签到处,席老师问指示牌是谁负责制作的,有一位老师抬起了头,席老师当即说下次一定用双语的,虽然所有参会的人员都是中国人,但西浦是一个国际化的学校,培养的是拥有国际视野的"世界公民",这是做一切事情的出发点。后来我找了个机会问席老师刚才是不是生气了,席老师笑着说我们的教职员工对学校的理念理解得还不够,还没有内化到行为里。

"世界公民"这个词经常被席老师在各种场合提起,其实在指示牌事件之前,我和那位做指示牌的老师一样,并没有充分理解这个词的内涵。但经历了这件事情以后,我一下子明白了很多事情。例如,我开启博士生涯后给席老师的第一封研究相关邮件是用中文写的,没想到席老师非常细致地用英语回复了我的每个问题。起初我还觉得有点奇怪,但那一刻忽然间想明白了"世界公民"的含义。道理很简单:当你站在全球、世界的高度去看问题、做事情的时候,就会有很多以前未曾想到视角和想法,也会有不一样的努力方向和行为策略。

席老师的言行、视野和看问题的深度,深深地触动了我。我毕业后的职业发展路径严格地从"世界公民"的站位出发,好几次重大决策都与之息息相关。例如,我2015年3月博士毕业后加入南开大学商学院工作,开启了一段非常美好的"青椒"时光。然而,当我完全可以预期自己未来在南开的职业发展路线时,我发现了一个重要的问题:虽然南开大学对科研和教学的要求已经很高了,但如果站在世界的高度去看,还差得远。因此,我决定走出舒适区,放弃在南开积累的一切,暂别刚刚出生三个月的孩子,于2019年远赴法国全职工作,接受海外全职工作的挑战。在国外工作的两年期间,我在英语教学、文化理解与融入、研究等方面取得了很多进步,这与席老师教会我的这种"世界公民"的站位与格局是分不开的,导师的影响够我受用终生。

五、三个半小时

2020年伊始,新冠疫情在世界范围内爆发,国际旅行变得困难重重。年中回国后经过与家人的商量,我决定开始寻找北京的工作机会。当时把简历投到了北京的两所高校,其中之一便是北大心理学院,并很快收到了面试通知。由于申请得晚,顺利通过面试后,留给我准备呈交给北大校评审会的材料的时间已经很紧张了。其中有一项材料是推荐信,要求在很短的时间内由推荐人直接发送至指定邮箱。我怀着万分歉疚给席老师发微信说了推荐信的事情,发送时间是2020年12月3日上午9点46分。我知道席老师作为大学校长,每天日程都是满满的,这种临时来的事情会干扰他预先的安排。但令我没有想到的是,当天下午1点10分,席老师回复我"Done"。同时,北大老师也告诉我收到了席老师的推荐信。从这个时间可以知道,席老师一定是忙完上午工作回到办公室后第一时间帮我完成了这个任务。从我临时给老师"加活"到结束,仅用了三个半小时。后来,校评审会顺利通过,我拿到了北大发来的聘用通知。

回顾整个过程,我对席老师会在极其有限的时间内满足我的求助请求竟然没有一丝担心,这是因为席老师对学生的事情一向非常重视,学生的事情在席老师这里一直都是最优先的。例如,如果不能第一时间着手处理学生的论文指导工作,席老师一定会先回一封邮件,讲清楚会在什么时间点以前返回意见。如今我也指导硕博研究生,深知要做到如此认真负责需要付出多少心血。

六、报答春光知有处，应须美酒送生涯

在知道可以向席老师《教育何为：发现自我、成为自我》一书投稿时，我忽然陷入回忆中，难以自拔。回顾从与席老师在交大课堂上的初见，到拜入席门，再到现在从事着跟席老师一样的教书育人的工作，我无比感慨。教育是一个极其复杂的工作，回答"教育何为"这个问题也非常不易，但我在写下上面这些文字后，忽然想用这个短文的标题来回答：教育，就是成为像他一样的人。

教育在于立德树人，而影响立德树人的诸多因素中，导师无疑是最重要的。这就对导师提出了很高的要求，因为这个影响过程不是说教，而是润物无声的耳濡目染。我很感恩能够在人生的关键节点上遇见席老师这样一位导师，教我做学问，帮我立志向，给予我面对复杂人生的自信与底气。报答春光知有处，应须美酒送生涯。对导师最大的回报，就是踏踏实实地做好教师这份工作，在"成为像导师一样的人"的路上大步前行。

观思行录

国际化不只是用外语教书、有外国师生，更主要的是有全球视野，符合未来世界发展的趋势和需求，整合全球资源和智慧，形成参与国际竞争的机制和能力，最后成为有竞争力的世界"玩家"（strong global player）。

——席酉民

| 07 |

我的开窍时刻

刘　鹏[①]

回顾我近四十年的人生旅程，大部分都是教育经历——学前班、小学、中学、大学本科、研究生……虽然我父母的文化水平不高，但比较幸运的是在不同的教育阶段我都能碰到关照我、给我启发的师长。关于我该如何度过人生这一重要问题，开窍发生在我的研究生阶段。

结合研究生阶段及近来的工作经历，我很感慨的是：人和机器不一样的是，人通常在得知为什么而做事之后，会迸发出难以置信的超常力量；人会回顾和前瞻，前瞻方向哪怕仅是大致明确的，也会对行动起到指引作用，回顾则能识别不足且让人更加坚定努力的方向；人也会受到一些不起眼的因素影响而做出不一样的选择，从而改变自己人生航向，有时也许会连锁反应式地带动其他人和事的改变。这些方面在 AI 时代的教育变革中，需得到更多关注。

一、心智开启

2007 年，我度过了大学本科三年级下学期和四年级的上学期。我极力憧憬着看不清的未来，又对当时的状况感到不安。2007 年头几个月里，上一年暑假去北京旅行的记忆挥之不去，与新认识的几所大学的朋友、再会的老朋友偶有

[①] 刘鹏，西交利物浦大学和谐管理研究中心执行主任、产业家学院学术与运营院长，副教授。爱爬山，帮助人们智慧成长、快乐生活。

联系，想要做的总结一直未完成……不管怎么样，脑海里反复强化的意识是必须准备考研究生了。于是，我就开始整理、筛选考研的专业和学校信息，并给一些大学的老师写信表达读研究生的意向，很遗憾都杳无音信。有天我鬼使神差地给西安交通大学管理学院的席酉民老师写了封邮件，意想不到的是，很快便收到了他的回信，他说："感谢关注！我们对所有专业学生提供公平竞争平台，祝你成功！"这让我惊喜了好几天，告诉了周围几乎所有的好朋友，也让我坚定了考研的决心——摒弃其他杂念、放弃所有的工作机会，以破釜沉舟的状态准备考研。虽然我考研的初试成绩尚可，但复试成绩不佳，在这种情况下，我还是"孤注一掷"地选择报考席老师的研究生，最终被录取，成为席老师的一名弟子。

2008年9月，我的研究生阶段正式开始了。在入学后的一次研究团队会议上，我见到了席老师以及团队的很多老师和同门。会上，席老师讲了做学问的三种贡献——"树篱笆桩子""编织篱笆"和"修补篱笆"，生动地揭示了学术研究的不同做法、类型和价值贡献。他鼓励大家多做有重要理论开拓的研究。如果说在之前沟通中，他让我感觉做研究是一件有价值、利国利民的事，那么这次直接的接触，他和团队让我明白做学问和研究可以成为人生中最有价值的一部分（后来读了很多经典著作，我认为这可以表述为"以做学问为志业"）。

如果说我之前把做学问当作手段和工具，那在这之后，我意识到做学问也可以是志业、是目的（成为人生的一部分）。研究生入学的激动情绪开始转化为对具体努力方向的持续热情。此时，席老师已经赴任西交利物浦大学执行校长。当时以及后来很多年不断有人问我："他在苏州的时间多，还是西安多？""他怎么指导你？"我一贯含糊地回答这个问题，因为对我而言，可以毫无障碍地向他请教，与他沟通和讨论，就像他在我身边一样。

二、方向具化

2009年年初，我的第一篇学术论文构思出炉了——研究管理过程中的人际和社会关系，我迫不及待地发给了席老师，他照旧很快给了我富有启发的评论以及字里行间的详细批注。同时，他还将回复抄送给了韩巍老师。很快，韩老师也回复了邮件，带着他那富有批判腔调的详细反馈。看着满篇的批注，我深切感受到什么是学海无涯，自己虽读过很多书但依然还不够，自己的理解和学术研究的要求之间还有很大差距。对我而言，认识到真实的差距是成长的开始，在这基础上，通过和席老师、研究团队的老师和师兄弟姐妹们深入的请教、沟通和讨论，我寻找到了具体的努力方向。每个人都会有梦想、都有可能看到一些宏观趋势，但并不是每个人都能在需要的时刻找到努力的具体方向、路径和方法，而我初读研究生就能有如此收获，只能说我比较幸运。

我从中学到大学本科毕业的十年教育历程中，主线任务是刷题、考试和分数，也就是说，应试教育在十年间持续给我灌输的具体人生方向就是更精细地刷题和考试、极端的唯分数论。虽有老师零星地指导我辨识人生方向，但对自己的兴趣是什么，大概是本科毕业前才有些模糊的认识，至于要做什么有价值的事、如何度过人生，至今年近四十依然在探索。十年间我有过困惑和挣扎，但在大学本科毕业前我的选择空间不大。应试教育在特定阶段有其用处，但随着经济、社会的发展，需要教育迈向更高质量的发展阶段时，其弊病日益显现，正在严重地误导青年人的人生选择，浪费人才精力和社会资源，扼杀创新，甚至可能会妨碍国家的发展。

让我感到遗憾的是，在我的人生早期需要具体方向的时候，没有得到合适的指引。但让我感到幸运的是，在研究生开始阶段就被教导"好的研究不等于论文发表或所谓顶刊论文的发表"。这种幸运还在于，有的人可能终生不愿意接受，有的人需要许多年的经历和反思才会理解。不论是以分数还是顶刊为评价标准，这些做法在教育的特定发展阶段有其合理性，可一旦极端化就显得荒谬了。因其运作在本质上都是单向（维）的、不计代价的精细设计优化，把手段颠倒成了目的，是违背人类和谐社会发展法则的做法。管理学术界亦存在这一倾向。

2009年到2013年，我在席老师、多位团队老师以及国内外一些学者的指导和帮助下，把人生发展方向具体化为以做学问为志业，针对和谐管理理论所观照的研究对象、哲学思考、研究方法、关键问题、洞见启示等进行探索与精进。回头看，那是一段初生牛犊不怕虎、不自量力、不在意个人得失而竭力追求真知的日子。和谐管理理论启发我理解了促进人类社会生活良性运行的一些管理要义：在社会总体层面，完全理性的控制设计要么不存在，要么被极端化地推行，后者势必制造意料之外的恶果；系统层面的自主性、涌现等演化过程总会发生，而且通常会带来新颖、多样的价值。就个体而言，通过主题辨识，对控制设计与自主演化规则可以进行学习和耦合运用，再注重反思和持续的迭代升华，将有助于实现更美好的生活。在实际的经验世界里，个体与群体、心智与行动、规定与能动、结构与过程、控制设计与自主演化、必然性与偶然性等交织缠绕，利与弊、优与劣、高与低、进与退、成与败之间相生相克。如此景观，不也是教育过程的真实写照吗？我们的思考方向只有立足于教育的实际景观，才可能看懂历史的启示、看清未来的趋势。

因此，当我们追问：教育向高质量发展的具体方向是什么？作为和谐管理理论的研究者，我的思考和建议是，不论是国家的教育体系，还是教育机构、个体学习者的层次或尺度，应尽最大可能减弱"超强控制、完全设计、极限干预"，真正地"允许多样、允许对话、允许一切发生"，在这种持续的张力中扩展教育以实现高质量发展。人只有在这种持续张力作用下获得多样的体验才有可能全面发展。秉持这样的方向理念，走进、沉浸于实际的教育过程，我们总会与高质量的教育不期而遇。

三、体验多样

成长源自多样体验的累积、充实、转化、扩展与升华。研究生阶段，我有学习、考试任务，有研究和企业调研咨询工作，还有参加学术研讨会、与其他学者交流等活动。虽然研究生阶段的主要考评要求是分数，也看重发表和研究项目——有公式可以折算成分数。好在不只看考试分数了，我有了一点点自主选择的空间，并因此获得了多样的经历。当然，仅有经历，还不足以成长。有助于经历转化、扩展进而升华的因素，除了自己勤于思考，我认为更重要的是师长们面对面的沟通、手把手的指导。我有很多难忘的瞬间值得记录。

有一次席老师晚上回到西安，在这之前约了他请教一些研究问题，等到了会面处，他还没吃晚餐，简单点了一份烤面包片，就开始边吃边和我聊，很多想法、思路被直接写到了餐巾纸上，这张餐巾纸我至今还保留着。在大学国际化项目研究过程中，李怀祖老师让我打印出一页我写的文字，逐句逐段地帮我修改词不达意之处，帮我理清思路、改进文字表达能力；郭菊娥老师则跑到我们学生实验室，对着我的电脑逐页教我改进 PPT 的结构与内容，教我用别人能听懂的语言讲述研究内容。在国家自然科学基金项目实施计划书里、在撰写的学术论文里，都有葛京老师帮我优化、提炼、改进的痕迹。在阅读管理哲学著作并希望能有人解惑时，是韩巍老师陪我聊到凌晨三四点钟，当时没觉得有什么不妥，但事后才想到他应该很疲惫吧，因为此前他从深圳乘飞机到西安，已和团队交流了大半天。还有梁磊老师，第一次在杭州见到他，他就教了我很多生活、为人的智慧。

这是令我受益的教育历程，不只是单向地灌输知识，不只是刷题、提高分数。教育是面对面沟通、讨论和对话，不仅教知识，还教人生经验、做人道理和实践智慧，不仅教选择的具体方向和内容，还教认知和行动的方法、路径，从而让学生拥有多维度、多层次、多时间阶段的体验和成长。

研究生阶段的前三年，我在学术领地上一路追踪探索，不仅了解到国际上管理领域的不同学术流派，还触及哲学、研究方法论。在一往无前的探索中，我针对管理研究的科学范式、实践范式和叙事范式进行比较，开展了深入的研究。沿着叙事范式的思路，我提出文本工作（textwork）是否表达出了新管理实践的实质或者是否发展出了不同于现有话语体系的新话语，是判断文本工作是否具有启发性的必要标准；并指出，之所以把二者当作必要性条件，是因为启发性的发生还依赖于读者的阅读实践、感悟等更多因素。这些研究成果在当时只知道科学范式的国内管理学术界无异于异类，对于主流的国际期刊来说，也因为想法激进而备受质疑。

当我偏离学院强调分数、顶刊发表的主流发展轨道和评价体系后，挫折、失败在所难免，正所谓"前途是光明的，但道路是曲折的"。很多同学按照主流规则的要求，发表了顶刊文章，拿到名校的工作机会，获得了各种奖励和头衔，而我虽有一些不错的中文期刊文章发表，但因博士论文的研究方法、写作风格"非主流",又没有英文顶刊文章证明自己,博士毕业答辩过程中论文被反复要求大修改,也因此陷入漫长的挣扎困顿期。我采用质性研究方法探讨企业通过战略创业实现转型的过程。虽然中国企业在改革开放后三四十余年的发展历程中,全国范围普遍的转型实践已经有过两次以上,但遗憾的是,我们对这些实践的深度记录都非常稀少,遑论深刻的理论洞见。当我试图在博士论文研究中这样做的时候,反被时下主流的学术话语权所伤。中国管理学术界(包括我所在的学院)在实证主义范式的定量研究道路上走得太远,其精细、自我强化的程度已十分严峻,影响了学术生态的多样性,其大量研究严重脱离了管理实践,已经变得琐碎而无价值。历史经验表明,现有系统的超强正反馈机制会导致路径依赖,排斥一切负反馈或新奇事物,进而变得盲目、故步自封。证明自己做的事有价值、有益于社会的方式有很多,如果时机未到,那些有悖主流方向和评价体系的做法常常会被负反馈消除、抑制或打压。在实际的社会生活中,理想中的理性系统规则都不是一帆风顺地落地实行的。

社会经济系统中,在位的管理者需要保持一定的包容性和反身性(reflexivity)。在管理实践中,这不容易做到。有的管理者会觉得包容带来的多样性和开放性会导致脆弱、失控或低效,实际上这是管理不到位的问题而不是包容的问题;一些管理者或许有这方面的意识,却因无法形成具体化的方向、没有可操作的方法路径,最终随波逐流、无所作为。席老师在这方面展现的远见卓识、非凡的驾驭力和为师者的担当,弥足珍贵。在我最困顿的时候,他也从来没让我感觉到自己是个"loser",研究团队的其他老师们也没让我有过这种负面感受。他还教导了我很多驾驭博弈过程、以智慧坚守自我的道理和方法。他的包容、保护和指导,让我那稚嫩、贫乏的大脑逐渐成长出适应复杂性的心智。

当我们追问:创新的心智与能力从何而来?我的教育经历就是一个答案。人的成长与多样化体验分不开,需要不同的努力方向、方式,需要付出不同的代价。就像越来越多人意识到,产业科技创新从0到1、从1到10、从10到100、从100到1 000乃至亿万,其间的发展逻辑、方式、成本、收益、需要的支持都是不一样的。

四、平台传承

我在准备考研时曾看到一段问答，问的是研究生应选择大师级的教授做导师，还是选择青年教师。记得当时的回答是说，选择青年教师做导师，他会有很多时间精力直接指导你；选择大师级的教授，则他可以提供一个平台。席老师也经常说，给学生指导之外，他还为学生搭建成长、发展的平台，并说他的老师也是这样做的。平台并不特指一个具体的载体，比如一个研究项目、一次学习或参会交流的机会、一个研究中心、一个学院等，都是搭建平台。在研究生阶段的早期，我虽然没理解席老师说的"搭建平台"的意思，但从我加入席老师的团队开始，就享受到了平台的红利。通过与王磊、白云涛、王亚刚、丁琳、张华、刘洪涛、张晓军等师兄师姐平时的交流，我仅用不到半年时间就学会了很多科研知识和方法，而对没有类似平台的同学来说，可能要等一两年、上完博士课程后才能学会。在研究生期间，我有幸接触到国内外许多的学者，参与了很多不同类型的项目，见识了不同的人生选择，这些都是席老师说的平台的价值。如今我也做了老师，常常也以此提醒自己，要给学生们搭建平台，帮助他们更好地成长和发展。

2018年年初，席老师先后两次到杭州开会，期间我们都进行了深入的交流。席老师讲了很多他对当时和未来经济社会发展的观察和思考，讲了西浦的发展成就和前景，还特别讲到了和谐管理理论在当代的价值和机遇。在那一刻，我和他达成了共识：是时候建立一个正式机构来推动和谐管理理论的深化和应用了。于理论深化和应用而言，搭建一个平台有助于汇聚力量、集成资源、有的放矢地突破瓶颈、创新发展。于大学而言，创造新知识、培养适应时代需要的复合型人才始终是核心任务，和谐管理理论的深化研究、应用以及孕育人才的复杂心智恰逢其时。于社会、产业发展而言，中国过去三四十年大量涌现的、融合东西方思想的先进管理实践，已足以支撑起一批引领性、原创性的管理理论，而中国高质量发展和创新比任何时候都需要适合中国国情的理论加以指导。说干就干，2018年年底，西浦和谐管理研究中心筹备就绪，2019年1月就正式挂牌运行了。其后的三四年里，在和谐管理理论的应用方面，我们努力就产业创新生态、产业互联网、数字化转型、战略人力资源、代际传承、健康养老、能源转型等议题上形成了研究能力和关键抓手。期间，即便我拥有了新的角色（同事、下属、员工等），我依然得到了席老师像对待学生那样手把手的指导，从如何做好具体工作到如何扮演领导角色，从个人提升到组建团队、识人用人，从跨文化沟通到构建生态等。这些指导对我快速适应、持续成长和高效胜任工作带来了无可估量的价值。

2022年年底，新机会来临，和谐管理研究中心责无旁贷地担负起筹建新平台——西浦产业家学院——的重任。2023年11月，产业家学院正式挂牌运行，这个对老师、学生、企业家、产业、政府等利益攸关者非常有价值的新平台正在扎根、成长。"产业家"的概念内涵是席老师在2019年和谐管理研究中心与产业界合作时提出来的，在这个重要概念提出和落地实现的过程中，他一如既往地展现了他的敏锐直觉、前瞻洞察和果敢任事的风格。产业家学院汇聚多方智力和资源，通过老中青人才结合、产学研融合、做学问和投身产业创新生态实践共生共创，或许用5年到10年时间，就将在产业中、在国际上，再造一个"西浦"——建立在AI底座、国际资源整合和产业家孕育基础上，融合教育、科创、产业和社会力量，形成引领性的创新生态！

平台不仅赋能创新，还有助于传承。席老师没有直接和我讨论过和谐管理理论的传承话题，这是我们的默契。从2019年年底开始，我们针对中国社会发展到现阶段所面临的代际传承问题，倒是正式或非正式地开展了很多讨论。和谐管理研究中心提供了传承与创新实践的支点和栖息场所，吸引各种人才、力量和资源汇聚、碰撞和融合，既推动着社会代际传承问题的研讨、应对和人才培养，又使得和谐管理理论的传承和创新得以展开。平台形成了一个源源不断提供动力的引擎，推动和谐管理理论、产业家和产业创新生态有关的研究、人才培养、产业和社会服务等各项事业可持续发展。有了平台，这些利国利民的事业不必维系在我们个人身上。多年来，我观察和体会到席老师领导西浦的心境和豪情是"功可强成"，同时他又拥有宽广胸怀和大格局：功成不必在我，但功成必定有我！虽然有熟悉的老师当面评价说，席老师和我"气质不同"；但也有老师近距离观察了我在西浦的工作后点评说，就实践中的操盘、驾驭方式而言，在年轻的弟子们中间，我是"和席老师最像的"。这或许是因为我们都在运用和谐管理理论吧！

五、反思突破

回首我的教育历程，没多少惊天动地的成就和社会影响，大多是波澜不惊、暗自发力。我从心智开启、方向具化、体验多样、平台传承等方面描绘研究生阶段以来的开窍时刻，希望能够为当下的教育反思和讨论提供一些朴实的例子和思考心得。持续学习已经成为常态，我的反思突破则还在路上。如今 AI 革命的浪潮滚滚而来，教育正在被重塑，我认为教育渐进式改良已无出路，教育革命必将发生。席老师经常讲要站在未来看现在，并勾勒了未来的学习方向。如果说席老师瞄准未来的说法，有助于帮我们辨识方向、走出当下困境，那么德鲁克的告诫——"战略是研究我们今天要做些什么才能有未来"——则提醒我们在心智、体验与平台方面做好应对未来的准备。

观思行录

身高无法选择，不要因矮于别人而放弃其他方面的超越；名门无法选择，不要因出身寒门而扼杀自己的潜力和才智；父辈无法选择，父辈的成就并不保证你的坦途，父辈的平庸也不意味你必然无能。人的生存条件是不公平的，但所处世界和自由梦想的空间是相同的，何不用我们个人的努力超越条件的约束来创造不同？

——席酉民

| 08 |

师 者
言传、身教、境教

曹春辉[1]

教育从古至今都是中国文化里受关注的焦点,既是触及民生福祉的核心议题,也是国家创新、民族振兴的根基所在。中国高等教育历经多年的发展,在高校数量、学生规模和综合实力上取得了不少成果,但面对诸如"钱学森之问"时,又会遭遇一些"尴尬"和反思。教育何为?或有诸多之解,但"师者"(尤其是大师)无疑在其中扮演了重要的角色。席老师作为一位从教四十年、桃李满天下的师者,一位杰出的管理学家、教育家和中国高等教育改革的推动者与实践人,其传道授业解惑的历程不仅折射了师者对教育的所思,也给出了师者可以何为。

身为席门弟子,仅以学生视角,撰此文,记录我心中的师者以及老师对我的启迪。

一、言传不如身教,身教不如境教

2007年自己本科毕业进入师门学习。初入师门,自己有两个困惑,亟须两

---

[1] 曹春辉,上海外国语大学国际工商管理学院副教授。爱好摄影,认同"先做好学生,后做好老师"。

个转变。因为自己本科读的是应用物理专业，为了弥补专业知识的不足，在学习必修课程之余还去旁听了多门其他管理课程，一周大概上10门课。此外，自己还开始阅读管理学领域的文献。在这一过程中，我遇到了一个困惑，就是管理学与物理学的知识特征差异很大，物理学理论和文章的逻辑更加清晰、严谨，相对而言管理学的论述则有些模棱两可，充斥着许多不确定性。这让我在研读管理学文章时每每产生诸多质疑，感觉其缺少足够的因果联系。有时甚至会怀疑自己能否跨越这样大的学科鸿沟。自己在跨专业考研时，周围也有诸多老师和好友关切地提醒过我会面临这样的挑战。

恰巧，席老师本科也是物理学，在研究生阶段转为管理。事实上，尽管自己从未与席老师正式探讨过初入管理学领域时的这一困惑，但那时每次读老师的著作都倍感其文笔之细腻动人，其洞见之新颖睿智，这种文理兼容的文风让我颇为着迷。而看到老师在管理学领域所取得的成就和影响，无形当中也给予了我诸多的激励和力量。让我相信这样的多学科交融，不仅是壁垒，也会是一种优势。后来有机会聆听老师讲述自己的成长历程，也提及在观察管理现象和做管理研究时，物理学与管理学的知识交叠给予了他诸多启示。因此，尽管老师并未言传解惑，但老师的经历却助我更好地认识了两个学科的特征，顺利完成了从物理学到管理学思维转变。

当时遇到的第二困惑，就是从一个被动知识学习者向主导知识创造者的角色转变。在中国传统教育模式多年的培养下，自己早已习惯了老师主导下的知识学习过程。总是期待着老师的讲解和引领，而自己的主动性探索不足，甚至缺少这样的意识和信心。现在依然记得自己第一次单独与席老师在交大主楼办公室碰面的场景，自己带着懵懂和期许，询问老师学术研究和成为一名优秀博士生的奥义，老师当时一方面建议我多去阅读和学习，另一方面也指出要转变学习模式，强调自主性学习对于科学研究探索的必要性。同时，老师也提及自己在国家科委（现科技部）参与三峡工程评估研究时，通过主动探索学习提升自身能力的经历。那是我第一次开始意识和思考，自己在知识探索中的角色定位，也是自主学习意识的初步觉醒，老师助我完成了这样的角色转变。而随着后来与老师互动的增多，发现老师在面对诸多挑战与困境时，也一直践行着自主探索和积极主动的理念，老师与我所言，也如此所为。由此，对自己的影响又进一步加深。

事实上，尽管席老师的言传每每让我醍醐灌顶，但其身教于我的启迪更多。一人所言与一人所行一致，尤其是所行之后能所致，这对他人的影响便会很大。而老师所行并未止于身教，在求学过程中，老师为我们提供了高水平的学术交流平台，诸多企业访谈、调研机会，并给予了我们包容、开放、自主的求学环境。相对一些老师对学生科研时间的严苛考核，席老师从未对我们的假期和日常的科研时间有过多要求，但师兄师姐师弟师妹们却无一不积极努力地学习科研。这样的场域也铸就了席门多元的研究领域和卓越的研究成果。不仅言传，也为身教，不限身教，更塑环境，也许这就是一位杰出师者的可贵之处，也是师者传道授业解惑之法。

二、授之书而习其句读者，非传其道解其惑者也

自己进入博士学习时，恰逢中国管理学研究蓬勃发展之时。老师在学术研究上引领我前行。自己进入师门参与的第一个项目是《二滩水电企业流域化、集团化、科学化管理理论和方法研究》，我之前并没有任何关于工程管理的知识积累。第一篇学术文章《工程项目管理中应对不确定性的机制研究》颇具挑战，写完发给老师，老师逐句进行了修改。看到满篇修改的红色标注，羞愧之余也为老师的严谨和敬业所感动。经过老师的修改和指导，文章最后发表于《科研管理》，这让我对科研充满了兴趣和信心。作为管理学术界的大家，老师在管理实践洞见、学术科研选题定位、问题意识导向和学术规范上对我影响深远，正是老师的学术引领和启迪，让我毕业后继续在管理学术领域前行。

尽管一位导师对学生的科研学术指导意义非凡，但我更同意《师说》所言——授之书而习其句读者，非传其道解其惑者也。比起专业知识的受教，老师对于我认知这个世界以及对我自身成长的启迪意义更大。走向社会之后，遇到了更多的困惑和挑战，既有看到社会诸多病状之后的悲凉、面对桎梏力争求变之后的无奈，也有明白理想与现实之间差距后的失落。每每此时，会不自觉地回望老师，从老师之处获得启迪，进而继续前行。

也许是身处高校多年，也许是自己长了一张娃娃脸，当然也可能就是世俗

中的"不成熟",自己多次被他人评价身上带有"理想主义"色彩,自知放到当下,于一名成年男性来说这谈不上是称赞。事实上,大多数学者会不可避免地走向两个极端:要么厌恶这世事的丑陋和烦忧,别离世事,一心只读圣贤书,向内寻求自身的桃花源;要么拥抱这繁杂多变的世界,落入世俗的泥潭中,追寻世俗的成功,渐渐远离了学者的本真。严复翻译的《天演论》中早就提及每一个人都不得不,在自行其是和自我约束之间,找到一条既适合自己的性格气质又适合环境条件的中庸之道。但人世间能达到此境界的人可谓稀缺,甚至让我几度怀疑是否真实可行。尽管被他人称为理想主义,但我却并不想仅仅活在理想主义当中,如何既怀出世之心、又掌入世之道就是我走向社会之后的最大困惑。

席老师是解决此困境的集大成者,让我相信虽难但可至。老师富有启迪的佳句颇多,其中对我影响最大的当为"浸淫在世俗中,活在理想里,行在从世俗到理想的路上"。老师是一个对中国高等教育极具期许、勇于突破和创新之人,但是中国教育的传统模式和体制问题由来已久,这也造成了很多人一方面知道改革的必要性和紧迫性,另一方面却又在此停滞不前,甚至在喊着变革的同时成为变革的阻碍者。自己在2017年曾经就"中国高校的行政化"议题写过一篇文章,投稿过程中评审人一方面承认研究的价值和意义,另一方面却又担忧和怀疑这一问题的可解性。因此,真正怀有理想主义(对理想教育有期许和认知),又能付诸教育改革实践的人太少了。这既需要对教育有深刻的认知,也需要有行动的智慧、能力和勇气。对当下中国高等教育的发展而言,我们太需要这样一位繁杂世界里的洞见者、不拘一格的改革派、理想主义的实干家了。而老师在治校管理的理念上、在中外教学体制的创新上、在高等教育的改革上所取得的成绩,让我备受鼓舞和启迪——原来尽管很难,但我的这人生困惑是有可行之解的!这也促使我一直要求自己既要理论上进行学术探究,也要关注管理实践,既注重学术交流,也与企业家们保持密切的联系。

是的,席老师于我而言就是这样一位既闻天下事、也著圣贤书,一位跨越理论与实践鸿沟、跨越理想与现实鸿沟的理想主义践行者,一位境教多于身教、身教多于言传的理想师者。

适逢四十不惑之年,弟子羞愧尚有诸多未解,但对世事的诸多所悟颇受吾师影响，诸多所得皆与老师授业相关。有生之年，与吾师相遇，受老师教诲启迪，实为弟子之幸！而今弟子也走向了教师的岗位，老师对我的影响，也间接影响我对学生的指导。教育何为？教育者何为？也成为我面对的议题，弟子既会坚持向吾师学习，也会秉持老师对我的教诲，积极主动地探寻这一中国高等教育问题的自我解答。愿吾师得以继续推动中国高等教育的改革和创新，中国教育需要更多如老师一般的管理学者、教育家和理想主义的践行者。

观思行录

教育是帮学生认知"人、群体和社会、世界"的过程，进而支持学生习得"为人、与群体和社会相处、与世界相处"的能力，最终促使他们积极为人，以自己的努力为"人、群体和社会、世界"做力所能及的贡献，以拥有快乐幸福和丰富多彩的人生！

——席酉民

| 09 |

自我发现之旅

在受教育的过程中感悟教育的真谛

张晓军[①]

谈及我生活和工作中受到席老师的指导,可能有上百个故事。我很幸运,在读硕士时便加入了席门,一直到博士毕业近六年时间深受席门文化的熏陶。更幸运的是工作后依然能够在席老师身边通过他的言传身教继续学习,至今也逾十一载。这十七年与席老师的"亲密接触",我最大的收获可能是让我更清楚地认识到自己是谁,这些年的各种经历也构筑了我追求自我梦想的环境。帮助每个人发现自我,点燃心中的梦想,并提供机会营造环境支持大家去实现梦想,这大概就是我在过去十七年感悟到的教育的本质。限于篇幅,我选择其中的 10 个故事,与大家讨论我从这些经历中所感悟到的好的教育。

一、初入席门:自由、有爱的团队塑造了我的个性

我的本科学习在西安电子科技大学完成,考研的时候选择了不远处的西安交通大学。尽管当时我已经学习了管理学近四年,但是我还不太了解国内管理学界的学者,也不知道西交大有谁。所以我已不记得在笔试结束、入围面试后,学校让我选择导师时为何会选择席老师,那时候我并不知道他是西交大的

---

① 张晓军,西交利物浦大学首席教育官,爱好羽毛球。

副校长，也不知道他提出的和谐管理理论，可能只是因为他好像在导师列表的第一个。在两轮面试中，我都没有见到席老师。直至 2007 年 4 月面试通过之后，在管理学院 3 楼席老师的办公室里，我和其他四位新同学一起见到了席老师。对于那次见面，除了意识到我好像选了一位挺厉害的导师，也没有留下太多的印象。

进入师门后，触动最大的事情发生在每两周一次师兄师姐的学术报告会上，那些报告就像天书一样我什么也听不懂，什么理论啊、方法啊，还有各种模型和概念，听得我一头雾水。在本科阶段我根本没有听说过这些知识，因此感到巨大的压力。于是赶紧请教师兄师姐，记得当时几次跑到 8 楼请教王磊师兄"假设检验"到底是怎么回事，虽然我能看出来他对我的一无所知感到吃惊，但他还是耐心地给我一一解释。当时，除了请教，就是一头扎进图书馆，读论文，看各种方法论的书。看来看去，自己好像对质性研究挺有感觉，于是就边尝试一些数据分析，边学习如何做编码，后来竟然把自己带上了质性研究的不归路。当然这和席门里面自由宽松的环境分不开，导师不会要求你用某一种方法。这种自由，在我 2008 年进入管理学院 420 实验室以后就更深刻地体会到了。这个实验室有 16 个座位，每个座位都有人，我喜欢从早到晚都待在那里，但是平时这里能见到的人不多，师兄弟姐妹不知道都去哪里了，平时不太容易见到，看上去很散漫。但是每次开会的时候，大家讲起自己的工作都是头头是道，感觉比我待在实验室里做的工作还多。

参加了几年师门的学术会，我最大的感受就是，整个师门里面有一种氛围，在这种氛围里熏久了，每个人都很有个性、有心气。例如我自己，几年下来成了一个彻头彻尾的质性主义者，尽管我不排斥量化研究，但是曾一度认为自己不太可能做这种研究。再如在我后一年入学的刘鹏在方法上好像比我偏得更远，对诠释主义和批判主义有不少关注。

二、建立自信：成长发生在有机会做没有做过的事

我特别要讲的一个故事是关于我的第一篇论文。加入师门第一年（2007年）的冬天，我就有幸产出了第一篇论文，但是过程要远比结果美妙得多。这

要从我开始接触和学习和谐管理理论说起。2007年4月,我确定被席老师录取,但还有几个月的时间才从西电毕业,闲来无事于是就开始关注席老师,以及他提出的和谐管理理论。我在西电的图书馆借到了《和谐管理理论》这本书,仔细研究了一个多月,发现根本看不懂,结果就匆匆把书还掉了。待9月份正式入学,我发现师门中研究和谐管理的氛围很浓厚,于是就开始下载过去发表的和谐管理理论相关的文章,看了一个多月,好像有了一些感觉,就给席老师写了一封邮件,谈了谈我的一些理解和想法。几天后,席老师叫我到他主楼的办公室,给我仔细分析了我这些想法的可行性,我领着画得密密麻麻的论文稿回来继续研究思考。

大约11月的时候,我和几位师兄师姐一起被叫到席老师办公室讨论接下来和谐管理研究的几个想法,让我意外的是,席老师给我安排了写一篇关于和谐管理和组织的文章。我当时刚入师门两个月,基本上没有写作经验,我怀着忐忑的心情领了任务开始准备。这个文章写了两个多月,赶在寒假前发给了席老师,没过几天他返回了意见,更让我意外的是他很认可,我按照意见修改后这个文章就比较顺利地完成了。这个过程对建立我的自信心非常重要,到后来类似的事情多次发生,例如撰写一个关于如何改进高校党委领导下校长负责制的专家建议,席老师找到我大概说了想法和思路,我花了几天时间写出来,他很快修改后也定稿了。可以说,这两次锻炼机会不仅让我成长很多,更重要的是在过程中完全放手,让我在过程中可以表达自己,从而看见自己。

这样的锻炼和互动的机会也拉近了我和席老师之间的距离,尽管他是知名学者,但是并没有让我这个刚入门的硕士生觉得很遥远。而当这种互动超越学术的时候,也是更高层次唤醒心灵的开始。印象中第一次和席老师及师母侯老师的近距离互动,是在2008年5月12日汶川大地震的晚上。当时西安震感强烈,剧烈晃动后大家都慌慌忙忙跑到楼下,席老师和侯老师也来到了管院楼外的草坪上询问学生的情况。由于担心还有余震,我们就一直待在那个草坪上,那几个小时中讨论了什么已经记不清了,到了晚饭时间,席老师和侯老师提议大家去西安南边的露天农家乐吃饭,于是一帮人就到了农家乐,我在那里第一次吃到西安的白面烤馍。当时由于下楼急,大家都没有带外套,在等饭的过程中凉风吹来觉得几分寒意,为了让大家动起来,席老师告诉我们,他年轻的时候在生产队干活,所以手上力气很大,说大家比不过他,于是当场和大家扳起手腕来。一轮下来,果然没有人胜过他,大家就这样在欢声笑语中吃了一顿饭。这样的活动,让我感受到了老师对学生日常生活的关心,让我感受到这是一个大家庭,不单单是一起学习的团队。对于硕士和博士阶段,导师对学生的影响远远不止学术的点拨和指导,日常的一言一行可能更能影响学生的处事态度和行为习惯。

三、追随内心:独特的机会带来不一样的成长

2010年7月,我博士还没有毕业,便离开西安来到苏州,这在我读博之初是没有想象过的。到苏州的主要任务是进行一项本土领导研究,这项研究源于席老师团队于2009年获得的国家自然科学基金委员会关于本土领导研究的重点项目。该研究希望用质性的方法描述和阐释中国独特的文化、制度环境以及领导者的社会化经历对其领导特征的影响。质性研究在2010年以前并不为大部分国内管理学界同仁所熟悉。也正是因为有这样的大项目和大团队的支撑,才使得这种偏离实证主义的质性研究能够在一所非常崇尚量化研究的管理学院成为可能,在那个顶级中英文管理期刊上发表的大多是量化模型和假设检验论文的时代有立足之地。这项大的研究主要以企业的领导者为研究对象,而我去苏州则是进行对中国大学领导者的研究。

之所以想对中国大学校长进行研究,直接的原因是席老师本身就是大学校长(1998年至2008年任西安交通大学副校长,2008年年底赴任西交利物浦大学执行校长、英国利物浦大学副校长),有着丰富的本土领导经验,是不可多得的领导研究样本。另外,在全球化和网络化时代,在中国土地上创建一所国际化大学本身也是一个极具代表性的创业过程和领导样本。我非常认同这个研究项目秉持的方法论及本体论和认识论基础,因此该选题也遵从了个人兴趣。当然,从项目最初的设计和讨论开始,这项对大学领导者的研究就凝聚了团队中诸如韩巍老师、葛京老师等成员的智慧和支持。

这项研究的策划在2009年下半年基本完成。2010年上半年做了基本的资料准备,特别是收集了大量的研究对象2009年以前的文本资料。2010年6月,

这个计划作为我的博士论文提案参加了管理学院组织的中期答辩，答辩会上几位老师建议要有明确的研究问题，最好有多个案例进行对比，并在最后加上假设检验的部分。由于当时正式研究尚未开始，这些意见暂且被搁置。

2010年7月20日，我抵达苏州，以席酉民校长学术助理（兼职）的身份加入西交利物浦大学，开始了为期两年的深入观察。在第一年的时间里，我以内部人员的身份广泛参与了学校的各类公开活动，包括席老师的多次私人聚餐和活动，与超过半数的任课教师和行政人员建立了联系，并通过非正式的方式与他们进行了多次交流。同时，我对席老师本人进行了几次深入的访谈，并根据自己的观察和了解，邀请了西安交通大学和西交利物浦大学的几十位员工进行了三十余次访谈。这些访谈对象涵盖了席老师的下属、前任领导、前同事等，几乎覆盖了所有我希望访谈的人员。能获得这样的学习和研究机会，让我十分感动，自然也不敢怠慢，花了很大的精力在论文上面。

这里不得不提的是，在我刚到苏州的那一年，得到了师母侯宁霞老师的热心帮助。尽管席老师已经在我到苏州之前，请西浦同事提前给我找好了宿舍，但侯老师在得知我到了苏州后，从一开始问打扫宿舍卫生需不需要抹布，到后来几次周末带我出去散心，这些关心让我感觉到师生关系超越了学术上学生有什么想法请老师指点，或者老师有什么想法请学生落地。我看到了老师关心的不仅是学生的学术，还有生活。侯老师有典型的慈母面容，更有慈母的心。她对整个席门弟子的关心，我在苏州的这十几年间感悟至深。每每有师兄师姐来访，我陪同去家里看望席老师和侯老师，侯老师都会热情招待，我亦从侯老师身上学到很多做人的道理。

在苏州的第一年，我最大的收获是对席老师及西浦有了全面而深入的了解。这为后期形成研究的主要观点奠定了坚实的基础。通过一系列的交流和观察，我逐渐感悟到，领导者的行为和决策背后，隐藏着他们对世界的理解和自我认知。领导者的成长经历、文化背景和制度环境都会对其领导风格产生深远影响。我的观察主要基于事件和对其的诠释，虽然与理论的连接并不紧密，但更像是在讲述一个生动的故事。

然而，在2011年年底，当我将基于这些故事形成的第一稿报告提交至西安交通大学进行博士学位预答辩时，却遭遇了严重的质疑。几位答辩老师对论文持否定态度，主要问题在于研究问题不明确、理论准备不足、方法规范性欠缺、贡献不明显。甚至有答辩委员拒绝做出详细评价，拒绝在预答辩表上签字。这些评价对我来说无疑是沉重的打击。

而在研究团队内部，特别是与席老师和韩巍老师的深入沟通中，我得到了大量的鼓励和支持。他们认为这项研究应坚持自己的问题意识和表达方式，不应为了迎合博士论文的形式要求而牺牲内容的丰富性和吸引力。因此，我没有遵循预答辩的意见进行大幅调整，而是按照原计划继续推进研究。在这个过程中，我得到了韩巍老师大量具体的指导。在早期开始设计研究时，韩老师就对我的研究计划提出了建议。在我的第一稿报告上，他又在逐字逐句阅读后给出了大量具体的建议。这些建议对我进一步完善研究至关重要。及至论文第二稿第三稿，他也照例给了大量建议，特别是我的第三稿中有一个概念"理性领导"，韩老师建议改为"双重理性领导"更好。我接受了这个建议，这个概念也是我认为的我的论文最重要的一个理论贡献。但其实韩老师对我的影响，远远超越这些建议。在我眼里韩老师是师门中极具"个性"的成员，他对管理研究应该怎么做有一套在很多人看来离经叛道的主张。2009年之前，他独处深圳大学潜心钻研科学哲学层面的问题，后来随着那个关于本土领导的自然基金重点项目，开启了对话与批判的道路。从《论实证研究神塔的倒掉》到颇具韩氏风格的学术演讲（PPT里面几乎都是楷体字，双引号特别多），国内管理学界迅速知道了韩巍，而我则看到了"独特"的韩巍。韩老师说，学者应该有信仰，对什么是学术、自己做的学术有什么价值应该要有自己说得过去的主张，这无疑是我的榜样，也鼓舞了我在当时的困境中坚守自我。

在2012年整整一年的时间里，我减少了观察和访谈的频率，将更多的精力投入对数据的思考和理解中。我不断探寻席老师作为一位领导者如何影响他人，以及他如何获得并保持影响力。在这个过程中，最初模糊且宏大的研究问题逐渐变得具体和明确，我开始形成了自己的"理论思考"。这段时间是我整个研究过程中最为艰难的日子。有时，我会对着堆积如山的资料感到一筹莫展，思维仿佛陷入了僵局。许多个夜晚，我因为无法停止思考而彻夜难眠。然而，正是这些艰难的时刻，促使我更加深入地挖掘和思考，从而形成了更有洞见的研究成果。到了2012年下半年，我完成了论文的第二稿。然而，在10月份之前，我并没有申请答辩的想法。在西安交通大学，博士学位答辩虽然是一个重要的环节，但真正具有挑战性的是两位匿名外审、一名学院特聘的资深教授的匿名评审以及学院的学位委员会会议。这三个环节都充满了不确定性，可谓"步步惊险"。我不确定我这个并不符合"主流"的论文是否能通过这三关。

巧合的是，2012年10月，我们关于本土领导研究方法论的一篇文章被国际领导力著名期刊 *Leadership Quarterly* 录用。这篇文章的发表也给我博士答辩带来了转机，因为在当时的西安交通大学管理学院，博士生发表这个等级的论文可以免去一个匿名评审。同时，学院的学位委员会也基本会同意我进行答辩。基于这些有利条件，我开始着手准备申请博士学位答辩。

在申请博士学位答辩的过程中，首先是五位专家的评审，其中四位为不匿名，一位匿名。尽管过程中有些小波折，但最终他们都同意了我进行答辩。然而，由于我的论文在形式和内容上与管理学院常规的博士学位论文存在较大差异，学院教务部门的老师对于是否应上报至学院学位委员会会议存在疑虑。因此，他们又额外咨询了一位匿名专家的意见，这在常规的学位申请流程中并不常见。幸运的是，这位专家的意见也是积极的。于是，在2013年年初，我的论文被顺利提交至学院学位委员会审议，并获得了答辩的许可。2013年2月，我成功进行了论文答辩。尽管答辩专家中的大多数对质性研究并不熟悉，但仍有专家在内心深处对我的研究方法表示了认同。来自管理学院的庄贵军老师甚至邀请了他团队的博士生参与了我的现场答辩，这无疑是对我的研究的一种支持和鼓励。答辩的最后一关是提交至学校学位委员会审议，这一环节也在2013年3月顺利完成。

幸运的是，我的博士论文在通过答辩两年后，相继获评2015年西安交通大学校级优秀博士学位论文和陕西省优秀博士学位论文，这种来自学界的认可让我深感欣慰。从一开始团队内成员心潮澎湃地设计方案，到研究初期管理学院内诸多老师的否定，再到作者两年多高度不确定的现场研究和申请学位中的周折，最后得到学界的一些认可，这整个过程展示了在一个以量化研究为主流的中国大学管理学院所开展的一篇非主流的博士学位论文从诞生到完成再到得到一定认可的故事。

这段博士学位论文研究的旅程，充满了挑战与不确定性，但正是这些经历塑造了我对教育的更深层次理解，让我深刻体会到心中有我对一个学者的重要性，也体会到了坚守自我的不易，以及它能带来的成长。在这个过程中，我学会了如何坚持自己认为有意义的研究，如何在困境中寻找突破，如何在挑战中发现机遇。这个非典型的博士学位论文创作和答辩过程，让我收获的不仅仅是一个故事和一个学位，更重要的是对如何坚持自己认为有意义的研究的深刻感悟和体验。同时，这也是我应对领导研究在信息获取方面挑战的一次成功尝试。这次难得的经历让我深刻感受到了管理和领导实践的复杂性，这种复杂性远远超出了现有领导理论所描述的去情境化的"场景观"。也正是基于这次特别的经历，我形成了自己做研究的一个重要原则：不轻易将自己不了解的组织作为重要研究对象。因为那样的研究所收集到的数据很有可能并非关键甚至真实的信息，对数据的解释也可能偏离组织的真实情况。

四、发现自我：实践中放手历练是最好的成长环境

时间来到 2013 年 5 月 15 日，我顺利全职加入西浦，成为西浦领导与教育前沿研究中心（英文名缩写为 ILEAD）的第一位全职员工，席老师是中心的主任。就这样，我和席老师之间又多了一层关系，从单纯的师生转变为既是师生又是同事。如果说之前在席门的五年让我认清了研究中的自己，那接下来在西浦的十一年则让我体会到了真正的成长。如果教育是为了服务人的成长，那么我作为一个教育工作者一直在试图理解我们的学生在成长中需要什么，我们又能给他们什么。这种思维方式，是在西浦的环境中形成的。关于成长的讨论，我认为最重要的是认识到"我是谁"。

先从我自己的故事讲起——我为什么要全职加入西浦？西浦从 2006 年建校开始，就有创新教育的初衷，中外合作办学的性质也令其可以有更多的灵活性和可能性来实现创新教育。2008 年，席老师以执行校长身份加盟西浦后，提出"探索教育新模式，影响中国教育改革和世界教育发展"的使命。2010 年，西浦已经提出了从教育模式、管理方式、大学与社会互动等方面创新教育的思路。我在苏州收集博士论文数据的前两年，我作为一名旁观者一直在观察和思考：如何才能实现这些宏大的使命和理念？

真正触动我的是西浦学生的学习安排。让我惊讶的是，西浦的学生每周的上课时间只有15小时左右，也就是每天约3小时，剩余的时间都要自主学习。西浦每一门课的教学大纲中非常明确地写出了自主学习和上课两种学习方式。例如一门5学分的课，一般学生学习总时间为150小时，其中约50小时为教师主导的课堂学习时间，剩下约100小时为学生的自主学习时间，这两部分时间都是计算在学生每天的学习总时间当中的。西浦学生的课堂学习和我在上本科时的课堂学习时间相比，大约要少一半，但是，在2010年西浦第一届本科生毕业生中，近30%的学生进入世界排名前十的学校继续深造，有不少踩着高考一本线入学的学生被牛津和剑桥等知名高校录取为硕士研究生。学生的这种变化，激发我思考什么样的大学环境才能真正支持学生的成长，并且把自己的职业生涯也定位在围绕这个问题的教育研究、探索和实践上，让我无时无刻不在思考如何才能推动大学教育更好地支持每一位学生的成长，这也成为我的人生使命，而加盟西浦则为实现我的使命插上了翅膀。

西浦探索教育新模式的使命和我个人的梦想高度吻合，但是，这样宏大的梦想如何实现？毫无疑问在早期充满了不确定性。从2013年成立领导与教育前沿研究中心（ILEAD，即未来教育学院前身），到2014年上半年，基本属于探索期，有愿景但是并没有清晰的实现路径，好在作为领导的席老师并没有给我具体的要求和指标，大有一副让我放手去干的样子。刚开始，我们尝试举办论坛，2012—2014年的每年5月举办高等教育创新年会，从几十人到上百人来到西浦参加，参与者的反馈说明大家对于西浦很多新颖的理念和实践很认可，于是有了更大的信心。举办会议、营造社群就成为我们的重要路径。

当然这并不是一条轻松的路。记得有一年的高等教育创新年会的一个分论坛是关于跨文化领导力的，之所以设置这个分论坛是因为西浦是一个典型的跨文化组织，我们有丰富的故事可以讲。当时邀请了席老师和西浦其他几位来自不同国家的管理者一同分享。尴尬的是，当时现场仅有个位数的听众，加上工作人员还不到十人，这让我很难堪也很紧张。席老师第一个演讲，尽管人数很少，他还是把故事讲得精彩纷呈，一点也不含糊。让我惊讶的是，会后他也并没有找我询问为什么会场里人那么少。活动结束后，团队小伙伴连夜总结没有人来这个分论坛的原因，分析发现国内高校的老师对跨文化管理这个话题并不感兴趣。在西浦的十几年里，我和团队折腾了大大小小几百场活动和几十个项目，类似这种工作中的失误或者失败时有发生，容许犯错误是我在发展 ILEAD 过程中席老师给予的重要支持。

2014 年暑期，隔壁邻居苏州大学的音乐学院找到我们，希望我们能给学院的行政团队做一个培训。找我们主要的理由是他们学院有不少国际老师，希望向西浦学习行政如何支持国际化的团队。这次活动启发我们考虑通过办培训来传播理念。但在当时西浦还是一个成立不到十年的新大学，而且不是公办学校，是否会有公办学校的老师来参加？2014 年之前我们曾举办过几次管理学院院长卓越计划项目，有国内若干高校管理学院的领导来西浦参与过培训，收到的反馈也不错。之后湖南大学的校领导熟悉并认可西浦的实践，推荐了学校一批青年教师到西浦研修，效果远超预期。因此我们就在 2014 年下半年设计推出了第一个教师培训——研讨式教学研修班，共有 40 多位来自全国各地的老师参会。因为当时国内并没有教师培训的相关实践，很多老师以为这是一个教学会议，所以参与者很多是在教学上很有经验和心得的老师。这次活动给大家提供了一个可以交流和相互学习的平台，所以反馈也很好。这样，教师培训就成为我们的另一条实现梦想的路径。直到后来 2018 年，我们每年举办上百期研修班，成为国内最大的高校教师研修基地之一。

回顾过去 11 年中，席老师接受 ILEAD 的邀请在各种会议论坛、培训中演讲有几百次，我切身感受到老师是一位不知疲倦的布道者，不管周末假期还是白天晚上，不管是千人大会还是只有几个人的小范围讨论，即使是一个上午两场同样主题的报告，每次演讲都做到十分精彩。ILEAD 的同事多次向我感慨：席校长是过去这十几年 ILEAD 邀请的几百位西浦同事里，最多也是最容易请来做演讲嘉宾的人。尽管他是校长，但是他一头扎在西浦的使命和自己的人生目标中，并没有把校长的身份放在心上，这是多么好的实践课堂！我从来没有问过席老师为什么如此重视演讲，但我理解这应该是实现他人生目标中的重要一环。得益于这样的言传身教，后来我自己的每一次演讲也都会精心准备，同样一个话题不管讲了多少遍也力求每次都讲得精彩。

尽管我在正式加入西浦后的 11 年的历练，并不是席门内部项目和活动，但是在其中获得成长和借由这种成长得到感悟这一点是相通的。人的成长本质上是一个自我发现的过程,通过各种大小事情的历练,逐渐认识到我是谁,我要成为一个什么样的人,什么东西值得我一生去追求。在席门求学的五年多,我更多地认识到自己想做什么样的研究,更愿意相信什么样的研究可以给社会带来价值,打磨形成了自己学术研究中的"个性"。这个过程中,那些对我产生深刻影响的事件,一是席老师给予的去尝试我从来没有做过的事情的机会,二是席门这个大家庭孕育出来的一种鼓励独特和敢于表达自我的文化氛围。席门中不仅有席老师,还有侯老师、韩巍老师、郭菊娥老师、葛京老师等等各有个性的伙伴,大家之间相互影响、相互成就,营造了一个超越团队的生态。加入这个生态中的人,不管会受到什么样的来自语言和沟通的影响,他们的行为举止中都会带有鲜明的席门烙印。

五、传承师道:营造独特成长环境,带给学生不一般的成长

当我们讨论"教育何为"的话题时,围绕人的成长,自然也要帮助学生的"自我发现"和营造环境来展开,这在席老师掌舵西浦十八年中有明显的例证,比如西浦的校训"Light and Wings"就很好地诠释了这个理念。西浦对学生的成长有独到的理解,特别是致力于帮助学生实现三个维度的转变:从孩子到年轻的成年人再到世界公民;从盲目学习到兴趣导向再到人生规划;从被动到主动再到研究导向的学习。这实际上是对于学生在西浦能够获得什么样的成长的描述,也是学生自我发现旅程的概括。近几年席老师提出"和谐心智"的概念来描述西浦对于学生的价值,和谐心智本质上也是学生在复杂快变的社会中认知自我和社会的一种思维方式。

席老师提出了三种不同的教育模式(西浦1.0、2.0和3.0),从表面上看是应对新兴技术冲击下教育的转型要求,但从教育和学生成长的角度看,这些模式是通过为学生营造自我认知和自我发现的环境,来帮助学生实现三个维度的转变,从而塑造"和谐心智"。

例如,西浦1.0模式中一个很重要的理念是"以学生为中心",认为大学应该把学生的健康成长作为一切工作的核心,不管是课堂教学还是所有的行政服务,都应该把学生的成长作为终极目标。而对学生来说,应该把大学看作自

己成长的平台，要主动去探索和整合西浦平台上的各种资源，想尽办法利用好这个平台为自己的成长服务。再如，西浦提出"研究导向型教育"，倡导学生要进行研究导向的学习，即学习不是简单地从老师那里获得知识，而是要从现实环境中感兴趣的问题和现象出发，围绕问题和现象广泛地搜集、整合各种不同的知识和理论，提出自己的观点，最终通过与别人合作提出问题解决方案甚至解决问题。在这个过程中，学生不仅自己主动学到了来自不同学科的知识，更重要的是训练了解决问题的能力、批判性地继承已有知识的能力及合作能力等，而这些是学生成长中更重要的元素。老师要支持学生进行研究导向的学习，就要开展研究导向的教学。老师上课不再是简单地把这个学科的知识和理论一一教给学生，而是要引导学生发现和提出问题、整合跨学科的理论、与人合作以及给出问题解决方案，即老师的角色是引导者和学习的辅助者。当学生可以按照自己的兴趣去探索真实世界中的问题时，更有可能找到可以让自己长期关注的领域和话题，也更有可能在过程中展现自己的个性。

西浦 2.0 模式的核心目标则是培养行业精英。目前，全世界教育的基本模式依然是专业化，不管学生将来干什么，进入学校必须选学一个专业。但是当学生进入社会后，经常会被抱怨不具备社会适应能力。为了扩大学生的知识面和强化学生的适应力，不少学校开始探索跨专业教育，例如给学生提供更多模块化的学习机会，或者开设主修和辅修专业等。即使这样，学生仍然缺乏人生中必需的创业精神以及领导、沟通、创新、合作等能力的训练。然而，目前在全球很难找到这样一种有效的教育模式，能让学生获得上述多方面的学习和训练。融合式教育正是西浦针对这一社会需求提出的一种全新的教育模型。西浦在太仓新建了一个校区，通过与产业界紧密合作创建行业学院，来培养未来能够利用人工智能和机器人引领新产业的行业精英人才，同时探索未来大学概念和校园形态。这种把行业和教育深度融合的模式，实际上也是为学生成长为行业精英营造一种环境，这种环境中不单有来自教育端的资源和专家，更有来自行业的真问题、真挑战，以及行业的资源和专家。

西浦 3.0 模式则是针对大学如何支持学生在未来社会中需要的素养而开展的更深一步的探索。随着人工智能等新兴技术的快速发展，再过几十年，人们将如何生活？那时的学习将会是什么样子？未来，人们可能不会再用四年念个大学，给自己贴一个学士的标签，或者花更长的时间拿到一个硕士或者博士的学位，而是可能利用基础教育掌握了生存所需的基本知识，学会了学习，到读大学的年龄则是围绕自己的兴趣，利用网络和大学的新环境，开启围绕兴趣的终身学习、创新、创业和生活。因此，未来的大学需要更进一步地融入社会，形成开放式的、线上与线下结合的、能够支持终身学习、研究、创新、创业和生活的生态环境，以及分布在特定地方的一些有主题的卓越中心。那时候的大学可能是多元的、融合式的、扁平的、分布式的。其核心包括五个方面：一是受人认可和喜欢的品牌；二是品牌背后的教育哲学和理念；三是能整合全球教育资源的网络；四是分布在不同地域的、有主题的，以及可满足终身按兴趣学习、创新、创业和生活的卓越中心；五是围绕大学核心功能和资源形成的一系列生态群落，共同构成一个共生的生态环境。

可以看到，以上三大教育模式的设计都是宏大的，这些宏大的理念对于营造学生成长的环境至关重要，因为理念给予每一个身处其中的学生和老师以方向感，帮助大家不管身居何职都知道自己应该向哪里去。除了宏大的理念，为了营造学生成长的环境，我还看到了席老师对细节的关注。在2023年"寻找新时代中国杰出教育家"的年度论道活动现场，学校负责校园管理的同事突然联系我，事态好像很紧急的样子。沟通后得知，正在现场的席老师发了一张照片给她，照片里是活动现场把两个纸杯叠在一起使用的画面，他想提醒同事要注意节约成本，校园管理办公室的同事随即告知现场工作人员要注意细节，并且明确了所有活动中的操作规范。

几个月前我参加了另外一个会议，讨论学校运行中的两个失误案例。这两个失误看起来其实并不是多么大的问题，但是席老师作为会议主持花了近一个小时讨论为什么会发生，发生之后如何处理，以及如何避免发生类似问题。之所以这样深入讨论，是要帮助大家形成事前预防、事后反思的习惯。这种对于细节的关注对于营造西浦整体的育人环境同样至关重要。

作为西浦的一员，我也是上述三大模式探索的亲身参与者，十一年的参与过程，也逐渐让我认识到了作为一名教育工作者的使命。尽管在2013年全职加盟西浦时，已形成一个模模糊糊的人生目标：努力推动更多的教育工作者通过创新更好地服务于学生的成长。但从最早的ILEAD副主任、主任，到未来教育学院执行院长,以及西浦首席教育官和西浦创业家学院(太仓)的负责人,这十一年的历练过程中与学生、同事以及成千上万教育工作者的交流,让我逐渐明确了自己的初心。今天,作为近十名博士生的导师,以及为几万名西浦学生和几百万教育工作者成长服务的教师,我每天努力为他们每个人的成长提供支持,除了特别关注我所支持的学生的成长,我希望尽可能为大家营造成长的环境和创造成长的机会,这大概就是师道的传承吧!

观思行录

在知识碎片化的时代,人们的思维容易变得肤浅,盲从社会潮流,缺乏自我思考。要更清醒地生活于这个时代,我们,特别是教育者、学者,应该随时保持一种独立的、深刻的、冷静的,有时候甚至是冷酷的思考方式,才可能在这个复杂、不确定甚或模糊的时代走在一条正确的路上。

——席酉民

| 10 |

教育是指引方向并鼓励行动

张　华[①]

我 2004 年进入师门，硕博连读，入学第二年便进入了研究小组。席老师对我们非常包容，让我们自己选择团队。据跟着师兄们打杂的经历和旁听各个组会的体验，我发现当时师门中的三个科研团队各有特点：决策组是老牌强队，承袭了席老师在国家重大项目决策工作的传统，同时又积极对接主流的实证研究，"对照组""信度效度""结构方程"等高大上的词汇被师兄们频繁提及。和谐组是时尚新锐，在师兄们充满激情的讨论里，"和谐主题""和则""谐则""耦合""设计与演化"等词汇屡屡把我的"CPU"烧掉。有一次组会大家突然热烈地讨论哈耶克，直接让我目瞪口呆，会后我赶紧跑到图书馆查阅哈耶克是谁。与之相较，数理组就显得朴实低调。那时理工科出身的李师兄即将毕业留校，我们这些师弟成为他的热情招募对象。我想了想，自己也是理工科毕业的，又有编程经历，老老实实地写代码也合我的胃口。于是在李师兄殷切的目光中，我使劲点了点头，加入了数理组。

原本以为既有席老师的指导，又有刚毕业的师兄带，再加上自己的编程基础，在数理组的科研肯定能顺畅很多，可现实却远不如预期那样顺利。当时仿真研究在师门开展不久，大家都没有什么经验，我们聚焦以下几个问题：基于立体多核的组织结构模型该如何实现？"和则"与"谐则"等制度安排在虚拟

---

① 张华，华侨大学工商管理学院副教授。爱音乐爱运动，爱己爱人爱生活。

仿真实验中如何设计?"Agent"的行为以及互动又该如何体现"设计与演化"的思想?这些问题都带给我们巨大的压力,这难道是要开发一个魔兽世界般的虚拟环境去"仿真"现实的组织吗?千头万绪不知从哪儿入手,勤奋的数理组人决定努力夯实基础,在师兄的带领下吭哧吭哧地读文献,开始了艰苦的探索。当时全组搜集了卡耐基梅隆大学 Kathleen M. Carley 教授团队对组织仿真研究的论文,社会网络、复杂网络的开发模型及相关文献。在师兄"文献传承"的倡导下,我们把两本经典著作 *Computational Organization Theory* 和 *Social Network Analysis: Methods and Applications* 逐章地进行翻译,并在每周的组会上进行知识分享。当时数理组的例会不仅自己师门的师兄弟会来客串,还有其他老师团队的同学参加,这样的"读书会"虽然讨论内容略显晦涩但我们也自得其乐。一日我无意中看到 James March 发表在 *Organization Science*(OS)上的一篇组织学习的仿真研究论文,感觉人家的模型似乎和和谐管理的思想有类似之处,且文章的算法不难复制。我就基于他的架构设计了一个组织仿真模型,随后照例在师门内部服务器上发布通知,这周组会我要汇报一个"和谐耦合仿真模型"!

然后,席老师来了。

大家都非常惊讶,这种小组内的文献交流会席老师实在是没有出席的必要,一定是今天的题目吸引了他。压力来到我这边,师兄冲我眨眨眼:"好好表现!"当时我磕磕巴巴地把 March 的模型思想解说了一遍,按照我对和谐的理解做了一些"改进",提出这里可以"谐则",那里可以"和则",又设计了一个协调算法"实现了耦合"。然后就激发了大家热烈的讨论,师门外的同学言辞颇为激烈,因为席老师在场,他们都想给席老师留下一个好印象。大家尖锐的问题让我应接不暇,灰头土脸地连说了好几次"这个我还不知道""那个我也没想过"……最后狼狈地逃回座位。

今天回想起来,当时席老师总结发言时的目光是非常柔和的,他看着我说话的样子,就像他的著作封面上那张经典的照片。席老师肯定了我的探索。说虽然目前的仿真模型很粗糙,也不是他想象中的立体多核,但迈出这第一步就值得肯定。席老师讲述了和谐管理理论的理念,谈了他对设计和演化的理解,甚至还询问了 March 模型的一些细节,最后肯定了我们数理组这段时间的扎实的文献积累工作，并指出下一阶段的工作方向：一方面借鉴现有文献，结合和谐组最近的研究结论开展虚拟仿真实验，论证最新的理论主张；另一方面发挥仿真研究的优势，基于复杂系统的涌现提出新命题，发展和谐管理理论。这场给了我莫大鼓舞和温暖、至今仍然印象深刻的组会在席老师亲切的勉励中结束了。

那次组会几乎可以成为我在席门读书的缩影。席老师是一个非常特殊的导师，科研上他的独特作用体现在对研究方向的精准把握上，确保我们走在正确的道路上。就在那次组会的第二年，Davis J P 在 *Academy of Management Review*（AMR）的论文里阐述仿真研究的基本逻辑，很多观点都和席老师当时的发言高度契合。到我和老师讨论博士论文选题时，席老师又提出仿真要和实证结合在一起，而随后文献的发展也再一次验证了席老师敏锐的洞察力。席老师对科研方向敏锐、精准的判断让我深深折服，这是他人生经历的智慧沉淀。在把握方向的前提下，席老师尊重学生的志趣，鼓励学生深入思考、大胆探索，把学生视为自主行动者而不是工具人。迫于科研考核压力，我听说过很多同学如同螺丝钉一般"分工合作"：有的做模型，有的收数据，有的跑数据，显著性通过即是一篇"合作"文章。这种螺丝钉式的定位在席门是没有的，席老师告诉了我们正确的方向，但路要自己独立、完整地走完。师兄曾感慨：席老师说要向东走，这确实是对的，但是要实现向东走的目标，可能要先向南而行、再调头向西、最后才能向东，其中的探索需要我们自主完成。回想往事，席老师似乎没有给我布置过一定要读哪些文献，也没有和我讨论过仿真模型的设计细节，更没有指定我该使用何种程序语言。但正是这种方向引导下的以学生为中心，鼓励自行钻研与探索行动，让我们真正找到了自己感兴趣的领域，并在探索实践中体会到了创新的乐趣、学习到了过硬的本领。

席老师从来不是一个夸夸其谈的人，他是一个务实的行动派。他一直鼓励我们勇敢地迈出第一步、大胆创新。我在做仿真研究的时候，总是希望能把一切都设计好再开始，把一切都弄清楚才敲代码。这导致的一个结果是很容易陷入一个"局部最优解"，原地踏步，思考的太多却怯于行动。在一次讨论会上，看着"前段时间好像开窍，这会儿又迷糊了"的我，席老师不厌其烦地用"先开枪再瞄准"的谚语开导我，鼓励我敢于突破、大胆实践，并教导我说，随着有效的实践会发现条件也在发生演化和改进，发展会另有洞天。多年后我读到"鲁莽者要学会思考，善思者要克服犹豫"这句话，更深刻地领会到了当年席老师对我"思考和行动"的教诲。为师者，言传身教。席老师在西浦的教育实践时刻瞄准未来，数十年如一日地持续深耕探索，无疑为我们做出了最好的榜样。人生中的很多时刻我都曾感受到来自席老师的温暖和力量：读书时，类似那次组会得到肯定的时刻；找老师签字时，席老师不经意地询问我最近的研究进展，临行前嘱咐"要尽快成长起来"；工作以后，单位领导拜访席老师回来后向我转述席老师对我的积极评价（让我非常惊讶又特别惭愧）等。愚钝如我也曾在席老师的勉励下涌起"世间几无不可为之事"的豪情。

席老师包容百家的学识风范、严谨的科研态度、孜孜以求的创新精神，都深深地教育了我，并将在今后的人生旅途中继续给我以启迪和鞭策。席老师宽广的处世胸怀、坦诚待人的风度以及独特的人格魅力更使我深深折服，是我终身学习的榜样。认识席老师是我的幸运，和师兄弟姐妹们一起学习的经历，是我一生的财富和最美好的回忆。

观思行录

创新真正的发生，需要创新主体的价值观、认知、能力和探索精神，更需要创新环境，包括文化的滋养、创新平台的支持、创新社群的互动和刺激。换言之，创新的持续涌现需要健康的、高质量的创新生态的营造。多元主体、多样化要素的共处，它们之间及与环境的互动，借由共享、合作、相互启迪等机制会助推行动者的思维活力、创新绩效及整个生态的价值创造，从而形成相互协同、共生演进的持续创新。

——席酉民

11

教 育
怀抱诚意，努力成"人"

曾宪聚[①]

2019年1月6日，西交利物浦大学和谐管理理论研究中心成立，我和韩巍师兄一起从深圳到苏州参加成立仪式暨学术研讨会。会上以"和谐管理理论研究：个人旅程与展望"为题做了一个汇报，但在开头的时候突然忍不住发了几句感慨，会后追记，今天照录："恩师重燃'革命烈火'，当年的老师、兄长重新聚首，感慨万千。飞机上看到的是'三千里地山河'，从改革开放的角度也有'四十年来家国'，空中俯瞰的更是四十年的流光。今年四十岁，真正投入和谐管理理论，从2003年算起也有十五个年头了……"一转眼，进入师门二十一个年头了，不复少年，但在席老师和侯老师周到、体贴的关爱面前，请允许我聊发少年轻狂，说几句当日少年或许更愿意讲的心里话。

"教育何为"，往大里说，关乎民生民心、家国前途，应该说是全社会当然也包括教育系统必须思考、回答的"真问题"，也是在个人、学校、社会不同层面上贯通了宏观—中观—微观的"大问题"，从这个角度来说，是宏大的时代之问，因此话题也显得略为"沉重"。但它更是朴素的良心之问，之所以说"朴素"，是这里面有一个直面内心的问题——假设我们每个人都为人父母，再

---

① 曾宪聚，教授，深圳大学社会科学部主任。2008届博士，爱好篮球，努力做对学生有正面、积极、深刻影响的老师。

假设我们（可替换为任何一位父母而非特指教育工作者）可以穿越时空、始终是一位老师，我们的孩子将来遇到我们这样的老师，我们在心里面认同不认同、庆幸还是恐慌？如果我们认同和庆幸，教育就多一分希望，这个世界也会多一分希望。如果我们心里没底甚至恐慌，就需要立马行动起来，就需要先把宏大叙事悬置起来——为了孩子／"救救孩子"，100年前的话，也照样是今天教育的底线和诚恳的要求。

回望来路，我在很多关键节点上幸运地受到席老师的深刻影响，也对"教育何为"有了更为直观和切身的看法。

一、"成为对社会有正面、积极和深刻影响的人"

博士阶段的"管理研究前沿"课程是席老师讲授的，记得最后一节课上，席老师提及优秀管理者人生当中常常会出现的"熔炉体验"，讨论的时候我鼓足勇气问了席老师一个问题："老师您的'熔炉体验'是什么？如果人生重来一次，您还会选择做一位教授吗？"二十年过去，席老师关于熔炉体验的回答我确实记不太清楚了，但他关于"重来一次一定会选择做一名教授"的斩钉截铁，我到今天都记忆犹新。而且席老师明确说他希望自己能够成为"对社会有正面、积极和深刻影响的人"，而做一名老师则可以最大程度地实现这样的人生定位，这一点后来一以贯之地进入了和谐管理研究、创校兴校实践、人生五星模型以及《管理何为：一个"理想主义"践行者的人生告白》等著作当中——这种信念／信仰式的回答自此为我的生活埋下火种。

我2010年进入深圳大学做老师，开始就算过这样一笔"账"：按30年教学生涯、每年300名学生算，这辈子应该可以教9 000名学生；如果能影响10%，那就是900人，就算只影响1%，也有90人。这中间如果再有10%也就是9个人能够躬身践行，再像燎原的星火一样去影响他人，那么，自己在教师这条路上就算是"不虚此行"。当年也曾和韩巍师兄、（茫茫戈壁上的）建祖师兄念叨过。2017年苏州的师门大会晚宴上，有幸也不幸地被葛京老师"抽中"，让我作为学生代表之一即席发言。说"不幸"是因为事先根本不知道有这个环节，而且当时还"不得体"地穿着参加师门篮球聚会的T恤坐在下面，于是只好当着席老师和一众前辈、师弟师妹的面，硬着头皮上台。当时自然而然脱口而出的就是这笔心里的"账"，也是恩师对自己深刻影响的"当下"真实反映。

当老师之后，每年都会收到几十封学生来信，有一部分是学业心得，但更多的则是课程之外的交流：成长过程、生活点滴、人生理想、前途规划、困惑、迷茫、挣扎、难题和泪水、苦恼和喜悦、寻求老师帮助、少年心事……每年也都会收到五六封万字长信，信里的内容和真诚时常让我动容。新冠疫情前每学期结课时都会有学生过来专门道别，甚至眼里含泪说一声"老师再见"——每当这个时候，我知道，自己确实努力了，或者说"尽心"了。至于说在当下的考核体系下尽心值不值得，我觉得可能是个伪问题，因为这主要取决于个体的自我意义给赋和意义建构，功利层面的价值计算始终无法取代意义层面的价值判断。对我自己来说，对学生尽责尽心就是当老师的"本分"，做一分算一分，做三分算三分。我们有时候的举手之劳对于学生来说可能都是救命稻草，而有时候我们所谓的"受些麻烦"，可能改变的就是学生的人生轨迹。从这个角度来说，教"育"无小事，成"人"多艰难。学生课堂上有所思、有所获的眼神以及考试后长信里的诚意，是我觉得做老师意义感的主要来源，也是我对教育抱有真实希望的根本原因所在。我相信"人心都是肉长的"，我相信"各出本心，各尽本分"的力量。

仔细想一想，做老师的几乎无法确定自己在课堂上的哪一句话、哪一个瞬间，能够对哪一个同学产生何种程度的影响，所以我对自己的要求就是怀抱对为人师者的敬畏之心和朴素诚意——但问耕耘，希望耕耘的路上，能够对学生产生正面的、积极的，如果幸运的话也是深刻的影响。"正面""积极""深刻"这三个关键词就来自二十年前的一问一答中，顺序都没有动过。我把这看作"薪火相传"意义上对自己的一种承诺，也是我对"教育何为"思考的一个朴素但真实的出发点：教育是我们所从事的"职业"，但更（需要）是我们心向的"事业"和终生所投身的"志业"。

二、"要关注现实"

读博士的第一个学期我还没有确定研究选题，有一次席老师叫我到办公室谈话，问我喜欢做什么样的研究，我说想做"抽象的理论研究"。真是初生牛犊，无知无畏。席老师一边鼓励一边指导："抽象的理论研究很重要，需要多读书、深入思考。但对管理研究来说，要关注现实，把两者结合起来，否则单纯的理论研究走不远。"博士毕业后因缘际会我在北京一家央企工作过一段时间，几乎全方位深化了对企业及其所根植的制度土壤的理解，后来再回到学校，对"关注现实"有了更为深入的感悟和思考。

2008年，我在香港城市大学做博士后研究，访谈过三家国有企业的高管团队，发现了一个令人困惑的现象：每一家企业都有一个大家眼中的"干才"被边缘化了。于是顺口问道："为什么有些高管被边缘化了？"问题真实，带点新意，但问得浅，因为就现象本身而言，边缘化实属正常——在权力的动态配置过程中，总是有人获得新的权力，有人失去部分或全部权力。后来到企业结合"局中人"的经验观察才问出不同的问题来："为什么能干的高管也会被边缘化？"平淡中蕴含着不应回避的"悖论"：为什么一方面倡导的是"能者上，平者让，庸者下"，另一方面却是拥有良好绩效的高管（"能者"）要"靠边站"，而绩效意义上的"平者"与"庸者"却能够"说了算"？后来我以"能者为何靠边站"为题获得国家自然科学基金青年项目的支持，深化了我对转型这一破旧立新过程中宏观制度变迁与社会动态演化的理论认识，也对包括国有企业高管在内的个体观念与行为如何被历史所形塑有了更为深入的思考。其中，关于国企高管晋升到底遵循何种晋升规则的核心论文修改过不知道多少个版本，早期版本在多个研讨会上报告过。虽然十年过去，至今都没有发表，但不妨碍获得席老师和很多师友的认可和肯定，席老师关于"逆淘汰"的思考和洞察也给了我很好的支撑和鼓励。敝帚自珍，私下始终认为这是一个对中国管理实践比较有解释力的研究，应该说没有辜负老师当年关于"要关注现实"的教导。

自我定位，与其说是学问中人，毋宁说是"问题中人"。这些年我始终关心的一个问题是：历史和制度如何塑造了中国的企业和企业管理者？这个问题听起来比较"大"，但分解后的问题比较具体：身处"中国情境"历史流变中的企业家与高管团队"经过哪些事儿才磨炼出来的（多重经历）""心都操哪儿了（如何配置其注意力）"？相应的主导/制度逻辑是什么？在企业战略上有何应对之策？在"中兴事件"之后的这些年里，面对全球化与逆全球化并生共存、国内经济增速放缓与高质量发展同步交织、世界创新版图重构与全球经济结构重塑的新形势，我把具体研究的目光聚焦在中国企业的"战略反思"和"战略耐性"上，希望能够为需要在迷茫中进行抉择的企业战略实践提供新的理论启示和经验借鉴，助推中国企业在"大机会"与"大挑战"并存的时代打赢自己的"持久战"。目标哪怕算是奢望，也不妨碍我们持续努力。

文以载道。身处"百年未有之大变局"的研究者更需要直面现实中的重大关切和鲁迅先生所强调的"地底下"。我们在现实中提炼出来的问题，乍看起来像是"常识"，但未必不言自明，可能更需要"看见"与"洞见"，去挖掘常识背后那些并非"理所当然"的道理。更重要的是，中国的未来固然急需修复那些遗失的"常识"，但更需颠覆、打破那些我们熟视无睹的"常识"。这当然是一种"使熟悉陌生化"（Defamiliarization）的努力，为克服重重遮蔽，需要为满足自己理解管理世界好奇心而生的诚意作为内在驱动。

我们终将远去，唯有诚意长存。作为一个"个人文本"，我想说：后来的人们，有缘自会在白纸黑字中窥见曾经的我们，而那来自未来深处带着温情的一瞥和共鸣，确是源自我们字里行间自然流淌的诚意，而这和我们对时代重大问题的关切以及鲜明的问题导向密不可分。关于这一点，我曾在周南老师2016年主编的《登山观海：146位管理学研究者的求索心路》中有过回顾。个人而言，更倾向于把从事的工作或曰"志业"称为"管理理解"而非"管理研究"——我以自己微不足道的努力，增进一分对管理微不足道的理解，不过是为了将来回看射雕处，可以笑对老天，说一句"求仁得仁"。这也是我2002年写给席老师第一封信中的原话。

三、"要有系统思维"

2005年，我在席老师指导下完成了一篇关于和谐管理理论的论文，和席老师一起前去韩国参加学术会议。一开始两个行李箱被放在前后两个不同区域，空乘人员后来告诉我们要调整两个行李箱的位置——当时最简单的方式是移动其中的一个就可以。考虑到是国际航班，而两个箱子长得一模一样，我为了把席老师的箱子放在抬眼就可以看到的位置而默默地折腾了两次，席老师笑起来："看来你的系统论还没学好，要有系统思维，调一次就可以了。"我当时第一次和老师一起出差，没有说出默默折腾的真实原因，但也迅速明白了老师强调的要害所在。后来在和谐管理理论研究中下功夫最大、得益最大的也正是在系统思维方面。系统思维要求全面地、辩证地看问题，学生时代做项目研究、毕业后去企业工作，包括今天在大学的工作，都受益良多。

"教育何为"的挑战和困难之所以自成一家，与其牵一发而动全身的系统性密切相关。在转型的历史洪流中，国家转型、社会转型是主航道，只是风起于青萍之末，身处其中常常不易察觉；组织转型则更像入海的百川支流，上可影响、冲击主航道，下可影响甚至引领其他组织以及每一位身处组织之网中的成员。与前三种转型相比较，如果允许的话，我更看重的是个人转型——"四层"转型，个人奠基。个人转型，端赖教育。历史地看，教育的变化乃至这个世界的改变，无非是以观念直面观念、以观念战胜观念、以观念融合观念的产物。个人要立得住，前提是要成"人"；成"人"之美，也是教育之美。

这四层转型要想系统联动，离不开制度安排和机制设计。我们"中国"的复杂所在，和多重制度逻辑相互嵌套的情境分不开，很多行为包括教育当中的复杂性未尝不是制度化生存和制度套利的产物。从这个意义上来说，"我即制度"——我们有时批评体制、抱怨制度，但在相当大程度上，"我们"本身就是体制、就是制度。因此，求解之道，既要靠体制机制改革，也离不开个体的转型。尤其是从"各尽本分"的角度来观察，当我们有一天取得了世俗意义上的成功，掌握了一定的权力和资源，还会不会记得当初的理想？只要我们每个人都坚持理想，困知勉行，就一定能够改变些什么，使得教育和这个世界越来越好，哪怕是一点点。就像卢新宁在《在怀疑的时代依然需要信仰》中所说的："你所站立的地方，就是你的中国；你怎么样，中国便怎么样；你是什么，中国便是什么；你有光明，中国便不再黑暗。"

十年树木，百年树人。教育要解决的问题几乎都需要以十年为单位，要思考的问题甚至需要以百年为单位，但现实中的教育常常容易问第一类问题："未来十年，有什么样的变化？"因此容易形成以规划应变的"灵活思维"。而教育必须追问第二类问题："未来十年，有什么是不变的？"因此更需要"耐性思维"。历史地看，我国大学存在"改革太急"与"期待太高"的问题，"明天拿诺奖，后天世界一流"是典型表现之一。立足现实来看，这条路不可能标准化，必须服一方水土，扎根中国大地，深具"本土情怀"；应当有陈平原教授所指出的"中国大学的独立与自信""拒绝急转弯，拒绝大跃进，不急不慢，不卑不亢，走自己认准的路"。面向未来，更需要对第二类问题的追问和解答。进一步放宽历史的视界——二十年前这个世界上还没有智能手机，两百年前没有电，两千年前也好像看不到任何工业化的可能，两万年前连农业都没有，还是"小儿时节"，教育问题的改观需要有历史耐心和指标之上的超越性追求。

下面这段话是 2006 年 12 月从北京九华山庄参加完首届中国管理学年会后回到学校写给席老师的一封将近 2 万字长信的结尾部分：

> Andrew Schotter 在《社会制度的经济理论》的最后写道："归根结底，通过制度的演化，人类世界（the social world）从一种无序的自然状态演变为有序的现代社会。这是一个随机过程，以至于我们所观察到的实际发生的一切仅仅是制度转轮的一次轮回而已。唯一的问题是，这个轮子是否偏斜。"如果看到制度的转轮而觉得"我们"只是站在一个观察者的位置，不过是美丽的错觉罢了，因为车轮所过之处，风起尘扬，而我们——历史长河中的我们与制度转轮下的我们——无一不是这随风而起的一粒尘埃。这样说，似乎显得有些悲观和消极了，但从本质上来讲，遮天蔽日的"尘土"确乎影响到了"制度战车"的前进轨迹与方向——这是具有匿名性质的"尘埃"的自信。需要抱持敬畏之心的是：轮子是否偏斜，或仰人谋，或为天数。

感谢 20 多岁的自己，敢于不知天高地厚写下当时的思考。

四、教育，终究要"养活一团春意思"

教育，要让受教育者体会到切身的感动。

从学生时代到今天，见到席老师总有一种"望之俨然，即之也温"的感觉，"席酉民"三个字对我来说是一个多重意义叠加的"复合"名字。现在想来，总是会有无数的场景和过往一块儿涌向眼前：

一是两次重要人生选择，博士入学和毕业选择，都有席老师的关爱和心血。2009年我已到中化集团工作，席老师几次到北京出差都叫我见面深谈，个中感动感恩难以诉诸笔墨。

二是两次难忘的指导。2004年第一篇论文席老师改了7稿，我一直珍藏着；博士毕业前夕，席老师为了照顾有伤在身的我而专门到宿舍楼下指导博士论文，侯老师也陪着一直到夜里11点才离开，送别时昏黄的路灯至今还映在我脑海里。

三是两封长信。2006年和2007年我分别给席老师写过两封长信，超过3万字；当了老师之后连年收到学生给我的万字长信，当年的种子，现在渐次开花照眼明。

"莫道是他人儿女，当看作自家子弟"，我当了老师之后，一直把这句话记在心里。对教书育人抱有朴素的诚意，真诚地对待学生、用心培育读书种子。我和韩师兄、建祖师兄聊过：虽未必是"一日为师，终身为父"，但不妨碍我们对传统当中"各出本心、各尽本分"的温情和敬意。只要努力坚守把学生看作自家子弟的初心，教育就不会离谱，至少不会荒腔走板。

教育，要让受教育者体会到生命的感动。

《子路、曾晳、冉有、公西华侍坐》中，孔子让大家各言其志，（曾点）曰：莫春者，春服既成，冠者五六人，童子六七人，浴乎沂，风乎舞雩，咏而归。夫子喟然叹曰：吾与点也。"吾与点也"饱含了儒家的浩大气象，以及生生不息、活泼泼的"一团春意思"。

教育，就是要全力"养活一团春意思"。请允许我神游八荒一下吧！假设我们或者我们的孩子，有幸/不幸乘坐"旅行者1号"。旅行者1号在即将进入星际空间之时回头一瞥，拍下了那张著名的"安静/忧郁/苍白的蓝色圆点"照片，寄托着我们人类巨大的孤独、渺小的倔强和难言的悲悯。很多人看到这张照片可能都被突然袭来的悲伤和孤独所击中。教育的全部努力，可能只是让我们在这一段人间世的旅程中尽可能找到每一个人自己的"旅行者1号"，让我们直面人类与生俱来的孤独和难以避免的悲伤甚至虚空，让我们在这样近乎无垠的"无人区"努力成"人"。从这个角度来说，教育的"旅行者1号"当然可以视为一种具有超越意义的符号，关乎好奇与探索、倔强与抗争、审美与可能性……教育何为？珍惜生命，致敬生命，怀抱诚意，成"人"之美，在生命旅程始终以"一团春意思"引导我们在每一个当下活出新的精彩！

2011年上讲台之后，举凡有机会，我都会在课堂上分享这首关于"南瓜"的小诗：

> 洋葱、萝卜和西红柿，不认为世界上有南瓜这种东西，
> 它们认为那是一种空想。
> 南瓜不说话，只是默默地成长。
>
> ——舒比格，《当世界年纪还小的时候》

希望在老师这里所受到的"教"和"育"能有"虽不足道、但不失温暖"的微光照及同路人与后来者。

薪火相传，一往无前！

谨以此文向席老师和侯老师致以最真诚的敬意！

观思行录

大学要积极走进社会，扮演两种角色：一种是"发酵剂"、一种是"黏合剂"，从而打造支持兴趣驱动、终身学习、创新创业、企业研发和行业升级的教育与创新生态系统。大学的意义在于各种各样的人聚集在一起，形成一个学术共同体，在思维相互碰撞中，迸发出智慧的火光。

——席酉民

12

观乎天文以察时变　观乎人文化成天下

张向前[①]

最开始知道席老师，是从新华书店购得《管理之道——仙人掌集》一书。我看书有一个习惯，先看作者简介、前言、摘要、后记、目录，再看内容。《管理之道——仙人掌集》是席老师的一本随笔集，属于我特别爱看的一类书，我认为随笔是一个人最真实的内心表达和一种最充分和谐的交流。我一口气把这本书读完，马上找席老师其他著作，一发不可收，越读越觉得：这不就是我要找的《周易》中的"大人"吗？"夫大人者，与天地合其德，与日月合其明，与四时合其序，与鬼神合其吉凶"。

硕士毕业时，"利见大人""用见大人"，内心特别渴望找席老师这样的导师攻读博士，又担心席老师已经是著名管理学家、经济学家、教育学家，报考起来机会渺茫。于是退一步，准备报考多所高校，增加录取机会。当我主动联系导师时，没有想到席老师第一时间回复了我。那是我第一次体会到席老师"日清日毕""苟日新、日日新、又日新"的工作方式，此后自己也试图学习他这样的工作方式，发现知易行难。

席老师回复我：报考及学习相关事宜可咨询师门王益谊博士、毕鹏程博士。在后续报考、入学整个过程，王益谊博士、毕鹏程博士都给予我无私帮助；之后随着接触师门其他同学，发现"大人"的弟子学习、工作、生活都很

[①] 张向前，教授，博士生导师，先后供职于华侨大学、上海应用技术大学。

牛，很多弟子已成为各领域的"大人"。入学后开心仅一天，就马上进入了艰苦的读博进程。

一、乾卦，自强不息

通过读席老师论著、随笔，听席老师报告，拜会席老师聆听教诲，尤其听师门中韩巍老师等讲席老师的故事，我感受到席老师身上一直洋溢着自强不息的精神。上进心是一种稀缺资源，席老师就拥有这种稀缺资源。我从来没有见过席老师"躺平"，而我自己经常在累的时候就想停下脚步，却每次不小心看到席老师的相关消息后又爬了起来——"大人"这么努力，我们怎么能躺下，只好继续往前走，尽可能不负师门。

自强不息仅是席老师身上稀缺资源之一，还有更可贵的。其实席老师身上能看到，"乾：元、亨、利、贞"。《文言传》曰：元者，善之长也。亨者，嘉之会也。利者，义之和也。贞者，事之干也。君子体仁足以长人，嘉会足以合礼，利物足以和义，贞固足以干事。君子行此四德者，故曰："乾：元、亨、利、贞。"《了凡四训》有介绍善的种类：真善、假善、端善、曲善、阴善、阳善、非善、偏善、正善、半善、满善、大善、小善。席老师顶天、立地、树人，全面体现的是善之长也。席老师汇聚各类弟子，各美其美，美人之美，美美与共，嘉之会也。席老师时而被称为企业家或教育家，在实践中成名成家，义之和也。席老师对学生之严，要求学生走正道成大器，事之干也！

二、蒙卦，蒙以养正，圣功也

蒙以养正，圣功也！习近平总书记说，教师是人类历史上最古老职业之一，也是最伟大、最神圣的职业之一。人们常说，教师是太阳底下最崇高的职业。大学之"大"，在于大德、大爱、大师，一位好老师取决于培养怎样的人！怎样培养人！我们常讲，职业与事业的差别是工作中是否快乐，每当看到席老师传道时眉飞色舞，就感知到那是快乐的！孟子认为得天下英才而教育之，乃人生三乐之一，席老师始终如是。

蒙卦:"匪我求童蒙,童蒙求我。"席老师大德、大爱、大学问,师门弟子多慕名而来。席老师课堂、讲座、每周学术例会、各类学术报告,总是座无虚席。因为我也忝列教师队伍,不仅学管理之道,还学习为师之道,所以成为最大受益者之一。席老师不仅让我真正体会到什么是寓教于乐、寓研于乐,也是我尝试出版学术专著的直接导师。

学习期间,席老师经常表扬郭菊娥、韩巍、葛京、尚玉钒、姚小涛、黄丹、井润田、王洪涛、唐方成等老师,他们于我而言都是神一般的存在,我从他们身上也学到很多。我还拜访、请教过刘晓君、扈文秀、安立仁等老师,与前后脚入学的陈健、李鹏翔、井辉、曾宪聚、王大刚、肖文宏、佘从国等师兄及其他师门的刘海潮博士、柴国荣博士、叶红心博士经常交流、学习,偶尔吹吹牛,特别是与张华师弟一起效力于我的母校华侨大学,在他们帮助下我得以成长。每次因学校教育教学事宜请师门专家学者帮助,师门都倾力支持!

我还一直研究学习教育行业之外的师门案例,如华侨城、TCL、海尔、RELX悦刻、路一鸣等的案例,并将其作为MBA、MPA、EMBA讲课案例。后来发现华侨城的王刚竟然本科也是毕业于华侨大学,大学时还是学校风云人物,虽然与王刚没有直接见面,但每次举华侨城的例子总感觉特别亲切。

席老师特别善于点拨学生。记得读博士时,有一次席老师让学生上台谈谈课程体会,我有幸上台分享《领导理论》章节,过后席老师点评"幽默是一种智慧",这一句话让我激动了好几天,后来讲课就尽可能模仿席老师的"趣点""蜜点""支点"三合一方法。

有一次席老师到华侨大学调研,与交大原副校长、时任华侨大学校长丘进会面。校长办公室突然给我打电话说席老师要见见我和家人。我们全家人都非常激动,特别是小朋友要去见师爷爷更是异常兴奋,席老师、丘校长还与小朋友合影,鼓励小朋友好好学习、天天向上。这次会面无疑给了我巨大的鼓励。

偶尔有新的想法,我会通过邮件向席老师报告,席老师准是第一时间回信。这里摘取其中一封回信内容: I do hope you are doing well in future. The best thing for teacher is to get information from his students that they get new progress or a-chievements. I am waiting for hearing your more good news in future. 我想只有倍加

努力，才能不辜负席老师的期望。

最近一次见席老师是 2023 年，席老师对我说的第一句话是："来大上海啦！"我静悄悄调动来沪，没想到都能被席老师关注到，这让我倍感温暖！

三、师卦，丈人吉

师者，传道授业解惑。周易师卦强调丈人吉，席老师确确实实年龄越大越牛。我认为是不是好老师，取决于培养怎样的人、怎样培养人。2007 年参加席门交流会时，我把从席老师处得到的教育体会做了初步总结：

一贯倡导"学习改变命运，教育改变生活"；"教育的目的：培养善意与激发潜能"；"教育的手段：一棵树摇动另外一棵树，一个灵魂唤醒另一个灵魂"；作为老师的最低要求是"让学生超越自己"，最高要求是培养对历史负责的"大学问家、大实践家"。

鼓励教师分层次实现育人目标：初级目标，培养学生成为"自立"的卓越人才。"自立"是指实现儒学前六目，即"格物、致知、诚意、正心、修身、齐家"。中级目标，培养学生成为"扶弱"的卓越人才。即要努力培养引领时代发展的伟大理论家、企业家和政治家，卓越人才应当以扶助社会弱者为己任。最高目标，培养学生成为"对历史负责"的卓越人才。即宋代大儒张载云："为天地立心，为生民立命，为往圣继绝学，为万世开太平。"提出大学教师必须永远保持谦虚、谨慎、不骄、不躁的作风，努力培养"究天人之际，通古今之变，成一家之言"的卓越人才。

提出并实践，大学教师要与大学一起努力，塑造有卓越文化内涵的大学，全方位激发师生对自己、对家庭、对学校、对国家、对民族、对全人类的责任感和使命感，自然而然形成崇高的理想，引领时代发展，为增进全人类福祉奋斗不息！

怎样培养人？

坤卦象曰：厚德载物。席老师时刻坚持厚德利他，"利他"会产生无穷的力量。乾卦革卦都强调"上应"天意、下合民心。老师应用"大道之行，天下为公"，聚天下英才而教之，蒙以养正。席老师精技育人，我印象最深刻的是每次席老师报告时的PPT都特别精致（制作PPT恰是我最大弱点），从PPT制作，到教育教学"道、法、术、器"，席老师都以最高标准要求自己。

我最经常在课堂上引用的是席老师学习管理三阶段论：学习管理、感悟管理、享受管理；以及领导境界与路径：以人为本、以法为教、以德为先、以和为贵、中庸之道、无为而治。

四、泰卦，小往大来，吉，亨

泰卦象曰，天地交而万物通也，上下交而其志同也。席老师是一位教育学家，更是一位教育家。老师从交大到西浦时，我曾给他写过一封信，内容大约是替席老师感觉可惜了，从世俗观点进行了一通建议。席老师回信："你不觉得来西浦更对吗？"15年过去了，事实证明席老师是正确的。西交利物浦大学是中国教育部批准、由西安交通大学和英国利物浦大学合作创立、具有鲜明特色的新型国际大学，正是"天地交而万物通，上下交而其志同"的全面体现，更体现了"中外交而创新起"！融合了东西方教育体系的精华，已实现小往大来，吉，亨。

西浦位于江苏省苏州市，从后天八卦看是中国地理震卦的位置，是发动机位置，区位优势显著，这无疑可以助力学校的发展。席老师和西浦领导团队知行合一，80%以上教师具有国外知名高校的背景，采用中西合璧先进的教学模式，探索并创造"五星"育人模式。独特的大学理念、高水准的人才培养质量和浓厚的国际化特色，已经得到社会各界的广泛关注和高度认可，被誉为"中外合作大学的标杆"和"中国高等教育改革的探路者"，正朝着全面建成"研究导向、独具特色、世界认可的中国大学和中国土地上的国际大学"前进。近年来，西浦已在多个世界大学排行榜中有很好表现，在泰晤士高等教育世界大学排名中，西浦连续三年位列世界601—800名；QS世界大学2022年排名中，西交利物浦大学位列全球801—1 000名。

西浦物质层、行为层、精神层的全方位开放创新是现代大学的榜样，我经常向供职大学领导提学习西浦开放创新的理念和做法，也通过人大工作组提交相关教育教学改革建议，内心祈盼西浦走出"中国哈佛""中国耶鲁"之路，在中国构建世界重要人才中心和创新高地，为中外文明交流互鉴、创造人类文明新形态、中华民族伟大复兴贡献更大力量！

五、家人卦，利女贞

我与师母侯老师接触次数不多，但能真切感觉到，在席老师的人生历程中，侯老师是他最重要的助手、战友和亲人，这也是家人卦带来启示。我们经常讲家和万事兴，还经常讲和谐，如夫妻吵架，若一个大声，另一个就小声，若一个小声，另一个就没有声音，这是"和"；若一个大声，一个就更大声，这是"谐"，"谐"是一种共振。席老师与侯老师的相处显然是"和"。

家人卦，与中国儒学八目"格物、致知、诚意、正心、修身、齐家、治国、平天下"有相通之处。家人卦九三曰，家人嗃嗃，悔厉·吉。象曰，家人，女正位乎内，男正位乎外。男女正，天地之大义也。家人有严君焉，父母之谓也。父父、子子、兄兄、弟弟、夫夫、妇妇，而家道正。正家，而天下定矣。我们师门每位同学都能体会到席老师对学生做人做事的严格要求，刚开始害怕，但最后发现结局是好的。家人卦随时代而变化，是易的智慧，每个人在家中、组织中寻找最恰当的位置，这应该就是"和谐万事兴"！

席老师和谐管理理论契合家人卦又高于家人卦，我拜席老师即是冲着和谐管理理论而去，这个理论对我工作与生活影响很大，拜师后做每一件事总是先确定和谐主题是什么，应对的和则、谐则是什么。博士期间有一篇拙作《知识型人才和谐管理实证研究》获得了泉州市社科成果奖一等奖，博士学位论文《基于和谐管理理论知识型人才管理研究》也获得了厦门市社会科学成果奖。入师门以来，我每年指导的毕业生均有和谐管理理论相关选题。

六、未济卦，寻找新时代中国杰出教育家

火水未济卦的启示是"革命尚未成功，同志仍需努力"，中国教育改革永远在路上！中国科技创新永远在路上！当下，Sora 所引发的中国教育和创新焦

虑达到新的高峰。西浦主办的"寻找新时代中国杰出教育家"行动正是未济卦的体现。中国教育需要系统的范式革新，来适应数智化主导的未来社会对人才的新需求，而教育的范式改革首先需要教育者、产业界、政府和社会对于未来社会需要什么样的人才、教育如何为未来人才服务等教育的基本问题展开大讨论并达成共识。

为吸引更多的教育工作者和关注教育的人士参与到面向未来的教育思想大讨论中，席老师发起"寻找新时代中国杰出教育家"行动，根本目的是促进中国面向未来的教育的探索和变革，发现、培养和提升中国教育领导力，促进全社会对于新时代教育的认知。这一活动已经进行两届，席老师和所评审出的教育标杆都善于观乎天文以察时变，观乎人文化成天下，他们是我们的学习榜样，敬奉贤人，见贤思齐，只要坚持人法地、地法天、天法道、道法自然，一定能培养出无愧时代、无愧历史的卓越人才！

如是我闻，不知准确否？斗胆诸相非相，交卷！

最后，作为席老师学生之一，我有幸也在高校从事教育工作，实践知行合一的教育思想，立志这一生线上线下培养60万学生。我的教育理论可借用唐朝杜甫《绝句》来形象地概括：

两个黄鹂鸣翠柳（知与行），

一行白鹭上青天（树立伟大理想）。

窗含西岭千秋雪（借鉴古今中外的智慧），

门泊东吴万里船（为全社会创造万里船的财富）。

观思行录

现在教育最要害的问题是没有足够重视被教育对象的独立人格和自我认知能力，总是设法让他们接受一个我们构想的世界，而不是让他们面对一个真实的世界。其实每个人都有自己的观念和判断，如果所倡导的东西与真实世界相吻合，是生存于其中的最佳策略或可行之路又或未来之道，人们自然会容易接受！

——席酉民

13

师者，传道授业解惑也

白云涛[①]

2023年4月，我参加了在太仓举办的"管理学在中国"年会，期间师门聚会时席老师赠送我们学生每人一本他的新作《管理何为：一个"理想主义"践行者的人生告白》。阅读此书，仿佛一下子把我拉回20年前跟随席老师读书学习的时代，既在时间的洪流中搜寻、回味着每一次同频和仰视席老师的幸福时刻，又惊叹于席老师不断追求和实现着人生理想的那份执着。每次读到席老师"浸淫在世俗里，活在理想中，行在从世俗到理想的路上"的告白，心中就默默将自己代入，叩问自己内心能否见师思齐。

新的问题：教育何为？席老师总是探索和诠释着这些最根本的问题。估计"教育何为"还会被翻译为"What education could be and do"，这一根本性问题值得所有的教师长期、深入地思考。我2003年进入师门跟随席老师学习，2009年毕业论文送审时（当时论文送审不需要全部盲审），其中一位送审专家问我毕业后要做什么，我的回答是当大学老师，这位专家随即的话让我对老师这一职业有了初步认知："老师，那是一个饿不死，也富不了的职业，你要考虑清楚。"当时那种清晰又震撼的感觉仿佛让我一眼就看完人生。所幸工作后面对各种压力，也无暇顾及思考人生，整天碌碌于大学的讲堂上和论文的撰写中。渐渐到了不惑之年前后，才有时间考虑这些"being"（存在性）和

[①] 白云涛，厦门大学管理学院副院长，教授。努力做一位"好老师"。

"doing"（能动性）的问题，猛然发现其实席老师在我心中早已埋下"教育何为"的种子。

教育的本质是什么？教育的主体是教师，"师者，所以传道授业解惑也……道之所存，师之所存也"。教育的对象是学生，教育学生的目的在《大学》中被清晰地解释为"大学之道，在明明德，在亲（新）民，在止于至善"，即教育的目的是要彰显人本身所具有的光明德性，人人能去污染而"自"新，将自身的光明德性充分发挥出来。结合起来理解，教育的本质就是"揭弊"，是教师通过自身的教育活动对学生进行"揭弊"的过程，去除其因环境影响而受到的蒙蔽，彰显和发挥其本身具有的良知良能。

在我心中，席老师是一位教育家，是不断在思考教育的本质（being）并努力付诸实践（doing），知行合一（being+doing）以传播教育之道的教育家。跟随席老师学习，虽然他很少给我们罗列冗长的学习清单，也不曾帮助我们堆砌俗世（"俗"，人在谷中，被蒙蔽的状态）生存所需的资本，但我们无疑是幸福的，只要在他身边，我们就能学习到一份对教育的热爱，一份对研究的执着，以及一份在世俗中坚定上行的信心。我想通过一些过往向席老师学习的片段来展示席老师作为教育家"传道授业解惑"对我的影响。

一、传道——明明德

我在西安交大读书整整十年，对交大及交大的老师有很深的感情。1999年我到管院读本科，四年中学习成绩还算不错，顺利取得保研资格。当时席老师在学生中威望很高，一是因为席老师时任交大副校长，资历上很吸引学生；二是他是管院名气最大的专家、学者、教授，中国内地的第一个管理工程博士，以及他拥有非常多的名誉光环和头衔。因此，优秀的学生大多希望能够进入席门，竞争非常激烈。我有幸和另一位专业第一名的女生（后来她转跟姚小涛师兄学习）一同被梁磊老师选中，进入席门，一时倍感前途光明，憧憬无限，索性直接选择了硕博连读，跟随席老师开启了长达六年的学习。

读博伊始恰逢中国管理学研究范式的一次大转型，从20世纪80年代、90年代的关注思想、理论探索的规范性思辨研究，转向关注经验、数据、方法的实证研究。这次大转型一直影响到现在，预期还有 5—8 年的延续。在这次转型中，很多中外管理期刊开始向实证（数据）主义倾斜，经济管理科研院校的学术评价体系也大多模仿甚至照抄美国的某些所谓学术共识评价体系。种种推动力量将中国的大多数科研教师引向科研（论文）KPI 效率主义的道路上，甚至一段时期内短平快、数数量成为商学院的主流价值观之一，鲜见顶天的哲学思想和立地的管理理论。我的主要研究范式也是实证研究，应该说是这一体系的受益者，但确实逐渐感觉拼凑式、模型化、方法化的实证研究对科学的贡献有限。所幸，现今管理研究者不断进行反思，学术价值评价体系（如"反五唯"）也逐渐归真，下一次转型（价值回归）应该不会太远。

席老师从 1985 年提出管理的"元"理论——和谐理论以来，一直致力于和谐理论研究的深入和发展。在我读博士的那几年，席老师的和谐理论也更加完善。师门中，王琦、王大刚师兄等专注研究和谐主题，肖宏文和井辉等师兄专注于和谐理论和则与谐则的双规则机制研究，唐方成、曾宪聚等师兄专注于研究和谐耦合模式与机制……一系列重要的理论研究成果相继发表。自知理论功底薄弱的我一直未敢投入和谐理论的核心研究，席老师也给予我比较宽松的研究环境，让我在博士初期可以进行自由探索。随着实证研究兴起，我在学习这些规范研究方法方面（如回归分析、结构方程模型等）还算有些天赋，可能是师门最早掌握实证研究方法的在读学生之一，曾有段时间在国际期刊上发表的基于跨层级结构方程模型方法的实证论文中，我的论文占将近 1/3。诚如之前所说，因我掌握这些先进的方法，确实在这次实证研究的大潮中有所获益。但席老师对我的影响始终让我保持着一些反思，而未陷入"追随西方新变量——排列组合拼模型——分工快速出论文"的疯狂中。

席老师是明道之人，"思想>理论>模型>方法>工具>数据"的研究价值层次一直是他希望我们坚守和努力的方向。有两件事让我记忆犹新。第一件事，在我读博士期间，席老师开组会时经常给我们打一个"树篱笆桩子、编篱笆和修补篱笆"的比方。大体意思是学者分为三类：一类学者以思想和理论创新为主。这类学者寻找一块重要且尚未开发的研究领域，那里没有可借鉴的套路，没有可模仿的模式，他们通过对现象的洞察，在该领域提出伟大的思想和理论，犹如在新的地域中树立一个篱笆桩子，插上一面旗帜。这些人无疑是伟大的思想家和重要的理论探索者，长期来看，他们在学术界往往会拥有重要的影响力。第二类学者被前一类思想家所吸引，趋之若鹜地跑来这块领地，在前人竖下的篱笆桩子上，通过编制篱笆来连通不同的桩子，将新理论在具体研究问题上进行具体化和模型化，通过规范的研究方法来证明篱笆桩子的合法性和重要性，这也为科学研究证据的积累做出了贡献。第三类学者在前两者努力的基础上做些篱笆的修补工作，通过使用不同的工具或数据来把篱笆编织得更密些，偶尔找到一些缺失的线条修补下，或者做些小改进使篱笆线条显得更粗。这些人的贡献最小，但可能因中规中矩和勤奋劳作而发表很多，部分人在某些评价体系中也能获得"劳模"的评价，而可怜的是他们中的大部分只能活在不断编织、不断内卷中，无法自拔。席老师没有去判断我们每个学生擅长做哪一类的研究，但他明确地表示我们不要在第三类工作中消磨掉自己的天赋。做研究要向前两类学者靠拢，即使达不到，那也可以成为一个有独立价值判断和追求的学者。

第二件影响我的事是临近毕业时和席老师的一次谈话。临近毕业那段时间，学术（毕业）评价体系又进一步向国外期刊发表倾斜。凡是"能在国外 SSCI 期刊发表论文，最好是能在 A、B 级别期刊发表的学者，就是好学者"，"没有在国外 SSCI 期刊发表论文的博士生不是'合格'的博士生，需要比'合格'的博士生多读至少 1 年才能申请毕业"。一切向英文看，蒙蔽了很多人的研究取向，当时的我也在其列。虽然我的中文发表已经远远超过学院规定的毕业条件，但因新的毕业要求而不得不延期。当时，学院里有在此方面非常成功的学者，每年都能发表很多高级别英文论文。我分析后发现快速发表英文实证论文的诀窍是"数据——工具——方法——模型"的逆价值链条，即首先采集大量外文期刊上新出现的变量，然后收集大量含有这些变量的问卷数据，再利用先进的分析方法排列组合式地跑出显著结果，最后剩下就是写作的流水线工作（其实这样的套路在 AI 大数据时代慢慢就会被机器所替代，研究者请慎重选择）。当时受蒙蔽的我好像发现了一条"发家致富"之路，兴奋地跑去和席老师沟通，请求席老师利用研究项目经费也为师门构建一个庞大的"数据库"。席老师确实明辨方向，回答我说："我们师门不要搞这些没有太大意义的论文，我们的项目即使最后就出一本书，只要在思想理论上有所突破，就是为研究做出了贡献，所以要始终考虑做有贡献的研究。"一番"泼冷水"般的教育让我明白了席老师那份对于学术纯粹性的坚守，不希望学生被所谓"主流"学术价值观所遮蔽的苦心。席老师后来又发起"管理学在中国"会议、中国管理50人论坛等，让一位教育家和学者坚守的明德在更大的平台上向他人传播，唤醒更多的同行者。受席老师影响，我在自己的学术探索上也不断努力去做"有贡献的研究"。虽然在思想理论创新层面我还是未有太大建树，但是也清楚地明白要不断地寻找着有意义、有价值的研究话题，如所尝试过的"创业团队的分裂""组织内部的腐败问题""党建文化与企业管理的关系""中国企业的自主创新"等研究课题。

席老师的言传身教，让我明白教师应该为学生指出"明德"的大道方向，让他们始终保持人生定力，不以得失为目的，而以是非明辨来立身，这是作为教师最重要的传道使命。

二、授业——亲民

我的本职工作是高校教师，从 2010 年工作开始就一直思考该如何做好这份工作。商学院的教学和理工科有很大区别，其理论性和实践性都强，在这方面席老师无疑给商学院的教师树立了学习的榜样。

首先，我想指出，商学院现在发展的一大危机就是近十年的科研指挥棒让教师群体一定程度上脱离了管理实践。近十年，商学院普遍看重国际化指标和国际期刊（如美国 UTD 期刊列表）发表指标，引进的博士主要以海归为主。引进海归不仅补充了国际化师资队伍，又与国际学术圈接轨，可以发表更多国际论文。很多商学院许以这些海归教师丰厚的年薪，但也立下了苛刻的"非发即走"的条件。在这些教师职业生涯的前 6—8 年，他们把更多的精力放在了发表论文上，没有什么时间关注企业实践的问题，这在一定程度上使商学受到"学术与实践两张皮"的批评。近些年教育部提出坚持"以本为本"、推进"四个回归"，建设中国特色、世界一流的本科教育，其实是为商学院敲响了警钟。中国企业创造了辉煌的实践成就，如果商学院教师连企业一般的管理实践都不懂，何以打造一流本科教育？商学院的这一状况需要进行改变。

席老师在此方面做出了表率。席老师是一位科研和实践都很有成就的学者，当然席老师确实遇到了别人都很难拥有的机遇，但很多人也许是信心不足，也许是能力不足，即使碰到机会也在机会面前选择了拒绝，最终退缩到象牙塔式科研的困局中，当然，商学院的科研奖励和职称晋升体系给了他们"安稳"的假象。席老师在出色地完成科研工作之外，也有着非常丰富的实践经历。在他读博士期间就参与国家重大决策项目三峡工程的论证，后来在职业生涯早期也参与多个国家重大项目的决策支持工作，后来又负责校办和参股公司的整改，创办陕西MBA学院、西安交大城市学院等。更有意思的是在《管理何为：一个"理想主义"践行者的人生告白》一书中，我还了解到席老师曾经从商（时间很短就回归学校），在北京和海南与形形色色的人有生意往来。另外，席老师主持完成的企事业单位委托的横向课题也很多。他曾经对我们说："作为一个商学院的教授，在与企业家交谈时，三两句话就要能够把对方拿下，让对方佩服你，让他知道他的问题只有你能很好解决。"这种本领与席老师深厚的理论造诣和丰富的实践经历密切相关。

我在读博期间，除了完成科研项目工作，也受到席老师的鼓励参与了两个横向课题：某公司科技中心的组织设计项目和某集团公司的组织结构优化项目。在两个项目中我都作为项目副组长，在席老师总体思路的指导下，带领师弟师妹们开展访谈、沟通、设计工作，帮助企业解决问题。基本上，当时比我入门晚的师弟师妹都参与了这两个课题。我明白席老师的用心，他希望我们在读博士期间，能够尽量多地接触企业实践，明白企业如何运作，企业的人如何考虑问题，以及我们作为研究者如何与企业的人打交道。作为管理领域的教师和学者，这些都是最基本的修炼。更重要的是，我从中看到了席老师作为学者在运用理论对接实践时那种让企业家折服的信心，这是优秀学者受社会尊敬的本原。这两个项目让我攒下了一笔宝贵的实践与教学经验财富，也让我找到了如何做好教师这份工作的答案：要多去接触社会和企业，不仅能够发挥自己的聪明才智，并且能够让我们保持深刻思考，从社会中带回宝贵的经验教训和理论反思，反哺自己的教学，这样才能为学生呈现一个精彩的课堂。

另一个要感谢席老师的是，他让我参与课题源自对我（以及所有学生）生活上的关爱，这深深影响了我自己作为导师带学生的方式。我是穷苦家庭出身的孩子，读博士期间的生活其实很拮据。每个月五百多块钱的生活补贴往往撑不到月底，所参与课题的劳务报酬加上师门的科研奖励切实帮助我解决了一些生活上的问题。后来，我的爱人在硕士毕业时（当时还未结婚）决定放弃外地的工作，留在西安和我在一起。那时她在西安找工作很不顺利，也是席老师帮忙把她留在中国管理问题研究中心工作，这让我们能够在两年后顺利走入婚姻殿堂。在艰难的时刻，席老师的帮助让我倍感温暖和感激，也启发我把这份导师对学生的关爱传递下去。

毕业之后，我进入厦门大学管理学院人力资源管理教研室工作，这是一个实践性很强的学科，我有太多知识、方法、理论上的短板。效仿席老师的经历，我一直有意让自己不要远离企业，向社会学，向企业学，每年都要争取完成一个企业课题。从 2003 年开始，我通过企业课题先后弥补了人力资源战略规划、组织结构设计、企业文化、绩效管理、薪酬管理、培训管理、员工激励、人力资源数字化等方面的理论和实践短板，并且我都用心将这些转化为上课的宝贵案例和资料，为我的本科学生讲授真实的企业人力运营经验。也正因与外界的更多接触，让我结识了很多企业家和人力资源管理工作者，每次跟他们交谈我都希望了解他们需要什么样的学生、我们的学生有哪些短板等。他们的宝贵意见也在近几年转化为我推动的多个实质性本科教育改革项目，取得不错的成效。此外，为把席门优秀传统继承下去，我也不断鼓励我的研究生参与企业课题，让他们作为组长负责组织和推进，还把近一半项目经费作为酬劳发给他们，让他们在读书期间不用为生活费发愁，放心地在这些企业中尽情发挥创新才华来解决问题。这些学生大多因具有丰富的实践经历和解决问题的自信而被行业头部企业录取，得到很好的发展。

三、解惑——止于至善

毕业离开交大后，和席老师与师门的接触就不多了，我也清楚，之后的路要自己去走。但作为一枚"青椒"，去到一个人生地不熟的单位，应该如何走好自己的职业道路一直是一个问题。曾几何时，在职业发展的路上有过孤军奋战的孤独，也有过申请项目 PK 不过"土著"的痛苦（科研成果占优的情况下），所幸一步一步走下来也获得了教授的职称。现在的我对那些头衔、项目已经没有什么执念了。很多人也跟我建议过头衔、项目需要有关键人支持，否则很难获得；也有人建议我经常跑一跑会议，结识些学界"大佬"，会很有帮助。我虽不知道真假，但席老师教出来的学生，骨子里都有一种"倔强"，希望通过自己的努力而不是关系来得到认可，亦或不需要别人认可，自己做好自己就行。这种师门的风气和席老师的为人处事很有关系。

席老师很早就在管理学界和实业界闻名，他的贡献和成就有目共睹。在《管理何为：一个"理想主义"践行者的人生告白》一书中，席老师讲述了他首次作为副校长考察对象时"坦言"造成的误解、两次申请院士的"置身事外"、毅然跳出体制创办西浦等事情，我这里就不再赘述。很多事情他做好决定后，在适当的场合也都会讲给我们听听，我们也深受影响。从关键事件上的表态和话语中可知，席老师无谓得失，一直都保持着学者的纯净和君子的风骨。令人佩服的是，席老师 50 岁后又焕发了新的教育活力，在更大的平台上致力于新的教育模式的探索和创新。在席老师的带领下，西交利物浦大学从 1.0 开放式新型大学模式发展到 2.0 培养行业精英和业界领袖的融合产业创新生态时代，再到思考中的 3.0 版本的为时代和未来负责的全新教育生态，可以说，西浦的实践证明了席老师一生都在发展完善的和谐理论的强大力量，也必将在不断进步中实现更大的辉煌。作为席老师的学生，耳濡目染，也应无惑于人生的方向选择。

我所工作的厦门大学始建于 1921 年，是爱国华侨领袖陈嘉庚先生所建。陈嘉庚先生一生致力于爱国事业，曾捐资兴建 120 多所学校，为中国教育事业做出了重大贡献。在他心中最重要的就是厦门大学，他给厦门大学树立了"自强不息，止于至善"的校训，也激励着一代代厦大学子奋发图强、为国奉献。这些伟大的教育家和先行者们总能给予我们前行的力量和坚持的信心，激励着我们相信自己能够为共同的事业增加一片砖瓦、传递一捧薪火。

到了不惑之年，感慨于有幸进入师门接受席老师教导，我内心中也不断涌出一种声音：不再追求世俗的繁华，潜心成为一个热爱学生、热爱教育、热爱人民的"好老师"，也许这就是我的天命，感谢席老师！

观思行录

在喧闹的环境下,清醒认识自己的追求,沉浸于自身的事业,心无旁骛地坚守,已经很不易,做到了将会很可贵!追随内心的呼唤,恪守独立的精神,坚持理性的判断,怀有乐观的心态,持续智慧的努力,便可迎接光明的明天!

——席酉民

14

理论与实践的桥梁

王 磊[①]

初入师门，正是对研究工作迷茫的时期，面对相关领域经典理论的冲击，我常常因为难以体会理论的"奥妙"而倍感痛苦，特别是读到师兄们文章中对概念的高度抽象和思辨文字，尤其感到煎熬。当时最喜欢师门例会的氛围——团结、紧张、严肃、活泼。师门例会由各方向小组定期安排汇报人报告最新进展，由于师门内部形成的"坦诚"交换意见的风气，这成为研究生最好的寻求建议和批评的机会。师兄们争先恐后申请发言，讨论会上"剑气"纵横、"板砖"横飞，研讨热情往往还会进一步蔓延至师门在线论坛，师兄们隔空辩论并留下一片片反复引用的精彩帖子，现在看来实属最早的O2O了。当时我作为新晋科研小白，在师兄们互相质疑和解释之中才能稍微产生些许对理论的理解，进而缓和一丝对管理学理论模糊性的恐惧。

一次偶然的机会，这种感觉在师门例会的趣谈中发生了转变。起因是大家无意中谈到学校的育人改革——书院制。这次改革之前，交大一直以来把学院作为基础育人单位，当时的校领导决定尝试"学院+书院"的组织方式以加强对学生的培养。简单来说就是学院负责教学，而书院负责组织各种学生活动并处理生活问题。相当于把原来学院下属的学生工作办公室的职责独立出来，扩充成为书院，并在全校范围内进行统一管理。学校当时的愿望很美好，号称

---

① 王磊，西安交通大学管理学院组织管理系助理教授。努力做一位有家国情怀的高校教师。

"双重关怀",书院和学校就像是爸爸和妈妈一样关心孩子"大学生"。同时,学校期望通过对不同专业学生的混编,能够让学生的知识面和社会关系更加宽广。然而在实际执行过程中,由于育人职能被机械割裂,产生了一系列问题,大学生常常调侃自己像"弃儿"——爸爸妈妈离婚了。幸福的生活没有享受到,离婚后的一地鸡毛倒是感触颇深。这种情况下,学院与书院的关系成为老师们热烈讨论的话题。笑谈中,席老师并没有直接分享他的看法,而是引导我们说:"看待组织的变革可以从三种视角进行思考,一个是成本视角,即改革后是否降低了运营的成本。双院降低了学校的成本吗?二是竞争力的视角,即改革后是否增加了学生的竞争力。双院增加了学生被社会喜爱的程度吗?三是内部资源和能力的视角,即是否存在某些特定的能力、文化等资源只有在改革后的组织中才能培养、浮现。双院培养出原学院培养不出的品质了吗?通过不同视角的分析,自然能够得出对应的结论。"

就在那一瞬间,我忽然从各种复杂纠结的问题的细节中清醒过来。这不就是交易成本、竞争理论、组织优势理论和资源基础理论的解释吗?!突然之间,我觉得这些曾经令我感到头皮发麻的理论也变得可爱起来——原来理论也可以如此鲜活!后来我又用同样的视角去观察很多问题,例如企业国际化的不同组织形式,其背后也可以用同样的视角进行解释。问题虽然不同,理论却能通用。慢慢地我开始理解有的师兄所说的"理论是鲜活的、彩色的""理论就是最好的实践"等话语。而理解它们的关键点就是要搭建一座理论与实践对话的桥梁。

那次的收获令我欢欣鼓舞,是我第一次感受到桥梁对学习的重要作用,虽然后期也常常有类似的感悟,但是那次的印象是最深刻的。后来我走上讲台,面向毫无管理实践经验的本科生的时候,也常常引用这个例子,每次必然收获学生们恍然大悟的表情,这个例子也成为我上课的经典保留节目,希望能够把这座桥梁转送给他们。

工作后,我也可以招收硕士研究生了。如何培养研究生成为我教育工作中新的挑战。在这个时期学院统一安排的硕士研究生培养方案变得有些鸡肋——学院其实是按照博士研究生的培养进度安排学习内容,这就导致一批学生也像我当年一样陷入理论的"玄妙"而心生畏惧。对此我感同身受,于是利用一次横向课题的机会，鼓励我的研究生跟我一起走进企业，参与对企业的调研和研究。那是一家大型的国有企业，课题研究的内容涉及战略、组织、流程、制度等多个方面。刚开始的时候，我发现学生除了新奇感之外，并没有太多的兴趣，特别是一轮又一轮的访谈、对复杂业务流程的梳理等具体事务很快耗尽了他最初的激情，研究工作似乎变成了苦力活。我尝试将繁杂的、具体的业务跟管理工作和管理理论相结合，引导学生观察与思考，却因为我还不具备席老师的语言魅力，结果差强人意。虽然该学生一直努力进入角色，但是似乎我当年的灵光一闪没有重现在他身上。硕士毕业后，我的这个学生先是就职于一家国有大型银行，一年后又进入一家管理咨询公司。某天，他很开心地联系我并感谢我带他做那个横向课题，说那段经历对他的工作帮助很大。回想当时的研究工作，他现在明白了当时我们的工作安排以及为何要开展这样的工作，理解了理论在管理实践中的具体体现。其实收到这个电话，我更加为他开心。学生这番话说明他从被动完成老师交给的任务转变成了主动思考者。当年的研究经历给他打下了一个基础，帮助他在实际工作中照猫画虎一般地完成了理论和实践桥梁的搭建。

后来在培养学生的过程中，我的培养目的之一就是促成学生在认知过程中搭建一座从理论通往实践的桥梁，特别是对于没有工作经验、一直读书的学生尤为重要。作为一名老师，自己也应该成为学生理解管理实践和管理理论的桥梁。每次师门聚会，都能回想到当年的那次讨论，席老师的引导和师门例会也成为我记忆中最美好的学习时光！希望我也能够把在师门学来的这座桥梁转送给我每一个学生！

观思行录

现实生活中，站在当下，以已有的框架看待世界，是绝大多数人的选择。而能做出惊人之举的先驱者，则一定是站在未来想象当下，并努力实践别人认为不可能的事情。

——席酉民

| 15 |
君子务本，本立而道生

马　骏[①]

一、结缘师门

2001年大四上学期，刚考完 TOEFL 和 GRE、正在申请留学的我突然收到教务办的通知，席老师给了我们计算机专业一名跨专业硕博连读保送名额，要求成绩排名在前 20%。尽管我当时对管理学一无所知，但本着试试看的心态报了名。经过连夜多方打听，才了解到席老师不仅是我们的副校长，更是内地第一个管理工程博士学位获得者，在管理学领域取得了丰硕的研究成果，有着崇高的学术地位。当时便下定了决心，一定要争取到这个名额。经过一番精心的准备，有幸通过了梁磊老师的初面，获得了与席老师面谈的机会。记得那时候的席老师还是一头黑发，满脸笑容地问我为什么要从计算机专业转到管理专业，我回答说计算机只是工具，而管理学是一门与人打交道的学科，工具只有在合适的人的使用下才能发挥出更大的作用，我希望发挥自己的优势把计算机这个工具运用到管理学的研究建模中，探索跨学科融合的研究成果。也不知道这个答案席老师当时是否满意，但最后结果是我幸运地拿到了师门的入场券。

二、初入师门

保研以后，大四下学期课程不多，我厚着脸皮找梁磊老师在老管院 5 楼的

[①] 马骏，国家开发银行湖南省分行客户六处处长，爱好旅游。

实验室蹭了一个机位，每天都泡在实验室，希望能够尽快熟悉师门的研究课题。在那段时间里，我感受最深的有以下三点：**一是师门团队氛围融洽**，像一个大家庭。在席老师这个家长的带领下，营造出了团结、平等、轻松、友爱的氛围。师门内不存在疏远的层级关系，大家在学习、生活上互相关心和帮助。还记得当时来自华侨大学的张向前师兄做自我介绍，关于为什么选择读席老师的博士，我以为一定会说对席老师的学术研究感兴趣之类的原因，结果没想到却是"因为交大的学费便宜"，引得大家捧腹大笑。我想，这也就是在席老师这样用和谐管理理念打造的团队文化中才可能说出的玩笑。**二是师门的学术研讨自由**，研究成果异彩纷呈。席老师鼓励我们根据各自的专业背景和特长选择研究方向。每次参加学术讨论会，都像是在享受一场精神上的盛宴。哲学、历史、组织、决策、数理、金融等各种研究成果让人目不暇接。这种包罗万象、百家争鸣的学术研究氛围极大地拓宽了我们的视野。**三是师门的研究资源丰富**。当时我们有来自教育部、国家自然科学基金委员会、863计划等重大重点项目的纵向课题，以及海尔、青啤、TCL等知名企业的横向课题。无论是在理论研究还是实践探索方面，我们都能得到丰富的资源支持，从而产出了丰硕的研究成果。

三、获得成长

结合个人的专业背景，我的博士研究方向选定在计算与数理组织领域，主要通过计算机建模与仿真来研究组织演化相关问题。席老师的指导风格是提供整体方向、框架、思维方法以及方法论的指导，他能针对我研究中存在的根本和核心问题提出精准的意见，而具体的解决方法往往不会直接传授，而是采取让我自行探索和领悟的方式。这样的指导风格对培养学生的大局观和思维层次具有莫大的好处，同时也确实让我经历了一段艰难的历练。我还记得每当研究陷入迷茫、难以为继之时，我总会通过邮件向老师求助，希望能得到具体的指导。在席老师的办公室，当面聆听他的教诲时，我常常有恍然大悟之感，仿佛打开了一扇通往新世界的大门，可一旦出门回到电脑前又感到头脑一片空白，不知从何下手。在这种情况下，我经常需要麻烦郭菊娥老师、唐方成和李鹏翔师兄帮我详细分析研究问题，并给出具体解决路径的建议。正是在这一次又一次的磨炼中，我的洞察力、认知体系、思维框架得到了锻炼和提升，解决问题的方式方法也不断完善。

"君子务本，本立而道生。"我何其幸运能够遇到席老师这样的导师，他以正直的为人，锐利的眼光、独特的思维，将最基础、最核心的"本"传授给每一个弟子。在六年求学期间，我收获的不仅仅是知识和学位，更重要的是，在后续的工作和生活中遇到问题时，我能够保持正确的心态，运用系统的思维去寻找解决办法。这种能力的提升让我终身受益。

观思行录

围绕兴趣的个性化终身学习是个人发展的康庄大道，通过学习、探索和持续积累，每个人都会形成自己独特的竞争力，并提升对己、对他人、对社会、对世界的认知，进而丰富自身的心智。只有心智模式的改变和升级才是真正的进步，才能帮人适应未来甚或引领未来。

——席酉民

| 16 |

关于教育真谛

我的感悟与启示

佘丛国[1]

1995—1999 年,我在西安交通大学管理学院读本科,那时席老师担任管理学院的院长,但我从没想过自己会成为席老师的学生。2000 年考研的时候,由于原计划报的导师招生名额发生变化,我意外且幸运地被调剂到席老师门下,当时我真的十分高兴。自此,我能够近距离地接受席老师的教诲和指导,并向优秀的师兄师姐们学习,这让我受益一生。毕业以后,每一次的席门聚会我都会尽量参加,从中汲取春风化雨般的力量和启示。借这个机会我想分享几件跟随席老师做研究期间发生的事情,虽然事情微不足道,但它们让我窥见了席老师教育的真谛,对我的成长乃至现在的工作都有着非常大的助益。

一、一次谈话:做学问须先学做人

如前面所说,我是被调剂到席老师门下的。开学之前,席老师把我叫到了他的办公室,那时他已担任西安交通大学的副校长。进入办公室之前,我的心中满是忐忑,进去后感受到席老师平和之中露出的一点威严,我依然很拘谨。由于当时过于紧张,具体谈话内容我已记不太清楚了,记忆最深刻的只有席老

---

[1] 佘丛国,目前就职于中国电信股份有限公司研究院。

师说的一句话："做学问须先学会做人。"我当时理解为，做人就是要具备良好的品德，即常说的"仁、义、礼、智、信"。

后来，我读到席老师关于管理之道的论述，其中前两句是："以人为本，以德为先。"这让我意识到，席老师是把人品置于学问之前，认为德育是教育的根本和灵魂。比如在治学方面，席老师要求每篇署他名字的文章，都必须经他过目修改后才能发表，这体现了他对学生负责任的态度。在生活方面，席老师对学生非常照顾，我们时不时地能报销一些费用，这在当时是十分难得的。席老师自己就是"以德为先"的典范，他独特的人格魅力深深影响着身边的每一个人。

二、一次学术交流：自由平等的思想碰撞

在我求学期间，席老师尽管很忙，仍特意安排时间定期组织学术交流会，他带的所有在读学生都可以参加。记得我参加的第一次学术交流是老管院大楼二楼的一个会议室，几张会议桌围成一圈，几位博士师兄师姐汇报各自的研究进展，席老师时不时给予点评。虽然当时许多内容我还听不懂，但整个过程是轻松活泼的，给我留下深刻印象的是王洪涛师兄那时候就非常活跃。席老师鼓励每个人都发表看法，偶尔还会貌似严肃地调侃一下。学术交流不同于传统教学模式，它对于启发学生思考、拓展研究思路、激发创新、促进团队协作等都起到了十分重要的作用。在我现在的工作中，我也在团队中极力提倡和推动学术交流，收到非常好的成效。席老师带的学生比较多，性格、习惯各异，如果按照色彩性格分析，估计四个颜色的人都是有的。大家能够和谐相处，跟席老师对个性化的包容和支持密不可分，这正契合了教育的又一真谛——因材施教，发挥出每个人的潜力，才能培养真正有创造力的人才。

三、一个横向课题：理论与实践的对接

作为席老师的学生，我们有大量参与项目实践的机会。2002年暑假，肖宏文师兄带着我们承接了一个横向课题，郑州一家科技公司的管理咨询项目。我

主要参与企业管理制度的审核、优化和组织架构设计。通过现场调研、问卷分析，我首次对制造企业有了全面的了解，并尝试将从课堂和论文中学到的管理概念、理论和方法应用到实践中。虽然当时的尝试有些稚嫩和粗糙，但这不正是成长的一部分吗？

正是在一个又一个的课题和项目中，我们不断经历着从理论到实践的螺旋式上升，对席老师提到的"问题导向，环境依赖，技术支持，林树统观，螺旋推进，和谐管理"的管理思想和理论有了更深入的理解，并逐步将其内化成研究和解决问题的习惯。席老师自己一直致力于理论与实践的结合，他的管理和教育思想，正在通过西浦1.0、西浦2.0、西浦3.0得到实践，成为我国高等教育改革的新范本。

四、一次实地参观：开拓视野

"读万卷书行千里路"。席老师利用他广泛的社会资源，尽量为我们创造调研考察的机会。读研的三年时间里，几乎每年都有一两次企业实地参观的机会。这经常令我们班其他同学羡慕不已。记得有一次参观一个师兄所在的军工研究单位，师兄给我们现场介绍了协同研发和先进制造领域的相关知识，让我第一次对这个领域有了初步认识。现在看来，调研不仅能够让我们了解企业和产业发展最新动态，还能让我们带着问题找答案，从案例中总结规律和趋势。可以说，从那个时候起，重视调研的种子就已经在我心中埋下。

2003年硕士毕业，距今刚好20年。在我全部的求学道路上，三年硕士阶段是最为重要的。一次偶然的邂逅（调剂），席老师以他秉持的教育理念，塑造了一个全新的我。从大处说，他强化和重塑了我的人生观和价值观；从小处说，他教给了我解决困难和问题的工具与方法；从长远来说，我把领悟到的教育真谛有意地用在培养下一代上。随着技术的进步和时代的发展，席老师的教育理念和方式也在不断演化、升级，他总能站在时代最前沿，以敏锐、深邃的洞察力找到新的方向，并总能找到独特的解决问题的办法，比如五星育人体系。所以，每次席门聚会，我都会尽量参加，希望能持续地从老师那里学到更多。

观思行录

管理实践是一个完整的过程,任何割裂的观测都有可能构成偏见、导致谬误,有造诣者往往会穿越迷茫形成洞见、提升智慧与心想事成!

——席酉民

17

逆俗前行，无问东西

毕鹏程[①]

不知不觉我已"混入"席门 26 年。1998 年独自迈进交大校门时，我绝对预料不到七年后，会变成一家三口告别师门。如今，我的孩子已在大洋彼岸上了大学，我也追随席老师教书育人近二十年。老师与我之间，已非单纯传道授业解惑的关系，他对我的影响早就深入到我人生的多次重大选择中。以下故事，是回忆，也是纪念；是叙述，更是感恩。

一、缘起交大

我能进入师门，大概是一个偶然中的必然，也是必然中的偶然。1991 年高考，我与西安交通大学失之交臂。按成绩，只要填报交大，就能被录取，但我却瞒着父母改了志愿。为何要改，纯属偶然，竟然是因为班主任的一句话。当时志愿本来已经填好，交大在第一栏，专业是工业自动化。志愿由父母填写，为什么首选西交大，他们没说，我也没多问。当时我对交大的了解还比较有限，只知道它很厉害。临交志愿前一天，几个同学相约去班主任家。老师自然很关心大家的志愿，听我说报了西交大，他眉头一皱说："怎么报这里啊，破破烂烂的，教室窗户的玻璃破了没人管，课桌洞里的垃圾也没人收拾。"这句

[①] 毕鹏程，中央财经大学政府管理学院副教授。

话我印象之深，至今记忆犹新。我不知道班主任当时何出此言，是认为我值得去更好的学校呢，还是对西交大有偏见，借机表达一下。那天我是唯一志愿受到老师质疑的学生，以至于回到家拿出填好的志愿看了又看，最终做了一个至今仍感后悔的决定——放弃西交大，重新填报。

后面的故事大致如此：新志愿是临交前两个小时自己在学校图书馆匆忙填写的，我现在甚至想不起当时第二、三栏填的是什么，只记得第一栏是同济，第四栏是湖南大学。最终我被湖大录取。我人生第一个重大选择以"失败"告终。这也是后来我非交大不读的原因，不仅想给父母一个交代，也是对自己决策失误的弥补。当然，后来父母告诉了我为何选西交大，因为父亲的一个朋友那年代表交大去宁夏招生，在评估了我的高中成绩后，预测我只要高考正常发挥，应该稳进交大，所以他们才放心把交大列在第一志愿。遗憾的是，我被蒙在鼓里。

二、与管理的第一次亲密接触

1994年秋，我开始准备第一次考研。没有任何犹豫，我选择了西交大工业自动化专业，这也是我在湖大所学的专业。工科院校大四的课业依然繁重，考研在当时的湖大非常小众，自己的准备也不算充分，最终因一门专业课成绩不达标而未能通过初试。我决定先工作，再伺机二战。

20世纪90年代，市场经济改革如火如荼。当时的珠三角地区是一片热土，外资和合资企业，以及华为、中兴、格力等新兴本土企业都在快速发展。我有幸进入了松下在中国的第一家全资子公司，从事品质管理工作。当时我还得到了格力集团的另一个职位录取通知，负责设备维护，但我放弃了。现在看来，这个偶然的决定算是我与管理的第一次亲密接触。此前我对管理一窍不通，大四的管理学选修课勉强及格，甚至决策树都画错了。

日企非常重视品质管理，尤其是独资企业，几乎把日本总部的管理模式全部移植了过来。我的工作分为内外两部分：对内负责生产线的日常品质管理，尽可能降低产品出库前的次品率。这不仅需要每天进行例行抽检，还要参加由品质、制造、采购、销售等部门联合组建的QC（Quality Control）小组，对任何可能出现的产品质量问题，寻找原因，提出改进措施，保证措施有效执行。也就是那时候，我第一次了解并实践了戴明（Deming）环——Plan-Do-Check-Act，还学会了使用鱼骨图。公司每周基本都有 PDCA 例会，以及针对突发的品质事件的应急处理会议。对外主要负责客户投诉处理和客户关系维护，一旦接到投诉，品质部会立刻根据问题类型成立一个应对小组，采取及时应对策略。

经过近三年的工作，我以一个管理"小白"的身份扎进鲜活的企业管理实践，从最初的不适应到逐渐适应，逐步认识、思考企业经营中管理与技术的关系。原本我以为制造型企业中"技术至上"，只要拥有足够的专业技术能力，一切问题都可以迎刃而解。但现实很快告诉我，没有好的管理，企业即便拥有再多再好的技术，也无法实现人与事的最佳匹配。

我依然怀揣到交大读书的梦想，但再次准备考研时，我面临一个新选择：继续学习本科专业，还是换一个新的专业。那时我发现本科专业技能在工作中并未得到充分使用，接触更多的反而是陌生但逐渐感兴趣的管理。但彼时我只知道西交大的工科很强，对它的其他学科还不甚了解。一个偶然的机会使我萌生了改学管理的念头。那是 1996 年夏的一个周末，我去广州天河图书城买书，在一个新书台上偶然看到一本 MBA 教材，书名如今已无法想起，但依然清晰记得在书的背面我第一次看到了"席酉民"这个名字，照片旁边是一大段个人简介，当时就觉得我遇到了"高人"。类似的简介后来我见过多次，但那次应该是我与老师的第一次"相遇"。再后来，我开始收集和老师及西交大管理专业有关的各种纸媒信息，随着了解的深入，越发觉得席老师就是我要追随的对象，并最终在 1996 年年底做出大胆的决定：一定要去西交大，跟中国内地第一位管理工程博士学习管理！

三、第一次非正式见面

1997 年初夏，我正式辞职离开珠海，前往西安准备第二次考研。半年的考研生活在我眼里犹如炼狱，但很快过去了。1998 年 1 月，考试如期而至。记得考试第一天，西安大雪纷飞，考前不慎感冒，到考试时还不见好，持续低烧加剧烈咳嗽，状态很差，但只能硬着头皮上。更糟糕的是，我遇到了中国考研史上最难的一次数学考试，40分的及格线史无前例。我记得考完数学，我从中三楼出来，站在西二楼东门前的丁字路口不知所措，绝望到一度想放弃接下来的考试，因为40分的大题我竟然一道都没解答出来。犹豫间，两个不相识的女生路过，我听到她们的抱怨，一个说："今天题目太难了吧，我大题一道都不会，完了完了。"另一个说："你这算啥，我不光大题没做，小题也一塌糊涂。"那一瞬间，自己的心情就这么意外地好了一些。我想，无论如何都应该把试考完，算是对自己这半年辛苦的一个交代。万幸后面几门考得都还顺利。考试结束后，在回家的火车上就发起了高烧，咳嗽到几乎无法呼吸，到家后立即去医院，被诊断为重度肺炎，不得不住院治疗，春节也是在医院度过的。

考研成绩公布前的那段时间非常煎熬，几乎每天晚上都做噩梦，大都关于数学。无论我怎么复盘，预估的数学成绩始终在50分上下徘徊。考虑到往年分数线一般是55分，我的考研梦也许会因数学而破碎。身体恢复后，我打算回珠海边工作边等成绩。路过西安时，专门去了一趟交大打探分数。特别巧，研招办那天正好在打印成绩，我就那么唐突地敲开了大门。一位男老师警觉地询问我的来意，我说我是外地在职考研，路过西安，想顺便查查分数。男老师犹豫片刻，一把拉我进去关了门，并看了我的准考证。我看到打印机正在吐纸，地上已有高高一大摞。他们很快找到了我的成绩，男老师让我记一下马上离开，叮嘱我别到处乱讲，因为还没公布。我紧张到发抖，先看总分，还行，再看数学，坏了，45。我询问男老师这个数学成绩是否足够，他说让我等着，等所有成绩出来再看。走出中一楼，我心情非常复杂，冥冥中觉得有戏，但数学又让人揪心。那天，我还是先激动地给家里打了电话，说有希望考上。挂了电话，寻找一根救命稻草的心情异常强烈，我决定去管院找个老师问问。虽然考研期间，我曾数次在管院老楼徘徊，但尚未和管院的任何老师有过接触。虽然席老师是我的第一志愿，但那时不仅没有提前联系过，更别说见面了。数学考成那样，录取都成问题，便也不奢望席老师会要我了。我那时还不知道，在我之前，席老师每年招的几乎都是交大各院的保送生。如果提前知道，我也许不会如此冒失大胆、无知者无畏，即使入学之后再想起来还很后怕。在去管院前，自己其实已经做好被调剂甚至是三战的思想准备。去的目的很简单，只想问问被录取的可能性多大，以及调剂的一些情况。就这样，借助"六度空间理论",我很快联系上了管院的赵西萍老师,并约好去她办公室会面。1998年3月2日下午,我如约来到赵老师办公室。详细了解了我的情况后,她预测我有较大希望考上,但是有可能会被调剂,让我做好思想准备。就在谈话间,门一响,一位身着淡咖色西服、手提黑色公文包的老师进了屋,我立刻起身。他在门口三言两语把事情交代完正准备离开,赵老师突然对我说:"你不是报的席老师吗?这就是席老师啊!"我一时愣在那里手足无措。以前一直是在书籍报纸和杂志上见照片,而当席老师本人出现在眼前时,我竟然没有认出来。寒暄之后,席老师简单问了一下我的情况,然后说了两句鼓励的话,就匆匆离开了,都没来得及坐一下。直到离开管院,我都没有回过神来。那时考研不需要面试,这匆匆的意外相遇,我到现在也不知道是否给他留下了印象。

四、"把学上到顶"

1998年5月,我终于在珠海收到了西交大的录取通知书,那一刻的激动至今难忘。当时我正在一家民营高科技创业企业从事研发和销售,直到8月下旬我才正式辞行。老板很好,既没有怪我向他隐瞒信息,还特意多开了一个月工资算是赞助。不过,离开前我请所有同事吃了一顿饭,还唱了歌,花了近一个月工资。

1998年9月,我正式开始了在席门的修炼。那时老师门生众多,有多个课题项目齐头并进。我很快发现,老师会根据每个学生的背景和特质进行安排和分工。一旦分派好任务,他会给出宏观的战略指导,接下来就是"放任"我们自由发挥。在关键节点处他会适时出现,做一些调整。有一天他叫我到办公室,递给我一份项目申报书。那是已经获批的教育部博士学科点专项科研基金项目"群体决策过程组织方式及其损益研究"。老师说,你好好把这个看看,如果有兴趣,就想想怎么往下做。那天他给我讲了很多他对群体决策的理解,特别是决策组织方式的重要性。一个群体决策如何组织,决定了其过程的好坏,而过程又会直接影响决策结果。他建议我多看文献,多参加师门讨论,与李武师兄还有王刊良老师等多交流。从此,我正式进入了一个此后深耕多年的研究领域。我很快意识到,从事群体决策研究的几位同门,大都有相似的理工背景和个人特质。

我十分珍惜这个来之不易的读书机会,为此,学习和研究都很努力。比起班上大多数本科就学管理的应届同学,我虽然多了一点管理实践经验和感悟,但如何将纯感性的体悟与理性的管理分析结合,并创新出解决管理问题的路径和方法,还缺乏足够的思考和训练。好在理工科的专业背景给了我一些信心,至少我能够很快地掌握当时国内管理研究方兴未艾的实证潮流中所需的"硬"工具。

离开西交大多年后,我仍十分怀念师门内自由宽松、兼容并蓄的学术研究氛围。我清晰地记得第一次去老楼战略所的场景,在那个略显局促的办公室里,一屋子全是人,分不清是老师还是学生,热火朝天地争论着什么。师门几乎每周都会安排一次内部研讨,围绕一个主题发言。我后来还一度负责研讨会的组织工作,每次都要去借投影仪、联系主讲、确定主题,再发布通知,很辛苦,但每次讨论完都有很大收获。席老师几乎很少缺席,一般是在大家刚坐定,他就提着那个很有质感的黑皮包匆匆进场,坐在第一排,然后立刻拿出一摞材料,有文件、论文还有信件,边听边处理。研讨会上免不了争论,老师很少在汇报和讨论中发言,总是先默默听大家讲,其间偶尔回头点个名,请某位发言。那时候,有几个人总被点名,比如韩巍老师。老师总是在大家都讲差不多了才会起身。我知道他为什么这么做,因为他曾经给我讲过,群体决策中领导先发言还是后发言对决策过程和结果有很大影响,后发言可以避免从众效应从而更加鼓励创新。另外,群体决策过程中,某个领导的意外出现和发言,还有可能造成决策"最优点"的漂移。我想,这大概是他当时身兼数职,在管理一线上的真实感悟吧。我一直都很佩服老师的时间管理能力,他能做到一心多用,多任务并行处理。但是,每次看到他泛白的鬓角和脸上的倦态,我又十分难过,觉得老师太不容易了。

其实,读研之前我最初的想法是硕士毕业后就再次返回实业界,换一个一线城市谋一份更高薪的职业。这也许是最初看到的那本 MBA 教材影响了我,投身管理研究和教育在那时并不在我的设想之内。但在跟老师读了两年半研究生之后,特别是听到他那句"把学上到顶"我萌生了读完博士再从教的想法。如果从高考算起,之前我是一步一步偶然又必然地走到老师身边,那我这一次的重大决定是直接因他所为。

2002年1月,作为读博大半年的一个阶段总结,我的第一篇论文发表。那是一篇综述,发表在《管理科学学报》。此前两年,我一直围绕群体决策展开大量的文献梳理工作,其间多次与老师探讨,他建议我先写一篇综述。我记得打印稿给了老师没几天,他把我叫到办公室,递给我已经修改过的论文。我被论文上密密麻麻的手写批注和飞檐走壁般的修改标记惊呆了。老师非常肯定地说:"文章写得不错,再改改投《管理科学学报》吧。"印象中我第二次改完就直接投出去了,很快便顺利发表,这算是我学术生涯的高起点了。博士毕业前我又陆续发表其他几篇文章,这些至今都还算是我学术生涯的高光时刻。在我当了老师后,每到修改学生的论文,也很自然地模仿老师的做法。一个毕业多年的学生再见时感叹:"毕老师啊,您当年把我论文里多打的空格都给挑出来了!"

博士阶段,除了研究,我还会同师门一起参与国际会议组织、项目申报和结题及各种奖项申报等工作。老师给了我们充分的自主权,仅从战略上把控方向,带领团队寻找最佳的问题解决路径。承蒙老师信任,2003年某天,他甚至把《管理之道:林投集》第一版交给我,让我做一次全面的文字修订。2011年我的第一本著作出版时,老师还欣然同意用该书中的一篇文章《领导、头马、木匠、空气与和谐管理》做代序。

五、短暂从政后回归教育

2005年博士毕业,按照计划,我的理想是直接进入高校。因为当时我和妻子(同门师妹,同年博士毕业)已经商定同赴北京,她从政,我从教,也许是个理想搭配。但后来我的求职路不太顺利,先后与中国人民大学、对外经贸大学和中央财经大学擦肩而过,但之前无心插柳的国资委却向我抛出了橄榄枝,所以,我顺势先进了国家机关。这些个人决策,老师在背后一直给予了大力支持。

在国资委工作的两年,让我有机会从政府管理的视角来重新看待企业管理。期间我随国有重点大型企业监事会办公室的同事多次赴大型央企做深入调研。在北京时，还参与过所有大型央企的年报总结整理、要上报国务院的各种监督检查报告的撰写。在西交大学习的各种管理分析和写作技能，此时全部派上了用场。2007年当有机会进入高校时，我的这段政府工作经历也让我有理由从工商管理转入公共管理。

六、教育何为

前述个人经历，从局外人视角，仅归结为教育改变命运似乎太过简单。结合师门经历，我主要想基于公立大学教育谈点看法。从教多年，说实话，我对中国教育现状非常悲观。

新时代的大学要培养学生的什么能力？这是"教育何为"的一个方面。成文时，恰逢OpenAI发布Sora文生视频大模型，虚拟世界和现实世界的界限愈加模糊，知识型工作面临颠覆，传统知识传授型教育价值迅速下降，这给数智时代的大学教育转型带来了巨大压力和挑战。席老师常说，今后大学教育应该重视"素养教育"，也就是"想象力、创造力和融合能力的培养"。大学要调整人才观，"从知识教育向全人教育转变"，改变教育理念，适应"人机融合的趋势"，让教育朝着"社会化和生态化"方向发展。

反观当下，我们的大学仿佛还停留在百十年前，面对数智时代的挑战故步自封。很多教师依然照本宣科，学生仍旧死记硬背，学术考核和评估更是乏善可陈。长期以来，我们过于重视用外在的统一标准来塑造人，忽视作为人的学生的基本需求，排斥其多样性，难以容忍其犯错，不鼓励创新。我们的学生，普遍缺乏创造性和独立批判意识。长此以往，中国教育势必愈加落伍，与世界脱节。我以为目前公立大学教育亟须从单向被动的知识传授模式向高阶多层互动模式转变，就像西交利物浦大学正在实行的"五阶次"学习模式，即继承性学习——批判性学习——探索性整合——兴趣驱动型积累——心智升级型进步。此外，西浦搭建了世界一流数字智能平台和工具——西浦学习超市，吸引全球优质教育资源，形成一种跨时区、地域、空间的全球终身学习社区，这些都特别值得传统公立大学学习和借鉴。而作为老师，我更喜欢用自己的话谈几个自认为的"教育何为"重点。

学会叛逆。我们的学生太"听话"了，以至于不敢批评，不会批评，没有主见，对家长和老师言听计从，最终失去对虚实世界真假信息的甄别能力，进而丧失对世界的探索兴趣和改造欲望。这可能就是我们长期忽视培养批判性思维的后果。教书多年，我几乎从未遇到过学生的公开质疑，课堂上的沉默经常令人感到尴尬。这太不正常了，因为有时候我明明讲得不对，也没有人提出疑问。我当年就是太相信老师，所以被班主任一句话改变了命运。席老师对于师门中的"不听话"者有特别对待，不仅不打压，还会鼓励甚至欣赏，比如韩巍师兄。我当老师期间，也曾遇到过一位不听话的学生。他几乎不来上课，即使来，我刚讲两句，他就直接来一句："老师，你这是在给我们洗脑！"听说他是一个编程高手，自己在宿舍忙着开发软件，我允许他缺课，考试也不为难他。我想，我们的大学其实缺的就是这样另类和叛逆的学生，中国的马斯克、乔布斯大概率就出现在他们当中。

学会选择。中国的家长和学校给学生施加了过度的包办和控制，使学生丧失主动选择、对自我负责的能力。数智时代，无处不在的精准算法又逐步控制了人们的心理需求，制造了大量无须动脑、无须选择的诱惑，使人沉迷，使人愚昧。不会选择，缺乏自律，进而又不具备自我管理能力的人，终将被淘汰。我在大学里发现，面对新环境的各种变化和机会，因不会选择而茫然不知所措的学生比比皆是。有限理性导致人们做任何决策都可能受到心理偏见的影响而犯错，为了提升学生的选择能力，大学很有必要开展相关的培训（如行为决策），甚至在中小学阶段，家庭和学校就应有意识地教会孩子进行独立判断和选择，并允许他们犯错。正如马奇提倡的"愚蠢术"，创新往往都在不断试错中诞生。在席门，老师常常鼓励我们培养自我领导力和决策力，在不同场合通过分享他的各种决策经历让我们感受决策的魅力。受到老师"沉浸在世俗中，活在理想里，行在从世俗到理想的路上"的影响，同门的各位都在各自感兴趣的领域逆俗生长，并不断得到老师的支持和鼓励。

学会快乐。我每年在大学都会遇到被心理问题困扰的学生，因抑郁或者躁狂而中断学业接受干预的学生日益增多。抛开暂时不可改变的因素，我觉得原因在于我们的学生从小到大缺乏快乐和幸福方面的有意引导和教育，整体丧失了快乐的能力。社会价值追求的狭隘单一，评估标准和体系的整齐划一，培养导向的千人一面,造成了过度内耗、内卷。被应试教育折磨到精疲力竭的学生,进入大学后却发现依然是旧模式的延续,"卷不动又躺不平",巨大压力下,心理问题频发,难以获得满足感和幸福感。每每看到学生呆滞的目光,毫无生气的面孔,我就感到痛心。为了有所改变,大学里亟须广泛开展积极心理方面的引导和教育,改变学生的心智模式,提升心理调节和抗压能力。同时大力营造一个宽松、自由、包容差异、保护个性的学习和生活环境。在学习期间,席老师给我们营造了一个宽松、和谐、积极向上的团队氛围,使我们即使遇到研究瓶颈和生活不顺,也可以在师门内得到鼓励和帮助。老师以身作则,充分诠释了"活着不易,但值得努力"的积极心态,鼓舞大家积极面对未来。

大学教育何为?经过席门26年的熏陶,我认为有两点值得特别强调:对于大学和教师,应该全力营造"尊重、包容、鼓励"的环境氛围,大力支持"特立独行、标新立异、奇思怪想"的文化;对于学生,应该始终追求"独立人格、自由思想、反叛精神、反思习惯",不断提升创造力、适应力、自控力以及幸福力,在复杂多变的数智时代,逆俗前行,无问东西。

最后,在此向恩师多年来的培养和支持表示衷心感谢。祝愿老师在教育领域取得丰硕成就。祝愿席门桃李芬芳,弦歌不绝。

观思行录

  人们常以栋梁之材形容人才,我的人才"树"模型是:树根类似个人的综合素养和能力,越发达越有利于成长;树干代表所学知识和基本技能,越粗壮扎实越有利于提升生存能力;树冠意味着个人将所掌握的知识技能与社会实践相结合的经验和艺术,水平越高越会茂密并结出更丰硕的果实。对照之,我们便可知道如何改进和提升自己。

——席酉民

18

"忆"师"忆"友二三事

王洪涛[①]

我认识席老师的那年,他37岁,虽然已经是教授,但身穿休闲西装、牛仔裤,说话语速快,一边说一边打手势,充满活力,更像是一位年轻学长。我是21岁那年正式投到席老师门下,缘分是从"不确定性"开始的。

一、不确定性

我拿着保研的材料,去找席老师签字,席老师说他要先看一下再决定,我说爱因斯坦并不认为上帝是在掷色子。席老师看了我一眼,若有所思。其实从那一刻起,我们就因不确定性结下了不解之缘。不确定性是从量子力学海德堡测不准原理延伸出的一个概念,物理学科班出身、跨界到管理学并拿下国内第一个管理工程博士学位的席老师,自然不会忽略不确定性在管理科学中的研究。我第一次听席老师的公开课,是在中心二楼1 200人的大教室,那会我对不确定的认识还很肤浅,席老师讲到化繁为简、驾简驭繁,给我了极大的启发,原来管理学的奥义,就在这繁简之间,这也第一次启蒙了我,在这充满不确定性的时代,如何摸清管理的脉络。

研究生阶段,我在席老师的指导下,系统学习了相关理论知识,阅读了不

[①] 王洪涛,现任北龙资本董事。喜欢探索未知领域,致力于让世界更美好。

少论文文献。有一本名字叫《复杂：诞生于秩序与混沌边缘的科学》的书，席老师推荐过，英文版于1995年出版，中文版1997年在国内出版。书中提到在混沌的边缘涌现秩序，单个个体相互适应、自组织，通过相对简单的规则形成复杂的结构和行为模式。我本科是在管院老经济系读的，所以对诸位同门从组织行为学、群体决策、领导力等角度对不确定性的研究，以及对和谐管理理论所做的发展，并不是很在行。经济学中，从阿罗-德布鲁的一般均衡、经济人假设，到后来的信息经济学、行为经济学、制度经济学、演化经济学等新兴理论，以及现代产业和金融理论，对不确定性的分析和认识不仅决定着经济学对现实的分析和解释力，同时也是经济学发展的一个极为重要的方向。经济学通过研究人的经济行为来分析社会的经济现象，又将人的行为过程描述为决策过程。经济学、管理学、系统科学、计算机科学的跨界大牛赫伯特·西蒙提出有限理性的概念，认为受制于不完全的信息，决策者的信息处理能力，以及多元化决策目标等因素，管理中不可能按照最优化准则来进行决策，只能寻求满意解而非最优解。郭士伊师弟在综述了关于经济人、有限理性人的各种假设后，提出"智能人"假说及其管理方法——和谐策略，把和谐管理在应对复杂不确定环境下的优化求解向前推进了一步。后来席老师提出 UACC[①] 环境下经由范式革命进入数智时代，系统性阐述了时代、企业、机制、产业家、产业生态等演进历程。这是在我毕业以后了，虽然有关注，但并没有深入研究这些新的进展。

在我毕业后的二十年里，除了有一年是在日本，研究日本经济崩盘后他们都做了些什么，其余时间都混迹于复兴门、大北窑和中关村这个三角范围内。我长期从事的工作是科技成果转化，所以对产业升级这一块关注较多。这期间有很多的曲折，既有《中华人民共和国促进科技成果转化法》修法后第一例在企业创立时就把股权界定给高校科研团队的喜悦，也有目睹某校企从几百亿规模、五年间膨胀十倍、最后土崩瓦解的悲哀。结合和谐管理理论，个人感触最深的是，对数量有限的个体和组织，某种秩序或者主题的涌现不是很明显，但是若放大到一个足够大的尺度，比如整个产业的尺度，几十万经营主体、几百

---

① UACC 指不确定性（Uncertainty）、模糊性（Ambiguity）、复杂性（Complexity）和多变性（Changeability）。

上千万从业者，这种涌现几乎就成为一种必然。我曾经请国家发展改革委高技术司领导谈谈对产业升级的看法，在他们的认知里面，汽车、高铁和飞机构成了一个产业升级的阶梯，中国在汽车行业用市场换技术的糟糕表现，令欧美高铁厂商放松了警惕，认为即使给中国技术授权，允许其组装高铁，也不会有什么大问题。没想到中国从苏联引进的铁路技术包含了电气化铁路的成套技术，后来又从民主德国、日本引进了更新后的机车和自控技术，具备了相当水平的技术积累，更是自主研发了"中华之星"电力动车组。所以在引进高铁技术的过程中，能够集各家之所长，完成了一次飞跃。当然这种飞跃，背后的努力是艰苦卓绝的。我在跟北车清软英泰、南车株洲的高管座谈时，他们都列举了大量的实例，来佐证这个过程是如何艰难。系统集成的阈值一旦被突破，后面相对而言就豁然开朗了。反过头来看汽车产业，为什么2023年中国实现了3 000万辆的产销量，汽车出口一跃成为世界第一？如果没有当年合资车厂的人才培养和技术积累，也不会取得这样的成绩。我跟合众汽车的创始团队深入探讨过这个问题，他们从奇瑞出来时就是秉承了打造一款新能源车的理念，而奇瑞当年又是从一汽等大厂吸收了技术骨干人才。当然，汽车属于耐用消费品，2023年中国汽车出口522万辆，同比增速57%，由于售后服务和消费者体验等原因，之后可能会有一个回落，这就是产业脉搏，像系统涨落一样，也可能这是谐则的一部分，即明确的、可预见的、规律性的东西。最后，感谢计算机科学和大模型技术的发展，如今训练千亿级参数的大模型也并非难事，但是产业大模型毕竟和着重于自然语言处理的GPT模型不同，建模和数据积累可能还是一个比较漫长和艰苦的过程。

二、考试作弊

席老师治学是很严谨的，对学生要求也很严格。有一次席老师问我，你考试作弊吗？我说我从不抄别人的，偶尔别人抄我的。席老师的神情立刻严肃起来，说帮助别人作弊也是作弊，再作弊就开除我。我事后想我为什么能帮助别人，并不是我有多么高的水平，而是我本科就是在管院读的，研究生课程虽在深度、难度上增加了一些，但有本科学过一遍的基础，自然无惧考试。系统工程是研究生必修课，我本科也学过，讲课的老师也很熟悉。所以我可以在考前给大家划重点，告诉从外专业转来的同学们哪些内容要多看几遍。考试的时候，坐我周围的同学，遇到不会的地方，经我稍加点拨，成绩自然有所提高。当然这些发生在被席老师批评之前，之后就不这么做了。

《庄子·养生主》说"吾生也有涯，而知也无涯"。古人皓首穷经，能掌握的知识也很有限。在知识大爆炸的今天，当代人同样皓首穷经，能掌握的知识占全部知识的比例，可能还远比不上古人。好在人类掌握了知识编码、机器学习，能够大大减轻人类学习和运用知识的压力。记得有一次我去知网总部调研，他们团队讲到对现有知识，尤其是理工科知识，已完成编码，对于新出版的书或新发表的论文，用他们这个知识图谱识别一下，就能判断出哪些是真正的创新。后来我又看了若干做知识图谱的公司，对知网这个说法将信将疑。但是我觉得他们说的有一点是可行的，就是他们研发了一套交互式学习系统，使用者在学完一节课程后，系统会自动生成一个小测验，通过与学习者的互动，来判断学习者是否真正掌握了这一节课程中的知识点。我认为这对结构化的知识肯定是管用的。但是回到考试作弊这个话题，现在的 AI 技术都这么发达了，再去死记硬背这些结构化知识，还有什么意义？面向未来的教育，重点应该是培养知识重新整合和架构的能力。

三、面向未来的教育

说到教育，这确实是一个沉重的话题。众所周知，中国的新生儿已经第二年低于 1 000 万，可是有没有谁想过，世界上像瑞典这样的发达国家，总人口也不过千万。如果我们能够教育好每年新出生的孩子，我们这个国家的创造力将有质的飞跃。我曾经见过北欧来的留学生，感觉这些人体格健壮，体育运动很强，同时学习能力也很强。他们从小非常重视玩，幼儿园除了教一些社会行为规范，其他主要活动就是玩，在玩中锻炼了身体，学会了协作。师弟肖宏文曾经跟我聊天，说他们那的教育部门想专门成立一个处室来抓幼小衔接工作。这是一件多么可笑的事情，本来自然而然就会发生的事情，我们要去揠苗助长，而且把抻长的苗作为示范，来要求其他的好苗，这是极不可取的。

席老师非常重视教育,在我本科最后一个学期的时候,他就让我做了教育改革方面的毕业设计,后来又让我写了一些文章和课题报告,对改进工商管理学科的本科教育提出了一些建议。研究生毕业前后,我游历了一些国家,近距离观察了他们的教育。到北京某高校资产管理平台工作以后,结合以往的观察和思考,以及国外大规模在线教育平台 Coursera,EdX,可汗学院等运营模式,起草了慕课,即后来中国最大的在线教育平台"学堂在线"的第一稿方案。那时候,我还听取了精密仪器系尤政院士的产业前沿专题报告,他介绍了 MEMS(Micro-Electro-Mechanical System,微机电系统)技术在多个产业领域的最新进展,我感觉在本科时听闻的光机电一体,到了 21 世纪初,已经演变到了光机电、信息、微电子、医疗等多学科跨界融合、协同创新的全新阶段。而这学科的知识,让一个本科生在四年的时间里,能做到了解就已经很不错了。到了研究生阶段,能够深入其中一个前沿领域,或者在两到三个交叉领域有所建树,那就相当了不起了。这浩瀚的知识,靠死记硬背,是不可能掌握的。所以,必须进行教育范式的变革,面向未来办教育。

面向未来的教育,我认为首先是要激发对学习或者是探索未知领域的兴趣。说到兴趣,我想起在英国纽卡斯尔投资的一个科技园。纽卡斯尔在国内不是一个很有名的城市,但回溯历史,在这个城市中建造过中日甲午海战所用的主力战舰,可见是一个重工业发达的城市。但这个城市已经走过了重工业化的阶段,现在的市民似乎很休闲,工作时间很短。但就是在这样一个城市,诞生了世界上第一只克隆羊多莉,生命科学和材料科学高度发达。目前,中国已基本完成了重工业化,进入了创新驱动发展的新阶段。如何避免不必要的内卷,有更多的闲暇时间陪孩子玩耍,激发孩子探索未知世界,保持对学习的热情,这可能是所有人都要认真考虑的事。

面向未来的教育,其次要培养架构知识的能力。借助计算机和人工智能,人类知识中结构化的内容已经被编码。人们在面对问题,需要使用这些知识解决问题的时候,更多的也许是调用这些知识,甚至是在人工智能产生的解决方案(Artificial Intelligence Generated Content,AIGC)基础上再进行加工创造。将来,某一个学科门类或领域的专业知识还是要传授的,但应更侧重于这些知识是如何被创造、被编码,在应用中被解构、被更新的过程,而不是记忆这些知识本身。然后依然是席老师反复强调过的问题导向，或者是和谐管理中的主题导向，根据需要来架构知识模块，发现并创造新知识。

最后，面向未来的教育要注意阶层固化的问题。这当然不是一所高校或几个关键人能解决的。之所以想起这个问题，是记得有一次我跟席老师"抬杠"，他说现在条件这么好，我们应该专心读书。但我的观点是，在席老师出生、成长的年代中，没有电视、电脑游戏等诱惑，"青春做伴好读书"；而现在诱惑太多，所以很难专心读书。说到底，这是一个学习动力与环境约束的问题。我大学最后一个学期，曾经去蓝田县蓝桥乡支教，前后去了几次，加起来有一个月，见过不少勤奋的孩子，学习几乎是他们改变命运的唯一渠道。但受制于贫穷的山区，他们中的绝大多数可能会止步于高中，然后去打工或务农。我读研那会，学会了一个外来词"hyper-competition"（超级竞争），感觉很适用于中国。当代中国非但不缺乏竞争，而且充满超级竞争。各行各业能够脱颖而出的人和企业，无不是经过重重磨砺和极限压力，套用一句歌词就是"没有人能随随便便成功"。但是在走向不同程度的成功之后，很多人并不想让下一代再去受自己受过的苦，正如苏东坡所言："惟愿孩儿愚且鲁，无灾无难到公卿"。推动社会持续进步的工作，应该由那些有能力且有意愿的人去承担，唯有这样，社会才能充满生机活力。教育，尤其是高等教育，要真正做到"有教无类"，才算是尽到了应有的社会责任。

在交大的学习生活中，席老师的教导如春风化雨、沁人心田。如今已经毕业二十年，很多已经内化于心、外化于行，帮我解决了很多生活和工作中的问题，也带来新的思考和感悟。本文所忆二三事，就像发生在昨天，印象深刻，常忆常新。

观思行录

不确定性、模糊性、复杂性和多变性不仅给创新和精彩提供了空间，而且为领导的存在和合理性提供了基础。对待不确定性、模糊性、复杂性和多变性的态度不同，区分出领导者和追随者两个群体。喜欢挑战、沉着淡定者可能、也适合成为前者。

——席酉民

19

一席话，十年书

刘 芳[①]

"听君一席话，胜读十年书"，这句谚语用来形容席酉民老师对我的深远影响和指导再恰当不过，他的教诲让我仿佛一瞬间领悟了多年的学问。而这里的"十年"更是一个虚数，强调了他对我前瞻性的引领作用，让我在未来的道路上更加坚定和自信。因此，值此席门开展教育反思活动之际，以"一席话，十年书"为题寄我所经、所思、所悟和所行。

一、研究方向的选择

我硕士和博士阶段的科研方向是不确定决策理论，主要基于数学方法开展模型构建与求解。我的数学功底较好，逻辑思维能力较强。然而，我也意识到，虽然数学在管理决策中扮演着重要角色，但管理实践经验的积累同样至关重要。因此，我急需在管理实践方面进行弥补和提升。在了解到席老师是我国内地第一个管理科学博士学位获得者：具有深厚的理论功底及丰富的实践经验后，在我博士毕业的前夕，即2013年10月，通过邮件联系席老师并表达了做博士后的愿望，没想到带有"女性""数学""理论"和"大龄"等标签的我，

[①] 刘芳，广西大学教授，八桂学者，广西自然科学基金杰出青年基金获得者，广西十百千人才工程第二层次人选。热爱管理，积极生活，喜欢探索，努力做一个平凡的奋斗者。

居然得到了席老师同意接收的邮件。怀着欣喜和忐忑的心情，我于 2014 年 2 月办理了西安交通大学工商管理博士后进站手续。

与硕士生和博士生相比，博士后更多意味着独立科研。尽管席老师为我指出了新的研究方向——扁平化管理，并建议我学习优秀博士生唐方成师兄的博士学位论文，然而我并未能像攻读硕士和博士期间那样，对其论文的每个细节都进行深入细致的推敲，也因此未能从中发掘出创新点。如今反思，这可能是因为我的知识基础和思维模式尚未适应新的研究方向。对于这一点，我至今仍深感遗憾。但幸运的是，在席老师的悉心指导下，我有幸深入理解了和谐理论，并广泛研读了许多管理理论与实践案例，诸如青藏铁路和京沪高铁的建设经验总结。正是基于这些努力，我得以在川藏铁路建设中提出韧性管理的创新理念，并在平陆运河工程中倡导命运共同体管理模式。

二、严谨的治学态度

在西安交通大学管理学院做博士后时，有人看到我拜入席老师门下，脱口而出便说："你是过来抱大腿的！"我顿时蒙了，不知道该如何回答，因为在我心里压根儿就没有"抱大腿"的想法，但也不能否认席老师实实在在的影响力。于是，我问在博士后实验室旁边办公的师兄李鹏翔："除了那些光环，席老师到底有多厉害？以后如何相处？"李师兄边泡茶边说道："厉害，管理界是有目共睹的；真诚，实话实说，不要玩手段技巧。"我听后心情就放松下来，因为我本就喜欢简单和真实，诚实也是容易做到的，而向优秀的人学习一直是我的座右铭。

为了顺利出站，我需要完成一定量的科研工作并发表学术论文。在站期间，我获得了国家博士后科学基金和陕西省博士后科研项目一等资助。在投稿论文时我没有事先征得席老师同意就把他的名字加在作者中，席老师知道后立即给我发信息："退稿并说明我没有做出贡献，需把名字从作者列表中删除。"我按照席老师的要求做了，但心里非常紧张，害怕给席老师留下不好的印象，也不敢和别人说这件事。我不停反思，逐渐理解了席老师的用意。他作为一位严谨的科研工作者，始终坚守学术诚信，不愿通过任何捷径来获取荣誉。这种踏实而坚定的科研态度感染了我，亦成为我后续研究工作的坚实基石。从那以后，我更加明白"诚实"在科研工作中的重要性。每一次研究的进展和领悟，都是建立在这个基础之上。我深知，只有秉持这种态度，才能在科研道路上走得更远、更稳。

三、什么是教育

席老师是一位教育家、管理理论的探索者和管理实践的先行者，我非常喜欢席老师的理念：浸淫在世俗里，活在理想中，行在从世俗到理想的路上。如果从自己受教育的经历中反思什么是教育，我认为我们需要从教育的对象——人，进行深入的分析。每个人都有自己的理想和希望，渴望成功。同时，我们也要认识到人与人之间存在个体差异，群体之中蕴含着智慧。在教育过程中，我们应该充分考虑到这些因素，为每个人提供个性化的教育路径，同时挖掘和利用群体的智慧。作为一名教育工作者，如果能真实地阐述自己对事物、对人生、对世界的理解和感悟，而学生能够结合自己的知识和能力有所领悟和发展，就应当算是成功的教育。正如席老师虽指导了我科研的方向，但我自己却无法领悟，而坚持了自己已有的方向，席老师用自己的行动告诉我什么叫真实，我结合自己的理解而踏实前行。

当然，个体的成功固然有其局限性，因为一个人的成功并不等同于整个人类群体的繁荣，然而，我们不可否认的是，群体的成功往往是由无数个体的成功汇聚而成的。在这个意义上，如果教育能够为每一个个体注入向上向善的力量，助力他们实现个人价值，那么这样的教育无疑是值得我们高度赞扬和持续推崇的。因为，它不仅关乎个体的成长，更关乎整个人类社会的进步与和谐。

观思行录

专注做自己认为应该做的事,并且做到一流和杰出,别人怎么说、怎么做是他们的事!创新思维、静心专注、长期坚守,定会赢得尊重和生存空间!我欣赏数学家哈代曾说过的话:"一个职业数学家写关于数学的事是悲哀的。数学家的本分是做点什么,创出一些新的公理,替数学增加一点,而不是谈论自己或其他数学家做了些什么。政治人物鄙视评论政治的人,画家鄙视艺术评论者,生理学家、物理学家或数学家通常都有类似的感受。没有任何嘲笑,能比创作者对解释者的嘲笑来得深奥,或在整体上更为合理。阐释、批评、欣赏,都是只有二等脑子的人的工作。"

——席酉民

第二篇 成为自我

20

"席酉民之问"与我的实践探索

薄连明[①]

听说日本人有个研究,说人的一生中共有六次机遇,这些机遇都构成了人生的拐点,且这些机遇都可能源于在重要时刻得到了贵人相助。不知这个研究结果是否得到了大数据的证实,但我相信这样的说法,也确实经历过了几次这样的人生机遇。

我的第一个人生拐点是于20世纪80年代初期考上大学并连读了硕士研究生。对于农村的孩子来说,考上大学相当于鲤鱼跳龙门。如果没有跳过"龙门",今天的我可能还在老家村里养猪。从那之后,我多彩的人生画卷徐徐展开。

硕士毕业后,我没有像其他同学那样走出象牙塔,而是选择到陕西财经学院教书。对管理学的热爱、对教书育人的热爱,让我对这份工作倾尽全力,28岁时我就成了学校里最年轻的系领导。那时候没有学院制,系是直属学校的,这意味着我在大学教师这一职业上的成绩达到了一个小高峰。但是,我的心中仍有一丝遗憾和不安,甚至心里发虚,因为我认为管理应该是知行合一的,管理学是实践性科学,一个管理教育者必须也是一个管理实践的能手。而在学校里做管理学教学和研究,只是局限于理论上的探索,得不到实践的平台。就这样,我的心中埋下了一颗做企业、把管理理论和实践结合起来的种子。

1993年春节后,我带研究生到深圳调研,了解到深圳政府正在筹建深圳航

[①] 薄连明,西交利物浦大学产业家学院执行院长。深圳航空公司创始人之一,TCL集团原总裁,华星光电原CEO、执行董事长,深圳明微管理咨询公司创始人。

空公司，他们向我发出了邀请，于是我就留在了深圳。想想当时不辞而别"滞留"深圳的做法有点对不起学校，学校也卡了我两年的档案才正式放我离开，以免别的年轻教师效仿。当时的深圳在邓小平南方谈话的鼓舞下迈开了大踏步向前进的步伐，来自全国各地的年轻人争先恐后地来到这片创业热土，践行着"敢闯敢试，敢为天下先"的深圳精神。我也被南海之滨风劲潮涌、百舸争流的蓬勃景象深深吸引，成为其中一员。这是我人生的第二个拐点，正是从那时起，我走上了企业经营之路，一头扎进了管理实践这片波澜壮阔的海洋中。

1998年，我得知西安交大要在深圳办个管理学博士班，其中席酉民教授要招一名学生，我之前读过席老师的一些文章，知道席老师是我国本土培养出来的第一个管理工程博士，是著名管理学家，我当时就想如果要跟随一位老师学习的话，那我一定是要选择席老师这样的最顶尖的老师。很幸运，席老师录取了我，这也成了我人生的第三个拐点。学业上的深造，进一步打开了我的认知和视野，也让我坚定了深入研究管理、深入管理实践的决心。（后面的拐点分别是2000年加盟TCL，2012年年末临危受命执掌华星光电，以及2022年回到起点、回到管理教育领域，这些就不在本文赘述了。）

席酉民教授于我而言不只是贵人，更是灯塔般的存在。我听陈金贤老教授这样评价过席老师："一个管理理论深入到骨髓里的人，他看见树叶在摇动都能引发一番管理学的讨论。"席老师集管理学家、教育家和企业家等身份于一身，在国内很难找到第二个人，他是理论与实践结合的典范，他对我的影响是一生的。

记得2006年秋在西安交大本校举行了一次"席门会"活动，席老师照例为弟子们"布道开悟"，除了讲他的"五星人生"，还特别讲了对企业运行状态的观察。他说现在企业运行的困境有四个，其中两个涉及管理的难题，两个涉及经营的难题。管理的两个难题一是企业整体性被裂解，二是内部复杂度在增加；经营的两个难题一是外部的不确定性，二是因果链不清。"这些难题如何破解？"席老师讲的这些振聋发聩，这些不正是我在企业中面对的问题与困扰吗？

一个优秀的老师善于提出好问题，提出一个好问题远比给出一个正确的答案要伟大，一个无意间的发问可能就会引发学生终生的探索。我这几十年的企业管理实践都是在试图回答"席酉民之问"。

首先，我来介绍一下对企业整体性被裂解问题的探讨。企业类似一个生命有机体，是企业家创造的一个特殊的物种。作为生命有机体，其整体性是它的首要特征，即构成生命有机体的各要素、各子系统有机连接、互相协同、有序运作。如果一家企业缺乏整体性，不能把企业内部的各个要素、事物、环节相互连接，就无法实现整体协同运作。这样的企业是没有生命力的企业，因为它既不能把人凝聚到一起，也不能实现资源的有效配置，更不可能达到整体效率的最大化。

列夫·托尔斯泰在《安娜·卡列尼娜》的开篇语中曾经写下一句名言："幸福的家庭都是相似的，不幸的家庭各有各的不幸。"同样，成功的企业多有共通之处，不成功的企业则有各自的不成功。我把成功的企业叫钻石型企业，学术一点的叫法是"整体动态适配型组织"。它的基本内核（或叫基因模型）是三角形，由政治、经济、文化三个要素组成，并由此演化为三个基因组。

第一是政治基因组，这是全景管理钻石模型中的最顶层，包括治理结构、利益机制、权力分配。政治解决的是权力和利益的问题，企业能否做好布局、分好权、分好钱是根本的动力来源。

第二是经济基因组，包括战略、流程和模式。战略解决的是企业方向的问题，模式解决盈利的问题，最终结果要好，要靠好的流程、好的运营，使企业有序。

第三是文化基因组，解决的是使命愿景、价值观、行为规范的问题。文化是企业最深层次且不易察觉的发展动因，它看不见、摸不着，却无时无刻不在影响企业。文化既是企业存在的土壤与环境，也是企业发展的果实。

在多边形里，三角形是最稳定并且具有势能的结构，而在企业经营管理中，政治、经济、文化这三个要素也为组织的稳固发展提供了坚实的支撑。

给大家上个图吧，看得清楚一点，也能节约很多文字（见图1）。

说到"钻石"，这个模型还有一个内在的含义。钻石和石墨都是由碳元素组成的，但是钻石晶莹剔透、坚硬无比，备受人们的追捧，甚至成为永恒承诺的象征，而石墨却又滑又软、黑乎乎的，价格便宜，不受人重视。同样是碳，为什么待遇有天壤之别？造成这种现象的根本原因就在于钻石和石墨的碳原子

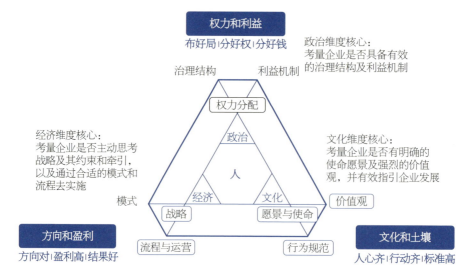

图 1 钻石模型

结构不一样。所以,结构非常重要,企业也是如此。同样是政治、经济、文化这三个维度,同样是九大要素,不同的匹配关系与组合形成了不同的企业结构,也就有了不同的企业发展道路。2006 年,我曾用这个模型诊断 TCL 国际化出现困境的原因,就在于在治理结构实现了整体上市、战略实施了国际化后,企业文化没有跟上,政治、经济、文化不适配了,由过去的"钻石"变成"石墨"了。TCL 在历经两年多"鹰的重生"再造计划后又重新回到了"钻石"状态。

其次,介绍一下对内部复杂性问题的探索。企业内部复杂性一方面体现于在适应外部变化、以变应变的过程中出现的多个战略方向、多种商业模式、多种组织模式甚至多种文化价值观;另一方面体现于企业缺乏应有的"企业设计",企业野蛮成长呈现一种无序化。那么,企业设计的逻辑应该是怎样的?这里涉及"管理"的定义,我们学到的传统管理的定义大多是"个人"的,而关于组织层面的定义却比较分散。我认为企业的管理就四个要素:机制、体制、文化和能力。这四个要素的作用原理不同,机制起牵引作用,体制起保证作用,文化起导向作用,能力起支撑作用。企业内部的复杂性可以通过优化管理循环来改善,由此我总结出了管理循环论,通过机制牵引、体制保证、文化导向、能力支撑四位一体的管理循环实现管理的螺旋上升。我在企业管理实践中无数次用这个循环帮助企业走上良性发展的轨道。

再次我要介绍一下应对外部不确定性方面的探索。外部不确定性已经成为常态,在稳定的环境中经营已经成了一种奢望。有企业家说既然外部是不确定的,计划不如变化快,那就没必要做计划、做战略了。我认为恰恰相反,战略的重要功能就是把外部的不确定性转化为内部的确定性,如果外部是确定的、是稳定的,反而没必要做战略了。由此我提出了"取势、明道、优术"的战略推演论。取势是基于未来思考现在,推演出企业战略方向;明道是明确战略发展路径和关键成功要素;优术是连接战略与执行的桥梁,道以御术,术以载道。基于这个逻辑,我主持的企业战略推演会不下一百场,帮助了许多企业,被人戏称"薄推演"。

最后再看看我对破解因果链不清这一难题的理解。我们常讲知行合一是因为它确实难以做到,而企业最大的知行不合一就是战略与运营的脱节,战略找不到落脚点,运营找不到方向,这也是最常见的因果链断链。我发明了一个战略公式:$Y = f(X_1, X_2, X_3 \cdots)$,$Y$是目标,$X$是达成目标的关键要素,$Y$和若干$X$组合($f$)起来就是战略。而且建立因果链的链条是要串起战略规划、经营规划、经营监控、经营绩效与激励,形成"经营循环"。在企业中"循环"和"闭环"的概念无比重要,循环且闭环起来就可以实现企业发展的螺旋式上升。

我试图将对"席酉民之问"的四个问题的探索总结成一个比较"完整"的解决方案,姑且称"一体两翼"模型(见图2)。

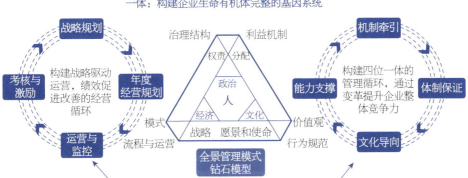

图2 "一体两翼"模型

席老师多次让我在"管理学在中国"年会上的实践环节做分享,讲讲我的最新实践探索,这成了对我的一种鞭策,每次讲完都在想下次要讲啥,促使我不断进行实践创新。等到没啥讲时就说明自己的学习力下降了,而学习年龄的结束比生理年龄与心理年龄的下降还可怕,自勉之。

我认为"席酉民之问"是个开放性问题,问题是确定的,答案是滚动的,值得终生探索,到今天我也还在探索的路上。以上的探索尽管花费了我二十多年,但充其量就是1.0阶段的探索,现在席老师又提出了新问题:在数智时代,企业和产业的进化路径或"阶段性的终极形态"是什么样的?

所谓"没有成功的企业,只有时代的企业"是说,如果今天你企业的所有经营要素还停在过去,那你的企业就不叫"时代的企业",最后必然被时代所淘汰。过往几十年,大部分中国企业都走过了从效率领先到产品领先再到技术领先的路程,接下来就要迈入生态领先新阶段。企业竞争形态也从企业与企业点对点的对抗进化到产业链与产业链的"链式对抗",进而再进化到产业生态与产业生态的竞争。到生态领先阶段了就要突破单个企业的边界,从产业的角度去思考、去构建了。在这样的产业发展背景下,西浦产业家学院就呼之欲出了。按照美国系统管理大师德内拉·梅多斯(Donella H. Meadows)在《系统之美》一书中所揭示的系统运行原理,系统运行的铁三角是"要素—链接—目标"。产业家学院就是这个铁三角的赋能平台:首先从要素层面整合产业发展所含的"府、产、学、研、资、介"六位一体的要素,完善产业发展的基因要素;其次从链接的层面构建要素间的知识链、创新链、产业链和价值链等,不断形成增强回路;其最终目标是达成多要素融合,跨学科交叉,行业跨界,多元协调与资源共享,形成可持续发展的战略形态、创新机制与发展格局,助力高质量发展与中国特色现代化的实现。2023年11月份由席酉民校长亲自兼任院长的"西交利物浦大学产业家学院"正式挂牌,我也有幸被聘为执行院长。尽管我对新的"席酉民之问"还认知不深,但愿意跟随老师与同事一起开启2.0阶段的实践探索,正所谓"路漫漫其修远兮,吾将上下而求索"。

观思行录

企业家应该看重趋势,而不是紧跟批示。趋势利于长期发展,批示会有短暂商机。如果想做一锤子买卖、挣一把快钱,可以简单地跟着批示跑;如果想长期经营一份事业,一定要以趋势为导向,把批示跟趋势结合起来。这样,才可以避免跟风,从各种潮流中跳出来,即使一时失利,但却会长期得势,因为你走在了正确的路上,这才是真正的方向正确、道路自信。

——席酉民

21

道之所存,师之所存也

王方胜[①]

韩愈说,师者,所以传道授业解惑也。

楼宇烈先生曾为这句话作解,他说,师者传的是为人之道,授的是为学之方,解的是偏蔽之惑。

而当下这个时代又赋予师道以何种新的价值呢?

问题一:当企业遇到问题,企业家需要问道教育么?

暗者求于明,而师道立矣。

被毕业生抱着转圈圈?是的,那的确是我们的老师席酉民教授。他是知识广博、可敬可爱的师长,也是怀经世济民之理想、为未来而奔走的布道者,他的理念与构想,虽充满了理想主义色彩,但他坚持知行合一,通过产学结合、融会贯通进行着创新和颠覆,甚至重新定义了"教育"。

永明大师云:"举一心为宗。"广义的"教育"概念是"以影响人的身心发展为直接目的的社会活动",因而,教育也当属世间法。从大的方向说,教育,固国民之元气,聚焦到个体,则是智、德、力之发展,一人之存在价值,一生之升沉荣辱,甚至于竞胜于天择之界,皆源于我们所受的教育何如。

[①] 王方胜,大方集团(西安)控股有限公司董事长。志于抱朴创新,做一个对社会、对他人有价值的人。

管理与教育，亦有着天然联系。诚如吾师所言，管理是想要改进人们生存的效率和质量，而教育恰恰是提供所需的素质和能力，即帮助人拥有对幸福生活和成功事业的管理能力和素养。管理对助力社会正常运行不可或缺，从自我的经营到企业的运转，都仰赖管理这一武器。因此，我们愿意也必须投入时间与精力学习管理，转变认知、革新思维、吸收理论、完善系统，再用于指导实践。

"昔之得一者，天得一以清，地得一以宁，神得一以灵，谷得一以盈，万物得一以生，侯王得一以为天下贞。"这是《道德经》里的一段话，讲的是"道"的普遍意义，这段话的最后，为得道者做了定论："故致数舆无舆。不欲琭琭如玉，珞珞如石。"我以为，席酉民老师的师道正如此，他是中国管理教育领域真正的"得道者"。

毋庸讳言，席老师之所以能够成为对我影响莫大的恩师，起始于我诉求管理的再学习计划，生根于他的知识与品格给予我绵延至今的指引和帮助。我所创立的地产公司在头十年中开发了一些大大小小的楼盘，那些年我们搭乘经济大发展的快车完成了企业的原始积累，企业规模日益做大。时间的指针转动至2008年时，我们遇到了第一次发展"困境"，彼时中国经济遭遇严重的国际金融危机，为妥善应对，中央推出"四万亿计划"，实行了积极的财政政策和宽松货币政策。在预判到"投资、消费、出口"三驾马车的重中之重要落到房地产业时，反观我们的企业，却已进入"瓶颈期"，战略缺失、管理无序。那么，企业能不能抓住机遇向上发展？要如何更好地管理企业？我陷入了前所未有的迷茫。一次偶然的机会，我读到了席老师《管理之道：混沌中的秩序》这本书，内部管理重塑恰恰是破解企业发展困境的良药，而书中无论是管理的智慧和技艺，抑或决策与领导，还是机制与制度的作用，都给了我不少启发。于是，萌生"去交大管理学院学习、跟着席老师学管理"这一念头便顺理成章。

在寻求突破与改变的关键时刻，能够得遇名师，委实幸运。那种获得与满足感，正可用辛弃疾的千古名句来描述："众里寻他千百度，蓦然回首，那人却在，灯火阑珊处。"跟随席老师学习，我无时无刻不在感受教育与管理相融合所赋予师道的意义。

问题二：从理论到实践的距离究竟有多远？

学莫便乎近其人。

在席老师的观念中，管理是一门科学、一门艺术，还是一种手艺，科学可以学，艺术需要悟，手艺则要练，只有将这三者融为一体，才可能成为管理大家。虽有管理企业二十多年的经验，亦不敢狂妄自大地说自己是管理行家。2009—2012年两年多的再求学经历，除了学习管理理论，更重要的就是掌握了将知识、经验与自身企业相结合并灵活运用的方法，多少练就了一些管理手艺。这一时期，对我影响最为重要、也最为深刻的一件事，莫过于在席老师的指导下完成了我的硕士研究生毕业论文。

那是2012年，我清晰地记得那年夏日的一幕一幕。那时候，房地产业正面临第一轮行业动荡，不少研究者都抛出一个结论：中国的房地产市场即将崩盘。我身处行业其中，虽不至于被舆论火上浇油，但无比渴望能够拨开重重迷雾，找到笃定的方向。因此，我的论文自然也围绕房地产企业发展战略所展开，想要用管理理论完成对房地产业当时情况、发展困局及未来走向的思辨。尽管忙忙碌碌查阅了翔实的资料，结合自身实践的同时也进行了自以为务实且认真的思考，但初成稿时，仍有诸多不满意。得知席老师从西浦回到西安，我就抱着一个大西瓜，拿着论文初稿，去了席老师在交大管理学院的办公室。那天下午，席老师见到我时并未针对论文的结构框架、文字组织、具体内容提出什么具体意见，而是直指论文题目，给出了"恶劣经济形势下中小型草根房地产企业发展战略"这一新的方向。

"天哪！恶劣经济形势下草根房地产企业何谈战略？"我压下心中疑惑，听席老师层层剖析，辅以行之有效的打磨论文筋骨的方法，重新梳理，给出了有关战略、品牌、组织、企业文化、企业价值、领导艺术、领导力、企业家精神等方面的意见和建议。

席老师为人阔达、幽默，但施教时却极为审慎。写论文，思想可以开放，但思维一定要严谨，所谓"横要到边，纵要到底"，要穷尽自己的思维，并尽可能精准地表达。席老师的指导，既高屋建瓴又精准定向，富有理论创新性又结合实践，如王良策马，因其势而利导之，让我意识到，我先前的论文实在是见识浅显、浮光掠影。

金乌西坠，天光暗了下来，但在那间开着空调却仍有些闷热的办公室里，我依稀看到了穿透迷雾的那缕光亮。

认真做成一件事必然要花很多的时间，一定不能急于求成，"要改变且要变得更好"，席老师将他这一做人做事的信条传递于我。8月份，我送孩子前往美国读书，干脆带了一大皮箱资料到波士顿的公寓里，专心修改起论文来。

不久后，论文考评获得了"优秀"，这令老师与我都很欣慰，但其实我写作这篇论文的收获又岂止区区"优秀"二字？在席老师追求真理、实事求是精神的影响下，我亦充分习得自知与自省，对企业发展的战略愈发明确，也笃定了我的事业方向，让我始终能够在瞬息万变的时代里保持定力、积蓄能量，以独立之精神和坚定之心智把握机遇，即知道要做什么，能做到什么，且必须尽全力争取做得更好。

问题三：如何将企业做久，成为百年企业？

木受绳则直，金就砺则利。

"好"是有方向的，需要一定的界定，放在企业经营中，就凸显着"愿景"和"使命"的重要性。当然，"正确地做事"与"做正确的事"同样重要，有了愿景和使命赋予的方向指引，还需要找到更准确的实践路径。围绕核心任务，应用"更好"的知识、技术和工具，让人的不确定性和物的可无限优化性相互影响，主动克服缺点、消灭不足，竭尽全力去做到"更好"，不仅仅追求把企业做强做大，更立志于做成百年企业。

这些年间，我多次研读席老师的《和谐管理理论研究》（2006年西安交通大学出版社出版）按照和谐管理理论，发展必然建立在科学设计的基础上，充分调动人的能动性、创造性以及组织的能动性，去应对层出不穷的不确定性。我们虽然无法准确地去预设一个未来，也不清楚哪条路可以真正通往理想，但却明白自己想要达到的状态——做有意义的事，"为社会创造财富""以人文与科技，引领美好生活"。

2013年前后，在大规模投资刺激下，第一轮城市更新浪潮涌起，需求侧房地产和基建投资持续回暖，我们实施了从住宅到商业地产的转场。同时，我们也承接了被城中村包围的"隋唐第一国门"明德门遗址的城改项目，希望能够通过此举为保护历史遗产、传承中华文化贡献力量，这也是我们在寻求企业增长这一命题下受使命感召而做出的决定。2018年，当经济迈入新常态，我毅然决定带着企业转型，以创新为导向，制定新的发展战略，布局"文化+""科技+""农业+"，聚焦"一柿""一剑""一门"，试图穿越周期，实现企业的高质量发展。

有一回在交大听完席老师的演讲，我与席老师进行了一次面对面的交谈，将对企业的两次转舵，尤其是2018年从地产行业转到其他领域的思考，以及进一步管理变革的想法和盘托出。我记得当时席老师说："无论出于何种驱动——市场巨变、整合，还是发展升级等，管理变革、管理创新及其有效实现，都是必然的选择……当我们想象不出未来社会怎样变化的时候，就想想'返璞归真'这四个字。"他还提到当年他给立丰集团颜总说过的一句话："要改变企业，先改变老板。"对此我早已深以为然，我经常对自己说："我做了这么多改变，只是为了我心中的不变。"这不正是抱朴守拙、坚持初心下对自己的"革命"么？

得益于老师的指导，在转型破局的驱动下，面对复杂的内外环境，我不敢夸大自己的眼光与魄力，却也抱着浴火重生的心态，对企业进行了管理的变革与创新，让战略思维和品牌意识融入团队每个人的工作当中，贯穿企业生产经营的全过程，让组织能够根据环境的变化主动适应、自我调节。"成功、影响力、幸福感不是来自地位和权力，而是为别人和社会创造了多少价值。"这是席老师为人之信念，亦是我做企业的坚守。我甚至在独立判断和敢于坚守之外，更进一步地学到了他真诚、自信背后的灵活，在面对小小的成绩或一些掣肘之时，表现得更加务实、理性、智慧，必要的时候去迂回地逼近理想。

"既见树木，又见森林"，五年来，新赛道、新空间、新产业落地生根，企业版图渐次延展，我坚持要去做的三件事——"一柿"，立足富平布局中国柿子产业，推动乡村振兴，践行共同富裕；"一剑"，发展国际性文化体育项目击剑运动IP，铸就亮剑精神；"一门"，将"明德门"打造成为中华民族精神文化家园新的标注地——尚算收获了不负努力的成果。

再次复盘时,多年以来所走过的路,从谋划远见和可持续发展的"商业"模式到凝聚广泛认可和接受的愿景、使命,调整治理结构和利益者联盟,进行领导力和管理系统的塑造,长期战略与短期计划相配合,加以持之以恒的坚守,恰与席老师的实践逻辑——五星模型相吻合。虽不便将蜕变都归因于我的导师,但这些年企业的发展的确是对所学、所思的验证。而我,作为席老师和谐管理理论的实践者,那些管理方法论、行为模式、领导模式,帮助我在追求"更好"的路上一路前行,更让我坚信我所走的路一定是最符合我信念的路。

在席老师的观念中,我们中国的管理学始终注重政治性、理论性和实践性相结合,致力于实现"价值引领""知识传授"和"实践能力"的有机结合,管理者不仅要做优秀的"经济人",还要成为有情怀、有道德的"社会人",将个人发展与组织发展、国家发展结合起来,创新思维、社会责任感及历史使命感缺一不可。

席老师便是那般胸怀家国、心有大爱、矢志改变世界的人,受他的影响,我虽不足以改变世界,除了致力于为城市、为乡村、为我们所涉足的产业带来有意义的些许改变,多年来也坚持践行"财富来源于社会,更应回报社会"的理念,聚焦脱贫攻坚、扶危济困,关注教育事业和留守儿童,我们2009级同学更是一起成立了E9爱心基金,大家齐心协力做公益,惠及数以万计的受众,也收到了无数的肯定与鞭策。"参天大树必有其根,怀山之水必有其源",在发展企业的过程中,我也坚定地传承、弘扬西交大精神,实践吾师之理论,不忘以实际行动支持母校教育事业,修建报告厅,捐助成立击剑队,为学校的发展贡献绵薄力量。

问题四:教育可以创造更多可能吗?

驽马十驾,功在不舍。

教育贯穿于人生全过程,席老师提倡的终身学习,包括继承性学习、反思性认知、探索性整合、兴趣性积累及心智升级,而真正决定人发展的是其对己、对社会、对世界的认知,也就是人的心智。

世界正以他的方式告诉我们什么是"无常",处在60年为跨度的康波周期,上下半场转型、新旧交替的大历史阶段,产业加速整合,消费K型化,AI技术碾压着我们的所有认知,"人机融合"刺激着大家的想象力……在这个不确定、模糊、复杂和多变的世界,人们的心智不断受到冲击,而无论主动投入还是被动卷入,我们都要学会适应未来的种种新范式,去构建"复杂心智",掌握研究导向型、批判性思维等高阶思维能力,不断提升自我管理能力。

席老师认为,在这个涌现的、演化的时代,企业与组织想要具有相对优势,唯有不断创新,创造新的独有知识并行之有效地转化和传播。他指出,领导和管理者的高明之处就在于在一般(或公有)知识的基础上,形成适合自身及其企业特性的私有知识,在遵从一般规律的基础上形成自己独到的特色和均衡。经济下行周期里,在所有人都害怕失败的时候,创新尤其可贵,"以创新为先、以创新求变、以创新破局"是席老师的教育精神,亦是我们追求先进与引领的必由之路,而战略先行,通过长远且整体的判断,找到并抓住符合未来发展的趋势,则是老师传授的突围之法。

近来,我与团队一同制定了企业高质量发展3.0时期全新战略,基于硬科技、大数据、人工智能等资源,在绘制新的多元产业版图过程中,"做强科技文化新兴产业、做深乡村振兴绿色农业、做实创新投资第三产业"的发展思路逐步清晰、明朗。简单概括,就是立足国家战略和发展大势,以复杂心智构建新的发展势能,在坚持清晰的方向、明确的目标的同时,怀抱长期主义,保持自己节奏,保持足够的"危机感",保持"创业者"的心态,让自己在大风将起的时候顺势而为,在飞船开动的时候先行上船。

问题五:面对未来,还要再挑战吗?

临深溪,以明地之厚。

2023年,西浦成立了"产业家研究院",4月的师门聚会期间我与席老师有过一次深入的交流。我随即不断思考自己在产业链上的价值存在,于是我对自己有了新的定位——做一名真正的"产业家",发展中国柿子产业,尝试去构建席老师所倡导的、具有黏合力的、共享、共生、人机融合的产业生态,从大树变成森林，实现价值创造，追求生态红利，让这一生态孕育滋生更多引导这一产业健康发展的人。

如果将管理的演进分为传统管理、矩阵管理、平台管理、生态管理四个阶段，前两者以科学设计为主导，随着演化、治理的作用持续增强，逐渐演进为生态管理。产业生态会带来全新的生态管理，无论是领导、战略、规划，还是规范、秩序及驱动力，都需要在实践上重新思考，重构管理与治理模式。用席老师的话来讲，就是根据价值网络牵引网络资源，吸引合作伙伴，缔结产业互联网，并构建产业生态，以促进新兴产业的发展或推动原有产业的转型升级和创新。而对于产业家本人的要求，一是品格，二是素养，三是心智，四是格局，五是企业家精神，六是终身学习。"超越企业的边界，更加强调共赢和价值创造"，要成为这样的产业家，只看上面这些话，就知道任重而道远，绝无可能一蹴而就。

如果敢于走一条符合趋势的路，则大概率会成为未来的佼佼者，那为什么不大胆地走这条路呢？

这个世界需要和谐，只想独善其身是无意义的，范式革命、共生法则、演化管理、融合智慧，这是席老师和谐理论的核心，更是我们中国的和谐。我不敢说自己完全掌握了它，已立于不败之地，但我想，若能以坚定信念去践行它，做到能动致变、以变制变，我当有能力穿越动荡和变局，亦有可能接近我的理想。

韩愈在《师道》中讲，"道之所存，师之所存也。"人海茫茫，人与人能够相遇相识已是概率极低的事，若成为师生，当属特别的缘分。席西民老师是行走在人间正道的"播光者"，他扬起"教育之帆"，开启无数人的心智，望见理想的彼岸，让我们有智慧地走向未知。冬季终会过去，路漫漫而修远，我总能伴光而行，收拾阳和作早春，再启征程。

观思行录

"管理是一个从更好到更好的旅行"，且在途中要善于不断"清零"，这样才会保证创新的动力与发展的激情。

——席酉民

22

命 运

我的求学故事

王 刚[①]

三年前,我已在华侨城集团旅游研究院院长和旅游管理中心党委书记、总经理的任上退休。席老师是我的博士生导师,最近我看到师门内部正在进行一场主题为"教育何为"的讨论,勾起了我对求学往事的回忆,心潮澎湃不已。

我是煤矿工人出身,16岁下井,从那时起,"知识改变命运"的信条便一直牵引着我跌宕的职业生涯。2009年,我在西安交通大学通过了博士论文答辩,获得了管理学博士学位。

从一个矿工嬗变为一个博士,我经历了35年。光阴荏苒,35年在弹指一挥间,就好像上演了一场人生喜剧。第一幕是高考。一个少年矿工与命运抗争。第二幕是大学。少年矿工考上华侨大学,后又考上西安交大研究生,8年后成为工学硕士。之后,在一个风起的夜晚离开西安去了深圳。第三幕是升华。在改革开放的前沿阵地,少年矿工作为一名知识分子,意气风发地投身于特区建设,做了十年旅游项目,成为旅游上市公司高管。然而,从工科转到管理,申请高级职称时遭遇困难,遂萌生了读博深造的念头。一个偶然的机缘,促成了他在职读博的愿望,被西安交大席酉民教授收入门下。穿梭于深圳和

[①] 王刚,管理学博士,高级经济师,旅游产业专家,已退休。曾任华侨城集团旅游研究院院长、旅游管理中心总经理。爱好游泳、太极拳。

西安的时空，理论研究和企业实践相促相长，他不仅完成了研究，获得了博士学位，还为文旅行业的进步做出了贡献。

第一幕　高考

我的小学和中学加起来10年，正好与"文化大革命"重叠。

1976年，是不平凡的一年，中国发生了很多重大事件：三位建国伟人相继去世，唐山大地震，粉碎"四人帮"，"文化大革命"走到尽头。未来要往哪里去，国家面临着一个个重大选择。

也是在这一年，我高中毕业，同样面临关乎去向的选择。在那个年代，年轻人的职业是不可以按自己的意愿选择的，当工人，当农民，或者留城当待业青年，都有严格的政策规定。我本应该像那一代城镇户籍的年轻人一样"上山下乡"，但因为我父亲是福建龙岩一个煤矿的工程师，而多了一个选择——按政策被内招成为山沟沟里一个煤矿的井下工人。

井下工其实并没有比下乡当农民好到哪里去，但因为糟糕的家庭背景还是选择了前者。我的家庭出身是地主，海外关系复杂。父亲的"政治历史不清白"，经历中"存在说不清楚的问题"，一直在接受审查，没有结论。"文化大革命"中，父亲被煤矿新归属的生产建设兵团关押，差一点被生产建设兵团"清理出阶级队伍，遣送回原籍"，后经申诉才改判为"下放当工人"。像我这样家庭背景的孩子，下乡后就很难有机会被招工。我母亲想，与其当一辈子农民，还不如当矿工，所以就狠下心来把我和哥哥送下了漆黑的矿井。

井下工有两个工种：一种是掘进工，专门打巷道的；另一种是回采工，专门采煤的。我哥哥已经是回采工了，我就当了掘进工。下井那年我刚满16岁，但还不算年龄最小的，我们迎头（工作面）还有一个农村来的14岁男孩，他的父亲几年前因工伤过世，母亲改嫁，他是来接父亲的班。事故、工伤、死亡，对我们这些在煤矿长大的孩子都属习以为常了。

掘进工每天的工作就是打眼、放炮、扒渣、支架、铺轨，肮脏、辛苦、危险，称得上"暗无天日"！那时，获得地面工作岗位于我而言是一种奢望。若想要摆脱井下工的命运，那时有三种途径：

第一种途径是被推荐为"优秀工农兵"上大学。我的一个发小，读完高中一年级就停学了，内招下井，后来还和我在同一个迎头一起劳动过一段时间，算是我的师傅了，因劳动表现突出而被推荐上了矿业学院。他是我那时学习的榜样。

第二种途径是因工伤致残，在伤好后可转为绞车工、电瓶车工、锅炉工，有文化的还可以到仓库保管员、机电工等不危险的地面岗位上。与我同批进矿的一个好兄弟，工作不到两个月就出事故了。他扒着一辆缆绳挂钩没有挂好的运废坑木的矿车沿斜井上山，缆车才拉了一会儿，矿车就与缆绳脱钩，沿着轨道一直下滑到井底。幸好他命大没有被砸死，断了几根骨头和脑震荡，伤好后当上了井口的仓库管理员，主要工作是发雷管炸药等耗品和一些常用工具，不用再下井了。恢复高考后，我们一起备考大学，他通过关系从福州搞到很多稀罕的复习资料和我分享。恢复高考后的第二年，他考上了福州的一所高校。这个途径很残酷，没人愿意主动而为。

第三种途径是一种非常规手段，即通过"走后门"变换工种。与我同批进矿的另一个发小，他的父亲是煤矿医院著名的医生，他下井才半年，刚转正就被抽调去车队当司机了。那时司机是最令人羡慕的职业之一，有"一书记，二司机，三屠夫"之说，尤其在交通不便的山区，司机就更吃香了。我那样的家庭背景，这种途径是不敢想的。

于是，对我来说，要摆脱与死神相伴的命运，最好的途径就是当拼命三郎，博取被推荐上大学的机会，况且上大学也是我从小的梦想。

我们家孩子从小就被歧视，没有资格戴红领巾、当"红小兵"，更没有资格加入红卫兵、共青团，还常常被同学当成"地主狗崽子"欺凌。我就是在这样受歧视的环境中长大。那个年代"读书无用""知识分子臭老九"的言论盛行，但我母亲却苦口婆心教育我："我们这样的家庭，要读书才有出路。"她还经常给我们灌输闽南人"三分天注定，七分靠打拼"的处世哲学，要求我们不要和别人攀比，干什么都要比别人努力，"就是去扫大街也要扫得比别人干净"。我在井下干活也是这样做的，而且在一年后，我还当上了政治班长。

那会儿我父亲还在下放当工人，我和他同住在一间矿工宿舍。他是矿业学院毕业的老牌大学生，在省燃料学校当过老师。他给了我很多煤矿专业的书籍看。我不仅快速掌握了掘进的所有工艺，还弄明白了其中原理，搞出一些工艺革新提高了工效，所以博得了老师傅们的疼爱。在这个靠体力干活、受教育程度不高的群体里，有点知识还是会被人高看的，我也自然被推举为政治班长，感受到没有歧视的温暖。老班长的年龄大了，有伤在身，经常请病假，我这个身体刚发育成熟的政治班长就得顶上，带领十几个矿工兄弟冲锋陷阵，多次受到嘉奖，还成为"新长征青年突击手"。按这样的势头发展，被推荐上大学应该有希望。

可没想到的是，就在这个时候，推荐工农兵上大学的制度变了。

1977年10月，中央决定恢复高考！消息犹如平地起惊雷，我摆脱死神纠缠命运的机会提前了。

我兴高采烈地报了名。福建高考安排在12月16日和17日，从得到消息到考试只有两个月的准备时间。不巧的是，煤矿系统在11月份将举行"全国大会战"，我所在的掘进队是获得"华主席特别能战斗的掘进队"称号的队伍，目标是创"月掘进400米"的全国纪录。在正常的日子里，一个掘进队一个迎头三班倒，每班打一轮炮，一个月掘进100—150米。要完成大会战的目标，每班必须打两轮炮，而且钢钎要从通常的1.5米加长到2.2米，才能保证每班掘进4.5米以上的任务。我这个政治班长在这个节骨眼上也不能当逃兵呀！

还好，大会战后，工区给了我半个月的复习假，加上平时我父亲督促我学习数理化，报考后又在井下充分利用工歇背书，所以也把数理化的公式、定律和"无产阶级专政下继续革命"的理论背得滚瓜烂熟。我怀着激动、忐忑、紧张的心情，与573万有志青年，一同走进了被载入史册的1977年高考的考场。

大约一个月之后，一个充满期待的早上，我下了夜班，钻出矿井，急忙洗干净乌黑的躯干，换上衣服，骑上自行车翻山越岭赶到煤矿所在的雁石公社。张榜的墙前挤满了人，我扒开人群，在通知高考体检的名单上看到了自己的名字。"漫卷诗书喜欲狂"说的就是当时的我。

体检、政审以后，别人都陆续接到了入学通知，但我一直就没有消息。我母亲托人到教育局打探情况，才知道政审没有过关。

听到这个消息，我并不感到意外，也没有打消我再次参加高考的决心。那年头，像我这样政审不过的有一群人。1969—1971年，我母亲被下放到雁石公社厦中大队第一生产队劳动，我跟随她在农村就地上学。我那时正值"小升初"，班上有两个家庭出身是地主的女同学，在当场宣布的升学名单中就没有她们。幼小的我难免感受到一些兔死狐悲的滋味，同时也很紧张自己，后来才知道下放干部的子女都能升学。所以，对于这次落榜我有心理准备，并没有因此消沉，反而更加坚定了我求学的意志，相信我们"改造好的子女"总有出头的日子。①

我只能留在煤矿继续下井，打眼、放炮、扒渣、支架，周而复始，危险一次次向我靠近。

第一次是冒顶。当时我们刚刚打到煤层，地质不稳定，我正在埋头扒渣的时候，顶板上一大块煤矸石突然松动，一位外号叫"地球王"的老师傅，在顶板石头下来之前把我拽了出来。我安然无恙，但他的后背却被落石划了一个口子。我这辈子永远不会忘记那个憨厚、倔强、幽默、壮实的老师傅。

第二次是轮到我放炮时，一连 4 道工序——装雷管、埋炸药、连线、起爆，设置了 24 个炮眼。当我装雷管装到一半的时候，迎头打炮眼的风枪的压力气管爆了，我便离开去处理。我的一位农民合同工助手，在捏完封炮眼用的黄泥团后，就过来接替我装雷管。装雷管的工作是把一根电雷管塞到一管炸药里当爆炸引子，没想到他抓起第一根雷管后就爆炸了。事后据他回忆，爆炸的那根雷管的引线缠在一个土箕上，拽了一下就响了。他的右手掌被炸得粉碎，露出白森森的骨头。这个场景多少年后还经常出现在我的睡梦中，把我吓醒。当时还好是单个雷管爆炸，威力才 50 公斤，要是在插进炸药的过程中爆炸，后果则不堪设想。那批雷管质量有问题，在其他煤矿也发生了类似的事故。

事不过三，这句老话终在我身上应验了。第三次，我工伤了。

上级要把我们这个全国的明星掘进队建设成第一批机械化掘进队，分配了一台新研制的扒斗式扒渣机给我们。大家还在熟悉阶段时，一天，我刚在迎头

---

① 1979 年国务院批转的高考文件规定：政治审查，主要看本人的政治表现。要全面地、历史地看待考生本人的政治态度、思想觉悟和道德品质。父母及主要社会关系的政治问题和历史问题，一般不应影响考生的录取。从此，实行了 30 年的高校招生政审特别注重查考生父母和主要社会关系的政治问题和历史问题的做法被废止，这是重要的历史进步。——摘自《风云际会：恢复高考与新三级大学生的使命及作为》一文，作者刘海峰，系浙江大学文科资深教授、科举学与考试研究中心主任，厦门大学考试研究中心主任。

里面挂好拉爬斗的钢丝绳，却不料外面扒渣机的电机自动启动了，这时，外面的一个老兄在慌乱中鬼使神差地按下了刹把，钢丝绳顿时带着沉重的拖斗动了起来，带着我倒在渣堆上。还好当时我在爬斗后方，要不我就和煤矸石一起被扒拉进矿车里了。我马上被救护车送去了医院，手臂和后背缝了好几针，留下了终身的烙印。

我母亲吓坏了，下决心无论如何也要让我出井。机会很快来了，我母亲所在的龙岩粉末冶金厂有一名食堂仓库管理员，是一位三十多岁的回城老知青，他要娶媳妇急需用钱，因为煤矿工资高，便想到煤矿去工作。同意只要我家再贴给他一些钱，他就能和我对调工作，我母亲用500元钱和200斤粮票谈妥了这个交易。通过关系，龙岩地区劳动局很快就批准了这个调动。

调动的喜讯来得却不是时候，正好赶在1978年高考前夕。我已经报考了，而且系统、充分地复习了功课。粉末冶金厂让我自己做一个选择，要么放弃高考，立刻来报到交接工作，要么等高考有结果后再说。

当时，我父亲还没有平反，政审政策还没有被纠正。我母亲含着眼泪要我放弃高考，先行调离井下，以防夜长梦多。就这样，我只能眼巴巴地看着一起复习功课的工友去考大学。

我的新工作是一个800人用餐的职工食堂仓库管理员，既要管理800人的粮、油、副食品、饭菜票，还要帮厨，每天固定要和一个饭部的厨师一起做200斤面粉的馒头、包子、花卷，有空还要给菜部的厨师打下手。

与掘进工相比，食堂的工作轻松多了，有更多的时间和精力复习功课。那时，高考和拨乱反正的形势，激发了被"文化大革命"耽误的一代年轻人求学求知的欲望和热情，我们厂的青年工人里就有这样一群人。我有一个在北京工作的表哥，他爱人在教育出版社工作，给我寄来了一套最新出版的数理化自学教材，还有一套刚开始试行的10年制中学课本。我把所有空余时间都用于自学、做题和背书上，碰到解不出来的难题就和厂里同样有志报考的青年聚在一起讨论，我们誓死也要考上大学。

一年后，期待的1979年高考逼近了。然而，这年的《招生简章》增加了在职员工报考的新规定，必须经单位同意后才能报考。因为前两届高考中，我们两千多人的工厂考上了近40人，都是厂里的精英和骨干，工厂的生产受到严重影响，因此当年厂部决定：不批准任何员工参加高考！这个决定破灭了我们考大学的希望，听到这个消息，我回到家关起门来号啕大哭，难道是命里注定我上不了大学？

我家隔壁邻居吴叔叔是机具车间的书记，他原来是一位抗美援越战场上的高炮连长，打下过两架美军轰炸机，名副其实的战斗英雄，在厂里很有威信。他很欣赏我这个有志气、爱读书的孩子，劝我不要伤心，许诺可以安排我到机具车间工作，工种任我挑选。

万念俱灰的我接受了吴叔叔的好意。既然上大学深造的愿望成为泡影，就选一个好工种安心当工人过日子吧。机具车间是全厂最好的车间，负责维修全厂的设备及制作工具、模具，是技术含量最高的一个工种，就像顺口溜说的，"幸福的车工、万能的钳工、吊儿郎当的是电工"。1979年，我父亲平反了，我哥哥也从井下调到地面当电工，而我成为一名钳工。

我干的是机修钳工，既要干对车、磨、刨、铣等精密机床进行大修、二保、精度恢复的精细活，也要干对锅炉、球磨机、压力机等冶金设备大修、清垢那样的重活、脏活。两年的时间里，在"扫大街也要比别人扫得干净"的家训的鞭策下，我成长为一名全能的机修师傅，刮、锯、锉等钳工基本功也是响当当的。我当学徒训练基本功时刮的平板，一直被车间作为计量标准平板使用。我从一位八级钳工老师傅那里学会给钢精锅换底、磨剪刀等手艺，实实在在帮助了街坊邻居。我家里有一些锅碗瓢盆，都是我用不锈钢的边角料敲出来的。

表面上看，我已经把心安在这个大山沟的三线工厂里，甘为祖国四化建设埋头苦干，奉献青春，争当"新长征的突击手"。但打心眼里，我还对做出不准考大学决定的厂部耿耿于怀，他们有什么权力剥夺我们接受教育的机会？

我没有放弃基础知识的自学，也没有停止对大学的憧憬。我相信知识总能改变我的命运。

两年后，在一个炎热的上午，我正骑在一台车床上刮导轨，一位工友跑来告诉我一个好消息：今年厂里对职工报考大学放开了，只要申请都批准！我立刻向厂里提出高考报名申请，而且请了一个月长假到中学母校跟班复习。

1981年，恢复高考的第五年，21岁的我终于圆梦考上大学。我的高考成绩不高,只比最低分数线高出 9 分,被华侨大学录取。不过当年全国录取率是 10%,我也算是一名幸运儿了。

第二幕 大学

华侨大学创办于 1960 年,校址在侨乡泉州。"文化大革命"中停办,1978 年恢复招生。学校规模不大,我进校时全校统共一千多名学生。校园依山面海,小而美丽。

我读的是物理系。全班有 52 名同学,基本都是应届考上的,所以我要比他们大四五岁,学习自然比他们吃力得多。对我来说,上大学的机会来之不易,因此我比他们更用功。第一年我的各科成绩全优,获得了"优秀三好学生"荣誉和一等奖学金。那一年,这个荣誉全校才十个人获得,我的名字也因此进入学校领导的视野,被推荐为校学生会主席。

华侨大学恢复招生后,连续三届学生会主席都是由港澳生担任,我成为第一名当上学生会主席的内地生,我的下一届又是由港澳生担任。学校绝大多数学生是侨眷,20% 的学生来自港澳地区。五湖四海的学生会聚在一起,造就了华侨大学非常独特的校园文化。港澳生是我们学校的一道风景,他们既突出自我,性情自由奔放,又注重公共价值,喜欢组织社团活动,为内地学生带来了鲜活的港澳文化。他们信奉自由、民主的价值观,潜移默化地影响着内地学生,引起学校关注和重视。

学生会积极发挥校园文化建设方面的作用。一方面,学生会配合学校组织成立了很多社团,文体活动丰富多彩。学校艺术团的乐队、舞蹈队、歌唱队齐全,在全省高校文艺汇演上大出风头。学校足球队在教育部直属高校联赛中也进入了半决赛。重要节日,或者国家体育健儿取得好成绩,又或者自己学校、系的团队获胜时,在港澳生的带动下,学生会自发地举行校园游行、篝火晚会、舞会等活动,抒发爱国热情,释放青春亢奋。另一方面,学生会主动承担桥梁纽带作用,积极向校方反映学生诉求,协助学校开座谈会,调和矛盾。学习和生活上的问题相对好解决,那些涉及修改校规、要求集会等方面的问题则让学校大伤脑筋。学生会既要为学生代言,又要协助学校灭火,有时处于两难的境地。

我当了两年学生会主席，在这项工作上花费了很多时间和精力，虽影响了功课，但是学到了在课堂上学不到的更宝贵的东西——领导力、价值观和眼界，锻炼了组织、协调、动员等的能力。这些对我再次走上社会的作用最大。

我的大学读了五年，第三年上了"英语提高班"。这个班有25名学员，都是从最优秀的一批大三学生中遴选出来的，专修英语一个学年，结束后再回到原来的专业。到我那届是第三届，也是最后一届。学校办这个班的初衷是什么？仅仅是为了提高优秀学生的外语水平，还是有其他安排？我到现在都不是很清楚，但是上英语提高班对我后来的帮助很大，不论是考研，还是工作后被选派参加美国锦绣中华项目建设。

大学生最终都要面临毕业分配，按当时福建省高校大学生分配政策，边远地区考来的学生，必须"哪里来哪里去"，也就是说，如果我不能留校或考上研究生继续深造，就必须回龙岩工作。学校那时没有留我的表示，我打心底不愿意回龙岩工作，只能考研，颇有些"逼上梁山"的意味。

考研对我们"三流"学校的学生谈何容易，恢复招生以来全校考上研究生的师生加起来不超过20个。我忙于学生会活动，学习成绩不再优秀，要报考物理专业的研究生比登天还难。我翻遍招生目录，发现西安交通大学机械系有一个方向"激光全息在工业中的运用研究"很适合我，考试科目为英语、高数、光学和理论力学，相对简单。

报名前我给指导老师谭玉山教授写了封信，介绍我的情况。他马上就给我回信，欢迎我报考他的研究生。他说目前已有40多人报名，他只招两名。他很希望招到像我这样当过工人、有社会活动能力的学生，还介绍我到我们学校教务长杨翔翔老师那里了解他的情况，杨老师是从西安交大调过来的。谭老师的回信于我是莫大的鼓励，同时也是一种压力。

考试的时候我的身体出现了状况，嘴角长出一个大疖子。考试第一天，疖子长成了一个大脓包，我开始发烧。第二天下午考试轮空，我到校卫生所去看了一下，校医说我的情况很严重，必须到泉州的医院去处理。然而第三天上午还有最后一门理论力学的考试，就请校医帮我简单处理一下就回宿舍休息了。到了晚上，我整个脸慢慢肿了起来，发烧到40度，人开始迷迷糊糊。寝室的同学都劝我放弃考试，保命要紧。开始我也有些动摇，但早上起来，一咬牙还是奔向了考场，后来是怎么离开考场的，我就不知道了。

考完后我给谭老师写了一封信，表示抱歉，考砸了，希望来年再考。不久，谭老师给我回信，说恭喜我，他已经决定录取我了，要我做好政治表现测评这最后一关。接到谭老师信后没几天，考试成绩也公布了，四门课我考了245分，而最低录取分数是240分。等我到交大后才知道，谭老师这届招了一个博士、三个硕士。三个硕士中，一个是交大保送，一个是考分最高的，还有一个就是刚刚过线的我。显然，矿工、钳工和学生会主席的经历让我得到了谭老师的青眼。

去西安交大之前，我没有离开过福建。我随着迎新接站的校车晃晃悠悠离开西安火车站，一路上望见古老的城墙和漫天的尘土，深深感受到历史的厚重。直到看见美丽的校园和"古板"的建筑，我开始遐想即将在这里度过的三年时光。

一开学，研究生会就找上门来拉我加入，还让我担任研究生会学术交流机构的主任，我也乐此不疲，毕竟西安交大是一流重点学校，精英汇集，研究生的活动和骨干聚会的层次比华侨大学的学生会更高，讨论的话题也更加前沿。我的课余时间大都混迹在研究生会的活动中，对课程学习松懈下来，后果是我的第一门学位课挂科了。按照学校规定，学位课超过两门不及格将不得授予学位。这说明我被亮了"黄牌"，补考必须及格且不能再有学位课挂科，接下来的日子犹如在走钢丝。

我推掉了所有社会活动，心完全回到功课及硕士课题实验上。第一个寒假我不得不留在西安补课，孤苦伶仃地躲在研究生18号楼的宿舍里看书。那年寒假西安特别冷，让我这个没出过远门的福建人感受到了什么叫"天寒地冻"。18号楼是交大新建的楼，虽然安装了暖气片，但是没有通暖气，宿舍的温度往往都在零度以下，早上起来，头发上挂满呼气凝结的冰碴子，洗脸的毛巾可以站起来。春节期间又要有一轮寒流来袭，如果不是一个在交大隔壁省计量局工作的大学同学把我接到了他父母家过年，我可能就被冻成僵尸了。

我其实算是一名幸运儿。那个阶段，校园不太平静，有人把学生的状态分为"托派""旋派"和"麻派"（考托福、跳舞和打麻将）。而挂科带来的压力,把我按在了学习和课题实验上。我们谭老师对学生抓得很严、很紧。谭老师在学校很有名气,他领导的激光与红外技术应用研究所(激光全息实验室)申请到了激光红外在线检测方面的国家自然科学基金课题,用课题经费在机械系一楼实验室连接的空地上扩建了一个大约200平方米的实验室,给每个研究生安排了一个卡座。实验室老师加研究生有20人,都像坐班一样。研究生不是耗在实验室里做实验,就是到工程现场做实验。研究所的横向课题也很多,还有一些国际交流活动,记得英国曼彻斯特大学有一名教授在实验室做了半年的访问学者,我们也有老师和研究生到曼彻斯特大学交流和留学。我的硕士研究课题是锁相全息技术,就是用负反馈技术稳定光路,实现激光全息在线检测,可以广泛运用于设备、设施的力学振动在线分析、无损探伤等。

1989年4月,我完成了硕士论文的答辩,告别了老师和同学,离开了乱哄哄的校园,南下深圳,投身经济特区改革开放的热土。那时我的新婚妻子已经辞去北京某研究院的工作,调到深圳华侨城工作。

在西安火车站的月台上,听到了胡耀邦同志去世的讣告。

第三幕 升华

我前往报到的单位是深圳特区华侨城建设指挥部。这个听起来像部队的单位,是国务院侨务办公室在深圳设立的一个正厅级的派出机构,它的使命是指挥"华侨城经济开发区"的规划建设和经营管理,把华侨城建设成为一个开展侨务工作的窗口和吸引华侨投资的示范区。在深圳经济特区早期发展中,最有特色的成片开发建设成功案例,一个是蛇口,另一个就是华侨城了。华侨城的规划建设和经济开发引进了当时国际上最先进的理念,依山就势,以人为本,生态环保,文旅融合,在深圳特区独树一帜。

华侨城开发区的设立是经中央领导同意、国务院批准的,时任总书记胡耀邦同志还亲自为它题写了名字。它位于罗湖到蛇口中间的荒凉地带,坐山面海,占地5平方公里。指挥部在5平方公里的开发区内享有规划建设、城区管理、外商投资、进出口贸易以及人事、外事等方面的特殊审批权,俨然像一个"特区内的小特区"。华侨城的开发建设工作由国侨办在香港的机构香港中旅集团主持。香港中旅集团时任总经理马志民兼任指挥部主任,指挥部的其他领导来自侨办机关和侨务系统。

1985年华侨城成立之前,这块土地属于安置归国难侨的沙河华侨农场,广东省华侨农场管理局旗下的沙河企业公司已经在这里开办了几个"三来一补"性质的来料加工企业,华侨城成立后全盘接收了它们。现在旗下的康佳集团的前身就是当年接管的光明电子厂。

当初我的愿望是到一个下属企业当工程师。连续读了8年书,知识改变了我的命运,我认为必须投身于特区工厂一线,用学到的专业知识报效国家。然而在报到时,指挥部领导看到我是一个从重点大学分配来的研究生,加上我的履历也不错,就把我留在了指挥部的企业管理部。企管部经理李维福是从西安调过来的,他曾经在西安交大举办的第一届厂长进修班学习,因此对我这个校友特别关照,把我安排在专门负责"三资"企业事务的协调科。

我报到的时候华侨城成立已有四年,发展势头强劲,到处都是建设工地。三资企业已经有近四十家,既有从老沙河企业公司处接收的来料加工企业改造升级成的中外合资企业,如康佳电子、天霸手表、华力包装等,也有引进外资创办的众多新企业,以及利用香港中旅的境外身份与华侨城合资的外资企业,如锦绣中华微缩景区、中国民俗文化村、世界之窗及深圳航空公司。我的工作就是服务于这些企业,审核它们的投资、经营计划,考核它们的生产绩效,监督它们的合规性,调解矛盾纠纷,协助报批事项,以及一些其他行政法律事务。

我是一个理工男,对经济运作和企业管理一窍不通。我靠着指挥部一个领导给我的一本《如何读财务报表》的小册子,开始了新的职业生涯,边学边干。记得中国民俗文化村项目要报批,需要编写一个可行性研究报告,任务落在了我头上。看到一头雾水的我,李维福经理送来一本新编的《中外合资企业管理实务》,要我照猫画虎。现在想起来很搞笑,我按照书里的案例胡编乱造了一个可行性报告,又代表指挥部审批这个可行性报告,然后还是由我向深圳经发局办理报备手续,而他们的批文也是我草拟的。不过,通过这些操作,我熟悉了投资项目的审评流程,第一次知道了资金还有时间价值,有了"净现值"的思维,懂得了一些企业经营管理的基本知识,这充分说明了知识来自实践的道理。

锦绣中华微缩景区（最初叫"小人国"）是马志民总经理主导的最重点项目，是马总在几年前参观荷兰小人国时产生的设想，他接受华侨城建设任务后付诸了实践。该项目属于三资企业，我成了联络员。正是担任联络员的经历，影响了我后面的人生轨迹，我在退休时还兼任这个公司的董事长。

马志民总经理是一位很有情怀的特区"开荒牛"。广东解放前是东江纵队的一员，解放后当过深圳水库建设的总指挥。后来从海关调到侨办系统的香港中旅集团。他主张建设的锦绣中华项目当初并不被看好，遇到了不少的阻力。因为那时特区建设刚开始，建厂房、开工厂是主流，"三来一补"模式简单、来钱快，绝大多数中国人听都没听过"人造景区"，开发旅游也违背了招商引资建设工厂的初衷。有人讽刺说："古有秦始皇修长城，今有'马始皇'建小人国。"（马总参加革命前的名字叫马启煌。）马总那时承受的压力是可想而知的。华侨城刚起步，没什么钱，总公司注册资本只有300万元，而锦绣中华的投资就要1个亿。加上工程最紧张的时候正好赶上旅游市场萧条，当时锦绣中华项目瞄准的是香港居民和到香港的外国游客。那时，外面的人对入境持观望态度，因此大家对这个投资都很担忧。但是马总却很坚决，有一次在大会上，马总很激动地说，建设锦绣中华的目的在于"弘扬中国文化，让世界了解中国"，提升中华民族在国际上的认知和地位，社会效益要远远大于经济效益，即使项目不挣钱也要坚持到底。他把精力全部投在了项目建设上，我们找他签字、汇报工作，大多都得去工地才能找到他。

锦绣中华1989年国庆节正式开幕，随即轰动全国，为当时萧条的中国入境旅游市场打了一剂强心针。项目经营也非常成功，开业后一年就收回了投资。随后，中国民俗文化村和世界之窗等人造旅游景区相继建成，成为深圳旅游的一张响亮的名片。华侨城景区制度化、精细化、人性化的管理和不断创新升级的理念，让国人大开眼界，成为全国学习的榜样，各地也掀起了"人造景观"建设的热潮。

随着锦绣中华、中国民俗文化村打出了国际知名度，不少海外华侨和外国友人专程来参观，并给予了很高的赞誉，实现了马总"弘扬中国文化，让世界了解中国"的愿望，也激发了我们把锦绣中华输出到海外的动机。

来自美国的华侨陈宏毅夫妇，在参观完锦绣中华后找上门来。他们在美国佛罗里达州的奥兰多、距离迪士尼两英里的地方，有一个土地开发项目，其中有 70 多英亩的保留用地可以用于开发主题公园，他们提出和我们合资建设锦绣中华美国项目的建议。

经香港中旅集团调查研究之后，认为项目选址很理想，迪士尼每年有 3 000 万游客，如果其中 5% 的游客能分流到锦绣中华就有 150 万人，市场潜力很大。陈先生的家族 1949 前在大陆有军阀和工商界背景，在台湾地区和美国都有家族企业，在台北还开办了一个专科学校，夫人亲自任校长，有一些名望。所以香港中旅集团决定成立项目小组，开始谈判和筹备工作。

我有幸被抽调进项目核心小组。很巧的是，陈夫人的弟弟在战时接受了先进思想的洗礼而脱离原生家庭，加入了共产党，和我父亲曾在一个地下组织共事过，后来在华侨大学担任办公室主任，我上大学的时候经常跟他有接触。这也为项目筹办的顺利开展增加了一层关系保证。

进入谈判组，让我有广交贤达、开阔眼界的机会。那时候，出国很难，去香港也很不容易，去一趟沙头角的中英街就算去过香港了。我先去了一趟香港参加项目会谈，第一次踏进"资本主义社会"，生活和工作节奏之快让人适应不了。之后，又随一个级别特别高的艺术领域小团组前往美国考察。小团组成员 5 人，有侯一民、周令钊两位国宝级艺术家，还有指挥部规划处处长、锦绣中华公司副总经理，我是翻译。侯先生曾是中央美术学院第一副院长和中国壁画学会首任会长，周先生主笔了开国大典天安门城楼上的毛主席画像，他们都是德艺双馨的艺术家。他俩从来不卖画，但是市场"没有他们的画就没法运转"，因为接连几套人民币都是由周令钊夫妇、侯一民夫妇和罗工柳先生等人合作设计绘制的。当时，侯先生是锦绣中华的艺术总顾问，周先生是总设计师。马总当初提出建中国"小人国"的设想后，怎么建谁都没有经验。后来由国务院侨办出面邀请了全国最有名望的艺术家、史学家、建筑师、工程师、园艺师共三十多人作为咨询专家，到深圳召开研讨会，集思广益，最后由侯先生协调和汇集专家意见、周先生画图，绘出了锦绣中华及后来的中国民俗文化村的总体规划图。可以说，锦绣中华、中国民俗文化村、世界之窗是中国人集体智慧的结晶。我们在美国洛杉矶、奥兰多、华盛顿、纽约和夏威夷走了一大圈，考察了半个月。这一圈不仅是我第一次踏出国门，第一次领略现代主题公园和国际旅游的发展前沿，也是我的艺术启蒙之旅，我和两位艺术家成了忘年之交。我退休前一年，也就是2020年，是锦绣中华开业30周年，周先生101岁，侯先生90岁，我以锦绣中华、中国民俗文化村公司董事长和世界之窗副董事长的身份去给他们祝寿，并送去了致敬信。遗憾的是，2023年开年，他们都没有逃过那场大疫。

经过一年的谈判和筹备，美国锦绣中华合资公司成立，双方各占50%股份，项目跟着就上马了。我在这个项目中担任办公室主任，参与了项目的谈判过程，负责赴美施工建设队伍的遴选和出国办证手续，微缩景点和特殊建材的运输、报关，最后外派到美国佛罗里达公园工地参加建设，还参与公园开业初期的工作，前后将近三年的时间。

这期间，我在"英语提高班"的教育经历帮上了大忙。虽然那会儿我正担任学生会主席，很多精力都用在文艺汇演和学生会事务上，加之英语基础本来就差，所以其实学得也不怎么样。即便是这样，指挥部里我的英语水平还算是比较好的，这也是集团选派我出国的原因之一。

我的脸皮比较厚，说着半桶水的英语，跌跌撞撞地带着队伍闯荡美国。第一批来自苏州古建公司的80位技工是我带去的，队伍中只有我一个人懂英语。我们是从香港起飞，搭乘美国航空公司航班先到洛杉矶，然后转机飞奥兰多。虽然集团在我们出发前已经把机票联票和过境餐食都安排好了，但我还是要领着他们过关、安检、登机、转机、填表，以及帮助他们解决在飞机上的琐事，实在是忙得要疯了。还好我和这80位技工在之前遴选和办理签证时已经混得脸熟，和古建公司带队的经理也建立了很好的关系，加上在学生会锻炼出来的协调能力，整个过程还算顺畅。然而，在行程中还是碰到一些突发的尴尬情况。这些技工个个都是"烟枪"，飞机起飞后，机舱出现烟雾报警，机组出面干涉。然而，11个小时的航程，我实在没法让他们忍住烟瘾，况且美国的国际航班也没有禁止抽烟，所以我只好安排他们轮流抽烟。美国航空公司在登机前还加了一道比机场更严格的安检，那就是必须交出随身携带的所有电池，这让我们这批第一次出国的工人手忙脚乱了一阵，耽误了时间，导致飞到洛杉矶时晚点了，也因此没赶上飞奥兰多的航班。航空公司安排我们到一个酒店过夜，改第二天的航班飞奥兰多。突如其来的变故让我措手不及,我"身无分文",与组织失去了联系,酒店的食宿消费不知道该怎么解决。我和古建公司带队经理到每个房间去巡查,工人们均是一脸疲惫,上飞机之前那种踌躇满志的劲头一点也不见了,可怜兮兮地龟缩在一角,想看电视又不敢打开。他们被经理告诫看电视、喝咖啡都是要收钱的,"谁消费谁被扣留"。这场景让我联想起百年前中国劳工被卖到加州建铁路的情景,虽今非昔比,却又似曾相识。

美国锦绣中华项目是当时我国第一个、也是最大的文化旅游投资输出项目,项目所在地是世界最著名的主题公园之都,影响很大。中国的古典园林建筑和技工精湛的营造手艺让美国人叹为观止,特别是在建造苏州街和侗族鼓楼、风雨桥的时候,好多美国的建筑师和院校学者慕名赶来观摩,电视台也做了专题节目。中国古法的木榫、斗拱、藻井等结构的搭建使美国人着迷。

在美国项目工地上,从国内派出的技术人员和工人加起来有130人,集中住在工地上用50辆拖车临时拼接起来的宿舍里。虽然每天晚上都可以看到迪士尼放的烟花,也可以在食堂餐厅通过"小耳朵"收看中文电视节目,但是项目周边荒无人烟,我们和外界是隔绝的。刚来时,我们办公室没有外招雇员,只有我和一个财务人员,我除了要亲自完成大量的文秘、行政、人事、后勤事务,还要兼做工程协调、翻译、进口报关、司机及采购,甚至还要带工人去看病、逛街购物,食堂师傅生病的时候我还当过顶班厨师。所以,工人师傅都亲切地叫我"王总管"。那时我刚过而立之年,精力旺盛,承担繁杂工作,接触广泛的事物,是一次非常宝贵的历练。

我在国内学的英语口语到了美国才发现"货不对板",常闹笑话。比如,我每天都要为食堂采购新鲜的食材,通过电话向商家下单。美国屠宰场卖的肉都是按部位卖的,这可难住了我。在我的英语词库里只有猪肉 pork,牛肉 beef,最多还有一个牛排 steak,根本不知道牲畜屠宰解剖后各部位肉的专有名词,我与商家在电话两头"鸡同鸭讲",解释不清楚。最后,屠宰场给我们送来了一张猪、牛、羊的解剖挂图,每次订购时,我就把厨师叫到挂图前,对着需要的部位下单,才解决了这个难题。再比如,项目上的130号人每天都有人在生病,而医疗领域的英语单词都很生僻,且很多单词是拉丁文,我不得不每次去医院时都带着一本《牛津双解字典》。在描述某个部位疼痛时,我在国内学的是某某部位"pain",或者某某器官的英文加"-ache",到了美国诊所才知道疼痛要用"hurt",而在我的词库里"hurt"是受伤。诸如此类的交流问题我每天都要遇到。

遗憾的是,美国锦绣中华项目最终没有实现当初设计的市场目标,开业后第八年就倒闭关门了。然而,这个项目却为港中旅和华侨城培养了一批具有国际视野的旅游人才,为后续在中国国内参与国际化竞争积蓄了力量。

对我个人来说,在美国的这段工作经历,不是留学,胜似留学,受惠一生。

我从美国回来的时候,马志民总经理退休了,深圳市原来的一位副市长接掌香港中旅集团,市委原秘书长任克雷接掌华侨城,华侨城与港中旅也逐渐分家了。这时候,旅游市场逐渐成熟,人造景观由于参与性、娱乐性不足在走下坡路,锦绣中华、民俗村、世界之窗的游客量逐年下降。

任总是北京大学经济系的毕业生,有经济学和管理学的思维,思想比较开放。他亲自带领一个考察组去美国、日本、韩国考察后,决定要建迪士尼那样的主题公园,为此专门成立了一个策划筹备小组,我成为小组的专职人员之一。我在美国的工作经验此时大派用场,还通过原来在佛罗里达的关系,邀请了著名的主题公园专家来华参加我们的研讨会。最后,我们聘请擅长旅游主题公园设计的HHCP公司给我们规划设计了欢乐谷,欢乐谷也成为中国第一个按照现代主题公园设计理念规划建设的公园,是一个真正意义上的主题公园。

在这个过程中,我也一年一个台阶,从集团旅游发展部的业务经理,到投资部的助理总经理,再回到旅游发展部担任副总经理、总经理。1998年华侨城旅游资产上市,旅游发展部整个部门并到上市公司(华侨城A000069),我在上市公司担任副总裁,分管存量资产和旅游业务。

成为上市公司高管后,我需要有一个高级职称"撑门面"。那时我获得工程师职称已经8年了,应该有资格评高级职称了,于是我向机电专业的职称评定机构递交了申请,但没有被接纳,说"我干的不是工程师的活儿",建议我向经济类的评定机构申请。我随即转申评高级经济师,但也被拒绝了,他们要我先参加统一的笔试和面试,申请经济类的中级职称。我心想还不如去读一个博士,一来可以给自己充电,我这个理工男,管一些吃喝玩乐的旅游业务还凑合，谈及分管的存量资产，以及对上市公司投资的参控股企业进行规范化管理，就深感知识的匮乏和能力的不足。二来获得博士学位一年后，便可直接申请高级经济师职称了，一举两得。

碰巧在一个活动中认识了管黎华校友，他是李维福经理在西安交大厂长班的同班同学，也是深圳一家上市公司的高管，兼任西安交大深圳校友会会长。他给我透露一个消息，交大在深圳开办了一个管理专业的博士班，每年招30名博士生。在深圳授课，回学校答辩，但是要参加全国统一的入学考试。这个消息对我来说真是雪中送炭。

我马上着手博士生入学统考的准备。过去虽然参加过很多管理培训班，学过一些像企业管理、财务管理、人力资源管理、市场营销等课程，但是没有系统地学过经济学和管理学，要应付入学考试，就需要从基础学起。我饥不择食地从书店买回来各种各样的管理学和经济学教材，比较后选了复旦大学编的《微观经济学》和《宏观经济学》作为自学课本，一边自学，一边认真做章节后面的习题。不知不觉中竟然上瘾了，因为很多原理可以直接用于我们的日常经营，比如价值剩余和价格歧视理论，可直接用于景区的门票定价决策。高级经济学这科我考了78分，靠自学考到这个分数，我的心里还是有点得意的。但是管理学考得很糟糕，我只自学了很基础的像计划、组织、领导、控制这样的概念，没有深入，导致考卷后面的案例分析类大题都不知道从哪里下手回答。那年深圳有三十多人报考，从我在面试名单中倒数的排序，可以推算出我的管理学考得有多糟糕。

面试时，我第一次见到了后来成为我博士生导师的席西民教授。当时，身为西安交通大学副校长的席老师亲自给来自深圳的三十多位考生面试。我那时虽然已经是一个上市公司的高管，但是在管理理论方面却还是一个小学生，而且管理学这科入学考试还不及格。为此，我准备了很多管理方面的问题，诚惶诚恐地来应试。在我心目中，席老师的形象很高大，十多年前我在交大机械系读硕士的时候，就听说学校培养出了内地第一个管理学博士。马上就要接受他的面试，按陕西话说就是"聊咋了"，怎能不紧张？出乎意料的是，席老师问了一个与我从事的工作密切相关的问题——谈谈中国主题公园的成败。显然他是有备而来的，问题提得很精准，我应该也答得不错吧，那时我就下决心要投奔席老师的门下。

报席老师的考生很多，我处于弱势。我找了我的硕士导师谭玉山教授帮忙，他说与席校长不熟悉，但是和管理学院的李怀祖老师是上下铺同学，而且一起毕业留校在机械系当老师。我不知道李怀祖老师是否为我去说了情，但是在我读博期间李老师对我很亲切，在我的博士论文开题、撰写、审稿的几个关键节点上给予了特别指导和帮助。

我2003年入学，2009年通过博士论文答辩，一共用了6年时间。

母校在深圳招收管理学博士，给了我毕业十多年后再次回母校受教育和深造的机会。虽然我们博士班远在深圳，半工半读，但是时时刻刻都能接受到母校和管理学院老师的教导与关心。母校派来了最好的老师给我们授课，派最好的导师来指导我们的课题研究，体现出母校解放思想、开拓创新、重视理论联系实际、教学与实践相长的教育思想。在母校老师的指导下，我把课程学习、课题研究与本职工作密切联系，相得益彰。个人学识和工作能力得到了长足进步，为文旅产业的发展做出了一定贡献。

老师现场辅导的很多场景，历历在目，终生难忘。

有一次，汪应洛院士到深圳给我们答疑解惑，我向汪老师提了一个有关华侨城主题公园面临的国际竞争的问题，因为当时迪士尼即将入驻香港。汪老师反问我："你们华侨城的核心竞争力表现在哪里？"经过汪老师一句话的点拨，"培育企业的核心竞争力"成为我在领导企业经营发展过程中最关注的问题。当年，我们就制定了"打好中国牌，参加国际赛"的差异化竞争战略，提出了"欢迎迪士尼，迎接新挑战"的口号，开展一个叫"三年形象工程"的专业能力提升计划，利用香港迪士尼开业前的三年时间，增强华侨城主题公园的核心竞争力，使我们成功应对了国际最高水平的竞争挑战。后来主题公园的国际化竞争白热化，从珠江三角洲蔓延到长江三角洲，再到京津唐地区，华侨城主题公园屹立不倒，为主题公园的民族企业树立了榜样。

还有一次讨论公司法人治理结构问题。我和同学分享了华侨城的发展情况后，有的同学提出"华侨城的成功是偶然的，失败是必然的"的观点。理由是他们认为华侨城模式在国企里面是非典型的案例，国企都是依靠政府资源禀赋来垄断市场取得生存发展的，一旦失去这种禀赋就没法生存。华侨城一没有垄断的资源，二是法人治理结构不完整，出资人长期不到位，国有资产缺乏监管，不出事是不可能的。华侨城的董事会是2019年才成立的，这之前没有董事会，最高决策是党政联席会议，说白了，是华侨城集团领导班子自己决策、自己执行。早年华侨城的上级是国务院侨办，是统战部门，与侨办脱钩后隶属于中央企业工委，是党管人的部门，都不是国有资产管理部门。再后来隶属于国资委，刚开始也只是派出了监事会，决策还是由班子自己定，一直到2019年才完成公司化改制，成立董事会，健全了治理结构。一般来说，国有企业比较普遍的表现是因缺少市场化的运行机制导致效率低下，或者因监管缺失导致寻租行为而把企业搞垮。但是华侨城不一般，从300万元注册资本、5平方公里行政划拨的土地起家，靠党性和代理人的自觉行为，在市场竞争中经过20年励精图治，成长为一个上千亿的大型国有企业集团。汪应洛老师听我们分析后说，华侨城的案例不能简单地套用本本分析，而要从企业文化层面去研究。后来，我总结出支持华侨城成绩的法宝有两个：一个是顺应市场变化，不断探索升级商业模式，还有一个是以责任意识、创新意识和精品意识为核心的商业文化。

资深的陈金贤教授是我们"经济学前沿"这门课的任课老师。他跟我是泉州老乡，而且和我父亲还是中学校友，因此对我的学习特别关心，还封我是"旅游之王"。我爱拿着碰到的问题请教他，他也热心和我一起讨论，交流很密切。我为旅游业总结的经济模型，很多是在他点拨之下完成的，比如用"边际效益递减"解释我们的微缩景区游客游览体验枯燥的问题，最后辨识出传统旅游景区体验感不如现代主题公园的根本原因在于，前者体验主题和场景形式单一，容易造成审美疲劳，后者利用主题和次主题的规划安排，既能解决游客群体的偏好差异，又能解决游客审美疲劳的问题，从而提出了基于时间节奏和空间节奏的多主题体验场景的旅游景区规划思想。还有，用外部经济的原理，解释了"旅游+地产"的商业模型的内在逻辑。2010年，我被中组部抽调担任当年中央企业高管国际公开招聘的考官，被封闭了40天，为某个央企招聘总经理出题、判卷和面试，我把"旅游+地产"模式的鼻祖——华侨城欢乐谷和波托菲诺地产项目捆绑开发的商业模式，作为一个问答题的题面案例，考查候选人的经济学理论功底和利用跨行业项目中的优势互补构建商业模型的能力。该案例题也被收录到中组部干部考试的题库中。

资深的李怀祖教授是我们"管理研究方法论"这门课程的任课老师。他和我的关系在前面已经提到。我在博士论文开题前去请教他，我当时拟定的题目是"主题公园成败研究"，从基于我多年工作实践所归纳的中国主题公园行业的三大悖论展开，分析影响主题公园成败的具体原因。他听了我的设想后笑着说这个题目太大了，20篇博士论文都做不完。研究论文选题要以小见大，小题目、大文章，不能这样贪大求全；研究的问题要深入、具体，否则研究就浮于表面，不得真谛。几个来回，最后选题落到"主题公园游客满意度、忠诚度对客流的影响研究"。李老师还为我的博士论文初稿、终稿审稿，提出了很关键、很具体的修改意见。

席酉民教授最后为何收我这个入学考试成绩不高的考生为弟子，我不得而知。但是我的研究方向，他似乎在给我面试的时候就确定好了，记得当时他向我提的问题是"国际主题公园发展得很好，为何中国主题公园的发展不尽如人意？""中国主题公园行业大面积亏损，为何华侨城独树一帜？"这正好也是我想要研究的问题。

我入门后，不论是席老师来深圳，还是我回西安母校，或者是去苏州西交利物浦大学，他每次都要从百忙之中专门安排时间指导和检查我的学习和论文进展，解答我工作中遇到的困惑。我从网络上定期向他提交的问题和学习心得，也能很快地得到答复。每次跟他讨论问题都有很多收获，大到战略，小到服务质量。

在我的论文课题研究过程中，席老师鼓励我利用在职的优势，脱离理论的束缚，放手从工作实践中提出科学问题。他跟我说能够提出和研究对现实问题有实际意义的解决方案，就是对管理理论的最大贡献。记得有一次，我到学校向他汇报我正在进行的游客满意度对客流稳定的影响研究，他提示我游客体验满意感与客流之间应该是一个倒U形曲线。回深圳后，我按这个提示重新设计假、开展研究，得出了一个负偏态分布的游客体验满意度与游客流量关系的模型，说明景区游客过于拥挤和过于稀少满意度都会降低的规律，揭示了游客天生具有集聚的偏好倾向，喜欢热闹，但是与热闹、拥挤相关的满意度达到峰值之后会迅速下降到极限。景区可据此规律划定经营活动计划中客流密度的理想区间，为景区投资和经营决策提供理论依据。类似这样的例子多不胜举。

我的博士论文的科学问题归纳、模型建立和案例研究，无不渗透着席老师的教导和智慧。席老师开阔敏锐的学术思维、渊博的知识、忘我的工作精神、理论联系实际的科研作风，是我工作和学习的楷模。他倡导的快乐生活、快乐学习的人生哲学，以及做管理者和做领导人的哲学，使我受益匪浅。

六年在职读博，对于我来说还有一个最重要的收获，那就是我从一个感性的经验管理者变为一个理性的职业经理人。

我读博士期间，正值国家经济体制改革走向深入，国有企业管理体制进行制度改革，经营管理活动走向市场化的阶段。按中央统一部署，华侨城与国务院侨办脱钩，先转为由中央企业工委管理，后来又转为由国资委管理。华侨城也主动放弃了具有行政审批权的"建设指挥部"牌子，组建华侨城集团公司，彻底进入市场，依靠竞争赢得生存和发展。这时，我在华侨城旅游概念的上市公司中担任副总裁，分管存量资产和旅游业务，具体工作是对上市公司投资的企业行使出资人的管理职能，对参控股企业的资产保值增值和生产经营活动实施监督管理，实现投资回报。除此之外，还要对华侨城旗下所有企业的旅游业务统筹管理，统一品牌、统一标准、统一行动、形成合力，以此提高华侨城品牌的市场竞争力。

我的所有本职工作都与博士课程学习内容相关。前面已经提到，学校定期派老师来深圳给我们上课，为同学和老师、同学和同学之间的交流创造了机会。我很多工作上的思路和方案是在这个过程中产生的。比如，在上课讨论信息不对称和寻租的话题时，我联想起我负责的参控股企业业绩考核的工作。年初给参控股企业下达经营指标时总是要吵吵闹闹，下属企业总是往低报，而我们股东就使劲往下压指标。由于信息不对称，"县官不如现管"，他们有的安排了两套预算，一套上报应付股东，自己实际执行的则是另一套。到了年底，下属企业总是以"提前、超额完成任务"向股东邀功请赏。完成的任务总是与下达的计划偏差很大，而上市公司业绩与经营计划偏差超过一定比率却要披露原因，当时我的总裁要我考虑按净资产收益率做指标编制考核方案。在上课时我来了灵感，勾画了一个用预算的净资产收益率确定奖励指标系数的绩效考核奖励体系。净资产收益预算大于12%以上的，奖励系数随收益率逐级增加，经营班子的奖金总数＝奖励系数×实际完成利润总额＋利润指标超额提成奖＋利润比前三年平均增加奖。预算的净资产收益小于12%的没有奖金。奖金是一个指挥棒，这个方案实施后，大大提高了下属企业班子的积极性、自主性，想要多少奖金自己可以做主。他们的奖金最大化就是股东的利润最大化，年初预算的时候就会精打细算，上报给股东的经营计划也实实在在了。在我任职期间，华侨城A净资产收益率保持在18%以上。我主持建立的华侨城控股股份公司存量资产管理体制和运行的工作机制，以及在参控股企业推行现代企业制度，完善公司治理结构，规范参控股企业董事会的运作等方面，也都受益于博士课程的学习讨论。

读了博士以后，我感觉旅游业务管理相对轻松多了。这期间我还主持成立了一个华侨城旅游讲习所，学员来自旅游企业的骨干，实行"官教兵，兵教官，兵教兵"的模式，自我总结和提高华侨城旅游骨干的管理水平，并组织学员编制《华侨城旅游景区标准体系》，在各自经验总结的基础上，引入国际先进的经营管理理念，形成统一的企业标准，为华侨城实施主题公园产业化和战略扩张，保持质量和持续创新起到重要作用。这个标准体系是中国第一个景区管理体系的企业标准，成为全国的样板。我还担任了全国旅游标准化技术委员会委员、全国休闲标准化技术委员会委员等，参与全国旅游行业标准化体系的规划工作和国家标准的评审，比如星级酒店评定标准、A景区标准评定标准等。

我的博士论文《主题公园游客流影响因素及其作用路径研究》，是我在工作中完成的，内容就是我工作的写照，对主题公园行业有直接的指导意义。我读博士过程中最艰难的就是论文修改和答辩环节。

席老师到西浦工作以后，把我论文答辩前后的具体工作交给了郭菊娥教授。郭老师讲话带着很浓的陕西口音，热情、豪爽且严厉，她既是我的师姐，也是我的老师。在我的论文选题、开题、方案实施及论文撰写过程中，她毫不客气地给我指出了问题所在，认真指导我写作，还为我组织了开题报告会、论文预答辩会，之和我一起讨论论文的修改方案，等等。

用广东话说，我很"好彩"。博士论文提交查重第一次没过，后来论文又被盲审了两次。论文第一次查重结果18%，被打回来了，主要是因为我的博士论文和我在期刊上发表的三篇论文有很多地方描述重叠。郭老师告诉我一段文字重叠不得超过 50 个字，查重指标不能超过 10%，我只好拿回来重新写。而在第一次盲审和答辩通过后，又被抽中要进行第二次盲审。第二次盲审要比第一次更严格，搞得郭老师都很紧张，怕我论文通不过没法向席老师交代。她说我的论文本来就写得比较粗糙，口气像写总结报告，第二次盲审肯定通不过，要我必须到学校住下来，在一个月内完成论文修改，否则将无望获得博士学位。

我无奈向单位请了一个月的长假，住到学校修改论文。在这一个月的时间里，我充分感受到了师门的温暖。郭老师为我的论文组织了几次席门内部的讨论会，在校的同学和老师对我的实证研究案例也感觉很新鲜。郭老师安排了在校的师弟张晓军、李磊、刘洪涛等人协助我一章一节地修改论文。修改后的论文最终通过了第二次盲审。

最后这一个月的冲刺，令我的研究方法和论文写作的能力实实在在地得到了训练和提高。没有最后这个月的冲刺，我可能拿不到博士学位。

结束语

以上是我要和大家分享的我的求学故事。故事讲完了，我也要反思"教育何为"之问。百度说，教育广义上指影响人的身心发展的社会实践活动，狭义的教育主要指学校教育。

我想首先从受教育者的角度出发反思。第一，"教育是人类进步的阶梯"。纵观我的人生轨迹，就是踏着教育的阶梯，从一名工人一步一步成长为一名央企研究院院长的。虽然每次求学的动机都带有改变个人命运的功利性（考大学是为了摆脱死神纠缠和不甘心在山区当一辈子工人，考研究生是为了不被分配回边远山区，考博士是为了跳过中级经济师考试），但是每个人出于个体功利性的努力加起来，就是促进社会群体积极向上的力量，体现了"读书才有出路""爱拼才会赢"的社会价值观。进一步，我求学过程中的坎坷，也揭露了教育公平等更深层次的问题。十一届三中全会以前，家庭出身不好的一代人被剥夺了公平接受学校教育的权利，甚至单位的决策也会像软暴力一般剥夺个人求学的机会。当今,虽然法定教育公平了,但在同一片蓝天下,是否还存在新的教育歧视?该如何避免?

第二,"知识改变命运",这是一个普遍真理。我因比老矿工多一些文化和矿井的理论知识而被工友们看高,在死神相伴的矿井下不再被歧视;因为爱读书被机具车间书记青睐,召唤到全厂最有技术的机修班工作;因接受过研究生教育,而有机会参加重点项目,有机会出国看世界;也因为在职读博士,有机会将理论知识与企业实践密切结合,成为文化和旅游产业的专家。知识对个人是这样,对整个国家何尝不是如此?哪次社会进步和变革不是由知识推动?改革开放四十年,弄潮儿的主力就是知识分子!正在改变世界的第四次工业革命,也是以信息技术进步为动力推动的!

第三,从教育本身出发,教育是知识传播和社会教化的载体。国家教育体制如何才能满足受教育者的需求,如何才能为国家和社会进步服务?这是一个很大的话题。微观上看,教育的功能首先应该"使受教育者有文化、有知识和有运用文化知识再创造更高层次的文化知识的能力"。我从矿厂到高校,再到再次步入社会,运用最多的不是所学的物理和机械制造本专业的知识,而是校园文化训练出来的世界观和方法论。所以,现行的教育体制应该重视受教育者适应社会和运用知识再创造的能力的培养。

其次,教育应该与社会实践紧密结合,为改革开放和社会实践服务。这点在我在职读博士的经历里已经讲得很透彻,不再赘述。

最后,教育应该终身制。这一点要感谢华侨城集团倡导的"工作+学习"的企业文化,感谢席酉民老师快乐学习的思想,鼓励我持续深造,受益终身。

观思行录

优秀不是一日练成的,是在不断地纠错和改进中养成。对于服务来讲更是如此,做错一件小事可能毁掉一百件好事所积累的信誉,所以人们常说"服务无小事""只有更好没有最好",任何组织均需持续改进。

——席酉民

23

从物理到管理的蜕变

李鹏翔[①]

我是 2000 年从江汉石油学院（现为长江大学）考入西安交通大学管理学院的。能够进入席门，是我一生当中仅有的一次颇具风险的"战略大转移"，至今回想起来依然觉得有几分胆大妄为。我原来学的专业是应用地球物理，因此基本就算是一名对管理一窍不通的、管理专业的博士生。顺利录取的喜悦没过多久，迎面而来的就是空前大的压力。人到中年，一切都还要从头学起。放弃了原专业的副教授职称，梦想换个活法，可代价却是十分惨痛的。

记得当年我向席老师表明我的报考意愿时，席老师的回答是"欢迎报考，择优录取"。那时单位里没人相信我能考上，多数人是等着看笑话的。我先自学了斯蒂格里茨编写的微观和宏观经济学，每天 25 页，雷打不动。然后做完了一本复旦大学的经济学习题集，还自学了高级微观经济学。这样总算才弥补了报考科目的短板。经过两次报考，终于顺利进入了西安交通大学。席老师兑现了他"择优录取"的承诺，交大以海纳百川的胸怀接纳了我。

进入席门的第一感觉是：这里人才济济，个个天资聪颖，导师高瞻远瞩，学术氛围浓厚；自己则倍感渺小，总在仰望。我在师门做的第一次学术报告是关于《测井资料质量控制软件开发项目》的汇报。报告内容与管理离题万里，让同门失望，我深感自责。席老师后来语重心长地告诉我，改行至少得经两年

[①] 李鹏翔，西安交通大学副教授、博士生导师。喜欢书法、钢琴和中医，坚持健身十年，信奉淡泊名利、宁静致远。

磨炼，尽管我志向远大，但一定要脚踏实地。当时在校长办公室的谈话至今记忆犹新，席老师的包容和鼓励令我感动，自己也暗下决心从"ABC"学起。

我所在的研究小组是数理组织小组，接到的第一项研究任务就是阐释立体多核网络。这项任务其实十分宏大而艰巨，在2001年的时候，可以说非常具有前瞻性。要抽象描述和刻画自然界和人类社会的一切组织网络，谈何容易！当年查到的文献资料主要是两条主线。其一是核与核度的刻画思路，这在社会网络中属于网络节点重要性的刻画，1994年时就有多达十几种评价指标。其二是无标度特性[1]和小世界特性[2]的思路，这是 Science 和 Nature 在 1998—1999 年早就发表了的研究成果。沿着第一种思路，我也做了几篇小论文。但随着学术界讨论热度的不断升高，第二种思路得到了普遍认可，几乎海量的文献都在想法用各种各样的网络数据来证实或解释无标度特性和小世界特性。我的毕业论文题目也就只能被迫从第一种思路转向第二种思路。对于这种转向，席老师当时并不认可。他认为没有必要跟着别人跑。当年师门的项目申请书在文献综述部分仍然在谈论所谓的"小球模型"，并且对该模型也不屑一顾。其实，这是对"小世界模型"的误解，师门内并没有真正理解在规则性中添加随机性所带来的新颖特性。在整个团队里，我显得曲高和寡、孤立无助。

2004年，我去参加在浙江大学召开的全国复杂网络研讨会，西安交通大学管理学院就我一人参加。而浙江大学和中国科学技术大学，他们已经组织力量全文翻译了相关的核心文献，并且很多人都已经交流了自己在复杂网络领域的论文。浙大系统工程与系统科学领域的老师还曾让我代他向汪应洛老师问好，并强调这是系统工程领域里程碑式的贡献，应当给予足够的重视。我当时想，我们与浙大和中科大相比，似乎有点"故步自封"了，步伐明显落后。

如今二十多年过去了，无标度特性、小世界特性以及复杂网络面对攻击的耐受性，已经成为系统工程领域普遍承认的研究成果。管理学院的课程"系统工程Ⅱ"也开始讲授这些内容，复杂系统的管理问题亦成为国家重点项目的优

---

[1] 无标度特性是自然界和人类社会中的复杂网络普遍具有的一种特性，即节点的度 k（连接边数）与度为 k 的概率 $P(k)$ 之间呈现一种幂律度分布，在双对数坐标中近似为一种带有胖尾的直线关系。

[2] 小世界特性是指，现实中的复杂网络既不是随机网络（完全随机连接），也不是规则网络（每个节点的连接边数都相同），而是处于规则网络向随机网络演进的一种过渡状态。具有小世界特性的网络，不仅具有像规则网络一样较高的群聚系数，而且具有像随机网络一样短的平均路径长度。

先申报方向。就连当年对此有些抵触的社会网络大师们也都不得不承认了数学家和物理学家们的这些成果。曾经对这些成果不屑一顾的学者们，以一种酸葡萄的心理强调，小世界特性其实在社会网络研究领域早有提及，只是没有表述得这么精准而已（斯科特和卡林顿，2018）。

回想当年我对立体多核网络的阐释性思考，直至毕业后我才醒悟，这其实是学术研究中经常会出现的一种窘境或尴尬。我们曾不知不觉地走了一段艰辛的弯路，因为抽象描述刻画自然界和人类社会的一切组织网络，是一项 *Science* 和 *Nature* 级别的任务，是全球顶尖学者都在思考的问题。我不得不承认，当年席老师的预感是颇具前瞻性的。但遗憾的是，当时复杂网络领域的两项伟大发现，在 1998 年的 *Nature* 和 1999 年的 *Science* 上就已经发表。我们其实一直在研究一个别人已经解决了的问题。

受传统东方综合哲学思维的束缚，我们是没有可能将"立体"和"多核"分开考虑的。当时我们的脑海里充满了系统论和天人合一的思维，总在幻想能够提出一个可以解释所有网络组织的一般性框架。这是我作为一个物理学出身的研究者必定会犯的错误，因为物理学讲究发现自然界"放之四海而皆准"的定律。

就研究方法论而言，提出解释自然界和人类社会中广泛存在的网络组织的一般性框架，本也无可厚非，但对一名刚刚踏入学术领域的博士生而言，起点实在是太高了。不得不说这种研究是百年一遇的大师或奇才，才有可能做到的事情。麦克斯韦将当时电磁场研究的所有成果归纳为四个微分方程（麦克斯韦方程），耗费了其毕生精力。爱因斯坦曾想统一电磁场和引力场，但最终没有完成。"栽桩子"的事谁都想干，但不是谁都能干。"补篱笆"的事虽然容易得多，但也不一定就都能干成。研究生教育还是应该面向实际，鼓励学生去做具体而可行的"小"问题。导师尚且不能称为世界级大师，又何况学生呢？那种自认为或许能够成为奇才的想法是荒唐可笑的，这种事情的概率基本为零，无须多想。

按照西方分析哲学的思维，"多核"可以用度分布来恰到好处地进行描述，不仅从数学上易于描述，而且在实证中也易于验证。于是，幂律度分布就这样被发现了。而我们当时陷在"核与核度定义"的框框里，就没想到去分析网络节点的核度分布。当然，当时没有想到用爬虫软件去收集网络数据，即使考虑了核度分布，也只能纸上谈兵，没有实证支持。

至于"立体"，Watts and Strogatz（1998）用在规则网中添加随机性来解释，不仅易于描述，而且模型也十分精准。于是，小世界特性也被发现了。最重要的是，幂律特性和小世界特性是可以用大量的网络数据进行实证的，而我们的综合性描述却只能阐释，不易实证。组织网络的确是立体的，也是多核的，但这只是形容词而已，并未揭示复杂网络固有的本质特性。于是，复杂网络研究的一片新天地就这样与我们隔绝了。

后来我的博士论文题目几经修改，定为"组织结构网络的拓扑结构与拓扑特性"。虽然对组织网络的拓扑特性有所探讨，但与席老师当年的设想大相径庭。论文写得也有点不伦不类，数学味过重而管理味太少，管理学院的论文却总是谈论物理学家和数学家的成果，研究组织理论的人却总是在讨论网络的拓扑结构与拓扑特性。但当年迫于毕业的压力，也顾不得去猜测席老师的设想了。最后，李怀祖老师评阅后认为论文又犯了两个大忌：其一，论文不是论证思路，很像讲义；其二，总想寻找普遍规律，与"管理丛林"相悖。这个教训对我来讲刻骨铭心，因为我是老师出身，又是学物理的，论文的这种味道在所难免。

后来，论文结构进行了大改，新增或重写了大部分内容，尤其是证明实际中的组织网络为何不会展现出无标度特性，新内容一年后发表在 *Computational and Mathematical Organization Theory* 杂志上（Li, et al., 2009）。2006 年 5 月，论文答辩总算通过了。当时没有丝毫的喜悦，只剩用尽洪荒之力后的疲惫不堪。

虽然毕业，但我真正实现从物理到管理的蜕变，实际上是在毕业后的第五年。直到那时，我对管理才有了更深的感悟，对管理学院开设的核心课程才都有足够的了解，评审各种各样的硕士论文和 MBA 论文才能做到得心应手。这种蜕变足足耗费了我十年。如今自己也招硕士和博士研究生，也深知交大管院研究生教育的问题所在。基于我的求学经历，反思研究生教育，我认为存在五个比较普遍的问题束缚了研究生的学习与研究，不仅难以做出高水平的成果，而且博士生毕业也越来越难。

一是文献传承的缺失。

课本上的知识是基础，专著中的知识是前沿，文献里的知识是动态。我认为研究生培养中最大的失误就是文献传承的缺失。它让学生在攀登学术巅峰的最后一公里路程时倍感无助，却又无可奈何。对于刚刚步入研究领域的小白而言，导向性和系统性的文献阅读引领十分重要，但目前交大管理学院依然没有设置相关研究领域的文献传承课程，学生在文献的海洋里茫然地奋力遨游是常有的事。若不能站在巨人的肩上，何来创新？若不能登上山顶，又如何眺望远处的美景呢？

即使登顶后，学生已然耗费了几年时间，当他（她）开始迈开创新的第一步时，可能就已经精疲力竭了。毕业期限的延长、经济压力的增大和婚姻家庭的干扰，迫使学生不得不急功近利，草率毕业。"理想"为"生存"而被放下了，"初衷"因"现实"而被抛弃了。

二是研究问题不明确、不具体。

研究生最容易陷入的一个窘境是选题飘忽不定，始终无法聚焦或形成一个明确具体的研究问题。博士期间的大部分时间是在文献中找问题，根本谈不上怎么去解决问题。常言道："问题多得很，自己找嘛！"其实不然，你找到的问题有99%都是别人已经解决了的问题，而剩下的1%，别人解决不了，你其实也解决不了。问题模糊不清，飘忽不定，总是感觉无从下手。这就像邮递员拿着一封地址不详的信件一样，不知如何投递。能找到一个既有创新性、又能自己搞定的科学问题，是一件令人欣喜的事情，这就意味着成功了一半，也意味着在黑暗中看见了一座灯塔。

三是投稿环节的腐败和内卷。

如今，发表论文讲究"圈子"，讲究"关系"，需要支付令人惊愕的"版面费"，这是不鲜见的。对一名博士生而言，"圈子"和"关系"是几乎没有的，高额的"版面费"也是自己承担不起的。要发论文的人数之多，稿件数量之庞大，录用竞争之激烈，各单位的考核制度竞相加码，造就了这种逐年内卷的恶劣环境。辛辛苦苦完成的研究成果，可能编辑没有任何意见就直接毙掉了。个别杂志不再是纯净的学术机构，而是以盈利为导向。这些都在一定程度上增加了研究生毕业的困难。

四是"一切只能靠自己"。

博士期间的研究大多是单打独斗、闭门造车。一方面，随着学科的细分和研究的深入，研究者专注自己的专业领域，高处不胜寒，已经知己难求了，何谈合作。另一方面，导师对论文水平的期待和学生的功利心态是相悖的。导师在追求学术水平，学生在追求尽早毕业。这时，学生是不希望导师干预的，导师的高要求只能给自己"添堵"。

时下学校科研的模式基本上还是"农耕模式"，要吃饭就得自己种粮，要穿衣就得自己织布。谈不上什么分工协作，更不用说专业化了。从查文献、找问题，到建模求解、写文章，直至最后投稿发表的全流程，几乎都是这种"自给自足"的模式。人人皆知只有团队合作才是出路，但在现行考核体制下，分工合作走不通，除非师生或夫妻之间还有可能。

从高校教学科研的实际运作来讲，长周期的团队考核制度是个不错的选项。问题在于周期多长，如何操作，如何避免"搭便车"。团队既需要核心和骨干，也需要助理和秘书。有几朵红花点缀，更需众多绿叶陪衬。一个优秀团队的构成，需要一位大师引领，需要多名骨干协同，也需要助理和秘书打杂。如能分工协作，各用所长，教学科研全流程分工，形成批处理的作业链条，将是由"自给自足"向"专业化分工"的一次革命性的组织变革。

五是毕业标准逐年提高。

时下，为满足评估要求，各高校博士生的毕业要求可谓你追我赶、争相加码，但科研成果的产出环境几乎没有改善。庄稼产量的高低是由种子、土壤、温度、浇水和施肥等因素或环节决定的，不是行政领导的意志决定的。有时不是学生不够努力，而是恶劣的环境里长不出好庄稼。每个学生应该开始都曾想过，尽量做出一些像样的研究成果。然而，没有合适的数据，难为无米之炊；理论脱离实际，只能纸上谈兵；课程设置不给力，只能现学现用；学术生态恶化，只能跟风从众，萝卜好卖就种萝卜，白菜挣钱就种白菜。寄人屋檐下，怎能不低头？能凑合着毕了业就已经不错了。

当然，博士生毕业难的问题还有方方面面的原因。研究生教育的问题也是个大题目，此处限于篇幅，不再赘述。

学术研究道路上的坎坷总是难免，即便大师们亦在所难免。往事如烟，如今行将退休，回首往事，我不得不说，席门的文化是开放包容和催人奋进的，也是勇于探索和温馨和谐的。每周例会的学术讨论都得认真准备，总有人会给自己提出尖锐的问题，当然也有中肯的修改建议。"8 分钟讲清楚一篇博士论文""一句话讲清论文创新点"的要求，至今令人记忆深刻，不敢懈怠。这一优良传统在我后来带自己团队时都被一并继承下来，多少都有点席门的风格。

席门是一个温馨互助的团队，这与席老师本人高端大气、和谐处事的风格有关。换句话讲，导师本人不俗的气质、睿智的思想和对学生体贴入微的关心让人由衷地佩服和感恩。我时常自责给老师做的事情太少，对不住席老师的关心和照顾。记得 2006 年我父亲患癌症在西京医院手术，席老师曾多次过问。毕业后工作的事情席老师也很关心。当年席老师一句"你工作的事就这样吧，你该干啥干啥"，至今回想起来仍然让人心里暖暖的。席门的师弟师妹们也都非常懂事，在学业上相互帮助，相处十分和谐，那是一段令人难忘的美好时光。

得知师门征文，感慨万千，纸短情长。二十多年前的往事犹在眼前，像电影画面一样历历在目。跟随席老师求学，让我实现了由物理到管理的蜕变，也完成了人生的"战略大转移"。

感恩我的导师！他值得我一生学习和敬重。

参考文献

Watts D, Strogatz S. 1998. Collective dynamics of 'small-world' networks [J]. Nature, 393: 440-442.

Li P X, Zhang M W, Xi Y M, et al. 2009. Why organizational networks in reality do not show scale-free distributions [J]. Computational and Mathematical Organization Theory, 15 (3): 169-190.

斯科特, 卡林顿. 2018. 社会网络分析手册：上下卷 [M]. 刘军, 刘辉, 等译. 重庆：重庆大学出版社.

观思行录

　　事业的持续性发展,需要有不断清零的心态,即从零开始,通过一次又一次的创新升级,掀起一个又一个发展高潮。清零、归零,不是回到原来的起点,而是站在一个新的高度,在已有条件和经验的基础上,构建和选择新的参考体系,设立更高更远的发展目标。清零心态能够帮助组织敏锐觉察环境变化,发掘自身问题,主动迎接外界挑战,具备发现和捕捉新发展机遇的动力。"从零开始"不仅是一种心态,更是一种境界、一种历练、一种高度、一套发展的思路和能力体系。

——席酉民

24

改变与成长的青春故事

唐方成[①]

岁月不居,时节如流。自跟随席老师求学到毕业工作,至今已逾二十个年头。稻盛和夫认为,人生最幸运的事莫过于遇见一位良师。回望近六年的博士研读时光,每一丝改变,每一点成长,每一分收获,无不凝结着老师的悉心指导、大力支持和无私帮助!作家蔡崇达在《皮囊》中写道:"路过我们生命的每个人,都参与了我们,并最终构成了我们本身。"毋庸置疑,在西安交通大学管理学院度过的那些"延迟满足"的岁月充满了一个个我改变与成长的青春故事。

一、在主动探索、自觉努力中寻求学习的乐趣和研究的自信

1999年9月,我从成都坐上绿皮火车前往西安交通大学报到,正式开启博士求学旅程。那时,席老师已任学校副校长,并分管学校的后勤与产业集团,行政和公共事务较多,非常忙碌。但研究团队每周一次的组会,他雷打不动地出席且非常重视。每次组会都会安排老师或同学做研究报告或汇报进展,老师与老师、老师与学生、学生与学生在组会上充分互动。对于新入学的同学而言,组会犹如精神家园,在这个场景下既可以享受到席门独特的学术盛宴,也

---

① 唐方成,北京化工大学经管学院教授、博导、院长。喜欢动静结合,偶现篮球场。欣赏东坡先生说的"一蓑烟雨任平生",更爱毛主席诗词"自信人生二百年,会当水击三千里"。

能更快融入研究团队。组会一般先由指派的老师或学生做报告,然后大家热烈讨论,最后席老师总结并指出后续研究的目标和方向。今天我也成了指导学生并带研究团队的大学教育工作者,于是继承了这一传统,定期召开组会。

  坦率地讲,那时我对读博士的认识还处于混沌状态——我不知道获取博士学位要达到怎样的水平,但同时又希望能早日获得博士学位。第一周开学典礼和各种入学教育之后,我就联系席老师希望他能"面授机宜",那次见面时间较短,印象中大概就10分钟的样子,但我获得了两个重要信息:一是博士的学习和研究需要发挥自身的主观能动性;二是只有当你可以称得上所选择的研究领域的专家时,才可能达到博士毕业要求。这两个信息就像一盆冷水泼在我的头上,回到宿舍后,我赶紧给原来工作单位的领导打电话,希望还能回到华东石油销售公司工作,领导一阵冷嘲热讽之后,直奔主题道:"全球石油正处在快速上涨期,你要选择高开低走去读博士,谁也救不了你。"这番碰壁和迷茫后,我决心对自己的选择负责,于是下定决心刻苦攻读,但后面的遭遇让我感受到极大的挫折感。一次是在师门的组会上,即将毕业的博士师兄分享他公司治理的研究,那时科斯的交易成本理论与威廉姆森的新制度经济学正处于传播应用的鼎盛时期,但在组会报告分享与后来的讨论中,我却根本听不懂他们在说什么,尤其讨论阶段提到的一些专业术语及其涉及的巨大信息量,我一概不知。结束后我非常失落地回到宿舍,在日记里留下了这一天的痛苦与无奈,但日记最后还是以贝多芬的那句名言"要扼住命运的咽喉"自勉。

  还有一次,是参加席老师主持的一项关于企业集团的国家自然科学基金重点项目研究,我被分在企业集团竞争力评价这一组。刚入学不长时间的我,无论是在知识积累方面,还是完成项目的经验方面,都略显不足,感受到巨大压力。我非常冒昧地去找席老师,希望能配一台电脑,但由于那时项目配置的设备费较少,而且单独为我这个新手配电脑这事本身可能会产生负面影响,因此席老师没有当即答应我,但提到他那有一台已淘汰但还能用的笔记本电脑,于是我果断要过来用。虽然那台电脑只有文字输入与储存等处理功能了,但它帮忙成就了我后续几乎所有的研究工作。那时我白天几乎都泡在图书馆,晚上吃过晚饭后回到宿舍开始整理白天积累的材料。那会儿西安交通大学的研究生宿舍是没有暖气的(印象中是博士毕业那年年底才通了暖气),为了抵御西北冬天的严寒，我连续三年每个冬天都冲冷水澡，每天晚上 9 点左右拿上面盆到洗手间，从头到脚直接淋上 10—12 盆冷水，直到热气弥漫狭小的洗浴间。即使这样，到晚上 10 点后还是难以抵挡寒气侵入。宿舍里自备着白酒，如五六块的绵竹大曲或散装西凤酒，冷起来就把被子搭在腿上，再喝点酒热身，然后继续投入研究工作。11 月底，那个项目要在东南大学进行中期汇报，我所在的企业集团竞争力评价研究组的老师们都比较忙，大家讨论后决定让我到评审现场汇报课题进展，这是我生平第一次参加如此高规格、高水平的会议，而且还要现场回答评委和听众的问题。毫无疑问，这是对我的一次重要考验。同行的其他组的老师和同学大都胸有成竹且久经沙场，到南京后就处于休养备战状态，而我虽已演练多遍，但总觉准备不足。当我还在一页一页翻看汇报的 PPT 时，席老师来到我房间，简单地提醒我"把企业集团竞争力评价的几个关键问题讲清楚就可以"，说完就离开了。现在想来，他那时应该知道我很紧张，但他对眼前这个"freshman"仍然充满信心，当然与其说是信心，不如说他想放出去，是骡子是马遛一遛，没有第一次哪来第二次、第三次……虽然没有太多嘱咐或安慰，但结合平时在组会上他对我们的要求——"无论如何都要有上乘表现"，我明白了如何在有限时间内把核心思想或主要内容以最有效的方式讲述或传递给听众，在属于自己的舞台上，一定要把最好的状态展现给评委或听众，这样才能得到大家的认可。越是紧张，越难以放开，越不能将最好的状态呈现出来，这与我们报告的初衷是相背离的。这种体会后来成为我给学生授课、做学术报告或讲座时的重要信条。在这种"放羊式""散养式"培养的过程中，老师从来不会直接告诉我们答案，他希望我们通过主动探索、自觉学习来体悟到学习的乐趣和研究的自信。

二、要敢于竞争、善于竞争，奋力构筑自我成长中的独特优势

学习期间，席老师经常告诫我们，学术研究不要热衷于蹭热点，这个世界变化太快，如果一味追踪热点，就总赶不上热点。尤其是做管理研究，新的管理现象和管理问题不断涌现，层出不穷，如果只是追踪热点，就很难接地气，解决现实问题。老师曾公开表白自己是"浸淫在世俗中，活在理想里，行在从

世俗到理想的路上"。为此,他把自己定义为一个"理想主义践行者",有理想,且在以与常人不同或不落世俗的方式孜孜追求,换句话说,他希望将人们常说的理想主义与现实主义相融合。要改变且要变得更好,近乎成了他与生俱来的一种执念。

针对大型工程建设中的内耗现象,老师在1987年完成的博士论文中创造性地提出了和谐理论,后来又将其引入管理研究中,构建了具有本土特色的和谐管理理论。伴随社会经济的快速发展以及信息技术的突飞猛进,社会分工不断深化、专业化程度日益提升,组织在裂变与重组、继承与创新中不断适应新环境新形势,任何企业都主动或被动地嵌入各种复杂网络中,经营模式也由传统的价值链向价值网络转变。社会、政治、经济与技术的变化都会对网络造成冲击,影响网络内每个企业的生存与发展。针对产业实践中组织的演化趋势和广泛存在的网络现象,以及已有研究中关于网络节点同质性假设等局限,老师敏锐地洞察到这些新现象、新问题,提出了网络的"核"与"核度"的概念。他认为,在一个具有多重链接的立体网络中,凡是具有吸聚、支配和协调其他节点或节点集合的功能并且因其被去掉或遭受破坏而使网络的局部或整体遭到瓦解或衰变的那些节点或节点集合统称为网络的核;而核度则是对立体网络中核的拓扑势能的测度。由此,"立体多核网络模型"被构建出来,它用来描述、分析复杂网络组织问题,将网络组织的微观多层次行为与宏观层面的网络架构结合起来,将传统组织理论的研究拓展到计算与模拟分析的视角,构建了计算和数理组织理论,为网络组织的建构、优化以及相关领域的深入研究提供了新的思想、工具和方法。这个领域的研究论文发表后,很快受到国际上一些著名学者的关注及引用,有学者给予了高度评价:"关于网络仿真分析方法的突破激发了将人际学习作为网络过程建模的研究热潮。"(Breakthroughs in network simulation and analysis methods have spurred the growth of a young but-growing body of research that models interpersonal learning as a network process)。近年来,老师的研究经由网络组织进一步延伸到产业生态与生态红利,以及科技革命带来的教育变革等问题,并把相关研究成果直接应用到他分管的工作,以及大学的办学与治理实践中。回过头去看,老师面对新事物、新现象、新问题,总是能够超前布局,总是立足于学术前沿领域,总是躬身入局,做顶天立地的研究,这符合他将理想与现实相融合的人生追求。作为后进的学生，我们怎样才能构筑起自我成长中的竞争优势呢？老师面向未来、洞察世界的认知模式，独特而富有创造性地发现问题和解决问题的思维方式和积极乐观的工作态度，既给我们做出了完美示范，同时也给予我们极大的鼓舞和激励。

与其他导师不同的是，席老师很少会主动干预他的研究生的就业问题，一方面或许他事务太多忙不过来，另一方面或许他真的不知道学生们想去哪里，但如果学生主动找他帮忙，他一定毫不犹豫就办理。他经常会在各种场合提醒我们要敢于竞争，也要善于竞争，但"打铁需要自身硬"，如果你是扶不起的阿斗，他出面推荐也没用。2007年，学校推荐我参加全国百篇优秀博士论文评选，当得知评选结果已入围并进入最后会评阶段后，我打电话把这个信息告诉席老师，并希望他能予以加持。他一方面很高兴地答应会给予帮助，但另一方面又给我发信息，直白地告诉我"评上或没评上，你还是你"。后来，在这个竞争异常激烈的领域，结果还是落选了。在失落与迷茫中，我苦涩地体味着"无论如何，我还是我"。"不畏浮云遮望眼"，是你的别人抢不去，不是你的争也争不来。人生路漫漫，如果整天只想着沽名钓誉，投机取巧，或许终将一事无成。经历了这些事之后，一切过往皆为序章，"风物长宜放眼量"，人生应该更多沉淀出属于自我的独特优势。

三、在应对 VUCA 局面、处理复杂事务中历练人生格局

人与人之间最大的差距在于认知的差距。正是认知差距，导致人与人之间的格局大相径庭。博士求学期间，席老师会有意识地培养我们应对复杂局面的能力。那时西安交大管理学院对博士生毕业的要求非常高，要有英文学术期刊的论文发表才能达到毕业要求。那时管理学院的事业发展也如日中天（两个重点学科均排名全国第一），为了保持这种竞争地位，学院还给出了老师考核须遵循的英文期刊列表（后来听说这个列表是全国第一个设定的发表要求和奖励标准）。一时间，学院老师们大都谈之色变，不知道如何应对这只"黑天鹅"。老师如此，博士生的压力就更大了，既要完成毕业论文，还要发表高水平英文论文。但席老师在这点上有着独特的见解，他提出了三段论：问题导向，方法

支持，环境依赖。做研究写论文，他总是要问我们"到底解决什么问题"。今天我们知道，找到一个好问题比解决问题更重要，方法要比问题多得多。同时，管理研究永远离不开对环境的依赖，更强调权变性，成功不可复制，也不存在放之四海而皆准的管理理论或管理原理。这些思想和方法论，今天看来也不过时且非常受用，在大学做研究、带团队、指导学生，我依然秉持这样的思想去要求自己、要求学生。

值得一提的是，由于读博时我有留校工作的意愿，有些额外的工作也会安排给我完成，经常通宵达旦也难以按时交付。有一次，我被各种沉甸甸的工作压得喘不过气，实在难以承受了，就跑到席老师办公室，还没交流几句，就直接泪崩了。见此情景，席老师轻轻地说了一句："你应该大气一点。"听罢，泪雨顷刻间就止住了，只是一句鼓励的话而已。这么多年过去，我一直记得老师送给我的这句话，因此在后来的工作和生活中，无论多么艰辛，无论多么委屈，我有了更多坚强和包容去应对和克服。

德国哲学家叔本华说："曾经愚蠢地以为歌唱得好、球打得好、字写得好，就是才华。后来才发现，灵魂的觉醒，思想的升华，人格的独立，才是真正的才华。"身在席门二十余年，主要做的就是三件事：学术自信的寻求、独特优势的构建与人生格局的历练。虽然至今优势还在建，格局还在历练，但在知天命之年依然自信满满。老师的言传身教，学生的耳濡目染，那些平凡而影响深远的互动场景编织成了我的改变与成长。

观思行录

时下中国，要想成就些事，常需背离原有模式，突破社会适应，挑战民众习惯，这常使人有孤军奋战的孤独感。因此，想成就一番事业的人，须有独立的人格、明确的使命、自由的意志，敢于思想，喜欢创造，献身进步，不因为害怕被别人误解而等待理解，而是凭借智慧坚守、持续突破，以卓越成效赢得生存空间。

——席酉民

25

可亲可敬的师长

顾　骁[①]

大学毕业后，我就像是踏上了技术进步的高速列车，一路飞驰在编程和数据的世界里。工作中，我很少有时间停下来思考自己的方向，也鲜少有机会去学习除了技术以外的知识。然而，当我得知有机会合伙创业时，我知道，我必须改变了。我需要学习管理，才能更好地把握这个机会，将事业推向更高的高度。

1998年的春天，西安交通大学管理学院首次在西安之外的地方开设博士班的消息如同一缕春风，吹进了我迷茫的心田，这无疑是我最好的一个学习机会。然而，选择导师却成了我面临的第一个难题。我想起了之前工作的公司（现如今已经成为中国医疗仪器行业的领军企业），在那里，我学到的最重要的一课就是：只有做到最好，才有机会站在顶端。于是，我决定选择国内第一个管理工程博士——席酉民教授，作为我的导师。

在开始学习管理之前，我以为管理只是一门技术，需要精通各种理论和方法。然而，随着我在席老师的指导下深入学习，我渐渐发现，管理其实更像是一门艺术，一门关于人性、沟通和激励的艺术。

在席老师的课堂上，我也深深感受到了他独特的人格魅力，他就像是一位可亲可敬的师长，总是在关键时刻给予我们指导和鼓励。而我，也在这过程中

---

① 顾骁，深圳超极文化传播有限公司总经理。专业解决孩子的问题，对孩子问题的成因有独到见解。

逐渐找到了自己的方向,开始更加深入地学习和理解管理。在学习的过程中,我遇到了不少挑战。我的同学们大多是深圳的领导干部或大公司老总,而我只是一个小公司的副总。这让我感到有些忐忑,担心自己的见解和想法无法得到认可。然而,席老师总是用他独特的方式,让我感受到他的支持和鼓励。他从不会说"我们没有距离,你不必紧张"这样的话,而是通过他的行动,让我感受到他的平易近人,让我知道,他不仅是我们的导师,更是我们的朋友、家人。我发现,管理确实是一门艺术,它不仅仅是关于命令和控制,更是关于激励和引导。

一、温暖的互相亏欠

2004 年,毕业答辩结束后,席老师带我去了秦岭脚下的农家乐。那天阳光明媚,微风轻拂,秦岭的绿意映入眼帘。我们在轻松的氛围下,聊了一上午,仿佛整个世界都只剩下我们两人。从学术到生活,从理想到现实,席老师的话语中充满了智慧与温暖。吃完饭后,席老师亲自送我去了机场。在分别的那一刻,他拍了拍我的肩膀,鼓励我在未来的道路上勇往直前。那一刻,我的心中充满了感激与敬意。

几年后,席老师来深圳讲学,师母也陪同而来。令我感动的是,席老师没有接受主办方的陪同安排,而是选择了我。这让我感到无比荣幸,也彻底打消了我内心的忐忑。那时的席老师已经是西安交大的副校长兼管理学院院长,他的身份地位无疑比我高出许多,但他却选择了与我这位曾经的学生共度时光,这让我倍感温暖。其间,我得知席老师是一位音响发烧友,于是主动提出在深圳为他选购一套音响。让我意想不到的是,席老师竟然全权委托给了我。要知道,当时他在西安交通大学分管后勤,如果将此事委托给任何一个利益相关方,很有可能会选得更专业,甚至还能省下一笔钱。但席老师却选择信任我,这份信任让我深感责任重大。

时光飞逝,转眼到了 2014 年。那时,我正准备出版《孩子,因你而变》这本书。我毫不犹豫地找到了席老师,希望他能为我写序。席老师没有推辞,热情地写下了《望子成龙》这篇序言。他的文字热情洋溢,充满了赞誉。当我拿到那篇序言时，心中充满了感激与敬意。如今，每当我想起那些与席老师共度的时光，心中都充满了温暖与力量。他的智慧、他的信任、他的支持，都成为我人生道路上最宝贵的财富，他不仅是我学术上的导师，更是我人生中的挚友。

二、机会与挑战

在这个忙碌而喧嚣的时代，人与人之间的关系似乎越来越容易被忽视和遗忘。每个人都在为自己的工作和生活奔波，而与他人之间的联系则如同沙漏中的细沙，慢慢流逝。然而，席老师却是一个例外。

席老师在人际交往中表现出独特的魅力。他深知，在这个日新月异、瞬息万变的时代，保持和拉近与他人的关系显得尤为重要。因此，他总是想方设法地创造机会，与他人保持联系，甚至不惜付出巨大的努力来扶持那些需要帮助的人。

2021年3月的一个春日，席老师受邀前往深圳举办讲座。这场讲座吸引了众多资深教育者的关注，他们都渴望从席老师那里汲取知识和智慧。席老师的讲演充满激情，他用自己的经验和深度见解为听众们带来了一场思想的盛宴。讲座现场气氛热烈，大家纷纷举手提问，希望能够得到席老师的指点。然而，让我感到意外的是，席老师并没有独自回答所有的问题，他把一半问题抛给了我——一个在他门下受教多年的学生。这是机会也是挑战，我知道，如果我回答得不好，不仅会让自己尴尬，更会让席老师丢脸。但是，席老师似乎对我充满信心，他鼓励我站在讲台上，勇敢地面对听众，发表自己的见解。我克服了内心的恐惧和紧张，走上了讲台，尽我所能地回答了听众们的问题，尽管有些回答并不完美。而席老师则始终站在我身边，给予我充满信任和鼓励的眼神，仿佛在说："你可以的，我相信你！"我深深地感受到了席老师的关怀和扶持。他不仅在学术上给予我指导，更在人生道路上给予我坚定的支持。

三、苏州

在疫情的阴霾笼罩着整个世界时，许多计划不得不暂时搁置。就在我以为一切都将暂停的时候，席老师却以他的智慧和坚韧，再次为我指明了方向。疫情虽然阻隔了我们的物理距离，但席老师的精神和决心却穿越了重重阻隔，传达到了我这里。

我在深圳的事业尚未正式启动之前，席老师向我推荐了苏州小庭花网络科技有限公司的执行董事袁梦。与袁董的初次相识，是在一个阳光明媚的午后，他的热情与专业让我倍感亲切，仿佛见到了多年未见的老友。而袁董对我也非常看重，才认识三天，他就盛情邀请我前往苏州讲学。那一刻，我感受到了席老师的影响力和给予我的支持，虽然无形，却胜似有形。在苏州的日子里，我受到了高规格的接待，这不仅是对我个人的尊重，更是对席老师的一种认可。在他的引荐下，我得以与更多优秀的同行交流，共同探索未来的发展方向。每一次的交流与合作，都让我或直接或间接地深刻感受到席老师的智慧与魅力。

四、教育理想

在《管理何为：一个"理想主义"践行者的人生告白》一书中，席老师提及了自己创办西交利物浦大学的经历。在那个时代，他的教育理想在很多同行眼中似乎并不切实际，因为他把理想放在了经济利益之上。在物欲横流的社会中，这样的决定无疑是逆流而上，需要极大的勇气和坚持。

当席老师决定创办西交利物浦大学时，周围的声音大多是质疑和担忧。许多人认为，教育应当顺应市场，有一定经济利益才能确保其长久发展。但席老师坚信，教育的本质是为了培养人才，而不仅仅是为了盈利。他期望创建一个既能培养学生学术研究能力，又能让他们在社会中发光发热的教育环境。为了实现这一理想，席老师坚持平等亲切的作风，与师生建立起了深厚的信任和友谊。他相信，只有在这样的氛围下，学生才能真正感受到学习的乐趣，教师也才能全心全意地投入教育工作中。因此，他在管理学校时，始终坚持以人为本，注重倾听每一个人的声音，尊重每一个人的选择。

随着时间的推移，西交利物浦大学的声誉逐渐传开。学生们在这里不仅能够学到专业知识，还能得到全面的个人发展。而教师们也因为学校的良好氛围，更加愿意投入教育工作中。这种良性循环使得学校的社会效益和经济效益都得到了显著的提升。如今，西交利物浦大学已经成为一所备受瞩目的高等学府。它的成功不仅证明了席老师教育理念的正确性，也为其他教育者提供了一个宝贵的参考。在席老师看来，教育的最高境界就是实现社会效益和经济效益的双丰收。而这样的境界，需要每一个教育者都坚持自己的教育理想，勇于面对挑战，不断追求卓越。教育不仅仅是一项职业，更是一份使命和责任。只有当我们把教育理想放在心中最重要的位置，才能真正实现教育的价值，培养出更多对社会有贡献的人才。

五、荣耀

本科在北大学习的日子，是我青春中最为闪耀的篇章，那里的学术氛围和人文环境，给予我无尽的滋养和启迪。然而，硕士和博士阶段在西交大的经历，却让我领悟到了另一种深刻的智慧，那就是席老师所展现出的可亲的师长形象与非凡的号召力。

在北大，我沉浸在学习的海洋里，与各路精英交流碰撞思想，追求能力的卓越和口才的犀利。我热衷辩论，希望通过语言的交锋来锻炼自己的思维能力和表达能力。然而，有时候场面控制的失当，让我陷入得罪人的尴尬境地。我逐渐认识到了自己的不足，也学会了如何在辩论中保持谦逊和尊重。

进入西交大后，我的心态发生了巨大的转变。在这里，我遇到了席老师——一位可亲可敬的师长，他的智慧和人格魅力深深吸引了我。席老师不仅在学术上有着卓越的成就，平日里更是平易近人。他善于倾听，乐于分享，总能在关键时刻给予我们指导和帮助。在西交大的学术氛围中，我开始更加注重团队合作和人际关系的和谐。我意识到，一个人的力量是有限的，而一个团队的力量则是无穷的。在席老师的带领下，我学会了如何与人合作，如何发挥每个人的优势，共同完成一项伟大的事业。这种经历让我更加珍惜在西交大的时光，也让我更加认同西交大的文化和价值观。

席老师的号召力，不仅仅体现在他的学术成就上，更体现在他的人格魅力和亲民的师长形象上。他用自己的行动诠释了"真正无私的人，就是成就别人，那是最大的自私"这一理念。在席老师的影响下，我逐渐明白了管理的真谛——并不是复杂烦琐的制度和规定，而是一个有号召力的人，带领一群有本事的人，共同追求一个伟大的目标。这次征文活动，正是席老师号召力的具体体现。它不仅为我们提供了一个相互认识、展示自己、交流资源的平台，更让我们深刻体会到了席老师那种可亲可敬的师长形象。在这个平台上，我们不仅可以展示自己的才华和实力，更可以学到如何与他人合作、如何更好地发挥自己的优势。

如今，我已经不再把自己仅仅当作一个北大人或者交大人，而是深知自己的成长离不开两所学校的滋养和教诲。北大的荣耀给了我自信和底气，而交大的温情则让我学会了谦逊和合作。在未来的道路上，我将继续秉承这种精神，不断努力、不断进步，为自己的人生写下更加精彩的篇章。

观思行录

浮躁和急功近利正在侵蚀知识分子应有的天性——保持独立人格、自由思想，通过潜心研究，发出不受外界干扰的、不随波逐流的真知灼见。但如果学术失去诚信，研究者没有独立人格，思想缺乏创新，一切唯利是图，甚至这种行为演化为一种社会潮流和潜规则，则为知识分子之耻辱。

——席酉民

26

师者，从此岸到彼岸的摆渡人

尚玉钒[①]

人过中年，站在时间的驿站回头望，席老师影响了我一生中许多重要的人生选择：让我从事自己最喜爱的工作，做自己感兴趣的科研探索，使我的人生日渐独特而丰富。这里，我来讲几个受到老师教诲和帮助的成长故事。

一份理想工作，让我有了可以终其一生热爱的事业

1996年从陕西师范大学教育心理学专业硕士毕业之际，我的硕导之一王淑兰老师鼓励我："你想当老师，为什么不到西安交通大学应聘试一下呢？"家里人也支持我到这座中国西部最好的大学里争取一下。在认真研究了西安交大各院系的情况后，我觉得有三个地方可以选择：一是管理学院；二是高等教育研究所；三是校医院（当时想可以做心理咨询）。谁知这就开启了我与西安交大的不解之缘，也马上迎来与席老师的第一次会面。

那是我去到西安交大投简历，当我来到管理学院时，我站在学院老楼二层的一头，茫茫然不知要找谁，也不知谁能跟我谈一下。就在此时，一位脖子上搭着条丝巾的男士走进楼道。我当时还觉得很怪，心里想：男士还有带丝巾的，一定是一位留洋归来的绅士吧。他看了看我，然后问："你有什么事儿？"

[①] 尚玉钒，西安交通大学管理学院组织管理系教授、博士生导师。主张和践行积极心理学，聚焦各类领导力开发。信奉创造生活、发现美。

我听出来这问话的口气不像一般的教师，就赶紧说："我是来找工作的，希望能有机会来这里从教。"这位男士说："哦，那你进来谈一下。"我于是就跟着他进了办公室。他问了我的学业情况、工作意向、未来打算等问题，虽然整个谈话中我都不知道对方是何许人物，但我能明显感觉到他是一个可以影响自己找工作的关键角色。我把背包里装的十几张奖状和证书都拿出来展示给对方看，虽然我内心很紧张，但我还是自认为把对专业的热爱和想当教师的热情表达了出来。

谈了一会，对方说："这样，你去与我们组织系的系主任再聊一下。"于是我就听他打电话给一位老师："卫主任，我们组织行为和人力资源方向可以再多进一些人的。"我一听，这是有戏呀！于是就又被安排到三楼，去与我们老主任卫民堂老师聊了半天，等我返回学校一个来月后，就收到了交大管理学院的接收函。

直到入校报到后，我才知道那个与我谈话、很有绅士风度的人就是席老师，当时他正是管理学院在主持工作的院长。没有与席老师的那番谈话，就不会有我梦寐以求的工作机会，就这一件事，席老师的知遇之恩我一辈子感激不尽。

一个科研方向，让我乐此不疲地尝试探索

直至现在，给一些企业上培训课时，我还是介绍自己是研究和谐管理理论的，因为我的博士论文就是做的这个方向，我也始终坚信和谐管理理论是一个非常有解释力度的系统性理论。这里就来谈谈我研究和谐管理理论的一段小插曲。

我跟随席老师读在职博士时，要从以前的心理学转到工商管理方向，这于我是有一定挑战的，因为前期学习时偏重教育心理学，关注的都是个体层面的问题研究，而对公司组织运营没有什么概念。还记得一次师门会，席老师给大家安排手头几个项目的分工，他采取的是每个人根据兴趣自由选择方向的方式。当时，全日制学生加上在职学生，师门人数应该有两位数了。席老师先给大家介绍几个纵向与横向项目的情况，什么"企业发展战略""公司治理""系

统工程""群体决策"等，听到这些词的时候，我脑子里一点想法都没有，心里一直在发怵，不知自己能做什么。后来又听到老师说："还有一个方向——和谐理论，我们也要进一步发展。"虽然我还是不太懂，但我对"和谐"一词有非常强的好感，正如席老师当时总爱强调的：一个组织有同频共振的分子运动，才能发挥出更好的组织协同作用。于是，那个蜷缩在角落里的我，颤颤巍巍地举起了手，席老师说："好吧，小尚来研究这个，回头把一些已有的研究资料给你。"就这样，我开启了对和谐管理理论的研究之旅。

这些年来，我带着自己的学生研究创造力与创新、积极心理干预、领导力开发等话题，这些研究有两条线路：一条线是我带领学生做规范的定量研究，努力发表高水平的论文（这有利于学生毕业）；另一条线，则是我自己不断尝试，把和谐管理理论放到一个管理现实场景中去探索其应用的价值。我曾在项目路演、对立双方沟通、信念转变等方面进行一些小尝试，写了一些小文章，还出版了一两本书，感觉它绝对是有用武之地的。有一次，我的一位学生要研究创新中的一个新名词"越轨式创新"，就是不被组织看好的、员工私下里进行的创新尝试。我一看笑了，我好像就是一直在做这种创新，因为我发表的文章都是学院考核中不太记分的，即那种俗称是"不打干粮"的活儿。但我乐此不疲，因为我思考的问题或写的文章，我会在上课时与学员们分享，他们给我的反馈大多是"这种思考是我们从来没有过的，很有启发意义"。不妨举一个和谐管理理论应用的例子——关于"如何影响他人，让他们发生我们所期望的改变"。我从意义给赋的视角写了一本书《管理思维与管理沟通：基于意义给赋的视角》（即将出版）。在书里，我把影响人们思维观念改变的策略分为四种，分别是语言干预、行为干预、情境干预，以及基于和谐管理理论提出的系统干预策略。因为我理解现实工作/生活中，当人们试图去影响他人发生改变时，人们不会只说不做或只做不说，而一定是多措并举的方式。这时和谐管理理论的系统主张，即通过能动致变的"和则"与优化设计的"谐则"的"耦合"实现"和谐主题"，就具有很好的理论张力。在许多场域里，这都可以更好地帮助人们去（在观念或行为方面）影响他人，以实现我们所期望的改变。

总之，跟随席老师读博的过程，也是自己成长最快的一个阶段，从对企业一无所知，到可以参与做一些项目和课题，甚至到现在可以独立地给企业做培训和咨询辅导，这些都要得益于读博期间以及之后师门给予的大大小小的锻炼机会。

值得庆幸的是，当年席老师没有像现在这样忙，我也有幸得到老师更多的指导。如果让我总结一下的话，席老师让我望尘莫及、非常敬佩的地方在于：一方面是席老师所具有的超强的架构整合能力。记得有一次好像是给国家自然科学基金重点项目做总结时，大家将各种材料堆放在一起，我们每个人都茫然不知所措，因为那些材料过于零散、没有章法，但老师却很快用一个主题和几个模块将整体的轮廓架构了起来。另一方面是席老师总能激发学生去超越不可能。我清晰地记得有这样一件小事：有一次席老师给我一个任务，要给某个期刊写一个有关和谐管理研究进展的综述性文章。他描述了一下自己的构思，就让我回去准备。以我自己当时的能力决计是写不出来的，不仅素材还没有准备齐全，而且我自己也没有想清楚。但席老师就是用自己对愿景的描绘和坚定的信念把事情往前推，关键是我们最后还真的实现了！在约稿的最后期限前，我们拿出来一份七八千字的文章，而且，更有意义的是，编辑部让"压缩"，先是说只要一千来字，最后竟要求压缩到五百字之内。我最终还是圆满交付了期刊编辑严苛要求的文稿交付后还感觉有些不可思议。笔下内容从无到有，又从多到少，像坐在过山车上一般刺激。所以我想说的是：席老师总是能激发自己的弟子们去努力挑战不可能。

一份人生教诲，让我在重大时刻做出正确的抉择

当席老师的学生好处是，在跟随老师做事的过程中，可以从其言谈举止中获得成功者身上所独具的"隐性知识"。有时候，老师不经意间的一句话或一个举动，就足以影响着自己对事态的处理反应方式。

还记得有一年冬天，我经历了人生中的一次大考，突如其来的困难使我的状态非常低迷，席老师让侯老师来看望我，这让做学生的非常感动。后来见到席老师，他又语重心长地对我说："这（经历）也许是你人生中最大的一笔财富。"我当时还没从消沉中走出来，下意识就回答说："老师，我能不能不要这笔财富？"

多年后才明白，人生中有许多坎，身处其中时会觉得苦不堪言，但这里也正体现着意义给赋的价值，即这种时候要看个体是如何解读情境的，也就是"给赋情境以何种意义"，这是一个"思路决定出路"的问题。如果个体只是感觉悲催、愤懑、抱怨，那真就可能会一蹶不振；但如果相反，若个体能对困境进行"正面立意"，正如席老师引导我的把困难视为"一笔财富"，运用这种乐观的长期主义视角来解读情境，就有可能走出困境。正如我所体会到的：坚强地挺过来，在艰难困苦中所获得的人生真谛，足以滋养自己的一生。王阳明说："譬之金之在冶，经烈焰，受钳锤。当此之时，为金者甚苦，然自他人视之，方喜金之益精炼，而惟恐火力锤煅之不至。既其出冶，金亦自喜其挫折煅炼之有成矣。"年轻的我们怎么能知道这层道理呢？可老师的一句话却让我在之后的岁月中反复地回味"什么是财富""为何是一笔财富"，直到最终明白以上道理。稻盛和夫在其所提出的人生"六项精进"中主张要"忘却感性的烦恼"，这很难做到，但我发现，当自己走过濒临生命极限的考验之后，物我是可以分开的。在处理事情时，我知道什么是我可以影响到的，什么是我必须权且接受的，从而让自己能聚焦于那些有利于自我成长和促进事态向前发展的地方。而所有这些修炼，如果没有当年老师的正确引导和教诲，我不知需要走多少弯路，也可能终其一生都不得参悟吧。

我觉得自己当年追随席老师做研究，从他身上学到一些重要的人生理念，无一不在人生的关键点上引导着自己去做出正确的决策。比如，席老师常说"既要见树木，又要见森林"，让我们时刻要有系统思维；再比如，席老师强调当领导"要像一位木匠，而不要像一名医生"，让我们注意去积极地、建设性地关注，而不是一味地消极挑毛病，等等。自己三生有幸得以步入席门，亦努力践行自己从老师身上所学、所知和所悟的学问。

老师早已是桃李满天下了。师门中汇集着众多学术界、商界的成功人士，他们向社会散发着自己的光和热。我作为其中普通的一员，只希望能做好自己所热爱的教育事业，并有可能继续为和谐管理理论的进一步发扬光大尽一点绵薄之力。

观思行录

如不能正确对待和恰当运用,人类孜孜以求的知识和经验可能会扼杀人们的创造性,限制人们的思维和行动空间。但如果能站在人类知识和经验的基础上,将其作为工具和垫脚石,人类便会看得更远、想得更宽、更具创新精神和创造能力!

——席酉民

27

相交的平行线

黄 丹[①]

在席酉民老师的学生中,我一直是一个另类的存在,跟随的时间最短,但可能是受老师影响最大的学生。博士毕业后,有一次回母校跟一个同学聊天,同学说起一件事情:在一次学术活动中,有人跟席老师探讨一个问题——商学院能培养出企业家吗?听到这里我脱口而出:"这个问题不重要,重要的是商学院能为企业家做点什么。"我那同学愣了一下,然后叹了口气说,当时席老师就是这么回答的。这一刻,我明白了,这短短的几年时间里,自己从席老师那里得到了什么。

一位德国诺贝尔物理学奖获得者说过一个观点,并曾被爱因斯坦所引用:教育,就是当把在学校所学全部忘光之后剩下的东西。(Education is that which remains, if one has forgotten everything he learned in school)。由此看出,教育何为,不就是能够影响学生一辈子的东西吗?要给学生留下些什么?能给学生留下些什么?成为教育的终极之问。

博士毕业后,我开始从事管理研究与教学工作,期间做了大量的管理咨询项目,一干就是二十多年。最开始做老师,怀揣最朴素的职业道德——不能对不起自己的职业。这种想法让我始终坚持价值导向的教学理念,虽没有大红大紫,但教学水平一直提升,也获取了学生和市场的认可。后来机缘巧合,做起

[①] 黄丹,经历了从学校到企业,再从企业到学校,再从学校到企业的来回游走。现从事中小学教师培训工作,爱好旅游、游泳。

了中小学教师培训的业务，并最终全身心地投身这份事业。作为一个基础教育的门外汉，我利用工作的便利，如饥似渴地旁听教育研究方面的大量课程，因此对教育有了全新的理解。

现在对大学教育诟病最多的就是"只教书，不育人"，培养的是"精致的利己主义者"，而商科尤甚。然而讽刺的是，这些"精致的利己主义者"的利己结果却并不"精致"。我们的教育，确实需要反思，而反思应从教育的本原开始。

教育，教子以向善也。这一"善"字，道破了教育的根本目的，这是中国人对教育的理解，它回答了"我们要给学生留下什么"这一问题。我的理解为，此善者，既善事，也善心、善身、善智。但在目前的分科式教育中，这几个方面被分割成不同的职能，它们有时平行、独立，有时也会相交。尤其在管理教学中，这种交叉点是非常之多的。因为管理教学研究的对象是企业，是商业行为，是一个个社会问题的折射与投影，是一个社会性极强的专业，不能脱离具体的社会情境来讲商业理论和商业逻辑。基于这么多年的教学实践与反思，我个人认为，教师在教学中遇到"交叉点"的时候，要能够充分利用难得的机会，进行全方位育人，这才算真正完成了教师的使命。在这样的认识的指导下，我形成了自己"生态课堂"的教学理论——在教书的同时，完成育人的功能。

若进一步深入探究"善"这个字，它的立足点在哪里？是学生、教师、还是家庭？我想首先应该是"社会"。因为教育本身就是人类的一种社会性活动，其性质就决定了，好的教育就是、也只能是能够推动社会进步的教育。这几年我不断地宣扬这个观点：教育要解决社会问题，基于社会进步来确定教育的价值取向，即教育价值的社会观。实际上，"价值的社会观"不仅适用于教育，也适用于所有人类的社会性活动。教培机构一夜间价值蒸发殆尽，就是这一活动缺乏社会价值，尽管它满足了顾客（家长）的需求，但对于社会而言，它只是提高了分数线，而不是提高了学生应用知识解决问题的能力，无助于社会的未来发展。

"价值的社会观"这一取向成为我的教学的底层逻辑。不管教授什么知识点，都首先从社会价值、行业价值的角度来切入，以此作为评判行为对错的标准，这是我认为的大育人观，或者叫大教育观。

教育的第二个指向是学生，教育要对学生的人生负责，帮助他们成为更好的自己，成就更成功的人生。但我们对成功的定义变得极度地单一，即以经济收入为唯一的衡量标准，以下这段描述就是最具代表性，也最具欺骗性的鸡汤文：

> 同是一块石头，一半做成了佛，一半做成了台阶。
>
> 台阶不服气地问佛："我们本是一块石头，凭什么人们都踩着我，而去朝拜你呢？"
>
> 佛说："因为你只挨了一刀，而我却经历了千刀万刻，千锤万凿。"
>
> 人生亦是如此，经得起打磨，耐得起寂寞，扛得起责任，肩负起使命，人生才会有价值！

这个段子反映了中国所谓的精英阶层极度功利的价值观。千刀万刻，千锤万凿，为的是心安理得地被人朝拜，这就是活脱脱的精致的利己主义者的写照。其实台阶也好，佛像也罢，都是为人服务的。佛的境界是为人类做贡献（普度众生），而不是被人朝拜；台阶天天被人踩，成就了别人的"提升"，没有收到任何回报，被人瞧不起，但却从来没有放弃自己作为台阶的责任，这才是真的"佛"。

有一次，一个年龄颇大的学生课后找我，谈到她的一个苦恼：她在外地的一个新项目遇到了许多困难，而这时当地一家企业想收购这个项目，她问我要不要出手，还是继续把项目做下去。

我看着她一脸的焦虑，便跟她说："收手吧，你这种状态已经不适合再干下去了。"这位学生紧绷的面容一下子舒展开来，她说："我曾经请教过很多教授，每个人都跟我说要继续做下去，做大、做强，你这么一说，我终于解脱了。"

教育，并不仅仅为了财富的丰润，帮助学生找到心灵的平静和幸福才是最终的目的。

梁启超给其长女梁思顺的一封信中写道："天下事业无所谓大小，士大夫救济天下和农夫善治其十亩之田所成就一样。只要在自己责任内，尽自己力量做去，便是第一等人物。"我们的教育要培养的，就是这样的"第一等人物"，而非财富上的第一等人物。

回顾自己二十多年的教学生涯，我觉得自己是成功的。因为我搭建起了自己独一无二且逻辑缜密的战略管理理论体系。每当提起这套理论体系，我都会说，这完全归功于我有一位"好老师"——问题（目的）导向。而这位"好老师"是我的老师席酉民教授介绍给我的，我也介绍给我所有的学生。一个多年前听过课的培训学院的院长在一次聚会中提到，我的课中，给他最大受益的，恰恰正是这个方法论——问题导向、目的导向。我想，这也是席老师给到我们的最好的礼物，受益终身！

观思行录

不要怕不被理解，就怕自己不理解。创新者、探索者、发明者、改革者在未成功前往往都不被理解，至少被为数不少的人不理解，但成功后又往往被捧为英雄。其实，他们也是普普通通的人，只是思维方式、行为方式、人生目标有其特点而已。

——席酉民

28

走过路过，没有错过

葛 京[①]

时光如白驹过隙，跟我同龄的女同学，这两年基本上都退休了，进入了人生的另一个阶段，而我因为在高校工作，还有几年才能退休。说起来，也是各自唏嘘。

回望已经走过的日子，无外乎工作与生活。与长辈和比我年长的同辈相比，我的工作经历实在是太过简单：硕士研究生毕业，就到西安交通大学工作，一直到现在，可以预期也会在这个地方退休了。总结起来，也确实是干了一辈子教育。从西北工业大学硕士毕业时，那可是一个风起云涌的时代，原因之一就是伟人在南方某个地方"画了一个圈"，引发了全国的下海经商大潮。其实当时毕业选择工作单位时，也曾跃跃欲试地想去哪个公司拼搏一番，不过在跟家人多方商量后，还是决定留在高校工作。当时，似乎各个高校的管理学院还都比较缺人（也许是很多人都下海了吧），所以我经过简单的联系（过程真的非常简单）就确定去西安交通大学管理学院工作了，我们西工大管理学院负责学生工作的老师还问我："既然要去高校，那为什么不留在西工大?！"其实这个原因也很简单：一是西交大离家更近（现在看来这个理由好单纯）；二是我觉得既然在高校工作，将来肯定是要读博士的，那就只能去西交大了，因为当时西工大还没有管理学的博士点（现在看来这个理由好正确）。就这样，

[①] 葛京，西安交通大学管理学院副教授，兼任 MBA 和 EMBA 中心主任。喜欢了解和学习新鲜事物，以及通过旅行和美食感受世界和生活的精彩。

我进入了西安交通大学,开始了我的职业生涯。很多人说,相比较其他行业,教育行业,特别是在高校工作,各方面都单纯许多。这个观点的确也有一定的道理,比如,高校教师不需要过多地关注诸如人际关系等方面的事情,把自己的工作干完干好就行了,时间上也相对自由些。所以,总体上说,那时选择高校开启工作旅程,应该是波澜不惊、风平浪静的;而在这个旅程中我也看到了不一样的风景,没有错过精彩的故事,那就与加入席门有直接的关系了。

知识与实践

记忆中,进入交大后的第一个学期,是听系里老教师的课,然后从第二个学期开始就正式走上讲台上课了。对于站讲台,我好像从来没有恐惧的心理,也从未遇到负面的评价。但其实刚开始上课的那几年,基本上处于照本宣科的阶段,我对于要讲的东西,只知其一未知其二,虽然能把课上完,但我自己都不知道讲的东西真正的内涵是什么,估计学生也是听得云里雾里吧!要把课讲好,还是需要不断的探索和磨炼,特别是管理类的课程,如果教师自己不能真正吃透其中的道理,仅仅是照搬书本,很难获得好的课堂效果,也自然得不到学生发自内心的认可。这一点,在今天这个可以随处获取知识的"知道时代"更是如此。所以,作为管理学院的教师,除了掌握必要的教学能力和驾驭课堂的技巧,更重要的就是理论联系实际,真正理解和把握教学内容的理论内涵和实践寓意,并能顺应时代的变化,不断更新自身的知识体系。现在很多管理学院和商学院新进的年轻教师很难在课堂上(特别是MBA这样的课堂上)站住,一个重要原因是缺乏企业中的实践经历,这是一个比较普遍的现象。回顾我自己的经历,我觉得之所以能够比较顺利地实现成长和跨越,有两个很重要的助力因素。

其一是参与企业项目。进入席门之后,我陆续参与了一些企业咨询项目,涉及的企业有国有企业也有民营企业,有处于成长期的企业也有发展到成熟阶段的企业,行业更是跨越了制造、地产、矿业、贸易等。通过接触这些真实的企业案例,我对相关行业和企业及其实际运营有了的深度了解,与企业管理层能够直接对话和研讨,因此在潜移默化中获得了对于企业经营和管理实践的感受、感悟和理解。这些感受、感悟和理解，更多地带有隐性知识的特征。而进入企业实地考察和调研，与真实世界管理实践者直接对话，无疑是获取隐性知识的最佳路径之一。作为一个初入高校职场的年轻教师，并不容易凭借自己的能力拿到来自企业的项目，是师门向我及其他人提供了当时十分需要的这种资源和机会。直到今天，在MBA的课堂上，我仍然会在适当的地方以曾经做过的企业项目作为示例，因为是自己的亲身经历而不仅仅是听来或者看来的故事，讲起来会很生动，与学生的交流也很透彻。另外，实施企业咨询项目需要与不同背景的企业家和管理者进行有效的沟通和合作，需要带领团队成员与企业人员一起分析、解决企业面临的问题，这些对于提升自己的沟通能力、团队协作能力和问题解决能力也是莫大的帮助。

其二是阅读学习。从管理学院教学的角度出发，除了教材和相关学术类文献，教师还需要进行广泛的阅读。在电子媒介以及数字读物还未流行的年代，阅读的渠道相当有限，更多的还是纸质书籍以及期刊。在我读过的经管类书籍中，印象和影响颇深的是席老师主编的《管理学家》杂志以及出版的《管理之道》系列。特别是《管理之道》系列著作，每一本均是由篇幅不长的管理随笔构成，从一个事件、一个现象或者一个话题出发，以管理的思维对其进行剖析，让读者从一篇小文章中领悟管理的奥秘和智慧。我们可以从管理学者徐滇庆老师对其中一本所做的书评，来体会这些文章的价值："大千世界，有的光怪陆离，有的平淡无奇，却难得有人去细心推敲琢磨。席西民教授不拘泥常规，在管理研究中其思维虽然驰骋在理论的海洋里，但其视觉从未离开过现实。而现实一到管理学家手里，怪异出现了规律，平常孕育了真理。他的著作《管理之道》，就像宋代朱熹说的那样：'一棒一条痕，一掴一掌血'，从日常生活中悟出了许多深刻的道理。"有意思的是，《管理之道》系列中的每一本都会冠以一种植物名作为副标题，如"蔷薇集""林投集""无花果集""结香集"等，席老师也会在每一本书中阐述从这种植物处得到的管理启示。比如，将管理类比于结香树：面对复杂快变且充满挑战的竞争环境，管理者首先要像结香树那样具备百折不挠的精神；其次，不仅要有对愿景和使命的追求，而且要有能力将梦想变为现实，像结香树那样"美梦成真"；再次，不断磨炼和打造能力，扩大地盘和市场占有率，以浓郁的芬芳赢得更多"客户"；最后，要像结香树那样不仅花香，而且周身都有实用价值。

《管理之道》中的一篇篇文章，都是席老师对管理研究和实践的所思和所悟。作为随笔，虽然不像学术文章那样严谨，但是依然可以看出，席老师在平凡的工作、日常的生活和通俗的现象中，提炼和呈现出"有思想的学术和有学术的思想"，教给读者如何从管理视角理解大千世界。放眼中国管理学界，能出版学术专著的大有人在，可是能同时写出《管理之道》这类书籍的学者却是寥寥。某种意义上，这应该与席老师的个人标签——学者、教育家、企业家——同时集于一身有直接关系。

席老师是学者里边比较少见的一类人，能够把学术研究和实践融为一体，并且将其信奉的理念一以贯之。这个一以贯之的理念就是和谐管理。和谐管理，不仅贯穿于席老师的学术研究及成果中，更是在席老师的日常行为和管理实践活动中留下了深刻印记。与学术界的某些人把学术研究（包括研究取向和研究成果）仅作为某种功利性的工具不同，席老师深信和谐管理的力量，并且随时随地用和谐管理的思想作为分析问题和行为处事的原则和工具。在席老师的文章中，以及与他的对话中，我们经常会发现和谐主题、和则、谐则等和谐管理框架的核心词汇。他运用这些概念和框架来分析各种问题，当然也包括高等教育领域的问题。所以从席老师的身上，能够强烈地感觉到他做学问和做人做事的一种真诚。

理想与现实

在教育管理方面，我眼中的席老师是一个理想主义者，同时也是一个具备将理想变为现实的不可思议的能力的人。席老师到西交利物浦大学担任执行校长之后，他特别愿意在各种场合分享他对西交利物浦大学发展的各种设想，从校园建设到教育模式，然后很快就会将这些设想变成现实。

作为一个旁观者，我亲眼见证了西交利物浦大学在物理世界的概念中如何一步步走到今天。因为工作和团队事务等，我去西交利物浦大学的次数比较多。犹记得席老师在他的办公室里兴致勃勃给我们展示未来校园设计图样的样子，虽然那会儿西浦还只是座"一栋楼"大学。他特别强调将来学校主楼的设计概念源于中国古代四大名石之首的"太湖石",没过几年,"太湖石"就从图纸落地变成了真实的大楼。当我们再去的时候,他热情地带我们参观每个楼层,给我们详细介绍各楼层的布局和功能。从"一栋楼"变成北校区,然后扩展到南校区,再然后是太仓校区建成……每一个进展,我都是先看到席老师展示的设计图,啧啧称奇于这些设计的新颖和前沿,然后感觉没过多长时间,它们就变成了现实。虽然人们还经常引用梅贻琦"所谓大学者,非谓有大楼而谓也,有大师而谓也"的观点,但不可否认,"大楼"对于一个学校的发展也是非常重要的。

当然,西浦并不是一个只拥有各种高大上的"大楼"的高等学校,今天的西浦被誉为"中外合作大学的标杆"和"中国高等教育改革的探路者",它从各方面展示出令人瞩目的鲜明办学特色。席老师在他的职业生涯中,放弃在公办大学担任校领导的机会,投身这样一所颇具特殊性的高校中,也是把西浦作为践行他的教育理想和理念的平台。从"领导与教育前沿院""和谐管理研究中心""产业家学院"等西浦独有的机构,以及"教育领导力卓越计划""寻找新时代中国教育家"等西浦独有的活动中,都可以发现席老师留下的烙印。在很多场合,席老师都讲述过他的办学理念,要将西浦办成一所不一样的大学。当然,这所学校成立的动因、它的血统和身份,本身就注定了与国内的一般大学不一样。但是正如人们对企业成长的研究结论,从几乎同样的起点出发,能走出什么样的路,画出什么样的轨迹,获得什么样的成绩,这与企业家特别是创业企业家有着无法割裂的关联。关于西浦的教育,现在网上能看到很多新闻稿,席老师自己也写了几本书,基本上能为感兴趣的人提供答案。我只是讲一些在跟西浦打交道的过程中(尽管都是间接的),对我理解"以学生和学习为中心"产生了冲击的事情。

若干年前,一个朋友找到我,大概是觉得我在西浦有熟人吧,想托我办一件事情:朋友的孩子在西浦上学,有一门课程没拿到学分,本来在其他学校很简单的重修的事情,但是在西浦却很复杂,因为这门课程是某些课程的先修课,如果这门课程不能通过,那学生就不能继续后续课程。朋友觉得这会耽误孩子的学业进程,所以想看看是否有办法能跨越这个关卡。我对西浦的教学管理多少有些了解,直觉这事应该没法办,但碍于情面,还是找熟人问问这种事情该如何处理。得到的回答果然如我所料——没有办法。但对方还给了另一种解决问题的思路，就是可以让学生就成绩取得的过程乃至课程之间的先修关系进行申诉，也就是说可以质疑学校的制度和流程本身。后续的故事不得而知，但是一个高校允许学生对其既定的制度发起挑战，这倒是超出了常人的认知。而这种允许质疑现有制度的制度安排，不仅是"以学生为中心"理念的具体落地，更是一种鼓励学生挑战权威、培养学生批判精神的手段。

大约是在2018年，时任教育部高等教育司司长吴岩带着一个团队去西浦考察，学校各部门的负责人分别做了工作报告，我有幸作为旁观者参与了全过程，虽然听得匆忙，但也对西浦教学服务和管理的整个过程有了大致的了解。有一个关于课程考试的情节让我印象深刻。在我（估计也是绝大多数高校教师）看来，课程考试就是责任教师出题、送印试卷、取试卷、到规定时间地点考试、改卷子、登录分数。这个过程，似乎就是教师自己的事情，出什么题、怎么出题，都是自己决定、自己负责的。然而在西浦，课程试卷居然有专门的机构从试题分量、难度、考核范围、对课程学习目标的实现等各方面进行审核。当时仅是感慨西浦居然有这么细致严谨的教学质量控制手段，而且是在真做而不是走形式。但是后来随着更多地参与学院和项目的认证过程，我对教学过程以及学习质量保障体系有了更深入的理解，再从试卷审核这一细节审视西浦的教学管理体系，更是感慨虽然西浦是一所年轻的学校，但是在践行"以学习为中心"的理念方面不逊于任何一所历史悠久的公办高校。

实务与初衷

因为席老师长期担任教育部高等学校工商管理类专业教学指导委员会（简称教指委）的主任委员，本着方便工作的原因，我也在委员会秘书长的位置上干了十几年，前后经历了好几届，每一届的委员中不乏各个高校的书记、校长或者院级领导。其实委员会中有不少人，本身在学界已经有很高的声誉，并不会十分在乎教指委委员的身份，而如果说在这样一个组织中大家还能够一起工作，有一个很重要的原因，就是对席老师在学术和人品上的钦佩和敬仰，愿意跟着席老师一起做事。不止一个委员跟我说过，之所以还愿意继续在教指委里面任职，完全是因为"信任老席，愿意跟着老席干""如果席老师不做教指委的主任委员，那我们也就都不干了"。

教指委的基本定位是教育部聘请并领导的专家组织，具有非常设学术机构的性质，承担高等学校教育教学的研究、咨询、指导、评估和服务等工作。作为高等教育的权威专家组织，也许外人以为教指委在高等教育领域具有非常大的话语权，其实并非如此，在教指委的实际工作中也会遇到各种挑战和限制。席老师对于教指委的工作有他自己的见解。虽然教指委会承担一些非常具体的事务，如审查高校新增工商管理类专业申报、一流专业推荐等，但是席老师认为这些事务性的工作只是教指委工作的一部分，而且并非最重要的部分。在多年的教指委工作中，席老师更偏向于带领专家团队进行更加宏观层次的思考和研究。实际上，教指委成立的初衷，也是为了提高高等教育质量，加强教育行政部门对高等学校教学工作的宏观调控，推进高等教育宏观决策的科学化和民主化，充分发挥各科类专家学者对高等教育教学改革与建设的研究和指导作用。席老师认为，作为中国高等教育的权威专家机构，教指委应该重在承担这样的责任。

知识不是个人资本，要用于实践，解决问题；理想不是自我陶醉，要化为现实，造福社会；权力不是只有实务，而是总揽、前瞻，判明方向。因此，在教指委的工作中，席老师对高等教育面临的环境、人才培养的理念和模式这些方面的问题给予了更多的关注。比如，早些年教指委并没有什么受瞩目的任务，他就倡导教指委委员研究出版了《工商管理专业育人指南》。他也会在教指委自己的会议以及相关的扩大会议上，不遗余力地去展示他的教育理念。也可能是席老师希望通过这种行为来影响教指委的各位委员，继而再通过他们把理念传递到学校和学院，继而对中国高等教育做出一些可能的改变吧。席老师是个理想主义者，但是他还是一个用"双重理性"做支撑的理想主义者，所以在普适理性的支持下，他既对高等教育，具体到西交利物浦大学应该是一所什么样的大学，做出理想化的设计，又会在情景理性的支持下，尽可能地调动资源，把理想转化为现实。虽然最终的目标还很遥远，但正如席老师所认为的那样，以对教育的前瞻思考和正确认知为杠杆，来撬动中国教育变革，促进教育创新转型，就能让中国甚至世界的教育行进在正确的方向上。

岁月悄然流转,人生的旅程已走了大半。回首过往,我的整个职业生涯与师门的缘分紧密相连,加入师门也是我人生中最明智的选择之一。过去没有错过,未来的路途依然充满了期待和憧憬。正如从席老师那里会经常发现令人惊奇和感叹的话题一样,相信将来伴随着席门,还可以探寻更广阔的天地,发现更精彩的风景。

观思行录

若做一个想对社会有积极影响的人,你的奋斗目标不是拥有多高地位、多大权力、多少资源,而是你能给别人和社会创造多大的价值,成功、影响力、幸福感不是来自你的地位和权力,而是你为别人和社会做出了多大的贡献,权力和地位只不过是运送这些服务的工具而已!

——席酉民

29

多元镜头中的学习与成长感悟

姚小涛[①]

人们常说,得遇良师,何其有幸,席老师就是一位我人生路上能够不断给予我成长启迪的导师。

我本科开始就进入西安交通大学管理学院学习,博士阶段投入席老师门下。硕士毕业前,周围的同学绝大多数都在考虑去实务部门就业,而我则在思考是否需要走一条不太一样的路。因为我对按部就班、朝九晚五的生活方式并不太感兴趣,也对马上获得高薪职位没有强烈的向往,而是希望过一种可相对自由地安排工作节奏的生活。想来想去,做学术研究多少能够相符一些,于是继续读博便成了我的人生选择。

当时的西安交通大学管理学院毫无疑义地是国内管理教育的翘楚,尽管在管理学院经过了本科与硕士两个阶段的培养,但我仍对管理学领域的博导没有太多了解。一次在管理学院老楼(教2楼)的楼梯上,我偶然看到了一位意气风发的年轻老师,周围有认识的朋友小声告知"这就是席酉民教授"——中国内地第一位管理工程博士学位获得者、中国管理工程领域最年轻的博士生导师、中国青年科学家奖获得者,管理学院的院长。由衷钦佩之余暗下决心报考席老师的博士生。尽管进行了充分的备考,但考试竞争之激烈还是让我一直忐

[①] 姚小涛,西安交通大学管理学院教授。爱好旅行,愿意用心去感受生活中每一个美好瞬间。

忐不安，直到得到录取通知，才放下心来。自此，我的人生便开启了一段别样的精彩旅程。

一、授人以鱼，不如授人以渔

博士就读期间，最大的感受便是师门团队内部活跃的学术交流氛围。在师门的学术交流活动中，大家可以随时就自己的认识发表建议与意见，并不存在什么权威。相反，席老师容纳、鼓励甚至很欣赏不同的学术观点与思想见解，他也常常将自己外出交流的最新心得分享给学生们。由于席老师总是在广泛地与国内外前沿进行及时的互动，因此学生们总是可以接触到最新的学术信息。师门中这种活跃的学术氛围以及对学术前沿的及时关注，使得学生们学术视野的起点相对较高。

现在回想起来，席老师不会轻易规定学生们必须围绕某个固定的学术话题展开命题式研究，尽管他会根据自己对于学术前沿与最新动向的理解给出一些建议与意见，但他总会接受与容纳学生们结合各自特点与兴趣创新性地进行自由探索，而且在此过程中给予足够的支撑。我最初曾对经济学有着特殊的"情结"，这种看问题的角度给我的思维留下了一定的痕迹，总是固执地思考一个个"天马行空"式的话题，尽管"经""管"不分家，但术业有专攻，两者毕竟在专业上有着明显的区别。席老师并没有"掐灭"我开始时的这种研究热情，也没有直接将我固定于某个现成课题上，而且在我购买经济学方面的书籍、去北京查阅相关资料时，都毫无保留地给予了经费资助。前期的这些自由探索很快让我得以聚焦于战略管理，把它作为自己的专攻领域，以及自己的长期学术志趣之一。当时恰逢经济学理论深刻影响管理学研究的阶段，而战略管理正是经济学理论率先与管理研究结合的主要领域之一，因此我庆幸能够遇到这样一位给予学生充足成长空间和自由探索支持的导师。

随着研究的深入，我逐渐了解到战略管理领域并不仅限于受经济学影响，还有诸多其他学科（如社会学等）运用于其中。在阿尔伯塔大学商学院与西交大管理学院合作的教师交流项目资助下，我获得了宝贵的赴阿尔伯塔大学商学院进行博士后学习与提升的机会。因为席老师有着丰富的出国交流经验，临行前我前去征询他的建议，他没有过多谈及其他，而是向我提及了阿尔伯塔商学院一位教授的一项研究成果，建议可以多多了解。这位教授便是 Royston Greenwood——组织制度领域的学术大家。现在许者学者和博士生或许都知道他的大名，但当时他的声望并不如现在这么显赫，许多重量级的学术论文与著作还未发表出来。我在加拿大期间，他并未给博士生开课，我只听了他给 MBA 学生开设的课程，其间也没有太多个人间的接触与交流，回想起来颇有遗憾。不过，既然席老师特别提到他的文章，就找来读了读，进而对相关领域进行了知识追踪与梳理，自此进入了一个全新的学术空间——组织网络以及组织制度。这是一个带有较为浓厚社会学背景的理论领域，是组织理论的主流领域，事实上，其中许多理论与观点也已成为战略管理领域不可或缺的知识。当然，组织理论与战略管理本身就有着千丝万缕的联系。

尽管我非常感谢席老师对我的指点，但是一直没有询问他是如何做到对于学术领域如此深刻理解和把握的，不过，我想这或许就是导师的作用，那就是给学生指出合适的前进方向与解决的有效路径，然后鼓励去探索。我的成长离不开席老师的这种指导方式。

"授人以鱼，不如授人以渔"，这句话被很多人奉为人才培养与教育导向的圭臬，口头引用者不少，但真正长期实践者并不多见。当时由于自己在教育方面只是一个"小白"，只是朦胧之中觉得席老师在人才培养和学生指导之中似乎有点"授人以渔"的味道。

随着时间的推移，自己作为老师的体验日趋丰富，才真正理解这句话的深刻与精妙。博士毕业后，留校在管理学院工作，也作为"导师"指导博士生与硕士生，这些给了我从另一个角度去观察、体验与思考的机会。说真的，当我越想事无巨细地发挥"指导"作用，常常发现结果反而越差。对于导师而言，教会学生一种方法、一个知识，只能管用一时而已，要想真正帮助学生长远发展，应该重在能力培养，而这就需要给予学生探索的空间，并在关键时刻能够给予点拨和支撑。事实上，二十余年来，读博期间学习的课程与知识、方法已遗忘许多，而自己的学术研究之所以历久弥新，不致落伍，全仗养成的强大学习能力和积极探索精神。这一点也在启发着我如何更好地指导学生。

二、容纳多元，帮助成长

作为一个组织研究者，西浦的成功吸引着我的目光。在获得了宝贵的调研机会之后，我深入其中，因而可以跳出师生角度对席老师的育人思维有了较好的观察与理解。

关于这所大学如何构建创新性育人模式，如何以开放的心态和机制办大学，如何以创新性模式设置学院、专业与机构，如何勇于探索未来大学的新路径，不乏媒体报道，席老师也有相关资料介绍自己成体系的认知与思考。尽管在调研过程中有幸接触了许多人员，但觉得如果只是坐在办公室的封闭空间里和教职员工进行交流与访谈，而不去和学生面对面接触与交流，是不能真正了解这所大学的内在精神，于是决定对西浦的学生做些访谈。

在西浦校园"随机"对学生的访谈中，无不感觉学生谈吐中流露出的自信，甚至对自己未来也都能说出一些相对清晰的规划，对于学校的评价都是正向的且未来可期的。这些学生中绝大多数都仅仅是本科生啊，何以让这些本科生们高考之后发生如此令人印象深刻的转变呢？答案很多，其中一个重要的原因或许是，学生一进入这所大学，必须树立积极的成长与学习观，在提供基本的必要辅助之外，学校更强调每个学生的自主学习、自我负责、勇于成长的能力。这个时候，我的脑海中又浮现出"授人以鱼，不如授人以渔"的教育境界，极其朴素而又难以一以贯之。事实上，席老师在教书育人以及办大学过程中，似乎总有这样一种风格，那就是教人如何去学习，而不是简单传播知识。在这种教育导向下，席老师总能容纳多元性，鼓励创新性，发动潜在性，这种导向更能帮助人们迅速成功，从他多次对西浦办学模式的介绍中，便可以充分感受到这一点。

许多人或许会想，办学模式可以设计，育人模式可能也是刻意设计而成的。不过，根据我的观察与访谈，席老师在日常生活与工作中也是上述的行事风格与态度。例如调研中得到的一个访谈观点便是，在工作中，当面对的问题存在不同意见时，他有时候并不急于给出自己的定论，甚至在一个较长时间内可以接纳某种模糊性，以足够平和的心态和充足的耐心"让结果自己浮现"。

充分释放身边每个人的潜能对他而言并不是什么刻意之举,事实上正是他的风格之一。

有些人可能难以理解他为什么能够游刃有余地兼顾多项事务,因为对大多数人而言,只要其中一两项就会让自己忙得焦头烂额了。事实上,他的领导风格非常洒脱,你会发现他有大量时间是用在战略构想、充电学习与学术思考中,而细致管理活动与流程细节较少直接过问。他敲定框架之后,就愿意放手让团队成员去充分发挥能动性,这种充足的空间无疑会释放出来足够的创新性与执行力,在让成员解决问题的同时也得以成长起来。

在席老师的设计、推动与带领下,西交利物浦大学短短十余年便取得了让一些重点大学不得不叹服的业绩,成功发展为中国规模最大的中外合作大学,成为所在地苏州市的一张靓丽的教育宣传名片。当然,从经济发展角度来看,西浦的成功发展更是极大地带动了其所在片区的商业价值。中国家长无不重视子女的教育,在给子女择校方面"眼睛总是雪亮的",如果不是人才培养上的成功,不是教育理念创新方面真正拥有"实活儿",是不可能如此获得"家长们"的认可的。

尽管我不可能站在席老师那个高度去亲自管理一个组织,但是他的管理风格却让我从中学到许多,就如同上了一堂生动的管理实践课程,其中的"管理之道"不仅可以用来指导自己如何帮助身边正在成长的学生,而且可以作为一个鲜活的管理案例用于充实自己的教学活动。

三、逆俗生存与特立独行

席老师身上有一股永不言弃、始终向前的劲头,他是一个有理想,同时也在践行自己理想的人。用他自己的话讲,便是"浸淫在世俗里,活在理想中,行在从世俗到理想的路上",保持"特立独行"。他常说,是人才总会有些不一样的地方。这些观点对我来说还算好理解,但是,他常常言道"逆俗生长",开始时我有些摸不着头脑,但随着对身边现象的日益理解,对于教育问题的有所思考,我逐步有些"悟道"了。

时下,人工智能正在冲击着各行各业,对人们的生活方式也在产生重大的影响，OpenAI 开发的 ChatGPT 以及最新的 Sora 模型广受世人关注，成为热议的焦点，尽管具体的作用及影响还有待进一步评估，但不可否认的是，所有的这些都预示着新的技术时代的到来，也在刷新着人们对高科技的想象力。大家都在思考教育如何更好地为科技进步乃至经济社会的发展提供服务。显然，一个称得上共识的观点便是，我们的教育似乎不宜只停留于简单的刷题与应对考试的模式之中了，这种模式或许可以保证学生考得高分，却容易让学生失去学习的兴趣，难以彰显各自的特色从而不易发掘各自潜能，不利于"脑洞大开"式的原创知识与技术的产生。目前，我国教育也正在朝向有利于潜能发挥、创新培养这个大方向进行调整。未来环境必然日趋不确定，唯有创造氛围，鼓励创新与探索、心无旁骛地发挥个人潜能，才能让学生不惧挑战，迈向成功。

所以说，教育也最怕缺乏创新。真正好的教育应该鼓励年轻人释放自身活力去改造自己的专业知识领域，而一个教育工作者如果自己身上缺乏了创新精神，没有了搏击的劲头，少了尝试新鲜事物的好奇心，主张四平八稳，强调平衡，其结果是什么，大家都可预想到。

未来的创新在哪里？这无法预期，环境的不确定性始终存在，创新的步伐永无止境。"刷题式"的教育似乎无法撑起中国的整个未来，一个真正优秀的教育工作者需要培养自己开放的心态以及创新的思维，这才是解题之道。所谓的"逆俗生长"，在我个人看来，正是席老师作为西交利物浦大学的掌舵者将上述逻辑思维运用于大学的发展探索之中的重要原因。

"逆俗生长"并非不通情理，也并非缺乏"温度"，而是在全新环境已经到来之时，勇于冲破世俗陈旧认知先于他人接受新知识，唯有这样，才不至于落入"信息茧房"之中。事实上，我在席老师那里获得的除了学业指导与点拨之外，他的求新态度与劲头对我也影响颇深。无论是与席老师交流，还是听他的讲座，我都经常能够获取、学习到大量新知识与新理念，这不仅影响了我看待世界的角度，而且也感召着我去持续地探索。

在许多人眼里，席老师无疑是位成功者。在我眼里更是如此。但如何定义这里的"成功"一词呢？相信不同的人角度会有所不同，我认为他首先是一个成功的"老师"，是一个在教育领域耕耘不辍的引路人，也是一个在大学发展模式探索领域里留下自己特有足迹的前行者。他不满足于停留在回答"何为教育",而是更高层面上去思考、追求"教育何为"。我个人常常从席老师对教育工作的深刻理解与创新实践中获得感悟,用以指导自己进步,督促自己提升。

观思行录

现代社会给人们创造了更多赛跑的机会,而不是陷入死胡同的内卷。不难发现,人群中总有一些逆俗的人,总有一些想拥有自己人生的人,他们敢于突破,不跟随大流,通过大胆创新,走出了一条让人羡慕的道路!

——席酉民

30

两个"自负者"的"负负得正"

韩 巍[①]

按照通常的理解,"自负"显然是一个贬义词,但如果结合其反义词,在"自负"与"自谦"间建立一个谱系,至少在管理语境中,席酉民和韩巍恐怕离"自以为是"更为接近。

的确,很少人会用"自负"或"自以为是"来标榜自我。是人,就难免无知、狂妄,要多些谨言慎行,否则会贻笑大方。但有时候,人还要多一份"自以为是"的偏执和坚持。因为在很多事情上说你自负、自以为是的那些人,包括部分友善的提醒者,可能更是为自己的怯懦和世故寻找借口。我们时常排斥"与众不同",惧怕"特立独行",憎恨"离经叛道",可以说整个社会从家庭到学校、单位都预备了强大的同化机制和氛围。人类之事总有例外,在有些人眼里,席老师难免有"自以为是"之嫌,韩巍也常被人看作把傲慢写在脸上的人。两个"自负者"以师生关系如何相处,或许值得一提。

我与席老师初识于1994年7月,他在西安交通大学管理学院的学院办公室手写了一封接收函,我就变成了西交大管院的老师。1997年,我又成为他的博士生。2001年,据说博士论文上会被人诟病,他强力弹压保护了一篇非实证博士论文的"合法性";接着,他命我撰写了两篇有关和谐管理理论的文章。2002年,我离开西交大远赴深圳大学,变成一只"风筝",但线还在席老师手

[①] 韩巍,深圳大学管理学院教授。超爱足球,努力做对人有启发、于己有交代的人。

中。2006年，他让我将对营销的片段思考变成《管理学家》的专栏文章；几乎同时，在他介绍下，我与《管理学报》尤其是蔡玉麟老师结缘，参与了管理学界的几次论争，先后发表了一系列反思、批判性文章。期间，他还指定我参与了两个自然科学基金重点课题——"本土领导研究"和"话语权、启示录与真理"，也相继发表了几篇尝试建构本土领导理论的文章。他为我提供了始自2008年的"管理学在中国"年会的平台，持续演讲、点评，得以拥有一个小圈子的"话语权"。2011年，他推荐我一起去斯坦福大学与马奇交流。他偶尔也会让我为他的创想、构思提些意见，特别是他还邀我为他的《和谐心智：鲜为人知的西浦管理故事》《管理何为：一个"理想主义"践行者的人生告白》撰写序言……总之，近三十年了，我们既是师生，更是好友。

一、不止于"放羊式"指导或因材施教

席老师如何培养了韩巍这个另类学生，更可靠的故事适合他本人来讲。师生之间总会有一起讨论问题的场景，我也清晰记得他帮我修改论文时，如何从大到文本结构、段落安排，小到语句、标点都悉心指导。但如果要拼凑一幅席老师的谆谆教导与我求学之路的感人画卷，却并非易事。因为在我一路离经叛道的求知、探索历程中，席老师既不是"领路人"也不是"指导者"。尤其是我对管理研究产生兴趣，主要不是因为跟随席老师读博，而是1999年赴加拿大那半年的访学经历。很大程度上，我恰好践行了席老师在西交利物浦大学的核心主张——"自我发现"和"不断成长"。毕竟，与席老师以师生关系相遇时，我已经28岁，对世界有自己的看法，也有想成为什么样子的自我设定。按照我后来的说法，更在意对问题重要性的感受，更在意免于欺骗的人生。席老师没有也不可能把我修剪成另一个全新的我。如果放在当下管理学院盛行KPI这种令人窒息的环境，也许我早就断然放弃学术之路了。可以说，我在对的时间碰到了对的人。我们之间的机缘巧合，更多是个别性、情境性、时间性。

一个老师怎么看待学生，需要日积月累，也可以是格式塔式洞见，这种事不仅发生在席老师和我之间，还有来自其他前辈、先进如何看待我的体悟。我

也当了近三十年老师，自然也有感受。必须承认，这里有运气的成分。席老师当面表扬或批评学生的情景很多，但涉及我的很少。除了当初碰巧亲自接收我，先作为同事，再读他的博士，彼此间的交流没有留下多少记忆。再从他那里听到我的名字，是跟我的教学水平有关。当时给 MBA 上课，班上不少同学都是企业高管，个别人的行政级别也高，对我而言"年轻"就是一大挑战。好在我表现不错，一个认识他的学员做了积极反馈，给他留下了我讲课效果好的印象。

文章是读博期间师生最重要的纽带。席老师作为一位受到严格理工科（物理及系统工程）训练的管理学者，一开始并不喜欢我的行文风格。但他的确更看重文字以外的东西——具有启发的思想、洞见。若干年后的某一天，在西安的团队研讨会上，还特别肯定了我的个性化表达。这就是他的转变——乐于包容"异己"的可敬之处。直到他欣然提笔撰写《和谐心智：鲜为人知的西浦管理故事》，以及完成 2022 年那本广受关注的《管理何为：一个"理想主义"践行者的人生告白》这样的人生传记，我不想说席老师更"人文"了，而是他更深刻地领悟到"科学""工程"在处理人类复杂合作关系中的局限性。那种基于主体间互动的微妙让他从"科学家"转变成"讲故事的人"（story teller）。

我几乎没被席老师批评过，所以被责怪或调侃的记忆就非常深刻，那是发生在我离开师门后的事情。记不得具体年份，大概是我刚来深大不久，席老师到深圳出差，他的一帮朋友作陪，有高官、老总，席间充斥各种交换名片、留存电话的热络场面，我则近乎一动不动。他后来忍不住说了一句："韩巍，你只配待在大学。"我心想："不然呢?!"只有悉数接纳，没有任何异议。我知道什么叫社会资本，也懂得人脉关系的重要，只是没有兴趣。我这样的人，除了大学，还能待在哪里？还有一次，在苏州某重点课题研究过程中的团队会议上，我大概又"自以为是"地激扬文字了一番。他当着师弟师妹们说过一句重话："韩老师现在挺狂。"其实，我一直很狂，因为在内心深处，我很少对世界的给定性表现出一种无可选择的认同，北岛的"我不相信"变成口头禅，乃至今天我明白自己热衷于诠释学的最大理由，就是对现状的"否定"意识，对其他更好的可能性的向往——事情原本可以更好。

我们之间也曾有"过节"。记得 2014 年，因为评教授未果而心烦意乱之时，席老师的安慰方式着实令人恼火。他的大意是："你已经可以了，很多人知道你，不当教授也没啥。"我同意，不当教授死不了人。可后面的话就不只是扎心那么简单了——"你看，我不是连院士也放下了"。席老师啊，我当个深大教授与您选不选院士，有一丝一毫的可比性吗?！我对席老师的研究团队，也有过抱怨。某一天，和师弟刘鹏聊天，谈起自己的挫败感，因为毕竟曾经在非实证方向的探索起步挺早，也走得挺远，而且与师弟师妹有过非常频繁的学术交流,，但最终，那些心血近乎白费。当然，世事无常，后来的故事更加可怕，如果多几个人走上羊肠小道，可能就会有更多人的"悔之晚矣"。

席老师对我的"放羊式"指导，也许会被某些读者解读为因材施教，但我们的故事远非一个成语可以概括。我们的交往是一种基于健全人格、平等交流、共同探索，发生在成年人世界的相互包容、相互激励和相互促成的非常独特的生命体验。尽管我的确求席老师办过几件绝不违规的私事，但我们之间鲜有一般意义上的"利益输送"，更多的是信念认同，是席老师对我的欣赏和信任，是我对席老师的关心和爱护。当年做领导研究那个重点课题时，我常回西安，有一次团队交流后在交大附近的饭馆吃饭聊天，我鼓励大家要多用批判性思维，不知谁说了一句："韩老师，批判，您可以，我们不行，在席老师那里，您是有'特权'的人。"也许并非完全如此，不是我真有什么特权，而是大家内化出的一套自我约束，把"独立思想""自由表达""出风头""特权"混淆在一起。席老师如果真是自负到刚愎自用的一个人，做他的学生又能有多少乐趣？**"自我噤声"是可怕的谦逊，不无遗憾地，在整个社会的各个角落似乎十分流行！**如果席老师对我的包容已变成"纵容"，我也有不会滥用这种"特权"的自觉，我们始终有这种默契。

二、点燃学术火种的一瞬间

席老师在我这里展现的为师之道，既不"领路"，也不"指导"，可能与他在其他人那里的方式大相径庭，不宜做脱离两人具体互动关系的推断。但我们师生间的确有一个微妙的"瞬间"，值得放大它的价值，"另类"教育的成果可能就蕴含其中。我将之称为**"老师的期待与学生的准备"**。

因为我是在职攻读博士的，既是学生又是同事，因此我受到的特别"优待"就是，不管别人如何七嘴八舌，席老师总会习惯性地问一句："韩巍，说说你的想法。"这种重视既是压力，也是动力，你总得说点儿什么。碰巧，我应该属于那种自我驱动型的学生，老师的期待被我内化为一种责任和义务，总想说点儿不一样的东西。于是，你就不可能满足于言之无物。而一旦期待得到回应，回应得到肯定，良好的沟通就会产生，良性的循环就会起效，老师乃至他人的更多的期待就会变得自然而然。**世上没有全知全能，只会自说自话的导师或领导，他们其实都有期待，问题是学生、下属是否做好了准备。**

"韩巍，说说你的想法"就是一个点亮自己学术人生，走向非实证研究、概念研究、理论研究，乃至广义的诠释学探索之路的火种。就是这句话，让我在多年以后，可以从管理研究的批判、建构及反思走出一趟朝向自我的旅程。我在2024年1月的中国管理学者交流营的大会发言中提到，"席老师们"更在意我"想些什么，说了、写了些什么"。思想洞见不大可能是遵循特定程序的产物，凡思想者，**需要常识的储备、经验的体察，更需要前人伟大思想的滋养**。就为了别人想听听你独特的看法，虽未必殚精竭虑，但确实需要潜心阅读、深入思考，而且，那注定是比较孤独的过程。好在，曾经的深大让我可以悠闲地漫步在思想花园之中……我今天可以骄傲地说，作为一个诠释主义者，自己时常可以见他人所未见、言他人所未言。

请不要小看这一句"说说你的想法"，尤其是一连串的"说说你的想法"，**人生，在某种程度上，就是在等待这种契机，说出自己独特的想法，才有可能让人刮目相看。**学生，要对"说说你的想法"做好准备。今天的大学课堂，至少我比较熟悉的深大管院的课堂，学生似乎正在丧失说出自己独特想法的能力，甚至连表达的意愿都没有。从教近三十年，我也不知该找多少理由才能解释这种尴尬。因此，我不得不在课堂上反复"告诫"学生，一定要默默准备，时刻准备着！为了某一天，为了那一句"说说你的想法"。一方面，身为学生，要把老师的期待化作自觉的探索，这几乎可以作为一种关于成长的隐喻。另一方面，身为老师、导师，除了用"说说你的想法"展现期待和善意，还要容忍学生的"与众不同""特立独行""离经叛道"；要仔细甄别学生身上蕴含的潜力，哪怕像在下赌注；要鼓励他们勇敢尝试、坚持尝试，去收获他们想要的回报,哪怕更多是少不更事、自负轻狂的代价。

导师、老师、领导们,请不要轻易左右学生、下属,更不要习惯于支配学生、下属,当他们无法逾越屏障,沉浸于"自我噤声"中时,再突然问一句"说说你的想法",就不大可能有值得期待的答案,那已经太迟了。

三、生活片段中的真性情

我大概是席老师学生中最缺乏礼数的那一个,没有逢年过节向他和侯老师问候的习惯。我也可能是最爱挑他毛病并诉诸文字的那一个,偶尔还会对他的"伟大创想"泼一瓢冷水。他2022年发起的"寻找新时代中国杰出教育家"的活动,我早期也曾参与,但私下却直言不讳地表达过对高等教育的失望,乃至对所谓高校教育家的"全盘否定"。直到2023年看见陈平原老师的名字,我才觉得实至名归。

尽管如此,我们每每相见,举手投足间一个眼神、几句话语,师生、朋友间相遇、相知的舒适感就已尽在其中。无论席老师是否认同我的想法,他总能确定我的独特性,愿意接纳我这个从没有对他表现出足够谦卑的学生和朋友。几十年交往,我也确定他深知我的诚意。我关心他,在意他的事业。于是,才会有师生间那种自然流露的真性情(自微信):

片段1:

某晚与席老师交流《新闻联播》观后感。

韩: 为国家培养有德性(自律、自主)、有格局(兴趣、眼界)、有智慧(专注、融合)、有能力(表达、行动)造福社会的优秀人才就是席酉民办教育的最大政治。未必合适,仅供参考。

席: 不错,我正是这样行动的,跟趋势不跟批示,但在价值实现上不违背反而支持其根本目标。

片段2:

席:(转发截图评论)"整个苏州园区最猛的陕西车牌,应该就是西浦校长的那辆黑色老奥迪了。满头银发、文质彬彬的老者,开起车来,猛得像赶赴约会的青年人。加速、变道、转弯绝不拖泥带水,飞驰人生,飞驰人生。这才是干事创业的气质啊!"

韩:没有限速吗?

席:无违规记录,但确实有小违规,超速,在不少路段常常 80—100。

韩:当年黄陵路上您逆行超车的场景还有印象……千万别超速啊!行车安全最重要。

席:谢谢!

于是,席老师对我也会多一份期待:

片段 3:

席:我在发起一项行动,见附件。请你以一个营销学教授的造诣,写几句有冲击力的行动介绍,并建议一个口号,如果可能,请对 Logo 构思提出建议,谢谢!这也许会成为我退休后的一件公益事业。

韩:这属于"鞭打快牛"的操作。

席:"鞭打快牛"可能是一个管理定律!好马常常是"马不扬鞭自奋蹄"。

我们的交往从不热烈、平和、平等,但也亲近、亲密。从来没有见过席老师落泪,我也很少动容,少有过分浓郁的情感流露,只有一次例外,席老师母亲去世,联想到 2010 年失去父亲的感伤,联想到《管理何为:一个"理想主义"践行者的人生告白》里那一碗油泼葱花的酸汤面,就写了几行文字,后来他征求我的意见将这段文字发了朋友圈。

片段 4:

韩:

生命,是一种寻找

无论找到什么,有始也就有终

生命,蕴藏一种意义

我们都在路上,It's becoming⋯

没有启程，也无所谓归航

只剩下记忆了！止不住悲伤
但你只能再多些隐忍
你—是—席西民，你想描绘的画卷，
何其壮阔，或者，何等悲壮！

"娃忙，都是公家的事……"
梦里，你总会听到的
相思抵不过相守……
那一行泪，只为母亲而流

席：你的语言催人泪下！

回顾以往，我也假想过，如果席老师是另外一个人，我们是否还会保持这份友谊？

如果他缺乏**方向感**，只顾经营自己或某个圈子的符号资本（symbolic capital）；如果他缺乏**判断力**，只顾随风起舞地追逐、摆弄学术KPI；如果他缺乏**包容性**，只顾主流实证范式统治下规范、合格的发表记录……当事人及徒子徒孙可以更多受益，但我肯定会从内心远离。我并不是说席老师对这些东西全然不顾，毕竟他也是体制演变中的受益者。但问题的关键是，"黄袍加身"以后的他如何看待、反思符号资本的负面影响，包括其对学术、大学生态造成的损害。坦白地讲，这些东西跟我的追求并不一致，我就是一个这样"自负"的人，纵使面对导师，也有吾爱吾师、更爱"真理"的劲头。因为我的存在，本身就不可能是那种氛围的产物。当我以"论管理学不是科学"为题写工作论文并在西交大管院海峡两岸管理科学与工程交流会上分享心得时，这个头顶"中国青年科学家"称号的东方之子正是我的合作者（coauthor），这当然是一种莫大的激励！正是席老师不同寻常的"自以为是"使得"负负得正"，也真正开启了我义无反顾地走向非主流、非实证研究的学术旅程。

教育是一项社会活动，无法避免批量生产，但如果有机会遇到一些"与众不同"的学生，尤其当他们经过早期社会化的洗礼，还试图尝试某种不那么因循守旧的可能性时，老师应该（值得）油然而生一丝"冲动"——包容其差异，保护其个性，如果可能的话，竭尽所能地激发他们的自我发现、自我确认，助力其不断成长。这是可能性也是希望的真正源泉。推而广之，倘若过分推崇整齐划一，无视个体差异，教育就非常令人担忧！谈及高等教育（更不用说"读博"），这是成人后的"再成长经历"，更是一种师生相互选择、彼此成就的过程。我很幸运，遇到了席老师，正是他的包容、期待、信任让我"马不扬鞭自奋蹄"。

再有五年，我也要退休了，我会毫无留恋地离开今日之大学、学院……在2024年1月的中国管理学者交流营年会总结发言中，我说过一句肺腑之言，大意是：管理学者不要指望靠论文改变世界，而更要通过影响那些有信念、有想法、有办法的学生去让世界变得更好。席老师桃李满天下，远非普通如我者可比。如果说我对少数学生也有一点儿正向影响，也是源自席老师念兹在兹的"社会影响力"。2024年，我即将从教满三十年，认识席老师也将近三十年。也许是巧合，去年接连有几拨毕业多年的深大市场营销系的学生来看望老师，尽管他们对不能加微信好友会有些怨言，但总体上，那一份对老师的感念还是叫人欣慰。席老师让我成了一个自己乐意成为的那种研究者和老师，所谓传承，大抵如此。

四、管理教育何为？

如果非要比对《管理何为：一个"理想主义"践行者的人生告白》，我比其他人更清楚"为"字的双重意义：读四声，关乎目的；读二声，涉及行动。教育的目的可以是助力"自我发现""不断成长"，至于教育的具体行动，却未必有可靠的模板和套路。我向来怀疑对于人类的一般化设想和通则性规范，它的好处是秩序、可控，但其中的代价却可能是个性泯灭和创造性丧失。我和席老师"负负得正"的故事启发可能有限。教育何为？那不是以我的专长可以回答的问题，至于管理教育何为？我则有自己的"答案"。

我曾经在 2015 年为深圳大学管理学院提炼、撰写过一条"核心价值"——"改变源于成长与责任"。虽然早已厌倦这类广告风格的表达，但在我的内心深处还是倾向使用凝重的语言、必要的修辞去展现信念应有的力量。借助席老师的这本书，我终于可以将这段"反四唯"之前，一个"双非大学"管理学院普通教师对管理教育理想的思考和冀望重见天日，我自以为大多数管理学院（商学院），都可以从中汲取一些养分。（是的，我有时确实比较"自以为是"。）

责任　以教师之名，责任即固守教师的本分（Teaching is our priority）。无论外在的评价如何变换，专注于高质量的教学工作，是我们所理解和认同的管理学院教师实现自我、服务社会最重要的手段。我们所定义的教学工作不仅仅是知识的传授，更是对学生心智的开发、情操的培养和解决问题能力的显著提升。同时，鉴于管理教学与研究关系的复杂性、争议性，我们鼓励发现型、综合型、应用型和教学型等多种学术研究，以完善教学支撑体系，扩大教师在学界和社会的影响。我们要成为一名负责任的教师，也要成为一名真诚的研究者。

以学生之名，责任即保持学生的本分（Learning is our priority）。我们怀揣梦想走进校园，既渴望爱情、友谊，也希望做又一个成功故事的主角。但我们应当铭记，学习才是这一段生命灿烂的注脚。我们所定义的学习，不是在知识灌输中变得麻木，而是让思想之光照耀心灵；不是成为知识的载体和容器，而是通过分享、激荡习得获取真知的方法。我们要成为一名负责任的学生，要找到真正的自我。

成长　以教师之名，成长即致力于教学、学术和社会服务的持续改进（Insisting on improvements）。在高度不确定性的时代，我们的学识、技能、思想和信念都面临巨大的挑战。管理知识与组织、社会实践的割裂，管理研究范式固有的局限性使我们无法笃定今天行动的合理性，也不能规划未来的一切。唯有以开放、包容、谦虚的姿态，积极探索、勇于突破、不断反思，才能获得教学、学术、社会服务的持续改进。我们需要和学生一道，拓宽视野、传承经典、亲近思想。在教学中，强化批判性思维、系统性思维和创造性思维。在学术和社会服务中，与同行和实践者激发彼此的智慧，分享可靠的经验发现。

以学生之名，成长即从懵懂中找到方向和动力，增长智慧，提升技能。学习和生活从来不可能一帆风顺，难免遭遇挫折和失败。我们需要老师的引领、垂范以拨开迷雾，更需要自我的热情和坚韧。我们应当在聆听、质疑、探索的求学之路上努力前行，为自己的点滴进步而骄傲，为自己的艰苦登攀而自豪。

改变 以教师之名，改变即推动中国组织和社会的真正进步（Making real changes）。管理教学和管理研究必须有助于组织、社会管理水平的显著改善。这是管理学院的核心诉求和合法性的真正来源。无论是个人还是群体，无论是教学还是学术，我们不应该只满足于适应、符合通行的"成功"标准和法则。我们所定义的"成功"，关乎"信念"，也包含"尊严"。我们需要努力营造并践行一套与现代文明社会和负责任/有尊严的组织相匹配的核心价值，使其在这里生根发芽。置身于历史长河，每个人可能都微不足道，但我们可以有自己的选择。我们不仅是管理知识的传播者，更应该成为诚实的历史见证者、富有洞见的思想者、坚守立场的反思者，以及社会进步的积极推动者。

以学生之名，改变即预备着投身于中国组织和社会的真正进步。作为一名管理学专业的学生，我们注定要成为人际网络的关键节点，组织合作的重要角色。我们当然需要适应组织、社会的本领，但我们的意义更在于拥有改变组织、社会的勇气和能力。面对错综复杂的社会流变，我们不可能未卜先知，也未必会成为指点江山的英雄，但我们可以从自己做起，从当下做起，坚定信念、脚踏实地地创造更美好的未来。

改变源于成长与责任，我们与中国的进步同在！

尽管这一篇饱含深情也不乏洞见的文字，最后被学院各届领导当成耳旁风，"改变源于成长与责任"作为一句口号却时常出现在学院内外的各种场景，这种个人思想变成文本符号所形成的"存在感"让我倍觉尴尬，暗自发誓再也不写这些所谓的理念性文字了。但多年之后，席老师为了开启寻找"新时代中国杰出教育家"活动而邀约我"出谋划策"，似乎又点燃了自己对教育的热情。我以 53 岁高龄迸发了撰写视频广告脚本的冲动，没有其他的解释，那是我心心念念的志业。每当谈及教育，就忍不住心潮澎湃，席老师原本提供了一个脚本的草稿，让我提提意见，我则把原文改得面目全非，头一句，就想掷地有声！

教育
关乎民生幸福，寄托国家希望
每一步真诚艰辛的求索
都蕴含我们最深切的期待

是妥协、无奈、抱怨、徘徊，接受教育之种种难堪
还是敢于独特、勇敢坚守，绽放思想之光，点燃实践之火
我们都有选择，我们可以选择
选择成为新时代中国教育家

我们发起寻找新时代中国杰出教育家的活动
让勇敢不再无谓，让坚守不再孤独
让教育不再只是竞争、淘汰和分流的工具
让教育变成个人自我发现、不断成长的阶梯

我们发起寻找新时代中国杰出教育家的活动
就是希望全社会置身一股教育思想实践的洪流

寻找灯塔，为中国教育之大计
簇拥火把，为天下苍生之福祉

  席老师欣然接受了我的大幅改动。不是我写得有多么动人，这些厚重却也苍白的文字就是我们在对教育的忧虑、挣扎中发出的一声呐喊。但愿席老师已经觉察，我勾勒的那幅画卷不过是他人生轨迹的摹本，无论有多少艰辛、难堪，他都试图通过个体、群体的"选择"让教育变成个人自我发现、不断成长的阶梯，他总在尽其所能地绽放思想之光，点燃实践之火。

  那个我引以为傲走在人间正道不断创造可能性的人——席酉民！

  那个寻找杰出教育家的席老师，正是我心目中的杰出教育家——一座灯塔！

  衷心祝愿他行稳致远，继续闪现中国高等教育、中国教育的微光。

观思行录

长大的瞬间：

顿悟——认识的突变；

清晰——彻底明白了思想和行动的逻辑，不再被无价值的纠缠或煎熬所折磨；

决心——确定新的尝试；

坚持——不再是一时心血来潮，而是清醒地努力！

——席酉民

31

严谨、创新和信任

郭菊娥[①]

1997年夏,我代表陕西财经学院在广西进行本科招生工作,有幸和西安交通大学的赵西萍老师住在一起。当时我已通过陕西财经学院教授职称评审,正在等待省里的批准。贵人赵老师提议我读在职博士,并竭力推荐我选席酉民老师做导师。这是我从未想过的事情。早在我就读中国科学院系统所硕士期间(1988—1991)就知道席老师,他在国内极有影响力,是管理学界的"少帅派",也见证过席老师做学术报告的风采,并曾主动自我介绍,希望能够结识。因此,成为席老师的学生是我梦寐以求的事。

待招生工作结束回西安,不久我就壮起胆给席老师打电话,讲了读博的想法,并获得了见面的机会。席老师当时问我:"您都评了教授,为什么还读博士?"我回答:"在评教授之前,我的目标很明确,就是积累条件、尽快评上,而目前却很困惑不知道该做什么了。赵西萍老师推荐我读您的博士,我觉得豁然开朗,希望您能接纳我这个学生。"席老师说:"您还不错,知道自己该干什么。"并让我和研究生院的黄凯老师沟通如何完成相关手续。

1997年9月入学后,我参加的第一次充满师门会就令我印象深刻。看到柏杰等一群充满阳光、激情的年轻博士生,我本应叫"师兄""师姐",但那时我已过36岁,比他(她)们大很多。于是,我赶紧请示席老师:"在师门内,我

---

① 郭菊娥,西安交通大学领军学者、管理学院教授,全国五一巾帼标兵,国家级人才。热心做事,努力做学生的表率。

能否按年龄论称呼?"席老师问同学们的意见,大家给足了我面子爽快同意。就这样,我成为一个打破师门"排位"称呼的独特学生。直到现在,席老师与同门们开放、包容的胸怀还时常让我感动。

回顾在席老师团队学习工作的点点滴滴,有以下几点体会和感受。

一、以严谨学风锤炼学术规范

在我读博士期间,席老师和师门讨论的话题大多聚焦于国家大事和学科前沿,学术思维敏锐、开放包容性强,给学生一种积极向上的强大动力进而终身受益。于我个人而言,师门严谨的学风给我了更多助益。

当年撰写博士论文时,国家自然科学基金立项重大项目(1997—2001)"金融数学、金融工程和金融管理"在全国掀起一股研究热潮。1997 年,中国人民银行在陕西财经学院成立了校级"金融工程研究中心",我被任命为中心主任。那时我国金融管理开始市场化改革,我和货币发行局合作研究我国货币发行规律等问题,基于此,我想写金融方向的论文,跟席老师商讨后他很支持。我认真写完初稿并经多次修改后,请经金学院资深教授江其务老师帮我审核金融知识应用得是否准确,还请了清华大学经管学院李子奈教授帮忙审查计量建模是否有问题,以及西安电子科技大学的赵伟教授对论文进行全面审核,希望论文做到尽善尽美。即便如此,当我第一次将论文提交给席老师时,还是被他在上面做了很多"为什么"的批注,要求我进一步澄清理论、实践依据及创新贡献等。结合他的意见,我修改了至少一个月,但随后的第二稿、第三稿,席老师还是批注了好多"为什么"。当时,作为教授的自负、虚荣心和想在老师面前"逞能"等一切难说清楚的情绪导致我心态崩盘了,只感觉委屈,坚持不住了,于是跑到师母侯老师办公室诉苦,告诉侯老师:"我快疯了!看论文都有很强的肠胃反应啦……"但痛苦归痛苦,论文还是得修改。我用了一个月时间修改,完成了第四稿。席老师看完后笑着调侃说"你们侯老师怕事",让我邀请李怀祖老师再帮忙审核并提出修改意见。当李老师给出"质优"的评审意见后,我这才算完成了博士论文。

通过打磨博士论文的经历,我得到的最大的体会就是建模研究一定要把理论和现实问题论证清楚，这是我论文前几稿最大的短板。席老师通过"为什么"的批注，让我认真领悟理论在撰写博士论文中的重要性，以及学位论文和期刊论文不一样的研究范式。席老师的刨根问底，彰显的是西交大管院精益求精的学风。后来我才知道，2001年3月，和我一起提交论文上学位委员会的五人中仅有两人的论文获得通过（我是幸运者之一），那也是管理学院实行严控论文质量后的第一次评审。学院接下来的一次学位会要求提交论文时，我们班好几位同学都没敢提交，选择延迟一次到二次再提交。

席老师后来还说，因为我是教授，我的论文要比别人做得更好才行。我现在对自己的学生也同样严格要求，学生论文摘要修改不到位都不会让学生轻易提交，而且也还常常邀请李怀祖教授把关审核，把不断凝练、不断升华、精准描述、清晰表达等商讨改进，作为最后提升论文质量的助推方法。这种高标准、严要求对处在论文修改期急于毕业的学生而言，或许当时很痛苦，甚至很崩溃，可过后回想这段经历，就会发现能够带给我们在做事和价值提升等方面更高、更深的启发。

二、以委托重任营造创新氛围

2000年，陕西财经学院、西安医科大学、西安交通大学实现三校合并，我有幸转入管理学院并在席老师身边工作。当时一方面有席老师带领，在科研方面给予敏锐洞察和创新要求，另一方面有做事精勤细心的梁磊负责组织工作，为团队提供支持和服务，留在管院任教的同门以及硕博研究生一起做科研不仅很快乐，也很有成就感。下面就列举我经历的两件小事。

第一件是席老师委派我做"211工程"和"985工程"建设工作的秘书时，特别告诉我："支持学科建设的经费，是纳税人的钱，一定要管好用好。"我在电脑中现在还能找到不同版本的申请书、设备招标书和财务报账记录，以及各阶段项目进展报告和结题报告等文档资料。按照席老师要求，我们将团队购置的服务器、数据库等资料完全交给学院实验中心统一管理，真正做到全院共享使用，服务于学科建设。与此同时，在席老师所主持的"能源经济与安全战略管理重点基地建设"项目的要求下，我必须改变当时主攻的金融工程和投入—

产出分析的研究方向，开始从事能源经济与安全战略管理研究，主要是建立数据库、能源经济研究仿真平台等。当时共同参与该方向研究的在校博士生，包括席老师的学生刘洪涛、吕振东等和我的学生柴建、张国兴、张增凯等，现在都已成长为能源研究领域很有影响力的学者。

导师的这种交任务、压担子的做法，养成了我做事的规范，以及提高了完成项目任务、撰写各类材料、与人沟通交流的能力。特别是，席老师依托课题开创了"能源经济与安全战略管理"研究方向，指引我进入新的研究领域，而这个研究方向直到今天都是面向社会实际的重大科学问题和国家急需解决的现实问题。记得一次席老师需要到上海开会汇报课题研究成果，我和同门梁磊准备汇报材料。为了赶汇报材料，我几乎连着三四天晚上没有怎么休息，我负责的部分完成后，到梁磊办公室把资料给他之后就坐在沙发上睡着了。其实梁磊和我一样也在加班完成他负责的那部分材料。他怕打扰我，不顾自己的疲惫，坚持继续汇总修改材料，一直到出发去上海。师门里，梁磊身上体现的这种为集体奉献的精神时常感动着我，也激励着我努力把事做好，为团队营造创新氛围贡献力量。

第二件是，我记不清楚从什么时候开始，席老师让我协助负责管理博士生和硕士生学位论文答辩，以及团队的一些科研项目申报和研究任务的落实，给了我更多的学习机会和历练。每次项目申请书的撰写、课题的汇报和学生研究进展报告及师门例会等，席老师对研究问题的高起点定位与诠释、研究方案的前瞻性引导与解读、研究方法论的创新要求与鼓励，都奠定了我们师门的创新文化和学术规范。席老师告诉师门，发表论文一定提交给他看后再决定是否署名，任何人的论文必须自己完成，鼓励团队合作研究。严格的规范要求使师门的学风很正。我们师门研究项目的来源很多样，因为选题新颖和方法论独特，可供借鉴的研究成果不多。尽管师门发表论文不像有些团队那么多，但每一篇都凝聚着合作研究的思想和集体的贡献。有一次去618所做"和谐主题"的调研，学生开口就问："贵单位的'和谐主题'是什么？"当时被调研者直接回答说："不知道。"回校后席老师在总结时耐心地给大家讲："'和谐主题'是我们调研回来后需要通过研究提炼出来的，而不是从概念到概念一一对号入座。这样直白的提问，肯定让被调研者无法作答。"这给我留下的印象很深，让我知道真正的调研问卷应该如何设计、如何提问。我对企业管理、本土领导以及质性研究等不甚了解,而席老师却十分重视实际调研,经常带领团队一起去企业走访、现场调研、深度对话。师门例会中大家汇报各自研究进展并获得席老师的点评,在这种浓厚氛围的熏陶下,我很快学到了很多知识与方法。现在,每当席老师做完点评,我就能很快悟出席老师想要的成果"长什么样"。尤其我在关于学位论文、课题研究和写作修改等互动交流过程中收获满满。与好多老师和学生共同研讨课题、修改论文、准备答辩等场景时常浮现在眼前,令我终生难忘。大家将自己的研究成果无私地讲给我听,不仅给我提供了一个很好的学习机会,而且在交流过程中产生了深厚友谊。

席老师倡导学术创新,经常讲"树桩子、编篱笆、补篱笆"问题。他将研究问题类比为"花园的篱笆","树桩子"是通过理论创新进行开拓性研究,"编篱笆"是通过对理论创新进行经验研究继而深化拓展,"补篱笆"则是对已有研究通过增加或更换"变量"等做进一步完善。可以说,在一定意义上席老师就是"树桩子"的领路人,给出开创性的方向、思想和框架,而我则和同门多位老师一起发挥了"黏合剂"的作用,带着博士生和硕士生们去具体落实席老师的构想。尽管每次工作任务的完成未必能够完全达到席老师的要求,但是在和同门的互动与合作过程中,我得到了快速成长,也成为陕西财经学院和西安交通大学并校后为数不多的"幸运者"之一。

三、以智库建设服务教育科技

当前,国家高度重视中国特色新型智库建设。而在席老师的战略布局下,早在 2006 年 5 月 10 日,作为教育部首批四家战略研究基地之一,西安交通大学中国管理问题研究中心(RCCM)就正式揭牌成立了。时任教育部副部长章新胜和西安交通大学党委书记王建华为基地揭牌,中国工程院院士、时任教育部科技委主任倪维斗向王建华书记和时任西安交通大学副校长、研究基地主任席酉民老师授牌。

中国管理问题研究中心作为教育部智库,按照建设一种渠道、一个平台和一种机制的"三个一"模式,积极整合校内外优质资源和研究力量,搭建校级研究平台，并进行管理模式创新，积极承担教育部科技委所委派的工作，开展灵活多样的合作和研究交流活动。中心在席老师的领导下，直面现实，群策群力，先后完成的"通过大学结构调整来促进高等教育公平""我国大学的功能定位与创新文化建设""构建孕育创新人才的大学学术文化""'国家中长期教育改革和发展规划纲要'实施建议""我国高校研究型创新人才科研支持体系研究"等多份专家建议均获教育部科技委采纳，提升了中心在高等教育改革领域的影响力。

2008年，席老师赴任西交利物浦大学执行校长时，将中国管理问题研究中心的管理工作委托给我。我是建模方法论主导问题研究的学者，之前也一直参与各项专家建议的撰写，但当时写成后都会提交席老师修改完善，那时总觉得有依靠，对智库研究未有全面、深入的思考。当我真正负责中国管理问题研究中心的工作后，很快发现智库研究和学术研究完全不同。我以三年没有发表其他学术文章的代价，带领年轻人团队，围绕教育部科技委委派的课题以及科技政策、科技成果转化等问题展开调查研究，逐渐学会了智库研究的思维范式、写作技能，找到了学术思想融入政策建议的结合点。2021年以前，智库工作和专家建议等成果即使被部委采纳，也不被计入我的考核指标，我也因此被教育部科技委负责高校智库基地建设的朱晓萍秘书长和其他兄弟高校基地负责人给了个"郭大侠"的外号。很幸运的是，席老师带领的智库研究起步早，承担相关研究任务对我们的历练多，相应的高质量成果也不断地涌现，仅2023年，中国管理问题研究中心就有二十余篇专家建议获得省部级及以上领导批示采纳，其中六篇获中央领导批示，在智库研究方面已经具有一定的社会影响力。

在席老师战略布局、研究范式、创新思维及和谐理论的引导和培育下，我不仅每天有干不完的工作，也在快速汲取各种知识和方法，不断成长。在老师委托重任的大平台上，我得到了难得的"干中学"和"学中干"的机会，也使我明白了许多学术思考的深层逻辑和学术呈现的有效方式，通过对其中所蕴含的创新思维的良好掌握，形成了一套"怎么去回答问题"的方法论。席老师经常表扬我："什么时候见郭菊娥都是微笑着，好像没有什么烦恼似的。"究其原因，就是这样的成就感所带来的自然快乐！

四、以启智润心作答教育何为

在席老师身边工作二十多年，值得讲的故事很多很多，每次回想都会让人兴奋和感动！席老师的家国情怀、担当精神给我们积极向上的强大动力，令我们终身受益！我们师门对学术研究有着敬畏之心，追求"为什么"论证逻辑的方法论创新，求真、求实、讲贡献是我们团队的文化。感谢席老师为我们营造的创新氛围、严谨学风和团队精神。席老师对我的严格要求和信任，使我在实干中学习、实干中成长，这一切都是我的终身财富。

作为一名大学教师，我将席老师"教育何为"的思考落实在教学育人的具体行动之中：

一是"立德树人"，教育学生"做学问前先做人"。席老师经常在师门"讲做学问前先做人"。"先做人"不仅要经常给学生讲大道理和身边的"西迁新传人"故事，而且要用老师对工作的责任感、使命感以及发奋努力的激情感染学生，做学生为学、为事、为人的"大先生"。

二是"学术自由探索"，给学生提出问题和思路框架。席老师引导弟子理解所提出的问题，帮助学生形成解决问题的思路框架，使学生真正懂得怎样更好地应用知识和去开发新的知识，自觉养成开展自由探索、积极解决问题的素养和能力。

三是"激活创新主动权"，给学生"压担子"委以重任。科研实践活动能有效组织和鼓励研究生去很好地运用所掌握的知识解决实际问题，导师适度给研究生安排项目负责人或召集人角色，不仅能够塑造学生的系统思维，而且能有效激发研究兴趣和主动性，更能塑造学生的责任感，使学生在"干中学"和"学中干"的过程中快速提升能力。

四是"营造创新氛围"，布局前瞻性的研究方向和支持平台。席老师倡导学术创新，给我们不断"树桩子"就是在进行战略布局。我很幸运地选择了席老师开创的"能源经济与安全战略管理"研究方向，直到今天都是面向实际的重大科学问题和国家急需解决的现实战略问题，我将终生为其耕耘。席老师很早布局的中国管理问题研究中心智库平台，也将成为学科建设的重要力量。

观思行录

战略性决策在时局和趋势上的空间和柔性很大，有时候不怕不成熟和不细致，只要基本方向正确即可，主要贵在坚持和执行。落实到位，那些不被看好或不被广泛理解的动议将会被誉为具有前瞻性和美谈；未执行到位，那些被看好和广为接受的战略构思反倒会成为笑柄和失败案例！

——席酉民

32

不拘一格

路一鸣[①]

    我一直认为,席老师那么多的学生里,我是个异类。不说别的,席老师门下仅全日制统招的硕士、博士就有两百来人了,毕业时没有拿到博士学位的,好像就我一个。我相信,我目前仍能在师门幸存,跟师兄弟们平等交流,甚至偶尔还能跟席老师开几句"犯上"的玩笑,这都是因为席老师不拘一格的育人理念。

    教育的理念从来就有"园丁"与"木匠"之分。

    如果教育者把自己定位为园丁,他的目标就是精心培育一片花圃,牡丹、玫瑰、芍药花团锦簇,各美其美,整个花圃一片欣欣向荣。如果教育者把自己定位为木匠,那甭管是松树、柳树还是梨树,到了他的手里一律木受绳直,规规矩矩变成一件件家具,变成木匠眼中的有用之材。一个是因势利导、因材施教,一个是目标导向,以终为始。不是非得当老师我们才有机会当上园丁或者木匠。就拿做父母来说,孩子喜欢画画,我们给他找个辅导老师,让孩子绘画的天性得到发展,这是园丁;孩子本来喜欢画画,但因为升学的时候能加分的是奥数,我们就逼着孩子上奥数班,这就是木匠。后来呢?木匠的孩子可能真的被重点高中录取了,还考进了985院校,木匠喜笑颜开:看,一件作品完成了!潜台词是:将来准能卖个好价钱!园丁的孩子成绩没那么拔尖儿,也许就

[①] 路一鸣,央视前著名节目主持人,上市公司高管,自媒体人。喜欢长跑,追求终身学习、终身成长。

没考上985，园丁也不焦虑，继续帮助孩子成为他自己，园丁相信：每一朵花都有它的价值，都会有人欣赏。

再后来呢？再后来就是成年后的人们各自的模样了。只要问问自己："对自己的人生满意吗？"答案就有了。在我们自认为独立的思想中，我们接受过的教育就是那只看不见的手，那是一只园丁的手，还是一只木匠的手，决定了受教育者人生画卷的底色。

席老师是我读硕士、博士期间的导师。刚当席老师学生那会儿，我特别骄傲，因为席老师是中国内地培养的第一个管理工程博士，是西安交大最年轻的教授，考进大学全靠自学，再早他还是个年轻的生产队长——典型的二十世纪八十年代知识改变命运的榜样。席老师在当时全国的管理学界已经很有名了，能成为他的学生，当然沾沾自喜。

从高中到本科，中国的学子们接受的教育内容绝大部分都以标准化为特征。高中自不必说了，分数来自正确答案，而正确答案基本上是唯一的，不管哪一科。大学是个启蒙、开放、碰撞、反思的地方，是一个人知识建构、性格发展、思想成熟的地方。即便如此，本科的课程里也充斥着标准答案，有关自然规律的课程如此尚且能够理解，但涉及"人"的课程中，抽象、统一、公式化、符号化也仍然是主流内容。我不能不按照这套标准来学习，没错，我总得考个高分才能读研，但我对标准化的知识、标准化的答案、标准化的培养心存疑虑，总觉得现实的复杂性和多样性更加真实可靠，哪有那么整齐划一？

第一次参加师门的学术讨论就让我有一种"天光大亮"的感觉。我至今都记得席老师当时说过的话："管理的两大特征，一是环境依赖，二是有限理性。"席老师是管理学者，这句话他在指导学生们的时候经常提起。环境依赖，就是管理的方法一定要基于现实条件，你的目标，管理的对象，手里的资源，受什么限制，一切随环境而变化，一句话，没有标准答案，所以管理才既是科学、又是艺术。有限理性，就是不能把人都当成计算器，总在追求最大化和最优解，人都是具体的，有多重需求的，经济学的基本假设不能照搬到管理的情境当中。多年以后，我读到卡尼曼和塞勒的著作时，那种似曾相识的感觉相当美好。这是席老师做管理研究时坚持的底层逻辑。这个逻辑为我打开了一扇门，在我的头脑中深深扎下了根。理解了环境依赖，就能理解很多企业现象和企业家的行为，再看到"中国式管理实践""本土化管理理论""洋咨询水土不服""海底捞你学不会"这些题目就不会觉得是引流的噱头，而是真正符合事实的描述。有一个笑话揭示了真相，说的是一位本土企业家学习了西方管理方法，别人问他效果如何，企业家回答："我给每个过生日的员工都送生日蛋糕，结果他们还是要涨工资！"你也能理解同样是对员工的激励，为什么华为选择利润分红，娃哈哈给职工盖房，京东是降高管的工资、雇用更多的一线员工。后来由于工作的性质，我采访过很多知名的企业家，我总是努力还原企业家们做决定时的场景，以及面对的具体条件。我很少问他们"为什么"，更多会问"当时你面对的是什么"。我曾经三次采访马云，第三次访谈后我们共进晚餐，马云说："小路，你的采访一次比一次好。"嗯，那会儿我们都还年轻。

"我们是做研究的，提供的不能只是观点，而应该是知识。"这是席老师另一句让我记忆犹新的话。大学里从来不缺观点，知识分子扎堆的地方也是观点云集的地方。北京大学国家发展研究院里名师云集，林毅夫、张维迎、周其仁、汪丁丁……各领风骚，国发院的学生说，我们国发院10个老师在一起就会有11个观点——各自的10个观点和见面争论后又冒出来的第11个观点。观点的输出和碰撞不是学者的专利，但学者的观点影响力更大，也因此，学者承担的责任更大。另一次师门学术讨论中，一位师兄汇报他的研究进展，之后就是热烈讨论，再然后发展到激烈争论，汇报者在"围攻"之下逐渐招架不住，突然用高八度的声音说："这就是我的观点！"在导师点评环节，席老师说出了本段开头的那句话。然后他进一步解释："观点是可以说，但仅仅代表个人的判断；知识是经过验证的，知识才有普遍性，才是贡献。"会议室一下子变得很安静。系统的论证加事实的检验才能创造出知识，知识才是大学里的学者们追求的目标。此后多年，每当我在媒体上看到满嘴跑火车的"专家"，我总能想起席老师说过的这句话。后来，我所处工作岗位的影响力一定意义上比学者还大，我每天说的话有几百上千万人听见。我一直有诚惶诚恐的心态，字斟句酌成了我的工作习惯。很多人记得我的标志性结束语："我是路一鸣，明天见！"那不是我给自己打广告，而是在告诉所有人，我为我说的话负责。因为我的评论，部级单位修改了安全管理条例，法院在民事案件中重新划定了当事人的权利边界，节目编导把内容推倒重来直到有理有据……我并没有创造知识，但我的工作态度源于西安交大管理学院的那间会议室。

我对席老师"授业"的记忆停留在只言片语上，因为曾经有一位优秀的导师出现在我的面前，我没有好好珍惜，等到我已经毕业的时候，才追悔莫及，如果上天能给我一个再来一次的机会……我可能还像现在这样。

我不算席老师的好学生，没有席老师对学术那么强烈而专注的热情，我有点坐不住，还有点人来疯。再加上我在读书期间连续三次被学校选拔进辩论队集训，代表学校参加过三次国内国际的辩论大赛（还都拿了冠军、其中两次是全程最佳辩手），我的学术研究就总是断断续续，没什么能拿得出手的成果。不过当时，也包括现在，我并不后悔，因为辩论的训练强化了我的思辨能力，也让我的表达水平站到了一个新的高度。没有人会想到，就因为我在辩论赛上的表现，我被中央电视台选中，成了西安交大建校历史上第一个当了央视主持人的毕业生。因为是博士生，央视的同事多少对我有点刮目相看，我一遍又一遍跟他们解释："我是博士毕业，没有学位，所以我是个博士前。"

其实我能当上央视主持人，也跟席老师和我的一次谈话有关系。读博士期间，央视的一档企业家访谈节目想让我去做主持人，每周要录制三期节目，工作量非常大。能和企业家直接对话，这个诱惑实在太大，那些以前只能在文献里见到的名字，我居然可以和他们面对面交流了，还有央视光环的加持，说不动心肯定是假的。但如果我接受，就没有办法参与席老师带领的课题研究，这对学生而言是一种离经叛道的行为。我因此很苦恼。我已经忘了是怎么跟席老师诉说我的左右为难的，但我记得席老师的回应，他说："你如果想要做这件事，你敢不敢下决心就住到北京去？一边做企业家访谈，一边完成你的论文，正好也有了实证研究的便利条件，这边的课题你不用参加了。"我吓了一跳，那一瞬间，我不知道席老师是在鼓励我，还是在放弃我。我在席老师的学生里确实太"隔路"了，我大概是无意中飘到席老师花圃里的一颗种子，别人都在努力开花，就我一个劲儿地长叶，横生枝节，四仰八叉。我终于确定，席老师不是在开玩笑，他没有放弃对我的学术要求，也不愿意以导师的权威强迫我放弃这个机会，留在学校安分守己地做个博士生。如果没有席老师的这番话，我想我是不敢去做主持人的，我的人生会是另外一番景象，我也许也会学着别人的样子努力开花，但我知道，那不是我，不是最适合我的人生。大概当年的生产队长席酉民收到大学招生消息的时候，也是同样的心境吧。

我如愿以偿做了央视的节目主持人，一干就是20年。我的屏幕形象也曾经被印到央视每年推出的挂历上，在有挂历的年代，那是对优秀节目主持人的最高表彰。我也没能拿到博士学位，一是我确实没有时间深入做学术研究了，二是大众媒体的表达要求是通俗易懂，再深刻的道理也要转换成观众能听懂的话，我和学术语言渐行渐远。我有我的"环境依赖"：用最浅显的语言，说出透彻的道理，摒弃拒人千里的"高级中国话"，一开始的时候我嘴里经常蹦出一些专业术语，还会受到批评。这是完全不同的两个路径，张五常教授是研究契约理论的，学术上颇有建树，他听说自己的书销量超过了5 000册，大感意外——"怎么会有那么多人能读懂我的书？"我要是在电视上说的话只有5 000个人能听懂，那么第二天就得下岗。

这是园丁式教育理念的一次实践，它让中国少了一个做学问的博士，多了一个优秀的节目主持人。从此我和学术的道路分道扬镳，生产知识的任务落在像我同门一样的人的身上，而我负责消化这些知识，并利用超级平台传播知识。

岂止是对学生，席老师对自己的人生规划也同样带有明显的园丁色彩，不强扭，不功利，融入现实的同时遵循内心的法则。席老师相继做过西安交大管理学院副院长、院长，西安交大副校长，后来我听他自己说，教育部曾经希望调他去担任另一所西部985高校的校长，他考虑再三拒绝了，他知道在那个环境里他能做的很有限。就像园丁面对花圃里纲属科目各不相同的植物，就算再努力，也没办法让丁香开得娇艳、让牡丹独木成林，"环境依赖"再一次被证明。

管理如此，教书育人不也是如此吗？

很多人没想到，席老师把管理的理念和教育的事业在更大的范围内结合起来了。他放弃了西安交大副校长的职位，受聘于利物浦大学，担任西交利物浦大学的执行校长。他又拿出了生产队长的劲头，化身成创业者，在苏州建成一所崭新的大学。一片"啥都没有"的土地上，教学楼、宿舍楼、活动中心、图书馆、食堂拔地而起，西交利物浦大学的招生规模逐年扩大，录取分数线逐年升高，我的几个朋友的孩子都考进了西交利物浦大学，听说竞争"相当激烈"。

这不是简单的规模扩大，更是全新教育理念的实践场，学校全英文教学，学生入学后第二年可以转专业，本科毕业生有相当一部分考入世界一流大学继续读研。花圃变成了花园，百花齐放。这是"从0到1"的跃迁，也是席老师本人从专家学者到教育领导者的蜕变。

中国可能因此少了一个院士，却多了一个园丁式的教育家。

我曾经去过几次西交利物浦大学，都是受老师之命去主持学校的大型活动。几个细节给我留下了深刻印象：

一是西交利物浦大学没有围墙，真的是开放办大学。而大部分的公立大学校门口都有闸机，不是学校的人进不去。这重要吗？重要！大学是什么地方？是生产知识、孕育创新的地方，需要不同领域、不同阶层的人带来信息的不断碰撞，而同一社会属性的人认知特征大同小异，很难互相给予深刻的启发，"新"的东西就很难出现。为什么有时候大学被称为"象牙塔"？因为高端到离现实生活太远了，大学里的知识岂不成了自说自话？我问席老师："没有围墙，校园的治安怎么样？"席老师说："没问题！"沿着"环境依赖"的逻辑，我们自然也可以想到，在苏州这个经济发达、治安良好的环境里，大学做到没有围墙容易，其他城市就未必可行。但经济发达、治安良好的城市并不只有苏州，那其他学校呢？因此我能体会到是什么在吸引席老师来担任这个执行校长。

二是在一次颁奖仪式上，席老师和几位校领导向获奖学生颁完奖后照例要合影，老师们都很自然地站到了队伍的两边，把中间位置都留给了获奖学生。我以为站错了，还要提醒，席老师说："在西浦，颁奖合影的主角是获奖者，颁奖者都是站到两边的。"

三是席老师带着我参观校园，一路上碰到不少即将毕业的学生在校园里拍照留念，谁看见席老师都直接在原地喊"席校长，来跟我们合个影吧"，还招手，一点不客套。席老师也总是答应同学们的要求，径直走过去，一点儿没架子。

要想了解一所大学的教育理念，不能只听报告、看介绍，细节里包含的信息往往更多，也更真实。

不仅是自己的学校，席老师还利用西交利物浦大学的优势发起了"寻找新时代中国杰出教育家"活动——每年在全国范围内组织讨论，评选出能够培养适应未来社会发展的学生的教育家，基础教育、职业教育、高等教育领域都有候选人。因为今天的学生是为未来准备的人才，要到若干年后，他们才会成为社会的中坚力量，而那时，学生们的认知结构早已被之前的教育填充，他们准备好了吗？谁来帮助他们做好准备呢？未来的教育家应该培养出什么样的学生？在席老师的心里，这些学生应该具有继承性学习的能力，学习那些已有的知识；还要有批判性思维，学会探索性学习。探索性学习是指以兴趣为基础、以问题为导向的主动学习的过程。不是只把老师在课堂上教给你的知识带回去，考一个高分，然后扔掉。学生还需要进行心智升阶，就是让学生变得更成熟、更有能力去追求并享受幸福的生活、成功的人生。

有能力去追求并享受幸福的生活、成功的人生，这不就是我们人生的目标吗？对幸福和成功的理解没有标准答案，所以我们的人生也不会整齐划一。园丁式的教育理念下，不拘一格的教育方法才会出现，花园里的生态多样性才会得到保护，而生态多样性，恰恰是整个世界发展的基础。

观思行录

人生就是一场场演出，我们在其中扮演着不同的角色，无论主角还是配角，都要承担起自己的责任，努力让角色出彩，就一定会收获成功的事业和幸福的人生！

——席酉民

33

从粉丝到学生的成功转型

韩 平[①]

时光飞逝,岁月如流,带着无限思绪回顾跟随席老师求学之路,我思绪万千,感慨良多。席老师是我学术生涯的引路人,更是我人生的贵人!

一、"门外汉"初遇恩师——折服于领导特质

我和席老师结缘于 1995 年暑假,当时我还是一名入职西安交通大学管理学院三年的年轻教师。有幸参加了席老师负责的一个横向课题——江苏长江电器集团有限公司管理咨询与方案设计。项目企业的总部位于江苏省扬中市的一个镇上。项目组一行十几人,除了个别几个人(包括本人),基本上都是席门团队成员。我们刚进驻企业开展调研工作时,席老师还在国外。时间太久远,记忆有一点点模糊,印象中是一周后某个晚上席老师回国并直接奔赴项目企业。大约晚上十点钟的时候接到通知,说席老师召集项目组成员开会。我和同住的李红霞师姐跟随项目组其他人一起穿过庭院来到了席老师住的独栋小楼。虽然久闻席老师大名,在管理学院的教职员工大会上也听过席老师讲话,但这是我第一次近距离接触席老师。留给我的初印象是席老师个子虽不高,但绝对的年轻英俊,气质担当!原本以为席老师乘坐长途飞机远道回国,中途都没有

[①] 韩平,西安交通大学管理学院教授、博士生导师。爱好旅游、音乐。

时间休息，召集大家最多就是打个招呼看望一下，半个小时应该就会结束，怎知道他滔滔不绝地讲了一个多小时，从项目重要性到给每个人的工作建议等，半夜十二点时席老师依然神采飞扬，谈兴甚浓。他看到众位成员呵欠连天，才"终于"结束会面，放我们回宿舍睡觉。后来知道席老师虽然每天早上五点多就醒来、晚上十二点多才睡觉，但他的精力始终非常充沛，大脑活跃，思维敏捷，每每都能够精准地指出每个人项目咨询工作中的不足并给出建议。

我本科学习的是生物学，硕士研究生转到心理学，这样的受教育背景让我对席老师这种超乎常人体质的特点产生了浓厚的兴趣。总是在想：他是一直如此少眠却能够精神饱满呢，还是短期的大脑兴奋状态？有一次晚饭后和席老师一起散步，我很好奇地讲出我的困惑，席老师告诉我他一直如此。联想到很多成功人士都具有睡眠很少却精力充沛的特点，我仿佛一下找到了一个很好的研究样本。我兴奋地跟席老师说，自己很想成为席门的正式成员。只有加入席门，我才能够在项目结束后继续有机会研究我的"样本"。当然，这话我当时没敢告诉席老师。幸运的是，席老师鼓励我认真准备管理学院的博士生入学考试，通过考试就会收我为徒。

拥有充沛的精力是实现个人成功的重要基础，过人的精力可以使得自己的努力程度成倍超过常人，因此获取成功的概率大大增加。这是我在席老师以及其他优秀成功人士身上看到的一种共同特质，也是后来研究领导特质后发现的重要的领导特质之一。虽然因为其他原因（具体见第三部分）我的博士论文选题最终并没有专门研究领导特质问题，但多年来一直从事组织行为与领导科学相关的教学和科研，受席老师启发，曾就领导特质问题进行过专门研究，并在学术期刊发表了相关研究成果。

二、一入席门"深似海"——被自由探索的学术海洋包围

1996年9月我正式成为席老师的博士生。刚刚加入席老师团队时，我完全是管理研究的一枚小白，无论是管理学相关的专业知识还是管理学的研究方法，我的基础都非常薄弱。师门每周会召开一次组会，通常在管理学院老楼西边战略决策所的会议室进行。每次组会都非常热闹，简直可以说是一场"辩论

会"。师兄师姐们会就某个观点、某个研究如何进行等展开充分的讨论，讨论之热烈可以用"剑拔弩张""针锋相对"来形容。席老师如果在场，最经常做的就是"坐山观虎斗"。可每当组会一结束，刚才争得面红耳赤的人会立刻熄灭"战火"，相约着一起吃饭打球去了。这种鼓励探索、鼓励讨论、鼓励思想碰撞的自由宽松的组会氛围，大家都非常喜欢。

一个研究团队由不同专业背景、具有优秀潜质的人组成，如何让他们形成合力、产生创新，一直是管理学研究的一个重要问题。席老师不仅在群体决策的理论研究方面颇有建树，更是把理论和研究成果应用到席门研究团队的管理实践中了。激发团队的创新活力是管理者面临的重要问题，也是复杂系统管理学的核心问题。只有多元的、跨学科的人聚在一起共同交流才会产生真正的头脑风暴！

席老师除了鼓励大家在组会上自由讨论、碰撞思想外，还会根据手上的科研项目，让研究团队成员进行动态的自由组合。每一个跟随席老师读博的同学，都有机会参与不同的科研项目，接受多方面的科研训练，这使得席门团队具有高动态性和高可塑性，席老师就是这个研究团队的中心。

一方面，席老师以其人格魅力和亲和力很好地扮演了团队情感关系中心的角色。比如每一年新年，席门都会有大型聚会，大家趁此机会感情进一步增进，人心更加凝聚。席老师日常也十分关心团队成员的生活和学业。

另一方面，席老师完美地起到了工具性关系中心的作用。席老师总能在最短的时间抓住研究问题的要害，点出每个成员研究的不足。在组会上大家争执不休时，他经常适时地从学术前沿和更加新颖的视角带着大家重新思考所争论的问题。探究席老师的这个能力，其实是我当初报考席门的重要动机。虽然后来并未以此作为博士论文的研究选题，但跟随席老师读博的几年，我深刻认识到，席老师的能力一方面源自他的高智商，另一方面源自他渊博的知识储备和始终站在学术前沿，这一点我至今都非常非常佩服！

三、兴趣引领，自主决策——被科学"散养"

博一时，我们有一门管理研究方法的课程，管理学院请来了从管院走出国门工作的汪慕红老师授课。汪老师让我们每一个人自己确定一个选题，查阅文献资料，进行研究设计。我当时恰巧看了一些关于人才流动风险的论文，便就以此为题。随着研究文献阅读范围的扩大，我竟对风险管理有些入迷，甚至沉浸其中不能自拔。1998年年初，我有幸获得加拿大CIDA项目资助，前往加拿大阿尔伯塔大学做访问学者。在加拿大期间，我继续研读了大量关于风险管理的论文，尤其是金融风险。回国后，要确定博士论文选题时，我很纠结，便去征询席老师的意见。记得当时是在管理学院老楼二楼席老师的办公室，我愁眉不展，犹豫不决，因为我这一年多来研读的文献和自己的专业基础及所授课程距离太远！席老师语重心长地告诉我："科研不仅仅是谋生的手段，做自己感兴趣的研究，不仅是一件快乐的事情，也是坚持科研、取得优异成绩的重要驱动力量。"

席老师的鼓励坚定了我把风险管理研究作为博士论文选题的决心，最终我的博士论文聚焦在信用风险的研究上，并于2000年5月顺利完成博士论文答辩。比较遗憾的是，由于西安交通大学与陕西财经学院合校的原因，管理学院的金融系被调整到经济金融学院（原来的陕西财经学院），而信用风险主要是经济金融学院的教学和研究范畴，所以如果我继续从事信用风险研究的话，去经济金融学院更为合适。经过慎重思考，我还是愿意留在管理学院工作，这导致我的教学方向和科研方向完全脱节，教学和科研难以做到相辅相成。经过了长达六年的摸索和转型，再加上十年的研究积累，直至2016年，才第一次拿到了迟来的国家自然科学基金项目。

经历了研究方向转型的困苦，我更加感恩席老师对学生个人研究兴趣的尊重和包容。我知道有很多学生因为在导师的"控制下"抽身乏力，根本没有机会遵循自己的兴趣，努力探索新的研究方法、发现新的研究领域。事实上，从管理学角度看，席老师对研究团队的管理正是一种开放性的管理方式。这种开放式管理，不仅体现在席老师为师门团队营造开放自由、宽松平等的讨论氛围，更体现在尊重和激发学生的研究兴趣。可以说，席老师是人本主义理论的践行者。人本主义强调教师要相信学生的自我发展，尊重学生的人格，充分肯定学生的尊严和价值。

什么是好的教育？什么是好的教育管理？对于这些问题我无法给出满意的

答案。但从2000年博士毕业至今已有二十余年，席老师不仅教给了我管理知识和研究方法，他的管理教育模式和教育理念更是潜移默化地影响了我。作为一名博士生导师，在席门所收获的研究团队管理方式和风格早已成为我指导和管理学生的范式。

观思行录

当下，在我们提倡赞美教育时千万不要忘了培养孩子们谦逊的品格！心理学家丹尼尔·卡尼曼指出，"我们对自己的无知视而不见，而且达到了无以复加的程度。"真正想成为聪慧的人，必须谦逊，因为智慧不是信息和知识的简单堆砌，而是一种道德品质，它会帮我们在遇到困难时找到解决问题的途径。蒙田曾指出，"我们可以凭借别人的知识称为学者，但要想成为智者，就只能依靠我们自己的智慧。"谦逊的品格在其中扮演着重要的角色！

——席酉民

34

从锻炼、历练、磨炼、锤炼到修炼

梁 磊[①]

对于管理学领域的学者来说，1996年国家自然科学基金委员会所辖的管理科学组升格为管理科学部，是一件具有历史意义的大事。这不仅可以从时任国务院副总理的朱镕基出席管理科学学科战略研讨会（1996年7月25日），并作《管理科学，兴国之道》著名讲话看出，而且还可以从随后不久国务院学位委员会与国家教育委员会公布的两个专业目录的修订情况直接反映出来。（《授予博士、硕士学位和培养研究生的学科、专业目录（1997年颁布）》增加了"管理学"学科门类，下设5个一级学科，管理学升格为与哲学、经济学、理学、工学等并列的第12个独立的学科门类；《普通高等学校本科专业目录（1998年颁布）》中也相应地单列了管理学门类。）

也是在1996年，我，一名青年管理学教师，成为席酉民老师诸多学生中的一员，开始走上了全新的学习成长、研究发展和管理实践之路。

回顾我进入博士研究生学习阶段以来的成长经历，我想可以用几个简洁的"炼"或"练"字来加以概括。

一、应急研究基金项目对我的锻炼

1997年6月下旬至7月上旬，全国工商管理专业学位研究生教育指导委员

[①] 梁磊，西交利物浦大学和谐管理研究中心教授、人才战略创新研究院院长。爱好音乐、摄影，助力学生成长与社会进步。

会在清华大学举行第一期 MBA"管理学"课程教学研修班,特别邀请沃顿商学院的陈明哲教授主讲,西交大管理学院选派我参加。恰巧在此之前的 1997 年 4 月,席老师受托承担了国家自然科学基金委员会管理科学部首批应急研究基金课题"政府如何管理企业"的预研项目——"新加坡政府如何管理企业",他安排我作为主要成员具体完成。

需要说明的是,国家自然科学基金委员会管理科学部于 1996 年 7 月成立时,成思危先生(时任化学工业部副部长、民建中央副主席)受聘兼任首任学部主任。成先生结合之前多年担任管理科学组评委的经验,深感基金项目从申请到批准的周期过长,一些支持宏观决策项目的时效性受到较大影响,故提议设立应急研究基金,用管理科学的方法来研究国家领导所关心的、广大群众(包括专家学者)所担心的、迫切需要解决的问题,并尽快提出切实可行的建议。这类项目的研究周期一般为 6—9 个月,最多不超过 1 年。"政府如何管理企业"作为首批应急研究基金的第一个项目,目的是对主要市场经济国家政府管理企业的做法进行描述和分析,为我国经济体制改革和企业制度建设提供政策支持。为了稳妥推进相关工作,该项目特别增设了 3 个月的预研阶段,分别邀请了包括清华大学、北京大学、中国社会科学院、北方交通大学、北京科技大学、南昌大学、外经贸部及西安交通大学等多家单位对 8 个主要国家进行逐一研究。因此,这个预研项目可以说是一个"短平快"任务。

虽然此前我在李怀祖老师指导下攻读硕士学位期间,研究方向涉及政企关系(国有企业的委托—代理关系),随后也作为主要成员参与过多家企业委托的横向课题研究工作,对于企业,特别是我国国有企业与政府的关系还是有一些了解的,但是这次被要求在 3 个月内快速完成一项国别研究还是头一遭。而且在提交预研报告后,管理科学部还将决定正式项目的主持单位。因此我深感使命光荣,责任重大,不能懈怠。

尽管当时席老师作为管理学院院长全面主持学院的工作,校内外公务繁忙,但前期还是和我对研究主题、总体方案和写作要点等做了比较充分的讨论,在一些具体问题上也给了不少指导意见,甚至还联络了早先赴新加坡留学并留在那里工作的黄伟博士提供"远程"支持,这让我对预研工作能够按时完成略感乐观。

随着研究资料搜集和汇总整理工作的初步完成，项目进入后期写作成稿的"冲刺阶段"，我需要带着任务前往北京学习。那时国内笔记本电脑和手机还很少，日常研究和行政办公使用的都还是台式电脑与固定电话，既没有现在便捷的快递托运服务，也没有高效的通信和网络条件，因此我只能"徒手"拖着一箱图书和资料入住清华大学校内宾馆——近春园楼，白天在宾馆会议室听陈明哲老师讲授的精彩教学示范课，参与和陈老师及其他兄弟院校学友的交流，晚上则主要用来手写项目报告文稿。为了能够和席老师及远在新加坡的黄伟有效交流，并且比较工整地提交报告文稿，我找到位于清华大学主楼的文印室，把手写稿交给他们帮助录入电脑并适当排版，多次校对和调整后用电子邮件发给席老师和黄伟，得到他们的反馈意见后再反复修改、完成打印、装订成册，准备提交。

这期间，管理科学部通知，1997 年 7 月 11 日在北京航空航天大学举行预研项目研究的汇报会议。因为那时席老师外访讲学无法到场，只能由我代为参加并做汇报。为此，我又编排了用于制作投影文件的预研报告概要稿，再请清华大学文印室帮助排版并打印出一套投影胶片备用。

在顺利结束陈明哲老师主讲的教学研修班后，我没有返回西安，直接参加了 7 月 11 日的预研项目汇报会。当时成思危先生出席并全程听讲，而且对项目的预研情况及后续正式立项工作安排做出了指示。参会的各预研项目代表或报告人，要么是校院级负责人，要么是知名教授，只有我一个人是年轻讲师，而且我的汇报被排在最后，因此心中忐忑不安。汇报开始后，我一边认真听其他几位报告人的介绍，对其中的要点做好笔记，以备相关工作参考，同时也一边琢磨着当最后轮到我时，该怎么讲才更妥帖。因为在我之前的 8 位报告人都超时了，所以汇报会的时间一再延迟，而快到我讲的时候，管理科学部常务副主任陈晓田老师又让我把汇报时间压缩到 5 分钟（最初是 15 分钟介绍+5 分钟问答，中间已经压缩到 10 分钟介绍+5 分钟问答）。于是我只能凭借着对报告内容的熟悉和事前准备的投影胶片，用了 5 分钟的时间，非常扼要地把我们预研的核心内容、关键要点和主要结论部分展示给大家，并说"余下的时间请各位专家提出问题和建议,以利于后续开展正式立项研究参考"。后来从陈晓田老师的反馈看,汇报效果还是比较好的。

不久后,管理科学部又邀请专家进行了综合评议,把先前针对8国的预研工作相应归并,指定三所高校分别承担三个正式研究项目,其中美英模式研究由清华大学薛澜老师主持,欧洲模式研究由南昌大学甘筱青老师主持,而东亚模式研究(包括日本、韩国和新加坡)则由席老师主持。虽然正式项目的研究周期也只有6个月的时间,但是有前期预研工作的基础,而且席老师还为研究组增加了吴淑琨和路一鸣两员干将,因此我们只用了短短半年的时间便圆满完成了研究工作,在1998年2月向管理科学部提交了成果文件。之后,这个应急基金项目的研究成果很快便汇编成书,于1998年5月由民主与建设出版社正式出版。

通过这个应急项目,我的两个深刻体会是:

(1)**"实战练兵"远胜于"纸上谈兵",而且对青年人的锻炼更全面**。席老师通过包括专业研究、项目管理、内外交流、国际合作等多种方式,积极地为青年教师和研究生们"造机会""压担子",让我们在专业前沿的真实场景中得到磨炼和提升。一旦大家获得了积极的进步与有益的成果,都会在经验上、意识上得到正面强化,对于树立学术自信大有帮助。

(2)**有效的系统管理是各类工作顺利推进的重要保证**。虽然此前席老师参与和主持过国家自然科学基金的多类研究项目(包括面上项目、重点(大)项目、青年项目、杰青项目等),但是这个时间短、任务重、影响大的应急研究项目也是第一次承担。当我们还没有明确思路的时候,席老师根据以往的经验和独立的判断,已经构想了整体工作的框架和具体实施的路径,并且很快在人员组织上做出相应的调配,尤其及时引入外援,这是从预研项目到正式项目都能圆满完成的前提保证。由此,我切身体会到,不论是大项目还是小项目,也不论是常规项目还是应急项目,清晰定位、统筹规划、多方协同、有效落实是确保项目顺利实施的重要条件。这一认识对后续我在专业研究、教学改革、行政管理等诸多方面都产生了积极影响。

二、企业集团重点项目对我的历练

上述应急项目正式研究过程中,国家自然科学基金委员会发布了《1998年项目指南》,其中管理科学部重点项目中的"企业集团组织、管理与发展的系统化研究"马上引起了席老师的高度重视,很快组织了部分老师和研究生开始申请的准备工作,我也很幸运地成为其中一员。

在我们紧张工作的过程中,同济大学经济管理学院的刘杰和魏嶷两位老师主动提出一起加入、合作申请。虽然此前他们和西安交通大学管理学院在专业上的联络不多,他们各自擅长的方向分别是信息管理和财务管理,但是席老师并没有拒绝,而且要求我们积极与他们沟通协商,在整体研究方案设计时,注意发挥他们的优势,争取形成"互补、双赢"的局面。

在前述应急项目研究工作基本完成后不久,反复打磨的企业集团重点项目申请书也正式提交到国家自然科学基金委。经过通信评审,我们获得了参加会议评审的机会。当年夏天,席老师代表项目组出席了评审会,全面系统地介绍了我们的研究计划方案。当时参加会议评审的还有东南大学项目组,时任东南大学副校长盛昭瀚老师带领团队提出了该重点项目的立项建议,也提交了全套研究计划方案。该校不仅设有"集团经济与产业组织研究中心",在企业集团管理方面有比较长期的积累,而且与国家经贸委、江苏省计划与经济委员会等对口的政府主管部门都有密切的协作,因此计划方案很有优势。在双方报告和答问后,经过会审专家组的评议,还是决定将该重点项目交由西安交通大学和同济大学联合组成的团队承担,由席老师担任项目主持人。但是席老师从更好地完成研究工作、争取获得更优秀的成果,并且加强兄弟院校之间学术交流与合作出发,邀请东南大学团队一起加入,而且将盛昭瀚老师与刘杰老师安排为项目的共同负责人。为此,由三校合作组成的新项目组又对研究计划做了整体修订,将项目主题确定为"企业集团组织、发展与协调管理的理论、模式和政策研究",相应做了12个子项目的分工,确定了协作与交流的工作机制,有效地保证了项目的高质量推进。

由于席老师的信任,我有幸在团队里担任了项目助理和子项目负责人的双重角色，不仅比较全面地协助席老师做好了整个项目的统筹工作，而且还带领我所负责子项目的小团队圆满地完成了相应的研究任务。这期间，通过与东南大学胡汉辉老师和同济大学刘杰老师的合作，很好地协调了三方的关系，不仅使 1999 年的项目交流会（西安交通大学）、2000 年的中期检查会（东南大学）得以顺利举行，而且保证了 2001 年年底项目的圆满结题。

虽然该重点项目当年批准的资助金额只有 65 万元，但是经过项目组的共同努力，获得了相当显著的成果。在 2002 年 6 月 7 日北京验收评审会上，由北京大学张维迎教授、国务院发展研究中心李兆熙研究员、重庆市人民政府陈重研究员、华中科技大学陈荣秋教授、武汉大学谭力文教授、中山大学毛蕴诗教授组成的评审专家组在首先听取了项目组汇报、就项目研究中的一系列问题与项目组成员进行深入交流和探讨的基础上，对项目的研究成果进行了认真、客观的评审并给予了充分的肯定，认为项目在企业集团管理理论研究方面取得的成果丰富、在一系列相关问题的研究中有创新、工作完成质量好、整体评价优良，因此顺利通过验收评审。

该项目的部分研究成果后续结集为《企业集团管理研究丛书》，于 2002 年至 2004 年由机械工业出版社正式出版。这也是迄今为止国内出版的唯一一套研究企业集团管理的丛书。

该重点项目结题后，席老师还带领西安交通大学管理学院的团队继续做了一系列推广工作，多家有代表性的国有企业集团、民营企业集团、高校产业集团应用相关的理论、技术和方法，比较显著地改善了经营与管理。经过申报与评审，相应的成果获评 2007 年陕西省科学技术一等奖。

通过这个重点项目，我的两个深刻体会是：

（1）**学术研究与交流合作同样需要胸怀与气度**。研究方向的独特性与研究工作的独立性，是学术活动的重要特征。但是在当代，社会经济主体日益多元化、活动日益复杂化，相关研究也需要综合集成，因此团队合作势在必行。其中，拥有独立学术思想的研究个体和特定学术优势的研究群体如何形成一支"能征善战"的团队，特别采用大项目、大团队的"集团化"作战模式，便需要带头人具有宽广的胸怀和豁达的气度，聚天下英才而用之，达成常人难以企及的成就与高度。

（2）**开放学习与广征博引**。在前述应急项目基本完成、企业集团重点项目申报书提交后的 1998 年春，恰好有一个西安交通大学和日本早稻田大学的博士生交流项目，席老师推荐我申请并顺利获批，因此我于 1998 年 9 月至 1999 年 8 月到早稻田大学交换留学了一年。前期申请时，我基于应急项目的国别研究，选择的是早稻田大学亚太研究科国际关系方向的一位导师。但是临出发时，企业集团重点项目的申报顺利通过了会议评审。因此我在抵达东京后，很快把在日学习和研究的计划做了调整，转到企业集团管理模式的跨国比较研究方向，取得了早稻田大学导师的同意。通过一年选听不同学部和研究科的课程，与校内外多所大学和机构的学者交流，特别是利用当时早稻田大学较国内更为丰富的图书馆资源和更为便利的网络条件等，搜集了大量研究素材和文献资料，对我所负责的发展模式与运行机制比较研究子项目起到了很好的支撑与保障作用。

三、教改工程重点项目对我的磨炼

在企业集团重点研究项目如火如荼进行的同时，席老师指导并带领管理学院一批老师和研究生，在深入研究、周密设计、严谨申报的基础上，还获批了教育部新世纪经济学、法学和管理学类专业教育教学改革工程重点项目"工商管理类学科专业教育教学改革与发展战略研究"。

在短短一年半（2000 年 7 月至 2001 年 12 月）的研究过程中，项目组着眼于工商管理类本科教育内在的发展动因与机制，系统回顾了我国工商管理类本科教育的发展历程，对当时的发展情况进行了全面调研与剖析，并对发达国家工商管理类本科教育的关键要素及其动态关系进行了研究，得出了一系列有借鉴意义的结论。在此基础上，项目组进一步从战略目标、整体思路、规模结构、培养模式、质量要求及评估等角度对我国工商管理类学科专业教育教学改革与发展战略进行了系统分析，并提出了相应的政策建议。

该教育改革项目的研究有几个显著特点：多学科理论与方法的综合运用，大样本调查与统计分析，国际比较研究中量化模型的应用，以及基于战略模型的政策建议。相应的中期成果于 2001 年 3 月和 8 月先后两次在教指委天津会议和大连会议上进行报告，在认真听取和部分吸收有关专家提出的意见和建议后，项目得以顺利完成，先后发表系列研究论文十余篇，出版研究专著一部。

该项目随后顺利通过了西安交通大学和教育部高等教育司组织的两次专家组的会议验收，并先后获得了西安交通大学教学成果特等奖、陕西省教学成果特等奖和国家级教学成果一等奖。

通过这个教改项目，我的两个深刻体会是：

（1）**多元方法的运用与协调**。因为该项目研究的系统性和复杂性，单一方法的应用肯定无法全面、有效地达成很好的成果。为此，席老师带领和指导项目组在不同的部分采取多样化的理论和方法，并且通过纵向的历史研究、横向的比较研究、定量的统计分析、定性的逻辑推理，有效地协调了各方面的关系，达成了全面、深刻、简洁、可靠的结论与成果。

（2）**成果署名的公正与周全**。有早期申报教学成果奖经验的人都知道，各级教学成果奖的申报书只允许列入不超过 5 位完成人。对于一般项目而言，5 个人的名额可能也就够了，但是对于我们所承担的这个重点项目而言，十多位老师和学生共同付出心血完成的成果，肯定不能简单地只署 5 个人的名字。为此，在项目总结和成果申报的过程中，我专门向席老师做了汇报并提出了不同的建议方案，而老师给我的指示意见则是"实事求是，以对最终成果的贡献来公正排名"，同时要求我为获奖证书上没有列名而有实际贡献的每一位老师和同学各印制一个参与项目研究、共享获奖成果的证明文件。当时还是博士研究生的王洪涛之所以排名靠前，就是因为他不仅作为主要成员参与了项目多个部分的研究工作，而且在总报告的撰写中也发挥了突出的作用。

四、其他工作对我的锤炼及持续的修炼

除了上述三"炼"（"练"）外，我还在席老师的关心、指导和帮助下承担和完成了其他多项工作，主要包括担任西安市生产力促进中心兼职副主任、西安交通大学管理学院 MBA 教育管理中心主任、分党委副书记兼纪委书记、西安交通大学中国管理问题研究中心副主任、教育部科技委管理科学部办公室主任、教育部高等学校工商管理类学科专业教学指导委员会委员兼秘书长、国际

管理会议（ICM'2001）秘书长，等等。经过这些工作的锤炼，我获得了全面的成长与提高，其中的成就和坎坷，都成为我非常重要的人生财富。

在《辞海》中，对"教育"的解释有广义和狭义两种：广义的教育是指以影响人的身心发展为直接目的的社会活动，即泛指一切增进人们的知识、技能、身体健康，以及形成或改变人们思想意识的活动。而狭义的教育则是指由专职人员和专门机构进行的学校教育，即根据一定的社会要求和受教育者的发展需要，有目的、有计划、有组织地对受教育者的身心施加影响，把他们培养成社会所需要的人的活动，具体可以分为学前教育、初等教育、中等教育、高等教育等层次类型。综合来说，教育是一种培养新生一代准备从事社会生活的过程。

另外，我们还可以再从词源的角度做一点儿辨析。汉字里，把"教"和"育"合成"教育"一词，据说最早见于《孟子·尽心上》，"君子有三乐，而王天下不与存焉。父母俱存，兄弟无故，一乐也；仰不愧于天，俯不怍于人，二乐也；得天下英才而教育之，三乐也。"这里"教育"的含义是取两个单字的共同词义，即培育。

在西语中，英文、法文、德文的"教育"一词均由拉丁文"*educare*"演化而来。该词的本义是"引出"，即采取一定的手段，把某种本来就潜藏于人身上的东西启发、引导出来，从一种潜质转变为现实。

在本文标题中选用的这一组词里，"锻炼""历练""磨炼""锤炼"大多内含主客体（有所）分离的情形，似乎和上面中西对"教育"的解析比较吻合，更多地强调的是"师"的行为和作用。而最后一个词"修炼"，则隐含着主客体（相对）合一的情形，似乎和"学习"的内涵比较接近，更多地强调"生"的主动行为，可以理解为人的自觉、自愿、自发的修为、习得与提升。"教"与"学"相辅相成，"师"与"生"相得益彰，其本质都是要提升人的认知、能力和心智，更好地适应环境、服务社会、成就自我。

在西浦南校区，立有开悟之门、修炼之门、智慧之门。"三门"的排列似乎和我的经历很切合——入席门得"开悟"，绕席门得"修炼"，在席门得"智慧"。

观思行录

时间的脚步是均匀的和公平的，用之度量人生长度，每过一年所有人又长了一岁。然而人生的步伐是不均匀的，有时跑、有时走、有时停，甚至有时倒退。人的心情变动更大，有时觉得度日如年，有时觉得时间飞逝。若论生命的意义，更在于其丰富的程度，有时平淡无奇，有时饶有趣味，有时充满艰辛！所以每年对于每个人的意义完全不同，在人生长河中扮演了不同角色，真正的成长是让每一年都成为值得自己铭记的一年！

——席酉民

35

创新意识的培养

柏 杰[①]

1995年,我即将从西安交通大学化工学院硕士毕业。当时,管理学在中国方兴未艾,交大的管理学院蒸蒸日上,席酉民教授作为中国内地培养的第一位管理工程博士,也是众多学子渴求的导师。1994年,我不太想继续读原专业的博士,于是去征求高山行老师的意见,他是我本科期间的辅导员,那时也在管理学院攻读博士。高老师建议我可以考虑读席老师的博士。征得了硕士导师郁永章教授同意和推荐,我鼓起勇气报考了席老师的博士,并有幸成为他比较早的博士生之一。

我读管理学博士的初衷,是想多学一些管理学的知识,为以后的工作提供助力。可入学后,我发现自己至少在以下几个方面准备不足:一是经济管理方面的知识积累不够。虽然为准备入学考试学习了几门相关课程,但知识体系没有建立起来,在讨论相关问题时基本无法提出自己的见解。二是思维方式有局限。以前学习训练的一直是工科思维和逻辑思维,面对管理学这样的社会科学,固守原有的思维习惯,已经不能适应学习需要。三是对攻读博士的难度认识不够清晰,缺乏对创新的明确认识。读博士,不是单单要学习什么,而是要能做出点什么,创造点什么新知识、新方法或新成果出来,否则是不可能毕业的。

---

① 柏杰,公务员(副司长),爱好网球。

换专业读博士很艰难，好在有席老师的耐心指导和同门的大力帮助，我逐渐适应了新的学习环境。经过四年的不懈努力，我终于在 1999 年夏天成功毕业。回想读博期间的点点滴滴，许多场景仍旧难以忘怀。席老师严管厚爱、言传身教，他关于什么是创新、如何创新、如何找选题、如何写论文、如何更好表达等的教导使我受用终身。

首先，席老师对创新有着独特的认识，并且对创新的要求很高。他关于"创新树"的比喻很恰当，毕业后我也经常引用。他说，每一个学科就像是一棵树，有其发展脉络和知识体系，有根系、有主干、有枝杈、有花朵和果实，你只有通过广泛的学习和阅读，摸清其脉络，知道别人做过什么、是谁做的、提出过什么观点，以及没有做过什么、发展方向是什么，才能够了解你所在学科的发展前沿，才有可能找到创新点。博士论文的创新就如同在这棵树上新长了一个枝杈，或新开了一朵花，或新结了一个果，而不是说，想到一个主意，不管别人想到过没有，有没有提出过类似的观点，就认为自己创新了。因此，要创新并不容易，不论是做论文，还是产品创新、制度创新，必须站在前人的肩膀上，这也是大多数人从事创新的主要路径。

不走这样的路，难道就不可以创新了吗？也不是。席老师说还可以栽下一颗新的种子，长成一棵新的大树，另辟蹊径建立一个新的体系，就像爱因斯坦提出相对论一样，这样的创新可以称为原始创新或颠覆式创新。这样的创新，十分不容易，要在对本学科的知识融会贯通的基础上开展，不是谁都可以做的，这需要脚踏实地，需要久久为功，这也是中国的科技工作者要勇于探索的方向。

其次，席老师对论文选题的要求是问题导向。席老师说，做论文要从问题出发，解决实际问题。问题定义、认识清楚了，就可以说问题已经解决了一半。我自己的体会是，做博士论文，与做硕士论文和本科论文有很大的不同。本科论文主要就一些成熟的东西重复做一下，用你掌握的本专业知识，通过做毕业论文提高相关技能，对创新的要求较低。硕士论文要有一点创新，但在选题上，基本上是老师定的，学生用一些创新的方法去解决相应的问题。博士论文要求高，主要体现在选题上，题目选对了，论文可以说完成了一半。博士论文的选题是在导师的指导下自己选定的，是否定这个题目、能否顺利完成论文，主要靠自己。学生要通过大量的文献阅读，聚焦社会关注的问题，寻找合适的选题。这就要找别人还没有做过的点，通过提出新的思路、模型，或者用新的方法解决问题，并创造新的知识。这就是典型的分析问题、解决问题的方法。

再次，席老师对论文的要求很高，激励我们不断突破自我。1998 年年末，我通过搜集大量数据，建立了国民经济投入产出矩阵，通过可计算一般均衡（CGE）模型，就养老保险筹资的投资方式对经济增长的影响进行了模拟分析，也得到比较好的结论，觉得应该可以满足毕业的条件，就高高兴兴地将论文交给了席老师。席老师用很短的时间看完论文，说我这篇文章进行了比较好的实证分析，但缺少理论上的创新，希望我再补充一下。听完之后，虽有一些失落，但与导师没有商量的余地，我也不想放弃。1999 年的春节，我没有回家，在第 11 个宿舍没有暖气的冬天结束时，写出了关于养老保险代际转移支付对经济影响的理论模型，达到老师的要求，并在夏天顺利毕业。对老师的高要求，那时心中并不一定完全认同，后来再看，也是一种财富，人只有被逼迫到一定程度，潜能才会爆发，只要坚持就会有收获。

最后，席老师指导如何更好地表达。一方面，他通过组织研讨会鼓励大家说出自己的观点，促进思想的碰撞；另一方面，他对大家怎么说，也提出明确的要求。他说："你自己写的论文，要学会自己总结。你可以用一句话说明白你论文的主要观点或结论，也可以用 3 分钟说清楚，也可以用 10 分钟甚至更长的时间表达，这取决于别人给你多少时间。此外，他虽然很忙，但对学生的论文都会认真进行修改，他的修改意见，对我们文字表达水平的提高帮助很大。

管理学院的学习生活是艰苦的，但通过席老师和管理学院的培养，我至少实现了三方面的提升，令我终身受益：

一是知识结构的不断完善。以前学的是工科，对经济社会如何运作基本不了解。通过管理学院的学习，我在自然科学和社会科学方面都有了较好的知识基础。

二是不同思维模式的交叉融合。以前的思维方式主要是逻辑思维，价值判断就是对和错。通过学习社会学知识，有了发散思维和批判性思维，对社会问题有了新的认识。比如，程少川师兄讲软科学研究方法，他说，解决问题的方法有两种，一种是利用常规方法把问题解决，另一种是换一个角度去看待它，可能就不是问题，问题也就解决了。这种思维方式，让我大开眼界。

三是创新意识的培养以及分析问题、解决问题能力的提高。通过做博士论文，我才真正开始了解到什么是创新，如何才能创新，以及如何分析问题并创造性地解决问题，这对于我以后的工作产生重大影响，并起到很好的促进作用。

是以为记，与大家共勉。

> **观思行录**
>
> 世界是复杂多样的，人生和事业也一样，多样性有利于创造。要想创造和创新，就应喜欢和包容文化的多样性，乐于在多样性中生存和相处，从别人那儿看到自己。如果只看到别人，就会失去自我；如果只看到自己，也会故步自封；只有善于融合和提升，才能走出更独特和更成功的道路。
>
> ——席酉民

36

体验"一日为师，终身为师"

刘晓君[①]

在我上大学本科时，时常听大我十岁的班长说一句话："一日为师，终身为师，我们当学生的要始终记着给我们上过课的每一位老师。"当时我对"一日为师，终身为师"这句话理解还比较肤浅，只认为在学校时老师传授的知识技能和为人之道能让自己受用终身，所以学生出了校门也不能忘了老师。直到我跟随席酉民教授攻读博士后，才明白"一日为师，终身为师"还有时间维度的另一层含义，那就是：在你走出校门后，老师也会时常记挂着你，仍然会继续指导、关心、帮助你。

1995年9月，我从西安建筑科技大学在职考入西安交通大学管理学院，攻读管理工程专业博士学位。求学期间，导师席酉民教授会亲自给我们授课，定期召开师生交流例会，率领我们赴企业调查研究，邀请业内著名专家学者给我们做学术报告，推介国内外高水平学术论著和期刊。席老师提出的大型工程项目多主体"和谐理论"，强调的组织行为学中的"机制设计理论"，以及在师门营造的自由平等的交流环境和严谨务实的学术氛围，让研究生们受益匪浅，也助力我1998年7月顺利取得博士学位。虽然我已毕业26年了，但席老师严谨的治学态度、深厚的理论功底、丰富的实践经验、谦和豁达的作风至今让我难以忘怀。

---

① 刘晓君，西安建筑科技大学前校长、二级教授。国务院政府特殊津贴获得者，陕西省先进工作者、教学名师、三八红旗手。人生信条是一息尚存，不落征帆。

1999 年，我回到西安建筑科技大学任教，立即投入管理学院亟待加强的学科建设工作中。鉴于席老师的学术影响，学院让我邀请席老师来学校做专场学术报告。我心中忐忑，很担心席老师会因公务繁忙而拒绝我，但没想到席老师满口答应下来，马上与我商定了时间。席老师如约来到西安建筑科技大学，不但给师生们做了一场精彩的《大型工程决策》学术报告，还对管理学院的师资队伍建设和软科学实验室建设提出了宝贵的意见建议。

2004 年，我作为学院申报一级学科博士点的负责人之一，邀请席老师对我们撰写的申报材料进行指导。席老师认真阅读了我们的申报材料，逐字逐句进行批注。他充分肯定了我们的学科建设成就，但同时告诉我说："你们管理学科的建筑行业特色很鲜明，但你们一定要在材料中将这一特色凝练好，充分彰显你们为国家土木建筑工程管理领域培养高层次人才的实力和水平。"按照席老师的建议，我们再次对申报材料进行了修改和完善。2005 年，我们在强手如林的激烈竞争中脱颖而出，顺利获批管理科学与工程一级学科博士点，结束了我们学校非工学科无博士点的历史。

2003 年年底，学校要调我到教务处任职，我怕耽误专业领域的教学科研工作，心里有些不大情愿。为此，我专门去咨询席老师。没想到，席老师很支持我参与学校的管理工作。他说："我们学管理的要学以致用，理论在指导实践中才能体现价值。双肩挑的教学管理岗位可以让你挖掘潜力，尽可能做到管理工作与教学科研两不误。"听了席老师的建议，我愉快地服从组织安排，迈出了人生征程上新的一步。在新的岗位上我发现了自己的未知潜力，工作能力得到同事们的充分认可，工作起来更加从容自信。2009 年，省委任命我为西安建筑科技大学党委常委、副校长；2016 年，省委任命我为西安建筑科技大学党委副书记、校长。我因此成为这所建筑老八校的第一位女校长。在我做校长的五年中，大学生创新大赛成绩、学科位次、科研到款等指标都显示学校的综合实力取得了长足的进步，我自己的教学科研团队也获得了国家自然科学基金项目、国家重点研发计划课题、国家级教学成果二等奖和国家级一流本科课程，基于科研成果撰写的两份咨政报告获得了陕西省时任省长的肯定性批示，真正做到了管理工作与教学科研两不误。

2017—2019 年，我主持了学校的绩效工资、目标责任考核等一系列改革。

为充分调动教师、教辅、行政、学生等各类人员参与绩效改革的积极性，我依据"和谐理论"，让所有师生员工享受改革红利，同时对教师实行绩效增量改革，尽可能保护曾经为学校发展做过贡献的老教师的利益，最大程度减少了改革的阻力。为了让各二级学院的绩效与学校的发展战略紧密关联，我依据"机制设计理论"，组织人事、教务、科技等相关部门出台了包含"人才培养""科学研究""师资队伍"等八个一级指标的学院年度业绩考核办法，发挥了业绩考核的导向作用，夯实了二级学院在人才培养、科学研究、学科建设和社会服务等方面的主体责任。

席老师调任西交利物浦大学执行校长后，经常在他回西安时召集在陕的学生畅谈，席间他也会情不自禁地交流他的治学理念和治校方略，每次同学们都如沐春风、耳目一新。2013年，我专程去西交利物浦大学看望席老师，同时请他谈谈中外合作办学的经验和体会。席老师在他的办公室热情接待了我，与我进行了长时间的交谈，领我参观了学校的教学设施，送给我一本刚出版的教学管理专著。至此，西交利物浦大学"塑造独立人格，培养生存本领"的人才培养理念和模式给我留下了深刻的印象。2015年，我开始组织学校相关部门全力申报教育部的中外合作办学机构。经过3年的不懈努力，2017年5月，我校与澳大利亚南澳大学合作的安德学院成功获批。安德学院是当时我国西部首个同时具有本科和硕士两个层次的中外合作办学机构。

2018年，教育部发文号召高校开展一流专业建设。为此，我再一次去西交利物浦大学拜访席老师，求教一流专业建设的关窍。到西交利物浦大学后，适逢席老师在期末放假前的总结会上用英语做报告，台下坐着来自世界各地的不同肤色的教师，教师们围坐在一个个圆桌旁，圆桌上摆着糖果、点心、饮料、咖啡，会场一派轻松和谐的气氛。看到这一切，我突然感悟到席老师时常讲的："好的专业一定要有乐意为教育付出的好教师。"西交利物浦大学一流专业建设不就是从全世界选最好的教师，然后让他们心情舒畅地安心教学？受此启发，我们在新教师引进和现有教师培养方面开展了大量卓有成效的工作。2018年至2020年，我校成功入选国家级一流专业27个，占65个招生专业的41.5%。我所在的管理学院，4个招生专业中有3个进入国家级一流专业序列。

毕业后的26年是我人生重要决策最多、也最需要高人指点的阶段。在此期间，席老师的指导如影随形，让我心里踏实，给我信心力量，也让我真正体验了"一日为师，终身为师"的深刻内涵，即它不仅是学生单方面记着这句话，还包括老师会在你离校后始终牵挂着你，在你需要的时候给你指导、给你建议，帮助你与时俱进、行稳致远。

观思行录

但凡"大家"者，并不觉得他们有什么了不起，普通人而已，只是勤奋和多思一些。也恰恰是他们的成功人格和个人魅力，使他们有更多机会了解实际、获取不同他人之看法，加上自身的勤奋和努力，以及智慧的放大，自然而然地成就了一番事业。他们的谦逊甚至谦卑常更衬托出其伟大！

——席酉民

润物无声，让每个人都拥有偏离轨道的勇气

吴淑琨[①]

看到席门通知，"教育何为"，好大的一个题目！如果问中国发展面临的前三大问题，教育必在其中，说不定还居首。席老师从教四十年，桃李满天下，又兼具体制内外的教育领导经验，对这个问题自然是有答案的，并且身体力行取得了丰硕成果。作为席门一分子，我入师门已三十春秋，华发早生，奉师门之召，值此机会，不由得回忆起以前的点点滴滴，写二三事以分享。

一、第一篇文章：言传身教，为师之道

入师门是 1994 年，跟随席老师读系统工程硕士。当时懵懵懂懂，也不知道研究该怎么做，好在当时席老师带的学生不太多，有更多的机会和老师交流，在耳濡目染中慢慢找到一丝感觉。1996 年，在《财经研究》上发表了我人生中的第一篇文章，当然今天要讲的不是文章本身，而是时至今日仍然能够清晰想起的拿到老师修改后的稿子的心情。当时在管院二楼席老师的办公室，老师把我几周前给他审阅的初稿递给我，上面凡是留白的地方几乎都被"席体字"填满，有黑、蓝两种颜色，飞舞的线条密密麻麻，"天哪，这还是我写的

[①] 吴淑琨，海通证券战略发展部总经理。

吗?"这是我的第一感觉,很多地方连标点符号都被修改了!估计席老师是不太会记得此事了,但于我却是无边的感动,并深深地在心里刻上师者的烙印。原本想把这份修改稿好好保留作为纪念,但非常遗憾的是,毕业后几经辗转,搬家若干次,也不知道放到哪里了。后来陆续发表了一些拙文,也时常向老师请教,每每受益匪浅,但第一次的感觉还时不时地浮上心头,鞭策自己养成了写作的严谨习惯。

三年硕士读完,只接触到了研究的皮毛,在读博士期间又陷入新的迷茫,且这种迷茫一直持续到博士论文选题结束前。在讲此事之前,需要谈谈当时我所感受到的管院风格。

二、管理学院:自由空气,事上练

战略所:自由"抬杠"

战略所在当时老管院五楼最西端,东边是老图书馆,前面是西花园,高大的梧桐树立在窗前。屋里几套桌椅、几个柜子,经常是三五个人或站或坐,高声讨论。他们有的是老师,有的是学生,有的既是老师又是学生。大家的讨论天马行空,或就某个题目、某个观点,抑或某件事,没有长幼、没有师生、没有组织,只是纯粹在讨论。我在其中年轻一些,颇有点年少轻狂的样子,这也得益于老师、师兄们的谦忍。这种状态大概持续了三四年的时间。现在回想起来,作为后进的我,这种氛围是我喜欢、愿意沉浸其中的,并从中受益良多。

席门独器:事上练

印象中我在加入席门的第一年就进入了课题组,第一个课题具体内容已不记得了,是一个企业课题,之所以还有印象,是课题需要去深圳调研,那是我第一次去深圳。在那段时间,学生中跟随席老师做课题最多的估计算我了,一个字就是忙,三个字是相当忙。说实话,做了那么多课题,大多数内容记不太清楚了,想起来的更多是一些小插曲。讲两个小故事,一次是1996年的夏天,席老师派张建琦老师(他也是在读博士,年长于我,我一直这么称呼他)带我去镇江扬中镇的一家企业承接课题,那好像是一家生产高低压开关柜的电器厂，在长江的一个岛上，厂子还蛮大的。我们先从西安飞上海，企业派车接我们从上海去扬中，我晕了一路，好几天才缓过来。神奇的是，此后我几乎再没有晕过车，这算不算是物极必反，否极泰来？还有一次，好像是为西安的一家国企做课题，我们事先做了详细的准备和调研提纲，在调研访谈阶段，刚问了几个问题就被访谈者直接打断，说你们这些问题都是书本上的，实际的企业运作不可能是这样的，当时气氛还是有点小尴尬的。到现在，记得更清晰的就是这些小事儿。

虽然已经想不起来大多数课题曾经的具体内容，但那段经历于我是十分珍贵的。席老师一般是不太管课题细节的，基本上是讲讲课题的背景、大致的框架，如果是企业课题则会介绍一下课题的内容，接下来是分工，在关键环节及结题时席老师会召集课题组讨论，其他基本并不怎么具体管，现在想来，这恰恰给了课题组成员锻炼的机会，或许是席老师有意为之。尤其对于我这样一个从书本到书本的学生，在做事的过程中自己去体验、去感悟，确实是难得的经历。后来自己也带团队，我会有意识地采取类似的方法，甚至只讲任务，至于怎么做，让项目组自己去想办法，几年下来，发现团队成员的进步很快，有的很快就能独当一面。

三、博士生涯：润物无声，豁然开阔

1997年3月硕士毕业，我继续跟随席老师读博士，1999年6月博士答辩，大概用了两年多点的时间。不知道这是不是师门中博士毕业用时最短的，反正当时应算是比较快的。回想起来，这与我博士论文的选题有一定的关系。

那时管理学院相对自由的空气，逐渐吹散了我对博士论文选题的迷茫。席老师对我选什么方向没有任何限制，我为什么会选公司治理作为研究方向？想来主要有以下原因影响了我：一是战略所天马行空的讨论，几乎每周都会上演，培养了我发散性的或者说批判性的思维和逻辑。二是大量的课题尤其是企业实践课题的磨炼，使我在潜移默化中对企业的运作产生了兴趣。三是偶然的一次机会，我接触到科斯1937年的名篇《企业的性质》，当时第一反应是："科斯二十出头的年纪为什么会写这样一篇文章？企业为什么会存在？这不是

理所当然的吗?"自己一下子对新制度经济学产生了浓厚的兴趣,我还记得当时三联书店出版了一套丛书,陆陆续续凑齐了全套。

当时管理学院对制度经济学尤其是新制度经济学关注的并不多,而国内对公司治理的研究更少,我国直到1993年才正式颁布第一部《中华人民共和国公司法》,我能顺利通过答辩,或许也有讨巧之处。之后国内曾掀起一轮公司治理研究热潮,而此时我已经博士毕业了。在做博士研究期间,席老师给予了很多指导,这得益于当时老师带的博士生还不多,再加上自己脸皮比较厚,时常去"叨扰",如此少走了不少的弯路。老师不会对具体问题发表过多的意见,主要是方向上的判断和把关,他的一两句话可能就会让我豁然开朗。在当时,管理学和经济学研究基本上是沿着两条轨道展开的,由于此前我对新制度经济学涉猎不深,学校的课程设置中几乎没有,对于是否能够把公司治理作为选题把握不准。我还记得把初步提纲交给老师时的情景,当我提出想把公司治理与公司管理放在一起研究并作为博士论文选题方向时,老师富有洞察力地指出这是一个方向,并鼓励我可以好好探索一下。这坚定了我的信心,老师的鼓励于我是一个莫大的助力。

老师对学生很宽容,五年间我几乎没有见过席老师对学生发过火,总是以其带有席氏风格的语言,或点拨,或鼓励,或支持。我的研究进行得比较顺利,虽然经历一些小波折,但还算顺利地完成了答辩。大概是前年,偶然收到一同事(西交大经济与金融学院在读博士)发来的微信,说他教授推荐了一批文章,其中就有我早年在《中国工业经济》发表的一篇关于公司治理的文章,说该文章是该杂志创刊以来被引用量最多的一篇。文章大意是说股权集中度与业绩呈现倒 U 形关系,股权分散或太过集中,都会影响公司治理的平衡,并进而影响到经营管理层面乃至公司业绩。当然之所以得到一些认可,个人以为其实还有一个原因,就是文章发表的时间相对较早。公司治理与公司管理作为一个硬币的两面,即使时至今日,两者的匹配性依然是中国上市公司面临的一个较为突出的现实问题——公司治理的"失衡"与公司管理的"失能",具体表现就是内部人控制与大股东控制。

再说一个小插曲,在论文答辩前,按当时规定博士期间需在规定期刊上至少发表三篇文章才能毕业。我当时没太注意,选了自认为写得还可以的文章,其中有一篇是 1998 年和席老师、柏杰师兄一起合作发表在《经济研究》上的，很遗憾的是，这篇文章被判定为不符合要求，科研处要求重新提交一篇，因为按当时规定《经济研究》不在学校规定范围内，好在还有别的，要不当时就不能顺利毕业了。当然这也不怪当时的审核老师，因为制度就是这么定的，想来学校的这个规定应该早改了吧。

四、师门"出走"：偏航，走自己的路

答辩前后，老师也来征求我的意见，是否愿意留在管理学院工作，我自是非常感激的。还记得在学校老行政楼老师的办公室，我和老师隔着办公桌面对面坐着，我对老师说自己在管理学院待了九年时间，想出去看看，席老师没有多说什么，对我的决定想来是理解的，那么多优秀的师兄弟姐妹，也不差我一个。我告诉老师，毕业后最想去的还是企业，当时想得很简单，在学校当老师、做研究，似乎一下子就看到头了，而且管理研究与企业的距离还是比较远，虽然相较其他同学，我很幸运地参与了不少企业的实践课题，但仍有一种隔靴搔痒的感觉，或许也是因为对学校生活太过熟悉，而更愿意去尝试陌生和追求不确定后的可能。不过毕业后我并没有直接去企业，而是进了博士后流动站。因为之前经席老师推荐，我参加了一个项目选拔，有幸被选中参加了徐淑英教授组织的香港科技大学"中国企业组织管理问题研讨班"，其中规范性研究方法论和公司治理等是关注的主要议题。在那里，我认识了香港科技大学和香港中文大学的两位教授，我们三人合作申请了一个公司治理课题，我是主申请人。如果直接去企业，课题就难以保证了，对两位教授也无法交代，而留学校又不是我当时心中所愿，于是折中后选择去做博士后，出站后还是毅然进了企业。

一路西行求学，有幸拜入席门，五年光阴荏苒，一朝东归辞师，遁入江湖不由己，廿五岁月华发如斯。除了偶尔参加过几次师门会议，工作基本上和学术不搭边，就更别说与老师的学术圈互动了，很是惭愧。九年交大、五年师门，给我留下的最大感悟，就是让我可以自己去选择未来要走的路，而老师已做了所有。在此，对席老师说一声："谢谢您，我的恩师！"

絮絮叨叨说这些，只是一些点滴回忆，或许在同样的环境中，每个人感受

可能不一样，甚至存在巨大差异也是有的，这只是我个人的体会，当不得真。教育何为，至少有两层意思：一是教育是什么，二是教育该怎么做。无论哪个都是仁者见仁、智者见智的事，话题大得即使长篇累牍也未必能说清楚，在此只是以跟随席老师那五年的切身体会，以及之后的工作实践，谈谈对这个庞大题目的认知，仅一孔之见，只供参考。

言传身教，努力做好自己能力范围内的事，让自己成为一个独立的人——有独立的人格、独立的思想。教育的本质是教化人心，做真正的人，做对自己、家庭、社会、国家有用的人。教育无须所有人都一样，一段时间曾流行的"教育产业化"误国误民。正如我们鼓励、崇敬英雄，但不能要求所有人都成为英雄一样，教育提倡因材施教，鼓励每个人成为独立的人，走各自的路，百花齐放。从自身做起，能力小的，就影响自己、影响家人；能力大的，在影响自己、影响家人的同时，还可以推动组织、社会乃至国家的发展。

事上练，知行合一，致良知。对美好生活的向往是所有人的共同心愿，这是人性。教育要让人成为独立的人，迈向良知的彼岸，在法律与道德的边界内去追求更美好的生活。王阳明提出要达到知行合一，唯有事上练，其实教育亦如此。教育是相互的，是教育者与被教育者之间的深度互动，甚至是角色的互换。长期以来，人们可能过于强调教而忽视育，忽视了别人告诉的道理其实都不是道理，只有自己在做的过程中体会、悟出来的，才能成为真正属于自己的"知"。我有个深切的体会，以前做企业课题时涉及诸如优化考核激励机制方面的内容，对当时的企业可能确实会有些帮助，但真正等到工作以后，自己成为被考核者乃至考核者时，才会发现很多东西与书本以及所谓的经验相差十万八千里，因为考核的出发点以及背后的人性是需要高度关注的。人性在很多时候是经不起考验的，出发点很好的制度，在执行过程中却背离了初衷，这种现象在实践中比比皆是。

润物无声，百年树人，说的就是教育。"好雨知时节，当春乃发生。随风潜入夜，润物细无声。野径云俱黑，江船火独明。晓看红湿处，花重锦官城。"教育要像风一样拂过人心，像雨一样浸润人心，让人的心灵能够在漫漫长夜、安静独处时获得感悟。

问题无处不在、无时不在，教育亦如此。不抱怨，不妄求，以平常心对待，从自己做起，从身边人做起，从能力范围内做起，这就是我从席门及后来实践中的一点感受。偶然看到孩子朋友发在小红书的毕业感悟，摘录一段如下：

> 留学四年带给了我什么？回想起来，最大的改变就是有了偏离人生既定轨道的勇气。我从小就是个严格遵守人生航线的小孩，早早被规划好了每个阶段的目标，自己也给自己不小的压力，总怕哪一步走错了就辜负了原先的努力，只要一停下就生怕是"浪费"了时间。
>
> 以前的我不敢停下努力的脚步，只要停下来就担心被落下，也容易陷入努力的尽头到底是什么的迷茫。
>
> ……
>
> 相比随波逐流……现在 21 岁的我终于意识到：我的目标不需要随波逐流，如果很想去做一件事就大胆尝试，The worst is a no.
>
> 虽然不知道未来我的职业落脚点是什么……也许还有别的可能……我知道我最终的选择只会是遵从我内心的热爱。虽然既定轨道上的努力还在继续，但是以前的那种迷茫感已没有了，对我来说这些努力只是为了让我在任何时候都能拥有选择退路的能力。
>
> ……

这或许就是教育的真谛！

观思行录

未来社会，职业的概念可能会被颠覆，人们不一定要把自己锁在一个单位里。未来的职业可能是基于现代技术平台、借助人工智能和机器人支持的，非常复杂、灵活的社会合作，即用你自己独特的价值赢得发展平台和人生空间。换句话说，如果你能在学习和持续创新的基础上把兴趣发挥到极致，就会有平台或职业向你走来！

——席酉民

| 38 |

认识自我，让认知更理性

陆晓鸣[①]

2024年2月，距离我博士入学正好三十年，这意味着席老师从事博士生指导工作也已满三十年。今天，响应师门的号召，我再次拾起笔，准备完成老师布置的"寒假作业"，就仿佛又回到了交大，回到了席老师和同门之间，那种熟悉与亲切感油然而生。尽管对"教育何为"的认识难免肤浅，但我的热情是饱满的。

1994年，我报考了西安交通大学的管理工程博士。那一年，席老师刚获得博士生导师资格，开始招收第一批博士生，我有幸成为其中之一。在席老师的悉心指导下，我不仅完成了博士学业，还实现了从基础数学向管理科学研究领域的转变，同时也从高校的基础数学教学与研究工作转向了实战性更强的券商研发工作。

人们普遍认为，有了良好的数学基础，转行做管理及其他领域的研究大有可为，其实不然，其中有自身的局限和困难。在数学的学习和训练中，我们注重的是数量及变量间的数量和逻辑关系，以及数量分析所体现的几何意义；但对模型中参数、变量及其代表的实际意义或它们之间的对应与联系，缺乏主动的认识和了解，进而也缺乏这方面的意识。这种训练和意识上的欠缺，会影响数学研究的继续深入，数学家也意识到了这一点。我读硕士期间，曾参加由北

---

① 陆晓鸣，已退休，1978级大学生。曾就职于天水师专、甘肃工业大学（现兰州理工大学）和广发证券。希望成为一个有趣的人，也愿与有趣的人交往。

大、复旦和中国科学院举办的、以在校研究生和青年教师为授课对象的偏微分方程研讨班。著名数学家李大潜教授在为期一个月的讲座中，讲的不是数学专题，而是以数学家的视角系统地讲了一遍大学的《理论物理》，而这正是偏微分方程及相关问题的产生背景和来源，这些背景知识和对问题来源的联想和思维意识，正是数学学者普遍欠缺的，这种欠缺也是数学专业转向管理专业的一大障碍。

在席老师的指导下，我开始弥补这一欠缺。席老师对我的指导是两方面的，一是管理理论和方法的学习，指导我建立管理背景问题与数量分析之间的联系；二是指导我认识和克服自身知识结构和认知的局限。

1995年，基于席老师的和谐理论研究成果，我完成了一篇新的和谐理论论文，并将其投向由中国科学院系统所和英国一所大学主办的"跨文化的系统方法论"国际会议，结果顺利被会议录用。会议论文作者主要来自中国、英国和日本等，收录的国内论文在10篇左右，其中两篇的第一作者是钱学森先生，其他几篇国内论文的第一作者都是像席老师一样的管理学科的领军人物或著名学者。在这篇论文写作过程中，通过学习和研究和谐理论，我开始领悟如何用数学的语言、方法来描述和解决社会和管理领域的问题，感悟在一些管理问题的数学表达中变量和参数所反映的管理的意涵及实际意义。

由于会议期间席老师人在国外，由我代席老师参会。到中国科学院系统所参会，我内心生出一点感慨：我硕士的研究方向是非线性泛函分析，而1964年第一届泛函分析会议就是由系统所的第一任所长关肇直先生发起和主持的，三十多年后，我有幸参加的"跨文化的系统方法论"国际会议也是由系统所主办，硕博阶段从事的是方向完全不同的研究，但都与系统所有交集，是殊途同归，还是学科交叉？

这次会议上我还遇见了来自英国的彼得·切克兰德教授。我来交大前就读过他的《软系统方法论》，来交大后，又读了他出的第二部专著（书名记不太清了）。有别于其他系统方法论，他的软系统方法论更注重对问题本身的理解和准确的把握。他认为，在处理利益、价值观等方面有冲突的社会问题时，鉴于人们认识的局限性，难以克服的障碍是人们对问题解决的目标和决策标准这些重要问题上的理解存在差异，甚至对问题本身的理解就有差异，因此解决问题的困难不只是如何解决问题，而是如何更确切地理解问题本身。

在对金融市场的分析中，也存在类似的问题。人们做出的对金融市场的判断和投资决策都基于自己的认知。理性地认识金融市场及其变化规律，是理性判断和决策的基础。但是，人的认知本身是有缺陷或者天然带有非理性的，这种缺陷和非理性，既有自身原因，也有受环境和情绪影响的原因。因此，金融市场与投资分析相关的研究或书籍一般分为两类：一类告诉你如何认识、分析和预测金融市场，为判断和决策提供依据；另一类则是分析认知缺陷和非理性是如何影响人的认识、判断和决策的，这方面的代表性著作是2002年诺贝尔经济学奖获得者丹尼尔·卡尼曼的《思考，快与慢》。在金融分析的世界里，同样存在着人们在努力认识金融市场的同时，认识本身就受制于自身的认知缺陷及非理性，在对金融市场的分析、判断和决策中，增强理性、减少非理性，市场才能更健康的发展。

回首这段求学经历，我深感教育的重要性。教育不仅仅是传授知识，更重要的是引导我们认识自我、理解世界。优秀的学生和教育者都需要不断学习、反思和进步，才能更好地理解自己和外部世界。同时，我们也需要关注自身认知的缺陷和非理性因素，努力让自己的认识更加清晰、准确和理性。

在认识自我和理解世界的道路上，教育无疑是我们最重要的伙伴。它如同一盏明灯，照亮我们前行的道路，帮助我们避开认知陷阱，从而更加理性地看待世界。在我的求学生涯中，席老师就是这样一位引路人。他不仅传授给我管理学的知识，更重要的是，他教会了我如何用一种理性的态度去面对生活中的各种问题。他常常告诫我们，要时刻保持清醒的头脑，不要被表面的现象所迷惑，要深入挖掘事物的本质和背后的逻辑。

这种理性的态度，对于我的学习和生活都产生了深远的影响。我开始学会用批判性的思维去审视各种信息，不再轻易地被外界言论所左右。我也开始更加注重实证和数据，用事实来说话，而不是凭借主观的臆断。同时，我也意识到，拥有这种理性的态度并不是容易的，它需要我们在不断的学习和实践中培养和提升。我们需要时刻保持一种开放的心态，愿意接受新的知识和观点，愿意挑战自己的认知边界。只有这样，我们才能不断地进步，不断地提升自己的认知水平。

在与席老师的交往中，我不仅学到了知识和方法，在如何做人、如何做事上也受益良多。席老师的言传身教让我深刻体会到了教育的真谛。他用自己的行动告诉我们：一个优秀的教育者不仅要有深厚的学术造诣，更要有高尚的人格魅力和对学生的关爱之心。

教育何为？作为一名管理科学领域的受教育者，本人于微观层面的感悟是：在学习如何认识外部世界的同时，也需学习认识自我。在教育受教育者理性认识外部世界的同时，我们同样需要引导他们去认识和接纳自身的感性面，理解自身认知的局限和非理性。只有理性与感性实现平衡，才能更好地认识自我，进而更全面地认识外部世界。理性地认识世界，并以行动去实践，同时不忽视感性的力量，避免盲目跟从，我们才能共同创造一个更美好的世界。而让世界更美好，不正是人类、更是教育所追求的最终目标吗？

观思行录

"透过批评的眼睛看，世界充满缺陷过失之人；透过傲慢的眼睛看，世界充满低贱愚痴之人；透过智慧的眼睛看，你会发现原来每个人都有值得尊重和学习的地方。"箴言受用，但人人都想拥有智慧的双眼、理性的脑袋，而智慧和理性在现实中却是稀缺的，所以才需要终生修炼，无论是在佛教的道场，还是在复杂的现实社会。

——席酉民

39

师道与悟学

井润田[①]

人生总会有很多次站在选择的路口，也有很多需要权衡的地方，但关键的选择可能就是两三次。我们可能在犹豫某个项目是否该申报，或者某个岗位是否该争取，但对我而言，这些或许都不算重要，错过这些选择我还会是现在的我。但我时常会想，若错过了自己的人生导师，真不知道自己现在会在何处，以及是否依然有机会从事自己喜欢的工作。

一、导师选择

我1989年9月进入西安交大上学。第一次听到席老师的名字，是在一次人文学院开设的哲学课上，那已经是32年前的事了。在那次课堂上，授课老师询问我们是否知道所在的管理学院里谁是学问做得最好的青年教师，当他在黑板上写下"席酉民"三个字的时候，我们都很茫然，毕竟本科生对学院的了解不会很多。虽然此事很快被大家淡忘，但却影响了我接下来的选择。到了大学三年级后半期，我们都已陆续开始找工作，突然得到消息，全国首次试点推免研究生，我有幸成为推免学生之一。欣喜之际，选择导师时我毫不犹豫填写了"席酉民"这一名字。因为已确定读硕士，所以本科学位论文也选择了席老师

[①] 井润田，上海交通大学教授，教育部"长江学者"特聘教授。现任中国管理研究国际学会主席，从事组织变革本土理论开发与研究。

指导。当时，学院管理系主任卫民堂老师告诉我，席老师要求严格，需要做好心理准备。

第一次与老师见面，是在学院战略所。那时已近深秋，老师穿着一件灰色风衣。开始我心里很紧张，但与席老师聊过几句话之后就不由轻松下来。老师给我介绍了当时正在做的三峡决策支持系统的相关研究，送我一本装订的研究成果资料册（现在还记得封面是蓝色），希望我能结合黄元舒师兄的毕业论文继续研究。有趣的是，为了第一次见面，我给老师买了一盒咖啡。但席老师告诉我心意他收下了，但钱不能我来出，于是给了我100元钱（远比我买咖啡的钱多），并叮嘱我作为学生没什么收入，以后不要再去买什么礼品了。从那刻起，我被导师的学识和为人而深深折服。

二、求学之路

我本科论文阶段就有幸进入当时前沿的管理研究领域，探讨中国传统文化对群体决策的影响。很难料想，这样的学术印记一直延续至今。当前，我自己依然在从事关于中国传统文化对组织管理理论开发的启示性研究。

与当下师弟师妹们有浩瀚的参考文献不同，我们当时做研究可以参考的参考资料很少，因此导师每次出国都会给我们带回来很多购买的或复印的文献资料，这成为我们了解国际学术前沿的重要渠道。

勤奋认真的态度，是我从导师那里学到的做学术的立身之本。老师曾经给我们讲过这样的一次经历：他当年在农村时，有次开着乡里的手扶拖拉机到西安市买肥料，浑身尘土，脚下穿着一双磨破了底的草鞋，路过西安外文书店时将拖拉机停下来就径直往书店里去，没承想却被店员挡住，并告诉他"这里不是你该来的地方"。这件事情老师讲得很平淡，但我相信当时对他的触动一定很大。老师是中国内地第一位管理工程博士，很早就有各种国家级奖励加身，这离不开他对学术锲而不舍和勤奋认真。也是因为自己当时的家境不好，老师这种勤奋上进的精神对我产生了格外深刻的影响，时时提醒我珍惜每一次机会尽全力将事情做好。

与席老师在
一次会议上合影

  1993年,我迈入研究生阶段,校园里Office系统还没有流行,文字编辑主要靠WPS和华光系统。当时去席老师家里,经常能看到茶几上摆放的打印出来并且被整齐裁减以后的文字小块。由于WPS和华光无法处理复杂表格,当时像国家自然科学基金项目这样的申报书内容就只能将一个个文字打印出来再粘贴上去;为了平整美观,粘贴时须用镊子和双面胶纸小心操作;有时为了工整,还会在粘贴以后再进行复印。我们很感谢师母,起初导师的许多论文和书稿都是师母一个字一个字录入的,即使在寒冬,师母也会在交大印刷厂的打字间里一刻不停地工作。当看到自己手写的本科论文成为铅字,发表在《决策与决策支持系统》期刊(《管理科学学报》期刊前身)上时,我非常开心。这是我发表的第一篇学术论文,极大地鼓舞了自己的科研兴趣和信心。现在,科研环境发生了翻天覆地的变化,环境越来越优越,但席老师身体力行传播我们的这种认真勤奋的做事态度却愈久弥珍。

  学会思考,是我从导师那里学到的最大本领。老师有个习惯,一旦有时间就会将自己对社会现象的思考记下来,并讲述给我们。从登机牌的故事里,我们知道了精细服务的无上境界;从刻意安排的返程航班的故事里,我们知道了

决策与决策支持系统
第4卷第1期　　　JOURNAL OF DECISION MAKING AND DECISION SUPPORT SYSTEMS　　　Vol.4 No.1
1994年　　　　　　　　　　　　　　　　　　　　　　　　　　　　　　　　　　　　　1994

中国传统文化与群体决策过程的研究

井润田　席酉民[①]　冯耕中
(西安交通大学战略与决策研究所)

【摘要】 本文讨论的主要问题是中国传统文化的特点、群体决策过程以及群体决策支持系统等三者之间的相互关系。文章首先对中国传统文化的特点做了阐述；然后从决策质量和决策效率两方面分析了它对群体决策过程的影响；根据其中存在的问题与GDSS技术的互补性，指出在中国传统文化背景下引入GDSS技术的必要性；文章在最后对于GDSS技术在国内应用中可能遇到的问题做了进一步的探讨与分析。

关键词： 群体决策，中国传统文化，群体决策支持系统

> 我与席老师、冯耕中老师合作的第一篇学术论文

市场竞争规则的重要性；从小孩子卖冰糕的故事里，我们学会了激励和监督的原理……这些平凡的故事，往往都富含哲理和管理智慧，都是老师在品味生活之后的思想凝练。后来，这些故事大多被收录于《管理之道：林投集》这本书里。我很喜欢这些故事，直到现在也经常将它们搬上课堂，让这些故事激励和启发更多的人。

多少年之后，我们明白以上习惯其实对解决管理研究知与行之间的矛盾大有裨益。当前，很多人抱怨管理研究与实践之间的差距问题，而这点是解决这个问题的思路。后来，在与Andrew H. Van de Ven教授合作中，发现他将此称为"入世治学"（engaged scholarship）的学术范式，即强调研究者进入现实的管理情境里去认识和反思，而我们在现实中得到的理论就是我们相信并应用的理论。

国内外很多人很佩服老师的一点是，他兼具优秀管理研究者和实践者的双重身份，而且他用理论研究指导他的实践。老师在西安交大做副校长时，管理的是学校最复杂的后勤，他采用授权机制将后勤工作处理得高效有序。今天回到母校看到整齐美观的餐厅和宾馆等设施，还会禁不住为老师对学校的贡献点赞。而我们走进西交利物浦大学这所中西合璧的校园时，无论在校园设计还是内部管理上，我们更是深深体会到"和谐管理理论"的影响。在研究里行动，在行动里研究，这是老师教给我们的为学之路。

三、为学之道

在席老师 2022 年出版的《管理何为：一个"理想主义"践行者的人生告白》一书里有这样一句话："你想活成什么样的人？……我一路走来，想来想去觉得没什么太多后悔的事，路就是这样走的。醒悟得稍微早点，你会走得更丰富多彩一点。"我们每个人或许迟早都会问自己这句话："你想活成什么样的人？"如果我们是在自己还有改变机会的时候，就醒悟到这句话的重要性，这对我们而言是一种幸福。"We only live once"，关于目标的认同会帮助我们减少人生中的很多后悔。我虽然没有像老师那样在 30 岁时就想明白这些问题，但也同样从这句话里获得很多启示。

如前所述，我们这一代研究者面临的是不断变化中的学术环境，难免要多走一些弯路，以上问题便显得尤为重要。博士就读期间，我从事的是管理科学领域的决策分析研究，1997 年 10 月博士答辩的学位论文题目是"国际贸易谈判中的收益模型"（图 3）。毕业后在电子科技大学工作的那些年，正是国内工商管理学科逐渐发展的时期，同时研究的规范化和国际化开始成为主流的评价标准。2003 年访问加州大学尔湾分校期间，我的研究开始转到组织行为方向，也学会了新兴的结构方程模型等研究方法，并与合作者 John Graham 教授在 *Journal of Business Ethics* 期刊发表了一篇学术论文。2012 年作为富布赖特学者访问明尼苏达大学卡尔森管理学院期间，我又有机会转到组织理论方向，学会了以案例研究为代表的定性研究方法，并与 Andrew H. Van de Ven 教授有了大量的合作研究。很开心，经过这些年不断尝试与调整，我终于找到自己最感兴趣的研究领域和问题。

作为老师，我们需要教会学生如何学习，而做到这点，我们自己需要先掌握学习的技巧。就像老师在《管理何为：一个"理想主义"者的人生告白》这本书里讲到的，我们当前所做的事情不见得是我们喜欢的，但只要不放弃探索和尝试，我们总会在不喜欢的事情里逐渐找到自己喜欢的事。有时会听到大家对当前浮躁的学术制度环境的抱怨，讲实话，我不太喜欢新制度主义理论关于"制度铁笼"的价值主张，其实每个人面临制度压力时都是有选择的能动性的，或多或少都有机会改变自己的生存环境。只是当人们相信了制度作为外部力量难以改变时，来自内心的求变想法和信念就会减少。或许这方面我们可以学点"陕西愣娃"的笨劲。有次听席老师聊起他对这个词的理解，我觉得挺有趣。这里"愣"可能有点贬义，通常是指"做事不懂得变通、愣头愣脑"，但事实上这也是"愣"的好处，"认死理、不认命"。就像路遥在《平凡的世界》里所讲到的："既要脚踏实地于现实生活，又要不时跳出现实到理想的高台上张望一眼。在精神世界里建立起一套丰满的体系，引领我们不迷失不懈怠。待我们一觉醒来，跌落在现实中的时候，可以毫无怨言地勇敢地承担起生活重担。"

经常和学生讨论一个问题：有没有想过五年之后的"possible self"？若没有这样的考虑，我们都只能忙在世俗的当下，也很难做好在许多同样看似有吸引力的机会选择面前的取舍决策。

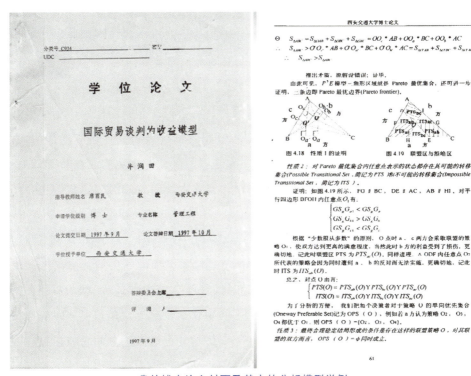

我的博士论文封面及其中的分析模型举例

2015年，我与徐淑英老师等一起开始在学院开设管理研究哲学课程，其中涉及管理研究的"相关性"（relevance）问题，我们希望告诉学生重视理论研究对现实问题的贡献。当然，学术研究应该兼听则明，有次看到《哈佛商业评论》对 James March 的访谈，我诧异了。在 March 看来，学者最大的乐趣是与头脑中的谜题不断对话，而不是首先去想象研究如何解决现实问题，他说："学术精神的特点之一是思想上的美，这甚至比相关性更重要；我们关心那些想法具有的某种形式上的优雅、慈悲或惊喜，即所有美的东西能给予人的。"在那段时间里，我一直在思考 March 为何有如此的认识，个人以为，作为大学老师，我们在研究上最应在乎的是内心的兴趣；作为研究者，我们能够享受学术自由，原因在于我们的内在需求总是比外部评价的要求更高。对我自己而言，转入组织管理领域的时间较晚，后来确定的研究选题又有点挑战性——"组织势"无论在国外还是国内都是企业管理领域的非主流研究问题，研究进展和论文发表方面也就更费力一些。有时自己也会想：这样的坚持是否有价值？或许因为走过一些弯路，反而对当前的选择愈加珍惜。我也更加清楚为何 March 喜欢以堂吉诃德期许学者研究，或许为学之道更像是一个自我挑战的游戏。March 关于大学老师身份的认识，也很值得我们借鉴："我认为自己是个老师。老师的幸福在于学生理解并占有了我们的思想，并视为己出。学生们是宝石，我的角色只是把它们磨光一点点。最后，我会被忘记，而他们还在那里。"席老师在《管理学家》（2011 年 2 月刊）有篇文章《我给大师当"老师"，大师给我当"司机"》，也讲到对 March 作为学者的欣赏，文章的最后一句话是："我不反对大家常怪罪于体制和管理问题，但从大师本身的努力，我们也会另有一些启示！"

"心中别有欢喜事，向上应无快活人"。想明白这些道理，我也愈加喜欢自己所从事的大学教师这个职业。教育的本质就是唤醒，唤醒学生沉睡的潜能和信心。回想当年，自己还是一名本科生的时候，就有幸参与老师《MBA 领导科学与艺术》一书的编写，书中讲述的很多领导学理论都无法用自己当时的经验去理解，但却激发我善用逻辑和想象去思考问题的习惯。这样的习惯逐渐成为自己后期在研究与教学上的能力来源，也不断唤起对一些看似抽象的管理问题的研究兴趣与理解。当然，能像老师那样做到唤醒是不容易的，虽然我自己带学生时也在努力尝试。如同心理学所揭示的，信任首先是以信任者个人愿意担当一定风险作为代价，因此唤醒或授权总是一门看似简单但却不容易做到的艺术。

四、启 示

在本科的前三年，我学到的更多是知识；之后进入席门，我收获的是为学和为人之道，此时，师道风范对我的影响是伴随一生的。当年，老师曾经给我们打过一个比方：人生成长就好比面对一扇单向玻璃，向前看总是看不透、模糊的，向后看却是路径分明、清晰的，而老师就是不断指引我们穿透那扇玻璃的引路人。后来，我到了电子科技大学和上海交通大学工作，每次面对一些行政成长或学术成长之间的选择、一些本土研究或国际主流研究之间的取舍时，都会心生情境中的困惑，当年求学时的历练总能适时地帮我解惑，在一些重要的决策问题上我也总会再咨询老师。

"仰之弥高，钻之弥坚。瞻之在前，忽焉在后。夫子循循然善诱人，博我以文，约我以礼，欲罢不能。"我相信，在朴素的师生关系里，我们每个人都能体会到成长，也收获到幸福。

观思行录

对管理来说，实践者应该追求做有理论的实践，研究者要争取做有实践的理论。换言之，实践时一定要有理论支撑，研究时一定要有实践背景。

所有理论都有价值，关键是怎么看待理论。简单套用理论解决问题，可能会发现理论没用；但若借鉴理论，提升管理，理论就会有用。

——席酉民

以学生为中心的开放式教育

学习席老师的教育理念

张建琦[①]

1990年至1998年,在席酉民老师指导下,我先后完成了硕士和博士学业。1999年2月,我加入中山大学岭南学院,先后担任过岭南学院经济管理系主任、岭南学院副院长。在理论研究方面,迄今发表中英文论文逾百篇,主持国家自然科学基金和社会科学基金项目多项。在社会实践方面,我先后担任广东省人民政府参事,第十、十一届广东省政协委员,第十二届广东省政协常委兼经济委员会副主任,并兼任过多家上市公司独立董事。之所以能够取得这些微薄的成绩,是和在校期间席老师的培养和熏陶分不开的。

一、面对社会实践的问题导向型管理学教育

迄今为止,社会上对管理学教育和研究仍存在种种诟病。"商学院能培养出企业家吗?""管理学能够真正指导企业实践吗?"如此种种疑问,不绝于耳。早在1990年我们刚入校时,席老师就告诫过我们:管理学的教学和研究一定要面对实践,以问题为导向。而这一问题在近十年才引起管理学界的重视。在校的近八年时间中,除了积极指导学生进行理论研究,席老师还非常重视和鼓

---

① 张建琦,中山大学教授、博士生导师,1978级大学生。曾任中山大学岭南学院副院长,十二届广东省政协常委兼经济委员会副主任。努力做一名合格的教师,热爱旅游。

励学生参加企业实践和开展现实问题研究。毕业后，我每个月都会到企业进行调研，以捕捉现实中存在而理论尚未发现和解决的问题，这让我二十多年来的理论研究选题都来自企业实际。这一习惯也保持至今。

在校期间，我先后参加了席老师主持的多个横向课题，如交通部"黄河经济运量预测"项目，我和郭干慈教授、朱琳菊同学一起前往山西、青海和甘肃等地调研，不仅完成了课题研究，而且了解了当地的社会文化和风土人情。和柏杰同学一起参加了"西安煤炭设计研究院发展战略研究"，和吴淑琨一起参加了"西飞公司发展战略研究"。

让我印象最为深刻的是，在席老师的指导下，我和井润田、吴淑琨同学及杨民助老师一起参加了"江苏阳光集团战略研究"。我们当时在江苏扬中市驻场一个多月时间，席老师也不时地到现场指导。在一个多月的调研中，我们深入了解了企业的运行情况，和企业主要领导进行了多次面对面的深入交流，大家提出了许多有建设性的意见，受到了企业的好评。在席老师的指导下，我们圆满地完成了这一研究课题。这项课题研究不仅使我们深入了解了真实的企业运营，也为我们后来的教学研究工作打下了深厚的实践基础，还增加了我们这些学生的社会阅历和彼此之间的友谊。其间发生了许多趣事，至今仍历历在目。当时我们住在阳光集团招待所里，有一天，前台服务员在走道里冲着我们住的房间大喊："有人电话找一个姓'顶'的！你们这里有姓'顶'的吗？"大家四目相觑，无言以对。我是陕西人，突然想到陕西一些地区"井"的发音和"顶"不分，赶紧上前接过电话，原来是井润田的家人要找他，于是赶紧敲开了井润田的房门。此事逗得大家捧腹大笑。还有，我和吴淑琨师弟从扬中市返回西安途中，由于没有在火车站规定的停车地点乘出租车，结果被一个小混混骗了70元钱。在那个年代，70元对学生来说也不是一个小数目。我和吴淑琨感慨："两个博士生竟然被一个小学生骗了！"确实，离开实践，仅仅待在象牙塔里是无法适应社会的。

二、以学生为中心的开放式管理学教育

我在硕博期间，另一个深刻的感受是席老师给了学生充分的发挥和成长空间。席老师并不干预学生选择具体研究方向，而是让学生最大程度地发挥自己

的专长和主观能动性。即使毕业论文选题，席老师也鼓励学生自主选题，但绝不是放任自流。应该说，席老师总是循循善诱，给出指导性意见，最终和学生一起确定选题。在毕业论文写作过程中，席老师在每一阶段都会和学生一起讨论，而且经常是在席老师的家里进行讨论。在宽松温馨的气氛下，席老师一般会提出许多既有挑战性又有启发性的意见，并提供诸多参考文献，鼓励学生自主解决理论性问题。我的硕士和博士论文就是在席老师这种启发式的指导下完成的。

看看今天席老师为西交利物浦大学的学生创造和提供的学习条件和环境，就知道他是如何秉持开放和自主学习的理念办好国际化大学的。我的一个亲属的孩子在西浦读建筑学本科，录取之前我并没有告知席老师，当看到席老师签名的录取通知书后，就像当年我拿到录取通知书一样高兴，立刻拍照发给了席老师。这个孩子现在已经在英国利物浦大学读大四了。她告诉我，西浦的学生在国内就是外教直接授课，学校里有多种多样的创新创业活动和博雅教育课程，提供全人教育，促进学生全面发展。学生在校经过考核后可以自选专业，大二之后就可以到英国利物浦大学进行"2+2"学习，毕业后还可以在英国攻读研究生。看看今天西浦的学生，我的羡慕之情油然而生。

席老师的教育理念对我毕业后二十多年的教学科研工作带来了深刻影响。我在承担博士生、硕士生（包括EMBA、MBA）及本科课程时，都会让工作人员提供每个学生的背景资料。根据学生的整体情况，我会对不同层次的学生提供不同教学内容，以学生的需要为中心，为其今后的发展打好基础、提供帮助。在指导研究生的过程中，我也鼓励学生根据自己的研究兴趣阅读文献、自主选题，以及鼓励学生出国访学，并和国外的教授共同指导学生的毕业论文。对于经济困难的学生，我都设法寻求捐赠，资助学生完成学业。在毕业后的二十多年里，我已经指导了七十多名学术型硕博研究生完成了学业，其中博士生大多数在高校从事教学科研工作，并取得了高级职称。

回想起来，自己之所以能够胜任教学与科研任务，很大程度是席老师当年的培养和影响的结果。同时，我也相信，席老师的教育理念也将在西浦的教育中进一步发扬光大，开中国高等教育之先河，造福中国学子，为中国的高等教育发展做出积极贡献。

观思行录

世界日益复杂多变和模糊,我们常会面对陌生甚至不解,迎接挑战难、预测未来更难,此时我们可能会变得生涩和不安,但学习可使我们安然。以学生的心态,去学习和体验这个世界,理解如何与之相处,再加上积极乐观的心态,持续努力的坚韧,我们便有机会享受陌生的惊奇、复杂的多样、模糊的精彩、奋斗的刺激……

——席酉民

41

思维养成与文化传承

师傅带徒弟？

冯耕中[①]

2024年龙年春节前，欣闻我的师傅席酉民教授在师门发起"教育何为"主题著作的撰写工作，真心为师傅推动中国乃至世界教育发展的初心而感到敬佩和自豪。正在思考如何下笔的时候，席老师发来信息："望你根据自身经历、感悟、经验、认知、反思，一起为教育进步发声献策。"

说起和席老师的渊源，要回溯到1988年。当时，我在西安交大的中加MBA班攻读硕士学位，年少的我向导师汪应洛教授申请研究任务、提出提前毕业的无知想法，因而有幸进入了"七五"国家重点科技攻关项目"三峡工程综合效益利用研究"（75-16-07-03）团队，在席老师的直接领导下开展科研工作。由此，我在西安交大有了三位影响我一生、有知遇之恩的老师：导师、恩师和师傅。导师，汪应洛院士，我的硕士和博士导师，指导我完成学业和不断成长；恩师，我的本科毕业设计指导老师，计算机科学与工程系的陆丽娜教授，帮助我在落难之际从计算机领域转入管理工程领域；师傅则是朝夕相处、手把手教导我的席酉民教授，我和席老师的相处与古代师傅和徒弟的相处非常相似，这是我内心深处对我们关系的真实理解。

---

① 冯耕中，西安交通大学管理学院院长、教授。追求理论与实践结合，希望做一个善良、正直、对社会发展有价值的人。

1987年，我进入管理学院攻读硕士学位，之后继续攻读博士学位并留校任教。在长达37年的时间里，我深受管理学院优秀文化的熏陶和汪应洛院士、李怀祖教授等老前辈们的影响，特别是在刚踏入管理学科大门的初期，承蒙席老师以师徒方式给予教诲。今天撰写此文，思绪万千，虽然字数不多，但颇感责任重大。我更想结合自己的师生相处经验、成长经历和从教工作体会，对学生能力的培养、做好一名管理学教授以及建立师生关系几个方面谈谈体会。

一、管理人才应注重软实力的培养

思维决定高度。从一个人来讲，决定其成长和长期成功的要素有两大类：一是硬实力，即技能；二是软实力，包括思维（思维方式）和文化（个体素质或素养）。我们今天的各类教育，太过注重硬实力的培养了。例如，怨声载道的课外补习，大家想想都在干什么？就我的理解，对人的一生影响最大的却可能正是软实力的建设，而目前我们的教育中恰恰对此比较忽视。也许不是每个个体故意所为，而是社会群体的集体行为，造成了目前教育所面临的社会困境。

我相信大家已经达成共识，由于信息技术的快速发展和应用，书本知识的淘汰速度正在不断加快，很多知识的学习已经可以很方便地来自电脑和手机。在人工智能时代，很多技能性的知识已经相对容易学到，但是思维和素质培养却仍旧耗费时日而且不太容易做好。这正是今天教育所面临的重大挑战。

围绕学生软实力的建设，我的理解是应从系统思维、经营思维和文化素养三个方面展开培养。

首先，应该加强培养和塑造学生的系统思维。系统思维是什么？我认为至少包含以下三个方面的内容：

一是战略意识，即着眼未来发展。改革开放之后，源于钱学森先生倡导的系统工程，我国管理教育得以恢复重建。汪应洛院士作为全国管理学科的引领者，率先撰写和出版了《系统工程》教材，这本教材多次再版，影响了一代又一代的管理者。这门课也是我读硕士学位的一门核心课程。进入三峡工程项目团队后，拜读了席老师的著作《大型工程决策》，听席老师讲得最多的就是系统工程的各种应用和大型工程的组织实施。我从系统工程课堂学来的知识，逐渐与实际工作形成了联系，并进一步认识到系统工程不仅仅有技术和方法，更重要的还有思维方式。也许是席老师把系统工程思维方式融入了战略管理课程的缘故，耳濡目染，我开始有了粗浅的战略意识。我非常欣赏席老师讲的一句话："我们应该有伟大的目标和理想，这些目标当时在大多数人看来是空想，只要我们目标明确、坚持不懈，今天实现一小部分，明天实现一小部分，几年后大家眼中的空想就变成了现实。"正是这种思维下的战略实践和方向感，西交利物浦大学在席老师的领导下已成为大学中的佼佼者。

  二是全局意识，即了解系统全貌。在西安交大管理学院，无论是老师还是学生，在阐明思路和观点的时候常常会画系统框图来表达。在图上，各种要素及其之间的各种关系都要清晰地刻画出来。我自己就有一个略显奇怪的习惯，用手机或电脑时，即使字体再小，也总希望屏幕上的内容尽可能全面，看不到全貌心里就会极不踏实。慢慢地我意识到，这是要第一眼看到全局。正所谓系统大局装在心里了、看全了，在具体工作中才不太会顾此失彼。

  三是历史观意识，即从历史长河中理解未来。在三峡工程项目研究期间，我们的一位同学在席老师指导下做了一篇硕士论文，梳理三峡工程从概念提出到当前的历史决策过程：民国时期各个重大决策事件是怎么回事儿？1949年后各个阶段对三峡工程的考虑和争论是什么？等等。希望从完整的历史总结中提炼出富有价值的管理启示和决策建议。非常遗憾的是，这篇论文当时并没有得到教授们的认可，我们这位同学的毕业遇到了一些挫折，他的论文在调整后才通过了毕业答辩。这个事情给我留下了深刻的印象。之后很多年，随着自己年龄的增长，我才理解席老师做出此项论文安排的用意及价值。当然，最近的两项工作让我对学术研究的历史观有了更深刻的体会：一是我们组织力量研究中国管理学科的发展历史，希望对学科发展规律有深刻的理解以指导未来；二是基于过去二十多年我在大宗商品流通和电子商务领域参与政策制定、企业实践、持续研究的经历，思考中国平台经济的发展规律和未来发展路径。我越来越认识到，正所谓鉴往知来，我们认识问题一定要从历史长河中去寻找规律，这样才能更多地对未来发展有清晰的理解。正如习近平总书记2023年6月在文化传承发展座谈会上所讲的："如果不从源远流长的历史连续性来认识中国，就不可能理解古代中国,也不可能理解现代中国,更不可能理解未来中国。"

由上可见,系统思维形成战略意识、大局意识,它决定了人的方向感。习近平总书记也曾指出:"系统观念是具有基础性的思想和工作方法。"这进一步说明了系统思维的养成对管理人才培养的重要性。

其次,应该加强培养和塑造学生的经营思维。在我的理解中,经营思维并不是仅仅与经商办企业有关,它的核心包括问题意识、资源统筹意识和客户服务意识。

在参加三峡工程项目研究的时候,席老师给研究团队成员多次讲到的一个词,就是"问题导向"。1991年我和席老师在《科研管理》期刊发表了一篇文章,题目为"软科学研究中应处理好的十个关系",其中第七条就是关于问题导向与方法导向。该文明确提出,所谓问题导向,是强调在遇到问题时,首先思想上不要有任何框框,而是用系统的观点分析问题,弄清问题的来龙去脉和前因后果,找出问题的症结,然后研究解决问题的途径和方法。在1991年我和席老师还合作编译了《创造性开发:创新之道》一书,里面讲述了很多关于功能固化制约创造性思想的例子。正是在学生阶段的这种熏陶,我固有地形成一种理解:问题导向的思想有利于创造性思维的形成,我们做任何事情都要有问题意识。问题导向首先保证了目标和方向是对的,失去问题导向就容易犯方向错误,出现越用力效果越差的局面。从后来我自己指导学生的亲身体会看,培养学生的问题意识是非常重要的。

还是在三峡工程项目研究期间,有一次我代表席老师去参加国家科委主管部门组织的项目协调会,在这次会议上,与三峡工程决策支持系统相关的各家单位都参加了。我们和华中科技大学团队都分别开展了三峡工程决策支持系统总体框架的研究工作,所以会前主管领导给我和华中科技大学的负责老师分别交代,希望我们讲讲参会各家在三峡工程决策支持系统建设中分别做些什么、如何配合完成大系统的建设任务。不幸的是,我们两人均没有按照主管领导的意图去讲,只是分别讲述了自己所做的工作。会议刚一结束,我俩就遭到主管领导的严厉批评。返校后,席老师并没有责备我,而是帮助我分析应该如何理解此事。既然我们从系统总体结构设计上入手进行研究,实际上就要扮演总体协调组的角色,要能够统筹协调各家的资源,组织大家步调一致地前行,这样就可以以四两拨千斤的方式完成大项目的研究工作。而正是我们的无知,这次会议没有达到开会的预期目标。此事给我留下了深刻印象,也正是因为这次的失误,我的脑海里种下了"统筹资源"的种子。今天,我常常给团队成员提出要求:我们如何做到一个人完成一百个人的业绩?没有资源统筹能力,何来重大工程任务的完成?

我想说的第三点是服务意识。这里,我用客户服务意识来表述学生应该培养关于商业模式的习惯性思维。在席老师的领导下,我从学生期间就参与了多项运作方案的设计工作,以及之后多年的创业活动,让我对商业模式有了比较深刻的理解。在任何事情启动的时候,我常常用商业模式的三个问题来提问,问自己和问团队成员:你的产品和服务是什么?你服务的对象是谁?你的盈利模式是什么?从实际工作看,如果在开始的时候这三个问题能够回答清楚,大概率事情会做成功,否则失败的概率就比较大。我们在和很多团队交流时发现,多数情况下他们或多或少是不清楚这三个问题的,并没有自觉的思维习惯去形成商业模式画像。服务意识的养成对各个层次的人员工作都有实际价值,所以培养服务意识的意义就不言而喻了。

从上述三个方面看,经营思维有助于构建有效的行动方案,它决定了一个人的执行力。

最后,应该加强培养和塑造学生的道德素养。我们常说,做事先做人。一个人道德素养的形成,是其成为社会有用之才的基础保证。文化传承,培养有用之才,是我们教育的重要使命。

众所周知,西安交通大学管理学院拥有两个国家双一流学科,为改革开放后中国经济社会的发展做出了重要贡献。几年前,我们思考管理学院取得成就的原因时,深刻体会到:在汪应洛院士领导下形成的管院文化——"开放、创新、包容"——是管理学院走向辉煌的重要条件。汪老师具有的海纳百川的宽广胸怀,造就的包容文化,使管理学院及其学科凝聚了巨大的力量。在20世纪80年代初期,我国管理学科恢复重建,西安交大管理学院最早的一批教师来自机械工程、计算机、自动控制、动力工程、数学、经济学等多个学科,正是这支"杂牌"队伍使管理学院逐步形成了独具特色、符合我国国情的管理人才培养体系。与导师汪老师的朝夕相处,让我理解做人要包容,一个单位或一个组织如果用一个指标或一把尺子来衡量每一个人，不容忍大家的多样化发展，这个单位或组织一定是缺乏活力、令人担忧的。

1991年，我和席老师翻译出版了《伦理管理的威力：处世之道》一书。书中译序写道："大家对经济社会生活中的欺骗行为感到愤慨。一些人为了达到目的不择手段，走后门、索回扣、行贿受贿事件已成为街谈巷议的重要话题。人们关切着如何才能将正直唤回人间，期盼着社会风气的好转。"这本小书以讲故事的方式讲述了"正确"与现实冲突的问题场景，系统阐述了应用于个体和组织的伦理威力的五要素及其实施。今天再次阅读此书，对伦理管理又有了进一步的体会。一辈子只做正确的事情，并且正确地做事并非易事，我们都经常会陷入伦理和道德困境。保持初心，心中少些"小我"、多些"大我"，应该是管理人才具备的基本素质。

简而言之，个体素质和文化素养是一个人走向成功的重要条件，教育培养人就首先要在此方面发力并有所作为。

二、管理学教授应身体力行融入企业实践

席老师主持西交利物浦大学的工作，在教育创新发展方面取得了令人瞩目的成就，最近几年他还出版了多本关于教育和人生成长的著作。我相信席老师在很多人眼里是一位特立独行、敢想敢说、极有特点的管理大专家和教育家。

而我这个徒弟，身上自然也有了一些另类的特征。1990年，我留校攻读在职博士，学校人事处老师凉薄的话语，改变了我这个热血青年的成长道路，之后与创业和企业运营有了亲密的接触，成为深入跨界到企业的管理学教师。应该说，这种路径的改变，外界环境产生了重要的作用。

1994年年初，在博士毕业后不久，我作为企业总经理办公室主任参与策划和建设耗资巨大的美国乐园项目，其中包含了两个18洞的高尔夫球场；1996年和1997年，在一家香港上市企业中带领十余人的团队（独立研发部门建制）按照创业计划研发IC卡成套系列产品；2000年，电子商务热潮兴起，我转战进入物流和大宗商品流通领域，主持制定了国家标准，与合作伙伴发起创办了年交易额过万亿元的电子交易中心等多家企业，也经历了创业濒临破产、起死

回生、创造辉煌的过程；2010年之后，我全身心回到管理学院，又有了教学、科研和行政管理方面的进一步的经历。

正是这种学校、企业和政府政策制定的跨界成长经历，我对教育特别是管理人才的培养，有了一些自己的理解。在高校里，目前有个几乎是普遍的认识甚至管理规则：年轻的时候是出成果的时间，所以年轻教师应该集中精力搞研究、出文章，少做教学等其他工作。这个认识对技术类学科可能是正确的，但是对管理学科还能够继续正确吗？目前，我们的国际文章发表已经做到了世界排名前列，但是有多少中国的实践是在学术研究指导下完成的？我有个体会，在相对稳态的社会里，问题常常是微观的；在剧烈变化的社会里，关键问题往往是战略性的，而战略问题是比较难以用定量模型来刻画的。所以，我在全院大会上讲过一句希望大家思考的话："管理学者不等于管理者。"

得益于自己的创业经历，我最大的收获是管理学知识变"活"了。无论和执掌多大规模企业的企业家在一起交流，我没有陌生的感觉，会以平等心态展开讨论，甚至产生共同语言。这一点，我认为对于一个管理学教授来讲非常重要。所以，这也是我更喜欢MBA和EMBA课堂的原因所在，老师和学生可以有更多的来自实践的问题进行研讨。

2018年元旦左右，在个人预料之外，我接受学校的安排，承担了管理学院的行政管理工作。之后与学校组织部的交流中，我曾提出过一个大胆的设想：管理学院既然是管理专家的群体，管理学院的院长可以考虑轮流做。我的体会很简单，管理学教授应该有实践体会，不能纸上谈兵，自己所在的学院也是一个练兵场。

三、师徒关系是软实力塑造的有效途径

关于本篇文章题目的拟定，我颇费了些时日。也正是在思考主题的过程中，我把自己平日的一些感受和人才培养的体会进行了梳理。教育何为？我们常说教书育人，如果说教书是教硬实力（技能），那么育人就是培养软实力（思维和文化素养）。结合我自己的经历和体会，既然主题是软实力建设，那么"师傅带徒弟"就是一个非常有效的途径和方式。

1990 年前后的那几年，可以说，席老师走到哪里就把我带到哪里。因相关的科研工作和学术发展，我们常常去国家科委、国务院发展研究中心等国家宏观战略部门访问，聆听各位大专家的见识和观点，了解重大政策的分析和国家改革开放发展的思路。我们见证了国家自然科学基金委员会管理学部成立的策划活动，见识了在三峡工程项目上各个领域大专家的非凡作为。应该说，我的学术眼界就是在那个时候有了雏形。在日常，受席老师的领导，我承担了战略与决策研究所的多项日常行政工作，如报销、会务联络等；还参与了中国系统工程学会青年工作委员会的成立和秘书处工作；以及在西安系统工程学会设立公司性质的机构并开展创业活动；等等。每每遇到问题和困难，如实际工作受到政策制约难以推进时，我都会去找席老师讨教：为什么会有这样的政策？如何破解面临的制约？等等？正是这些历练，以及师徒间的不断切磋，才使得我在后续的独立工作中有了更多的决策判断和可操作策略。

因此，我认为，对于软实力的塑造，身边人、身边事、环境至关重要，教师的身体力行、言传身教很关键，这恰恰就是"师傅带徒弟"能够表达清楚的意思。

结束语

在即将落笔之时，我想说的是，作为一名高等教育工作者，特别是管理学院的教授，我们应该有培养对社会有用的高层次管理人才的使命感和责任感。陕西一位知名企业家讲过一句话："搞好一个单位需要几代人不懈的努力，搞垮一个单位只需要一个人就够了！"可见管理人才培养的重要性。作为徒弟，我更希望自己能像师傅那样，对未来发展少一些随波逐流、多一些有益的探索；在人才培养上，再多一些言传身教和亲身示范，在学生为人处世上再多给予一些关注。

2023 年，我们思考西安交大管理学院的未来发展，对学院的特色形成初步总结，概括为三点。一是人才培养观：管工结合，数理基础，工程驱动，系统思维；二是学术研究观：问题导向，多维定量，系统建模，交叉创新；三是社会服务观：胸怀大局，勇于担当，开放包容，跨界融合。作为学院承前启后的一代人，希望我们通过努力奋斗，在汪应洛院士和前辈们开创的系统管理学科做好传承创新，为国家的繁荣昌盛做出更大的贡献！

本文关于管理教育的思考和体会，仅为个人观点，权当抛砖引玉之讨论。

> **观思行录**
>
> 要确保事业发展和使命践行，需善于融合东西方智慧，擅长站在对方角度想问题，因为合作者间尽管会有博弈，但不是输赢关系，而是要设法构建"win-win-win"格局。
>
> ——席酉民

教育工作者要先成为合格的教育体验者

王济干[①]

1986年，我进入西安交通大学管理学院读书，有幸结识了许多老师，更幸运的是拜席酉民教授为师。听席老师的课，看席老师的书，有两个内容使我受益终生：一是系统方法论，二是和谐管理。

我几十年的学习与工作既充满学习、思考、感悟、实践，又经历努力、进步、困惑与曲折，一直在学生、教师、管理者与领导者等身份和思维之间切换。

我有四十多年的高校工作经历，从若干具体的管理事例、零星的点滴体会，到较为理性的提炼思考，再到价值层面的反思，体会感悟颇多。在此，想和大家简单分享一些，一来给席老师汇报，二来请席老师和诸位同门指教。

一、我们要培养什么样的学生

2009年，我在河海大学分管学生工作，从工作职责上讲，主要是学生教育与管理。在大学里，大家都自然地认为最熟悉的便是学生工作，因为教师或管理者大都上过大学，知道学生工作主要是关注学习、教育管理、生活保障、身心健康等，对学生发展的规划大多是学业、交往、管理能力等。记得我在准备

---

① 王济干，江苏科技大学原党委书记，水利部人力资源研究院院长，河海大学商学院教授、博士生导师。1977级大学生。致力于管理理论与实践的双向促进。

第一次学生工作例会时，提出两个问题供大家讨论：一是我们要培养什么样的学生，二是我们如何培养这样的学生。二十几人各抒己见，竟将例会开成了研讨会。林林总总的内容，让我印象深刻的问题与结论主要有：这是一个难以完整陈述的复杂问题；重要的是追求卓越的教育理念；关键的是建构面向实际的工作模式；要着力培养具有各种特质的、具有现代意识的大学生；等等。这一次例会也使我确立了研究和实践的目标：系统研究并回答在实践层面上"培养什么样的人""如何培养这样的人"两个问题；努力把先进的育人理念落实到具体的工作之中。

2009年下半年，我组织了一支由学生处工作人员、学院副书记组成的十多人的研究小组，从系统收集、阅读有关素质教育的研究论文，系统梳理学生教育管理中的各类问题，以及系统评价学生工作的制度政策和绩效着手研究。讨论的具体问题有：优秀学生的基本特质有哪些？好的学业成绩、硬的思政表现、强的交往能力，三者应如何排序？学生的优秀特质是如何传递和转化的？关于若干种工作关系，具体问题有：思想政治工作与学生事务管理工作的关系与定位应该是什么？寓教于管理过程如何实现？如何衡量学生教育管理工作的绩效？

在大量交流讨论的基础上，我对人才培养的认知也逐步清晰起来。基本认知有：大学的根本任务是培养人才；合格的人才是德智体美劳全面发展；在大学现有的管理体制和功能、部门划分中，基本实现育人的功能有体现、业务有管理、基本教育活动有载体、激励有机制。对所存在的问题的基本认知有：在教育界，尤其是一个具体学校，对要培养的合格人才的画像缺少系统性刻画；一所大学不仅要有明确的办学目标，更要有先进的办学理念，而持续有效地通过制度政策和持之以恒的工作加以落实这些目标和理念是有所缺失的。

我们做了两个有趣的研究：一是按学业成绩、思政表现、交往能力组建了三个实验小组，周期两年，研究三素质传递转化的规律；二是研究大学通常进行的入学教育、爱国主义教育、党团活动、创新创业大赛、校庆、书记（校长）第一课、毕业典礼等重要活动的教育功能和效果。得到的基本结论有：系统的设计和适当的重复与关联教育对提升学生素质有显著的正向作用；从世界观、人生观、价值观层面深入探讨"为什么而学"的问题，比单纯鼓励"用心学、会学、学好"对学生全面发展更有利。

对"培养什么样的人""如何培养这样的人"这两个问题的研究，建立在系统设计和实践验证上。系统概念中有两个基本内涵：元素和关系。我们给要培养的大学生画像，一要确定素质元素，二要确定元素功能。在文献研究和实践总结后，我们得到六类素质，在每类素质中又提炼核心素质，最后得到：思想政治素质、专业素质、科学文化素质、创新创业素质、能力素质和身心素质。思想政治素质是带方向性的，对学生的健康成长有决定性的影响；专业素质是大学生的立业之本，没有扎实的专业知识，就不可能胜任科学性和技术性强的工作岗位；科学文化素质和创新创业素质是对当代大学生的时代要求，是影响学生发展动力的一对翅膀；能力素质和身心素质是支撑学生成长的基础。六大核心素质正像一个人的头、身躯、两只臂膀和两条腿，它们相互关联，共同构成了大学生的全人模型。我们运用系统方法，寻找大学生的核心素养和建构之间的关系，基于这一关系，又进一步梳理了学生的38个教育要点和33个养成要点。既从学生培养的总体要求上，刻画心目中理想大学生的素质模型，又从学校教育工作者的视角整合各类教育活动、理清教育与学生素质养成之间的功能交叉和互补。在工作实践中，我们推行过大学生核心素质报告书制度，成立了基于教务管理与学生教育管理的人才培养办公室，形成培养心中理想大学生的工作部门和责任机制，以实现总体设计和工作关联并落地。

大学教育不只是理念和条线工作的技术，我们需要加强的是总体设计和大学教育教学的总体关联。我们不缺好的教育理念和做好各块工作的技能，真正有待加强的是：办学理念的确立，目标实现的技术路线，教育教学的相互关联，以及学校、学生、社会的动态协同。学生自踏进校园的第一天到毕业离开校园甚至到工作岗位上，学校都有责任和义务锻炼与塑造学生。教育不应是生产同一产品的模具，而是根据总体设计、锻造艺术品的动态过程。

理想的人才，不是各部分最优的组合体，而应是有局部优秀且无致命缺陷的综合性协同性人才，具有可塑性和发展性的人才。

二、大学的管理需要系统思维

组织是为实现目标和功能而存在的。我们在组织中工作，也在组织中与其他成员一道工作。从领导者和管理者的角度看组织，形成了许多组织理论和方法。

我对组织理论学习和实践的体会，有四个方面：一是组织的发展目标与战略；二是组织管理的技术性内容；三是对组织发展的评估；四是贯穿组织发展全过程的成员对组织目标的认同和努力实现的向心力。我给总结的这四方面体会冠以一个名称——"在途中"。

在江苏科技大学的五年工作实践中，首先问自己的是："江苏科技大学是一所什么样的大学？""江苏科技大学应该建成什么样的大学？""如何建成心目中的理想大学？"在梳理大学发展的具体任务时，提出了学科建设、人才与师资队伍建设、教学管理、科学研究、学生教育与发展、后勤管理、内部管理、党建工作、文化建设、制度建设等十方面任务；在全面审视工作状态和发展态势时，建立了重点工作月推进和考核机制；在学校文化和凝聚力提升方面，则致力于"深蓝工程"，实施和建构"活泼、轻盈、灵动"的学校文化建设等。

著名作家毕淑敏把人生和家庭的许多意义都放到旅行中，同样，我把关于管理和组织的相关理论镶嵌到自己的管理经历中。正如旅行最重要的目的是从一地到另一地，管理的意义和价值在于组织目标的实现。而如果是一个家庭的旅行，还涉及各种意见的整合，就像管理中设计方案可能会有政治学、经济学、社会学等多方面的考虑，因此会有决策、有优化、有若干评估和动态调整。在这一复杂的过程中，我们完全可以把许多管理理论应用其中。

管理是管理者的生活，同样，教育也是教育者的生活。教育的概念十分丰富，智者、仁者各有精妙的阐述，我们在学习和实践中皆受益良多。我的体会之一就是，教育管理过程就如同一次旅游，我们要较为清晰地刻画心目中理想的学生的样子，也要知道如何去实现这一目标，还要在实践中不断地评价和动态管理教育过程，更要体会和掌握教育过程中那些贯通性的核心元素。我们要时刻问自己"要去哪""如何去""现在去的状态好吗",我们还要明白"此行的目的不仅是到达目标地,过程也是旅程""旅行不是过程,而是让快乐的因子不断弥漫""旅行中一切不确定和意外,都有服从于我们要到达目的地"。如今教育已成为一个令许多人刻苦钻研的大学问,森林(大学)越来越广阔,树(学生)越来越多,而每一棵树该如何成长?如何与其他大树一道成林?森林的环境如何营造?如何与复杂的成长环境形成良性互动?多变快变的教育环境,多么渴望每一个教育工作者真正脚踏实地作一次旅行!既看着远方,又不断地完成每一步行程!既服从崇高的目标,又知道如何为实现这一目标做出自己的贡献!

我在建构"在途中"时,提了几个概念:

一是"心"。即强调用心、真心、专心,人人心中有理想、有追求,不断地努力向前奔跑,始终追求超越与突破、追求崇高与卓越。

二是"积"。即强调长远性与阶段性的有机统一。坚持量的积累、阶段性目标的实现到发展质的根本变化,积小成果为大成果,积跬步以至千里之外,由一个个小胜到最终的大胜。

三是"合"。即强调协同性,坚持组织与组织、组织与个人、个人与个人"力"的统一。上述"心""积""合"的终结目标是"人之心、组织之心、管理之心"的和谐统一与高度一致。

四是"路"。当理念、战略有清晰的刻画后,实践的唯一任务就是找到落地路径。路不是简单的存在,而是不断清晰、不断完善、不断调整的动态过程。路的实质是元素的关联。

五是"心向"。即对全局和长远的向往,对总体目标的渴求;在技术、方法和纵横多维层面,与管理内容的有机结合;是基于组织并具有一致性、持续性的心理活动过程。

有一段时间,我困惑于对"天时、地利、人和"逻辑关系的理解。天时是顶层的、带根本性的,地利是基础的、具体的,而人和与天时、地利的关系是什么?在结合教育管理的若干问题思考时,我感到:教育的一切,来自人与人的互动,天地人系统中,人是灵动的、关联性、贯通性的核心元素。研究教育要研究教育理念、方针,要研究教育的基本规律和技艺,但更要关注人这一核心要素。王阳明认为心是万物的主宰，心外无理，心外无物，任何外在的行动都是受内心支配的。教育的过程同构于人的心灵之旅。没有心灵的参与就等于没有灵魂的躯体。"为人师表""教育要有温度"等要求的核心就是教育要有"心"的参与！

"在途中"阐述了我在教育实践中的感悟，我先后建构了：包含育人关键元素、战略元素牵引和综合元素浸润在内的育人生态场浸润理论；包含六大核心素质且阐述相互功能关联的全人模型；结合大学具体文化、办学特色、办学传统的"1621"素质培养模型。"在途中"是我对高校管理中"一致性和均衡性"的本质感悟，人的管理核心是对人性的系统动态把握，教育是更高层面的"心"的唤起、指引和塑造！

三、教育感悟

教育何为？命题重大，正像一个级数，讨论会趋向无穷，但结论会不断收敛。或许我们难以给出公认的答案，但我们可以努力的：一是进一步梳理大家公认的教育表达，二是根据自己的认知不断地丰富个性的答案。答案会是"基本公认的普遍认知+有限合适的个性答案"。下面再提些有限认知，供参考。

大学之大，在于能源源不断地向社会输送合格人才。尽管大学的功能很多，但培养人才始终是最为重要的功能，且大学的科研、社会服务、交流合作、文化传承等功能中也都蕴含着服务人才培养的内容。

教育的本质是引导和浸润。大学的育人功能在于营造高能位的"势"，以持续地、无处不在地影响学生。正因为如此，大学要认真治理育人环境，要形成正确的、良好的育人"积"，不仅引导学生，而且要提升学生抵御不良侵害的能力。

教育是序贯和有机的过程。我们在制定人才培养方案时，考虑到目标、教学内容、实施要求等，对这一过程的研究和思维固化极具意义！每一教育阶段、每一课程、每一活动能在一个"统一序"下系统推进，可克服离散等问题，形成育人积。

以学生为本的实质是培养一个完整、生动的"人"。作为教育工作者，我们要努力回答"心目中理想的学生是什么样子",既要有总体性、概括性的把握,又要有根本性、特质性的塑造。合格的教育工作者,首先应一名是大学生的体验者。

育人生态场浸润理论的构想,基于系统论,借鉴中医学原理。将育人的理念转化为实践的路径、方案。中医的经络、穴位,气、血、阴、阳、虚、旺等,对素质教育重点、关键路径、整体性、有机关联性的确立很有借鉴意义。

理论和实践好比孪生兄弟,理论源于实践,又指导实践;实践产生理论又依赖理论指导。没有理论指导的实践是纯感性的实践,没有实践支撑的理论是纯理性的理论。教育研究需要感性和理性的高度契合。

教育管理是一个复杂的活动过程。因为复杂,教育需要设计;因为复杂,教育需要集成;因为复杂,教育需要测量;因为复杂,教育需要制度平台。教育评估不是需要不需要的问题,而是评估的目的是什么,只有做出整体性诊断,不以偏概全、不以点带面、不简单给结论,才能努力开出解决问题的药方。

教育者要先是教育的体验者。以学生为本,意指教育的目的在于促进学生的健康成长,而用"心"育人、有温度的教育,都需要了解学生,一切以促进学生的成长发展为目的。教育工作者要充分体验学生之所想、之所需、之所得。

制度是一套规范和约束,告诉你"要怎么做"和"不能怎么做"。制度的生命力在于执行,关键在于执行者能够知道并认同"为什么要这样做"。不是诚心地、认真地执行制度,制度的绩效就会大打折扣。

研究有很多功能,或是"发现规律",或是"回答问题",或是"指导工作"。关于指导工作,不仅要有规律性、理论性研究,而且还要有可行性、可操作性的研究,应着重于在科学性指导和理论架构下,抓住工作的主要内容,给出一套可供执行的正确方式和方法。

观思行录

  教育是帮学生认识"人、群体和社会、世界"的过程,进而支持学生习得"为人、与群体和社会相处、与世界相处"的能力,最终促使他们积极为人,以自己的努力为"人、群体和社会、世界"做出力所能及的贡献,以拥有快乐幸福和丰富多彩的人生!

——席酉民

| 43 |
管理教育之门开启

余晓钟①

与什么是管理、什么是经济、什么是工程、什么是技术一样,什么是教育也是个重大而复杂的命题。今天席门讨论教育何为也可能是一个"决策难产"的问题。我认为席门讨论教育何为,从时间逻辑上应从席门开启那天开始,席门没开,何来席门教育?

一、席门未开,我们就敲门了

我于 1986 年进入西安交大管理学院读研究生,当时,国家经委为了培养管理人才,弥补我国管理人才严重不足,委托交大等国内管理学做得好的几所大学开办管理工程研究生班,经过入学考试我很幸运成了交大的一名研究生。进入交大后,我们学习了管理学、经济学,特别是系统工程、决策理论与方法的相关课程。一年之后,交大管理学院老师说我们在完成相关课程学习后可以申请学位,需要找一位老师进行论文指导,于是找指导老师就成为一项重要任务。当时,我们大概了解交大管理学院的情况,也知道席老师是交大正在读的内地第一个管理工程博士。席老师给我们上了系统方法论的课,在课堂讲授时他将理论与现实紧密结合,放开让大家提问,并允许有不同的观点和方法,鼓

---

① 余晓钟,西南石油大学经济管理学院教授委员会主任,二级教授,1978 级大学生。爱好运动,努力做推动国家能源高质量发展的人。

励争论、头脑风暴和创新。当时席老师承担了长江三峡工程综合评价和决策的国家 863 计划课题，他对如何应用系统工程的思维，多视角地分析大型工程评价中不同区域主体和决策主体的价值偏好，对如何破解群体决策中决策"难产"问题，提高大型工程的决策效率进行了深入和系统的分析。并以长江三峡工程为例，对如何实现大型工程项目决策的科学性、正确性，避免决策的主观性和盲目性，降低决策失误的风险作了综合分析和全面的梳理和总结。席老师采用的教学方法和教学理念让研究生们受益匪浅，我个人更是终身受益。

于是我果断决定要拜席老师为师。一天我直接找到席老师说："我要成为您的学生，请您成为我的研究生导师。"他问："为什么？"我说："我们都仰慕您，听过您的课，有超前的育人理念及方法，能成为第一位管理工程博士的学生我是无比的荣幸（用现在的话说是无比的'高大上'）"。席老师风趣地回答说："我的 Z 轴很短，不用仰视就能看到我。"就痛快答应和接受了我这个学生，并说要带我进入长江三峡工程项目综合评价和决策研究课题组，从事项目管理的研究。这年，席老师还接受了我们班的王济干和王锡秋，我们三人成了席老师的开门弟子，"席门"也从此开启。

二、强基交叉，综合评价，破解决策难产

我大学本科学的是工业电气自动化专业，1982 年 7 月毕业后在当时的中国重型汽车公司（重庆）工作。进入交大管理学院前，管理学的知识基本没有，直到研究生入学考试要考企业管理这门课才开始接触，学习的主要是中国人民大学编写的四本企业管理学教材（《企业管理概论》《企业经营管理》《企业生产管理》《企业技术管理》）。用现在的教育评价体系衡量，我这属于跨学科了。进入交大管理学院后，必修和选修了运筹学、数理统计、系统工程及系统方法论、宏微观经济学、组织理论、管理会计、企业管理学、管理心理学、经济学说史、计量经济学等相关经济学和管理学课程。进入课题和论文阶段后，席老师非常重视强基交叉，多次悉心指导我应补哪些课程，应选择和阅读哪些书、期刊文献，调研哪些单位和部门，并问我大学学的课程主要有哪些，能否综合

应用到课题及学位论文中。在席老师指导下，我将控制理论、控制系统及其相关的数学课程进行了充分利用，如从控制系统的角度进行大型工程项目评价，即不是采用常规的建立一套评价指标体系，然后选择一定的评价模型和方法进行综合评价，而是将工程作为一个控制系统，从系统的结构、输入、输出、环境干扰和反馈几个方面进行评价。这种做法充分体现了席老师给我们的强基交叉的科研教育，学位论文在以汪应洛老师为组长的答辩组那里顺利通过。

在席老师领导的长江三峡工程项目综合评价和决策课题研究中，席老师让我们进行了广泛的项目调研和资料收集，参加了一些学术研讨会。当时听到最多的就是对长江三峡工程项目评价和建设决策的诸多不同意见，其中包括快速建设、暂缓建设及反对建设的各种声音。不同的专家和利益主体基于不同的视角和价值偏好对长江三峡工程项目进行综合评价，得到了不同的结论，开会交流就好比吵架。因此，决策和建设方案选择要使各方都能得到最优解或满意解较为困难。好处是在邓小平大力倡导决策科学化、民主化和法制化的时代，学术环境和决策氛围很好；但其负面影响就是群体决策效率低下，决策严重冲突，不能找到实现决策的均衡解，导致决策"难产"。基于这种局面，项目后期，席老师对长江三峡工程项目的决策过程、决策特征、群体决策行为进行了系统总结，并出版了相关的专著。我记得兴建长江三峡工程的决议是全国人大会议通过投票方式确定的。通过参与此课题，我深深地体会到，管理就是决策，决策需要领导力，以及合作演化博弈、质性管理研究的重要性。基于这种充斥冲突、低效、主观价值偏好、难产、效用不对等的决策背景，席老师认为，管理学就是解决现实中的不协调问题，以问题为导向，要实现管理的效率化和效益化，需要营造一个和谐的管理环境。于是在国内外具有一定影响力的和谐管理理论就此诞生，和谐管理理论开辟了中国管理研究的新思想、新模式、新方法。尽管我没有参与和谐管理理论的研究，但我随时都在关注席老师及席门和谐管理理论的研究动态。

三、席门，为我奠定了受用一生的管理学教学与研究基础

研究生毕业后不久，我来到了现在的西南石油大学经济管理学院，从事管

理学的教学与科研工作。受研究生毕业论文和研究生期间参与项目的影响，我到这所以能源工程（石油与天然气工程）为主干学科的普通高校（现为国家双一流大学）后，主讲的第一门课程是项目管理（时间大概是 1994 年，以前在读研究生期间，好像没有开设这门课程），然后又主讲了系统工程、石油工程项目管理、决策理论与方法、市场营销学、商品学等多门管理类课程。在讲授项目管理时，我都会将研究生期间参与长江三峡工程项目综合评价和决策课题研究中的相关体会、相关学者的学术观点、决策过程、项目实施后的中评价和后评价给学生分享。受席老师教育思想的影响，我会让学生体会席老师教给我们的教书育人理念，从现实出发探索需要管理学解决的问题，以问题为导向，嵌入相关的管理理论及解决方法，关注学术研究前沿，认识和学习新的管理理论和方法。我还让硕博研究生随时关注席门的研究动态，获取和阅读那些具有独特研究视角和研究方法的文献，如韩巍那些比较独特的反实证主义的质性研究论文、系列的和谐管理研究论文、系列本土化管理和领导力研究论文、新工商管理教育模式文献等，以及随时关注西交利物浦大学主办的教育教学比赛、席门的相关学术交流活动等。

在科学研究方面，我主持过来自国家、教育部、四川省及企业等的许多研究课题，在纵向项目申请书写作时，有一栏是个人的学术简历，我每次都要写上"1986 年到 1989 年在西安交通大学攻读管理科学与工程专业硕士学位，师从著名管理学家席酉民教授"。这一方面因为席老师有很强的学术与社会影响力，另一方面也表明我对科研项目的研究思路传承了席老师的许多理念。

在课题和学术研究方面，由于我所在的高校以石油与天然气工程优势学科为主，所以我承担的绝大多数项目都是以石油天然气管理为核心的能源领域的课题。因行业属性和特征，石油天然气上、中、下游的许多管理问题多为项目经济评价、安全风险评价、综合评价、项目经营决策、石油天然气企业与地方和谐关系、油气与新能源融合发展、油气产业高质量发展，以及油气企业低碳化、绿色化、智能化转型和国际化合作管理等。由于经历了长江三峡工程项目综合评价和决策课题研究的培养，加上早期受席老师的言传身教及和谐管理理论的影响，课题的研究和顺利完成都是席老师为我奠定的基础。

时光不饶人，转眼间我已过了花甲之年，席老师虽然只年长我四岁，但对我的教育和影响是终生的。目前我仍然在科研教学第一线，还在指导一些硕博研究生，并兼任一些学术职务，负责了一些科研课题。我要以席老师为楷模，为我国能源产业的高质量发展、能源管理人才的培养献计献策、贡献力量。

讨论何为育人，可能每人都有不同的观点，就像管理学研究范式和研究方法一样，有定量研究、定性研究、实证研究、规范性研究、统计研究、质性研究，等等，教育也是如此，有课堂育人、实践育人、实验育人、科研育人，等等。我希望师门将各自认为好的观点都呈现出来，供大家分享。

观思行录

　　管理是致用之学，一定需要理论和实践的互动。当一个国家的管理能成为世界有影响的实践之时，这个国家的管理理论一定也会逐步受到世界的关注，自然其理论发展也会与成功实践相得益彰，我相信这一天一定会到来，实际上正在到来。

——席酉民

第三篇

再思教育

陪你走过四载，人生之幸也[①]

丁洋洋[②]

2016年我入校时正值西浦十周年校庆，一转眼，现今又迎来了十五周年。**能够遇见西浦，是我极大的幸运。**

一、初相识：一见如故

西浦有两类独特的生源：一是高考失利，分数不上不下的考生，已与名校失之交臂希望西浦的国际化特色能帮助他们扭转命运；二是分数够到名校，但被西浦创新的教育理念所深深吸引、自愿前来的学生。

我是上海（也可能是全国）最后一批高考前报志愿的考生，在那个焦躁不安的梅雨季，一边进行着考前最后冲刺，一边被繁杂的院校专业信息扰乱着心神。**我不喜欢命运不受自己控制的感觉，不希望把选择权交由分数线安排，甚至不愿接受校内调剂。**心乱如麻的时候，我第一次了解"中外合作办学"，第一次知道了西交利物浦大学。父母替我去参加了西浦线下招生活动，还到苏州

---

① 作为教育者，我们总是从理论和实践上竭力推行自认为正确的教育理念和做法。然而，教育的效果需要从受教育者的角度去观察和校验，他们是如何反应的？是否与我们的预期一致？从他们的体悟我们可持续改进我们的教育理论和实践。本文即选自西浦学生的反思和感悟，希望以学生为镜，不断升级和完善我们的教育探索。——编者注

② 丁洋洋，普华永道咨询顾问，西交利物浦大学2016级本科生，伦敦大学学院硕士。希望一直爱我所爱，行我所行，敢想敢做，无问西东。

实地参观了校园，给我带回来一本招生手册、一本毕业生人物志。里面有一句话是这样描绘西浦特色的：视学生为"年轻的成年人"，强调文凭是学习的副产品，以学生健康成长为根本、以学生为中心、以兴趣为导向。虽然还没有真切的体验，但西浦的育人理念和那一个个鲜活的故事让我坚信，这就是我向往的大学！于是，我填报了两所几乎够不着的985大学后，便断档报了西浦。那一刻，最后的结果其实已了然于胸。

当时身边几乎没人知道这所学校。记得回高中汇报毕业去向时，老师看着我的录取通知书说："西安交通大学，不错嘛！"在上学的头两年，也常常听见"野鸡大学"的评价，却又无法用三言两语进行辩驳，心中愤愤不平，立志要靠我们自己改变大家对这所学校的错误印象！

从十周年到十五周年，我听到了越来越多的正面评价，也见证了我们和"小破浦"的共同成长。

二、自由殿堂

"自由""开放""包容" 大概是同学们对西浦最多的评价。学校没有强制考勤、没有班主任、没有班干部，甚至几乎没有班级概念，一个小小的邮箱可以沟通在校内的一切事务；宿舍不断网、不断电、不查寝，除了不能做饭，与在外租房一般无二；甚至校园都没有围墙，将开放落实到底。西浦教会我们的第一课，便是**"从需要老师家长事事关心的 Teenager（少年）向独立自主的 Young Adult（年轻的成年人）转变"**。2019年开学典礼，席校长发表了题为**"蜕变：从巨婴到世界玩家"**的演讲，深受触动。

说来有趣，每年开学典礼上的家长提问环节都备受关注，也常常令人啼笑皆非。比如，每年一定会有家长关心宿舍能不能用洗衣机的问题，没有电梯该如何把洗衣机搬进宿舍，学生从宿舍到教室途径仁爱路时交通安全如何保障，学生在校谈恋爱会不会影响学习，等等。我们当然理解"儿行千里母担忧"的心情，但也很无奈，有时我们已做好准备，可父母们却不敢放手。

除了生活独立，西浦更要求我们学会**"主动"**，因为你不去找老师，一定不会有人来找你，但你若去主动联系，则必有回应。这既反映在**"解决问题"**

中，也反映在**"把握机会"**上。比如，西浦的三好学生是需要自己申请的。头两年，我也收到过邮件，但都没有在意就略过了。直到大三有一天，我爸突然问我："你们学校有没有评三好学生呀？你去试试呗。"我这才去研究了相关政策，之后发现只要提交了申请的同学，大部分都评上了，一则他们本身也不差（专业5%），二则很多人都没有申请的意识，竞争不太激烈。

在这种自由、开放、包容的环境下，催生出的便是多元和个性化的发展。

曾有一位老师问我："你觉得你这些年的成长是因为西浦多一点，还是AIESEC（国际经济学商学学生联合会）多一点呢？"熟悉我的朋友会知道，我大学的大半时间都徜徉在 AIESEC 这个学生组织中，它也是我的"第二大学"。我也曾思考过：如果没有遇见 AIESEC，我还会如此认可西浦吗？我想，会吧，**因为机会可遇不可求，但"自由包容的环境"是催生机遇的沃土，"主观能动性"是把握机遇的先决条件**。错过了落日余晖，还会有满天星辰。在这片沃土中，我看见了身边一个个朋友都寻找到了属于自己的天地。有人在自己擅长的领域做起了学生讲师，两三年下来吸引了上百号学生；有人充分发挥自己的创意天赋，在下沉广场办起了西浦文创；有人深耕科研道路，与团队共获国际大奖……**西浦表面看似对学生放任不管，但却能采取"隐性和软性的措施"激发每个个体的兴趣，找寻属于自己的赛道，不以单一标准衡量"成功"，这大概是我最佩服学校的一点吧！**

从个人体会来说，我认为有三个要素推动了学生的百花齐放：

一是自由的时间。

从课程安排来讲，我们的课表可谓是**一年比一年空**，但从学习体验来说，又觉得**一年比一年忙**。从学业角度，越到高年级，就有越多的时间是留给我们自己的，可以去**做小组项目、写论文**；从课余角度，因为有了大把时间，我们也可以去**玩社团、听讲座**。

同时，西浦因为有超长假期而常被大家戏称为**"西浦'假'校"**，不仅有中国的寒暑假，还有西方的圣诞假。不过，我身边的朋友也知道，每年圣诞节出去玩，我必是白天赶行程，晚上赶论文。印象最深刻的是大三那年和妈妈去柬埔寨旅游，我苦于找寻不到合适的数据和文献支撑论文观点，妈妈看我太辛苦，也帮我一起查，频频出招，又被我连连否决："不行，这不是官方数据！"

"不行,这不够学术!""会被判抄袭的!"最后,我妈只能感叹:"**西浦的培养可真规范啊,连平时作业要求也这么严格。**"

除了旅游,我大学期间的寒暑假也基本在天南海北奔波,去斯里兰卡和摩洛哥做过海外志愿者,去贵州做过乡村振兴项目,去各大城市参加过领导力峰会……直到疫情暴发才消停下来。我爸妈常感叹:"这孩子放假了也见不到人影。"

二是包容的氛围。

西浦的同学们能如此活跃地组织、参与各类活动,离不开包容的氛围。**环境是会影响人的行为的,人也是会影响人的。**我记得大一暑假前参加学校组织的"**社会实践出征仪式**",有一千多位同学参加,包括支教、海外志愿者、社会实践、学术调研等,前前后后都是熟人。对于**包容氛围促进多元行为**这一点,我身边有两个极具代表性的现象,一是"Gap Year"(间隔年),二是留级转专业。

Gap Year 指在上学期间或工作前,腾出一年时间做自己感兴趣的事情。**这在西方国家很常见,但在国内的接受度还是很低。**而中西合璧的西浦在这方面显然有更高的包容度,在我熟悉的朋友里就有不少选择 Gap Year 的,有人去 NGO 做了全职工作,有人去参加了海外创新创业课程,还有人走南闯北地去体验各类工作和生活……

另一个往往不大被接受的安排就是"**留级**"。提到这个词,大家想到的一定是这孩子不好好学习。不过,在西浦有一种特殊的留级,那便是大二转专业。在西浦,除了个别专业需要天赋测试,其他专业可以在大一时随意转。但由于大一几乎没有专业课,有些同学到大二才发现自己不适合所在的专业,或是有了其他心仪之处,因而产生了"**留级转专业**"的现象。这在西浦见怪不怪,不会遭受"**另眼相看**",反而会被大家称一句"**勇气可嘉**"。

三是学校的支持。

西浦常说要"**以学生为中心**",但其实在这片百花齐放的学生舞台背后,离不开学校默默的支持。**其中最重要的便是育人理念**,所谓"知而后能行,行必有所为"。

西浦致力于引导学生完成"三个转变":从孩子到年轻成年人,再到世界

公民；从被动学习到主动学习，再到研究导向型学习；从盲目学习到兴趣导向，**再到人生规划**。当初听到这几句话时，其实没有太大感触，但四年过去了，我想说，西浦在点点滴滴中真的做到了给学生的引导和支持，至少对我而言。

其次，学校的支持另外还体现为"行政效率较高"。大多数事情学生都可以"点对点"地直接找到相关部门进行协商办理，没有烦琐的环节，这一点在社团发展中尤见其效。

同时，在西浦也能充分感受到学生是被视为与教师拥有"**平等交流权**"的成年人。比如那随时向同学们敞开的办公室大门，比如可由学生代表参加的年级会议……印象最深的是在西浦领导与教育前沿院（ILEAD）做学生讲师，我们面向外校老师分享在西浦的成长体验，演讲内容完全由我们自己敲定，也会获得相应的酬劳，方方面面都获得了平等的尊重。

诚然，我们也曾质疑过西浦是不是过于"放养"了，因为除了那些广为宣传的校友故事，挂科、留级、终日窝在宿舍打游戏的同学亦比比皆是。作为走完四年的毕业生，我得出的结论是：**西浦并不适合所有人**。对于适合的人，这里是可以帮你探索真我的"**自由殿堂**"；对于不适合的人，或许只是"**草草度日**"。

三、从被动学习到研究导向型学习

在西浦，大家争议最多的还属"**教学问题**"，毕竟学生以学习为己任。其中，同学们最困惑的在于"**我们好像没学到什么知识**"。无论是"**理论体系**"，还是"**专业技能**"，和国内传统院校相比似乎都相去甚远。因此，学生们常会产生深深的焦虑，尤其是对于就业的焦虑。说实话，我的四年也是在这种焦虑中度过的。但现在，作为一名即将硕士毕业、已找到工作的毕业生，我想对这段心路历程进行一次**复盘**。

我的专业是**城乡规划**。这个专业的学生在国内其他大学需要学习五年，并且算是一门专业性较强的学科。我曾经研究过国内知名院校的课程设置，也买过相应教材，它们在理论体系（如规划史、规划原理、总体规划、详细规划等）和专业技能（如手绘、软件等）方面确实比我们所学要深入得多。而在西浦，我们大部分专业课甚至没有系统的课本，教学材料主要是 PPT 和 Reading List（老师推荐的阅读清单），Lecture（讲座）也较少，大部分时间都是自己在做 Coursework（作业），辅以部分讨论课，对软件等的使用也没有较高要求。听完这段描述，大家一定会觉得**这学校是真的很"水"**吧，但有趣的是，**同学们一边吐槽着自己啥也不会，一边通宵熬夜忙得不可开交。忙什么呢？也就是那一个接一个的 essay（论文）、project（项目）、presentation（演讲）吧……就是在这种状态下，有几段经历引发了我对这两种培养模式的思考，尤其是使我理解了西浦模式的优势所在。**

在低年级时，专业接触较浅，难以给出明确观点，但听到过几种不同群体的声音。最早是父母身边的同事朋友，他们常说：**"本科生懂什么专业，也就是一点皮毛，到了工作岗位中会发现连 10% 都用不上，全都要从头学起。"** 后来，接触过一些同专业的外校同学，他们每每都会羡慕地说"你们学的内容真扎实"，但收到的回复却是**"其实我们也觉得自己啥也不会，理论背完就忘，软件也没人教"**。再后来，有公司到学校宣讲，讲到西浦同学时他们给出的评价是："虽然西浦同学在技能方面确实较弱，**但思维活络、学习能力强。软件这些东西工作半年就能马上追平其他学生，但能力不是一朝一夕可以培养出来的。" 这使我最早意识到，传统模式与西浦模式的区别在于"知识"和"能力"**。而第一次对这一点有**切身体会**是大三暑假去贵州做乡村振兴项目。

当时，我们和当地一所高校办了"**联合工作营**"，第一天碰面要进行前期汇报。这个消息我们是前一天晚上十一点多才知道的，于是用了几个小时火速赶制出两张"简陋"的 A2 海报，汇报内容全靠临场发挥，而对方已准备良久，满满一墙 A0 大海报，配以精致的分析图和提前准备好的演讲稿。那天结束后，对方同学连连感叹道："你们把 A2 讲出了 A0 的感觉，我们把 A0 讲出了 A2 的感觉。"听到这样的评价我们很惊讶，因为这样的公开汇报在西浦数不胜数，似乎在学校随便抓一个人都能完成。**我们从未意识到这种自信从容、逻辑鲜明的演讲能力是在潜移默化中培养出来的**。而在之后的一个月里，这样鲜明的对比一次次出现。我们普遍善于沟通交流、组织协调，思维活络，可以提出独到见解，承担了大部分的小组汇报工作和方案整体把控；他们对于理论和软件技能掌握扎实，对当地风土人情熟知，能够将想法落于纸面，把控细节。另一个出乎意料的现象是，**被拆分到不同小组的西浦同学在短时间内不约而同地承担起了各组 leader（领导者）的角色**。后来我们聊起来，大家说自己在学校时并不总会担任组长一职，但当时在团队建立初期"一盘散沙"的状态下，还是会不由自主地站出来统筹全局。当然，这段经历也让我意识到**我们的确很欠缺专业知识和硬技能，而这一点是不可能依靠老师提升的**。

这让我对于席校长提出的从"知识导向型"转向"研究导向型"的理念又有了新的理解。他认为在这个信息爆炸的互联网时代，我们有太多可以获取知识的途径。**大学并不是一个学习知识的地方，而是一个通过学习知识培养能力和获得成长的地方**。打个比方，在 A 领域有十个理论，传统教育模式是详细教会你这十个理论，但考完试后很快就会被忘记。而西浦只简单告诉你有十个理论点，将其中一两个提出来和一个具体案例结合，让你自己去深入探索，未来遇到其他情况时，便能举一反三，用同样的逻辑去将其他理论与实践结合，**正所谓授人以鱼，不如授人以渔**。

有一个学习理论叫**"721 原则"，是指一个人掌握新技能有 70% 来自实践，20% 来自与同伴的交流，只有 10% 来自正式学习**。比如，我们学习社区规划时，邀请了社区居民，举办了"世界咖啡"工作坊；学习可持续发展课程时，我们完成了以西浦为例的绿色校园设计项目；学习房地产课程时，我们以苏州工业园区某开发地块为例，撰写了市场调研报告和可行性报告；学习环境与规划课程时，又以阳澄湖为例，编写了政策备忘录和综合流域管理规划方案……**在这个发现问题、收集资料、解决问题的过程中，我们一遍遍地锻炼着自己的快速学习、团队合作、沟通表达、逻辑思考、批判思维等等能力**。说实话，在上大学前听到这些词时，总觉得很空洞，是在泛泛而谈。但现在，对于每一个词，我都可以举出一堆例子，让每一点滴的成长都有迹可循。在毕业后实习的这一年里，我更加坚信**能力比知识更重要**。

去年我做了三段实习，有和专业相关的，有不相关的，结束时都获得了领导"还不错"的评价。在复盘过程中，我发现有两点很重要。一是**领悟力**，即是否能理解一项工作的本质和领导的需求。因为西浦的作业大都是从实际问题出发，辅以社团的实践经历，我更能寻找到一些事物间共通的和本质的逻辑。

二是**学习能力**，因为在工作中会碰到很多自己未接触过或不熟悉的领域，这时是否能快速通过互联网或是请教前辈来完成工作，决定了在实习中是会一直打杂，还是能接受更有意义的工作。因此，我也想对仍在路上的学弟学妹说：**要相信那些 DDL（deadline，最后期限）不是白赶的，那些夜不是白熬的，时间会给你答案**。但我们也要意识到，西浦重能力而轻知识的原因，是希望我们**"终身学习"**。所以在发现自己知识和技能欠缺时，不要过度寄希望于老师，而是通过自己去补充这些知识。

四、独立之精神，自由之思想

历史上有两个时代我很喜欢，一为百家争鸣的**春秋战国**时期，二为大师云集的**民国时期**。而其中，处于诸子论战中心的**稷下学宫**，和处于新旧两派争辩漩涡的**北大**，是我心中大学该有的模样，即**在自由独立的沃土里，进行思维的碰撞与升华**。新冠疫情将我困在家中一年半，让我深深怀念校园生活，也深刻意识到线上和线下教学有着天壤之别。**校园里每一次有意或无意的互动都有可能产生思想交流**，而虚拟世界里这种可能性被大大降低了。

西浦一直强调**批判性思维**，这个词我确实到大学才第一次听说。经历过中高考的孩子们想必都曾有过一个困惑：为什么文科简答题会有标准答案？但困惑归困惑，其实我们早已习惯了背诵老师提供的标准答案，因为只有这样才可能获得更高分数。我们专业往届曾发生过一件趣事。大二时有一门西方城市规划史的课，考试时出的是论述题。当时有老师认为一位同学作弊了，因为他试卷上的答案和上课 PPT 一字不差，甚至标点符号都一样，但这位同学坚持自己未作弊，最后召集了全系老师进行"会审"。结果，外教们一致认为该同学作弊了，中国老师认为他可能并未作弊，对外教说："你们太不了解经历过高考的学生了，把 PPT 一字不差背下来并非难事。"后来，外教接受了这种说法，但他不能理解——PPT 上写的是我的看法，你应该有自己的想法啊，为什么要写我的呢？

我实在太理解这位同学了，因为刚上西浦的时候我也总是希望老师能直接告诉我答案，或是仔细研究课件，去寻找可能的答案，觉得**只有老师写的才是**

对的，不敢也不会独立思考。但大多数情况下，问题都是没有标准答案的，这才**迫使我去建构属于自己的思考体系**。

西浦对于思维观点的重视，在**考核体系**中也可见一斑。比如，我们的设计课评分，老师往往更看重破题思路而非图纸表达，因为海报只是呈现想法的手段而已。

五、尾声

这篇文案本想在西浦十五岁生日当天发出，没想到一起笔便刹不住车了。

四年，1 460天，又岂是短短千字可描绘全的，余下的等有机会再慢慢诉说吧。

最后，还是要说：

谢谢你，西浦！

谢谢你给了我一个广阔的平台，在不断探索和试错中了解自己；

谢谢你带给我如此多灿烂的经历，让我遇见了一群有趣的灵魂；

谢谢你让我变成更好的自己！

从懵懂孩童到翩翩少年，我相信你心中的梦想一定会实现，因为有这么多陪着你一起做梦的人呀！

> **观思行录**
>
> 当别人随波逐流时，你独立思考；当别人看他人眼色时，你心怀理想；当别人心浮气躁时，你脚踏实地；当别人心灰意冷时，你积极进取；当别人轻言放弃时，你坚韧不拔……望西浦人以其独特气质，成为闯荡世界的国际玩家！
>
> ——席酉民

45

确认过眼神，你的眼里有光

祝菲菲[①]

很荣幸成为本书序言中提到的"第三者"。2016年我加入西交利物浦大学，前七年我"冲锋"在学生一线，近一年我以校长助理的身份跟随席校长"奋战"在更前线，我想将我的独特"透镜"分享给大家，一起窥一窥不同视角中的西浦教育以及不同角色正如何行进在探索"教育何为"的路上。

看着"教育何为"这个题目，我突然意识到我好像从没有真正思考过这个（其实是两个）问题，有的只是鹦鹉学舌式地复述席校长对于未来教育的理解。这篇小文已是我的第N版尝试，几乎把第一版内容全部推翻，只保留了题目，因为这个题目就是我对于"教育何为"的第一反应：教育应该是让人们眼里有光以及获得持续闪光的能力。在第一版草稿中，我试图解释什么是"眼里有光"，但失败了，正在苦恼之时，被席校长提到的一个词点醒——气质。查阅字典和一些材料，气质可以归纳为一个人在其个性、素养、心智、信念及能力等元素的综合影响之下形成的外显的风格、能量和场域等。眼里的光大概就是正向积极的气质所折射出来的吧。"为学大益，在自求变化气质"，常听到外界对西浦学生的一个评价是"气质出众"，这与我描述的"眼里有光"不谋而合。2023年5月，有幸"旁观"了一次席门活动。观后感可以总结为：我原本想象中的师门大概是一个模子做出来的月饼，而席校长的学生个个"风格迥

[①] 祝菲菲，西交利物浦大学执行校长助理。正努力在搬砖和生活之间找到"甜点"。

异"，同时又有一个共性，那就是每个人眼里都有光！更多接触后发现，"光"来自他们各自在感兴趣的领域找到了一份热爱和信念，至于他们为什么能做到，大概可以在本书中找到答案。

从师门各位的文章中，大家看到了师生关系之中的席老师，探索为师之道以及反思未来教育的席老师。我就不再复述或强调自己对于教育的理解，而是从一线的观察视角出发，看看西浦日常会发生的"琐事"，看看席老师如何以西浦为基地，创造适宜的土壤（明确组织定位、系统布局及引导式的自我成长模式等），促使未来教育的种子开花结果，同时也让师生通过自身的发展经历体悟"教育何为"。随着西浦这条小船的扬帆前行，更多的教育者、学校和社会组织加入了航行队伍，让教育变革不再只是口号，而是真正集结起创新力量，最终必将牵动教育驶入面向未来的正确航线。

一、多元、包容和充满信任的"有机"土壤

八年前机缘巧合之下，我在西浦找到了适合自己的行政工作角色，我也就成了这片土壤的"受益者"。在教务处做学生学术服务的那几年，是我对于教育的理解以及我的工作价值观被不断打破、重组、渐渐形成新的轮廓的阶段。现在想来，这得益于西浦的行政工作网络，以及以学生成长为中心的支持体系带来的推力。我的工作角色使我"不得不"直面西浦全体学生的咨询，让一开始可能有过"躺平"想法的我，不得不"站"起来，以最基础的"如何减轻工作量和学生投诉"为目的，审视、反思及改善工作机制。略"尝到甜头"之后，自然想要更多，于是"增效""学生体验"及"角色价值"等标签逐渐纳入目标之中，再到后来对于角色定位有了新的思考和实践，不知不觉形成了良性循环，自然而然"卷"了起来。在角色定位方面，一开始，国内传统院校毕业的我对于高校行政工作的理解仍停留在"根据规章制度，追求整齐划一地管理学生及相关事务"的阶段，但频繁收到席校长回复学生的邮件抄送时，我才知道原来"以学生成长为中心"不只是一个口号……于是，我们开始持续反思和改进工作机制。同时也基于信任，学生学术服务组与席校长之间的"合作"越来越默契，这两个角色看似在组织级别的两端，但在工作中却时有交流。我

还曾在一次报告中"斗胆"戏称席校长为服务组（共七位成员）的第八位"神秘"组员，因为这在我们看来是对于领导的至高评价。西浦拥有独特的系统架构和多元、包容的文化，恰恰是教育创新想法的最佳"实践基地"。无论是行政还是学术员工，人人都是教育者，以学校的愿景为大方向，以学生成长为中心，围绕教与学、研究等活动，找到自己的位置和方式给予全方位支持与服务，过程中还得持续紧跟学校的教育模式发展而及时调整。简言之，一切旨在为学生提供一片自由生长的丰富土壤。

成为席校长助理后，我对学校的系统布局有了更全面的视角，也发现西浦各种先进理念和超前实践能不断往外冒的原因之一是有个"时髦"的校长！比如 2022 年年底，ChatGPT 的出现给教育圈制造了很多讨论话题，但大多也仅停留在"话题"而已，席校长却早早看到了挑战背后的机遇，公开鼓励师生学用、善用人工智能。师生反映连接 ChatGPT 有限制？那咱自己搭建西浦 AI！于是"君谋"西浦人工智能平台上线了。当数字孪生的应用还存在争议之时，席校长抱着"不亲自试试怎么知道"的心态，将个人数据接入他的数字孪生，目前正在加紧训练中，最终想测试一下有鲜明个性化特征的数字孪生在高校场景下的运用和可能的价值。西浦紧抓先进技术发展之下产生的"新鲜玩意儿"，并不是为了"蹭热度"，而是给师生们释放一种面向未来的、积极拥抱多元可能性的"正能量"。"时髦"的西浦当然也有一套"以目的和需求为导向"的持续反思、发展和迭代机制，比如当我们发现国产的人工智能平台发展成熟之后，西浦"君谋"的存在意义便需要反思，以实际需求分析决定是下架，还是接入西浦私有数据进行个性化发展，等等。

然而，人工智能等先进技术的迅猛发展只是人类面对的一场风雨，为了使这片土壤可以经受住未来各种不确定的风雨冲击，为学生提供既稳定又适宜的成长环境，还必须要保证它的"有机性"，也就是自主迭代升级的可持续发展能力。在西浦原有的组织架构基础上，三个新角色"冒"了出来：首席生态官、首席教育官和首席数字官。我起初也不太理解这三个"官"，除了生态官，另外两个与原本存在的职能有什么区别？后来通过观察发现，这三个角色都不应落于十分具体的职责分工，而是站在组织的高度，带着未来视角和全局考量，整合相应领域的校内外资源，最终携手助力西浦社区汇入创新生态。土壤的"有机性"还有一个必要元素,那就是不断自我成长的教职工团队。比如,校内的几大行政支持中心目前实行的轮值主任机制,在实现更"有机"协作的同时还可以吸收"新鲜养分",在原有基础上再"拔高"一些。席校长也经常参与轮值会,给大家"松松土"助攻一下。最近的一次轮值会上就讨论到领导"气质"一题,确实,领导们没有好的气质,怎么带出好气质的员工?又怎能教育出好气质的学生呢?

"学习即人生,学位学历只是人生路上的副产品,成长才是目标。"(摘自席校长给2022级新生的开学寄语)

曾有人在会议讨论中挑战席校长,大意是质疑如何做到预测未来,以及怎么知道西浦的未来教育布局是真的面向未来的。听完这个问题,能感觉到现场大众的一丝"糟糕有人捅破窗户纸了"的尴尬气氛。但没想到席校长很欣赏这个问题,他拿起话筒说道:"我没有一颗可以预测未来的水晶球,没有人知道未来会变成什么样,但我们知道未来的特征之一就是'变'而且是'快变',于是我们先从移除当下教育模式中的错误部分开始,再到关注教育如何帮人获得在未来生存及发展的心智。心智模式的提升才是真正的成长,持续的成长是不断升级学生的心智模式。这就是西浦教育的方向。"

了解西浦的人都知道,席校长的微信号是公开的,学生和家长都可以申请做"好友"。我也是成为校长助理后才知道,席校长的微信号和邮箱都是亲自打理!大多是利用出差路途和日程间隙回复,他也会将一些需要后续支持的对话转发给我,以下截取两段请大家一起感受一下:①

  学　生:完了校长,我的口语考试在周三,可是我周三要去跟某某明星录综艺,我毅然选择去考试,错过了近距离看偶像的机会!啊啊啊,我好难过!打扰了校长,我真的好悲伤。

  校　长:你应该明白什么是你当前最重要的事,看来你不是"脑残粉"。

  学　生:哈哈哈,我当然知道目前是专心考试最重要,我又不傻,见偶像的机会以后还会有,哈哈,谢谢校长!

  学　生:下午好,亲爱的校长。我想向您提个申请,这几天雨好大,我

---

① 学生与席校长之间大多是英语对话,以下是翻译版本且已隐去个人信息。

们可以转为线上上课吗?首先下雨天很不方便,其次我真的害怕雨水中可能包含的核废水污染。😭

校长:听到你的担心觉得很有趣。人类本来就生活在一个动荡的、不确定的世界中,如果你担心得过多,恐怕生活将更令人抓狂和沮丧。

总结下来,学生的信息主要有几类,有把校长当"一站式服务中心"的(伸手要信息),有告状的,有当"树洞"分享情绪的,有来"切磋"教育理念的,还有校友工作之后遇到困惑来求助的……比如一位校友给席校长发信息表达创业路途中与"道不同"的人沟通时内心的纠结,席校长发了加油的表情后跟着这么一段话:"人生中总要和你不喜欢的人或不喜欢你的人打交道,学会与各具特色的人打交道与合作是人生的必修课。另外,人生没有过不去的坎,但有过不完的坎😄。"

当然也有不少家长给席校长发微信,大部分是当成了"育儿咨询热线",有请校长帮忙劝孩子的,也有请校长帮忙调解宿舍矛盾的,还有怕孩子下课吃不到热饭的……席校长往往在回复中都是力劝家长"退居二线",甚至有时还会使用比较犀利的言辞"教育"他们如何成为合格的西浦家长,但背后总还是默默转给学生工作组请同事提供及时和恰当的支持。

学生有时发送的信息比较随意,似乎并没有指望校长会看甚至回复,不太相信如此轻易就能跟校长说上话,所以当他们收到回复后便可能会流露出"后悔用语不当"的窘迫,但同时又有备受鼓舞的欣喜。这种沟通机制看似"不正式",但无形之中是对敢于发声、表达和沟通的一种鼓励,保护了西浦自由和多元的文化基底。久而久之,学生们其实也发现,在席校长这儿,根本没有"特权",也没有"捷径",只有"如何积极主动地获取信息和机会"的人生智慧;资源丰富、营养充足的土壤就在这里,只要你找到合适的位置扎根,成长空间将与天空齐高。

此处也有难点,那就是到底什么是以及怎么找到"合适的位置"。西浦的学生们从资源的角度说是无比幸福的,有三种教育模式且有相对宽松的专业选择和探索机制,辅助他们找到适合自己的领域。还记得我审批过一位学生的休学申请,理由是"要专心玩溜溜球",休学期间还收到他发来的参加世界级溜溜球竞技的视频,在规则和自由之间找到平衡的他光彩夺目,这就是西浦学子不一样的"气质"啊！但并不是所有学生都能成功，我曾向席校长提起，在教务处学生学术服务岗位工作的那几年收获了满满的"负能量"。与会选择主动寻求帮助来解决问题的那些积极阳光的学生相反，有一部分学生总是在最后问题避无可避时才会愿意面对，往往还是与家长一起来，教务处的同事们时常会被家长指着鼻子质问："为什么孩子挂科了不通知家长？"多年前，因为孩子被终止学业一位父亲在我面前痛哭，那个场景历历在目。现在看到被困在学位学历这个"罩子"下的学生眼里黯淡无光，依旧心痛，相较一个个虽然成绩不一定优秀但勇于"往外冒"的学生，不禁思考：是从哪个环节开始出现差距的？挂科或是退学让全家人感觉"天塌了"，背后仍然是"文凭决定人生"的逻辑，根本上也还是属于"教育何为"这个方向性的灵魂拷问的范畴。当今社会，成功观依旧相对单一，所以想要寻找"教育怎么做"的方案可能还是要先打开"教育为了什么"的新思路，西浦的实践和探索也正是为社会及整个教育体系拓宽新思路而添砖加瓦。

二、涟漪终成浪潮，不可能变为可能

每当我与人提起我来西浦之前在基础教育体系做过几年老师，我都有一丝羞愧，因为我当时没有坚持多久就放弃了。考试成绩的"分分必争"、公开课的"表演"和评价体系的"整齐划一"带来的压迫感，轻易就战胜了那时内心微末的社会责任感。再加上后来在西浦与学生和家长互动时发现，基础教育和家庭环境对于学生的影响有时是决定性的，这更让我觉得想要革新整个教育体系，以及推动社会教育观念的改变，似乎是一个不可能完成的任务。直到2023年3月，在席校长主讲的一场教育研修课堂上，我结识了一位湖南"细妹子"刘老师，她让我看见了聚沙成塔的可能性。身处教学一线的她眼神里透着一股热切，拿到席校长新书和签名的那一刻高兴地几乎跳起来。虽然她在专业领域早已获得"教学能手"之类的一系列荣誉，但深知"从学生出发，从需求出发，心中有目标和方向，才是所有教学行为的压舱石"[①]，她决定来西浦做教

---

① 摘自刘老师写给席校长的信件。

育访问学者，与"同频人"一道出发探寻未来教育之路。她的西浦访学计划并不符合历来访学进修的"主流"选择（如去985、211高校进修），因而没有获得任职单位支持，但她仍然坚持自费前来。在她访学结束回到一线后，有次得知了席校长要去长沙出差，便特地赶去现场只为递给席校长一封信，分享近期组织同事们一起做成的教学革新项目，来信的最后写着一句"再次，感谢您，以及闪闪发光着的人们"。席校长一年要参加西浦百余场的教育研讨活动，在这些活动中，我看到了很多很多位"刘老师"，尤其是在2023年"寻找新时代中国杰出教育家"活动中，我直观感受到了1 600多万关注量带来的光和热……

跟着席校长出去参加一些会议，有一些嘉宾以家长身份提出所谓的教育问题，大概类似于"西浦是不是一本、是不是211"，但每次席校长都很耐心地从教育最基础的问题解释。我很不解，为什么要与"话不投机"的人解释这么多？席校长说："能改变一个是一个，能'解救'一个家庭也是收获。"

我想这画面就像一个人高举火把照亮前方的一段路、唤醒一群人，然后越来越多的人跟着火把的亮光向着同一方向前行。我们每个人的行动就像一滴水，点点滴滴汇聚成细流和涟漪，再然后变为浪潮，裹挟和推动着更多人的行动，最终将不可能变为可能。

以上，林林总总列举了日常工作中的一些片段，试图给大家提供一些多元的教育观察素材。我也还在努力拼凑对于"教育何为"的理解，只能说何其有幸，能与西浦教育者们并肩努力这几年，见证我们的大学、我们的学生不断成长。也何其难得，在探寻"教育何为"的路上，可以经历人工智能等先进技术对教育体系的冲击，我十分期待教育这艘航空母舰可以借助这波冲击顺利驶入面向未来的正确航道……

> **观思行录**
>
> 国际化不只是用外语教书、有外国师生，更重要的是有全球视野，符合未来世界发展的趋势和需求，整合全球资源和智慧，形成参与国际竞争的机制和能力，最后成为有竞争力的世界"玩家"（strong global player）。
>
> ——席酉民

| 46 |

教育的畅想曲
目的与承诺

Stuart Perrin①

约翰·列侬，音乐家和词曲作家"披头士"乐队"四人组"之一。他曾经唱过这样一段歌词：

你可能会说我是个梦想家
但我不是唯一一个
我希望有一天你会加入我们
世界将合而为一

约翰·列侬唱出了他对世界和平的乌托邦式的憧憬，当我绕过教育现状憧憬"教育何为"时，也对这些话产生了深深的共鸣。

有幸收到席酉民教授的邀请，为新书贡献一份力量，我试图结合自己学习、教育及生活的经历，探讨一下教育的本质，并从"生态大学"的角度谈谈对西交利物浦大学学生们的观察和思考，聊聊教育对他们的成长产生何种深远影响。

当然，要想真正理解我的观点，首先需要明确"生态大学"这一概念的含义。英国教育哲学家罗纳德·巴内特博士在2013年曾指出，社会对大学的看

---

① Stuart Perrin，西交利物浦大学首席生态官，主要负责为生态大学筹划革新方案。在此之前，他已在西浦担任过多项要职。

法"贫乏至极"。他运用批判现实主义的方法，对与大学相关的各种概念化进行了评估和想象，如"流动大学"和"真实大学"，并最终提出了"生态大学"这一创新理念。简而言之，生态大学是一种革命性的高等教育模式，它巧妙地将生态、社会和伦理等多方面的考量融为一体。尽管这一理念在某些方面看似遥不可及，甚至带有乌托邦色彩，但它却拥有巨大的潜力，有望重塑大学的政策和实践。特别是在改善学生体验方面，生态大学有望突破传统模式的束缚，为我们带来全新的视角和可能性。

2012年1月，我当时在英国一所传统高校工作。这所大学作为罗素集团成员，声誉日渐提升且学生数量稳定。借助其预科课程以及与英国各大高校的合作，这所大学在国际上也有一定曝光度。我的学术生涯轻松惬意，几乎"零压"，但总觉得少了些什么。尽管教育质量还不错，但我想如果我是学生，我并不会选择这里。从大多数方面来看，这所大学其实与英国的其他学府并无二致，然而它似乎过于保守，显得陈旧、过时，但我们仍坚守着我们的信念。一次偶然的机会，我注意到中国一所新兴大学西交利物浦大学的资深岗位招聘广告，便与朋友及学生们探讨起申请这所我从未耳闻的学校的可能性。我在罗素集团大学的同事们认为，放弃在世界知名大学工作的声望，转而去一所几乎没有名声的中外合作举办的大学工作，简直是疯狂之举。我的学生中有许多是中国人，他们倒是鼓励我冒险一试，尽管他们也表示对这个大学所知甚少。

经过与当时负责西浦学术事务的副校长的一次非正式会谈后，我递交了申请，接受了面试，并最终获得了语言中心主任的职位。在正式入职前，我有幸参观了这所大学，那也是我第一次见到席教授。在一对一的深入交流中，他详细阐述了自己对大学发展的憧憬、教育理念及未来的重点发展方向。可以说，那一次的会面让我意识到英国教育所欠缺的元素。我迫不及待地想要启程前往中国，开始我的新旅程。

那么，究竟是什么让我下定决心，离开熟悉的舒适区，投身未知的冒险呢？答案其实很简单，那就是席教授所描绘的"教育乌托邦"愿景，以及将乌托邦变为现实的详细计划。面对颠覆性技术和其他外部力量的挑战，这一愿景不断发展、壮大和完善。对于来到西浦学习的学生来说，他们的学习经历证明这并非遥不可及的乌托邦梦想，而是触手可及的日常生活。以下的故事和观察，希望能为此提供有力的佐证。

"生态大学"的概念彻底打破了传统高等教育的框架。它不仅突破了学科的界限，而且在强调学术知识的同时，也注重道德意识、可持续性和整体福祉的提升。"生态大学"的核心在于**伦理创客学习原则**，这与传统教育将知识分割开来的做法大相径庭，它融合了物质、生态和社会等多个方面。席教授所倡导的教育理念正是基于这一原则，并在西浦引导我们学生成功实践。这一理念的重要组成部分便是"融合式教育"（Syntegrative Education）理念的发展。简而言之，这是一种以行业为导向的教学方法，旨在将专业教育与实际需求相结合，培养出面向未来的行业精英。

未来已经悄然降临，这是颠覆性技术和数字时代带来的结果。生成式人工智能、机器人技术等新兴力量让传统教育模式捉襟见肘。此时，"融合式教育"脱颖而出，它通过教育和训练，注重学生基础素养教育的同时，致力于培养兼具融合式技能和创业精神的未来行业领袖。在这方面，西浦创业家学院（太仓）的发展或许是一个极佳的例证。我有幸参与了这所学院的创建过程，见证了它是如何与国内外企业紧密合作，围绕行业发展设计专业，将学科知识与实践相结合，提升学生专业技能和创业能力的。下面我将分享一些学生在伦理创客学习方面取得的进步和成就，以展现这一教育模式在实践中的魅力。

一是**跨学科探索**。跨学科学习可以帮助学生们打破领域隔阂，使他们能够与不同背景的同龄人合作，共同锻炼创造力和批判性思维。创业家学院所提供的专业和辅修相结合的本科生创业教育就是一种跨学科探索。席教授深谋远虑，他认为所有学生在以行业和技术为主导的学位课程中，都应学习创业辅修课程，与不同学科背景的学生一同解决行业问题。他坚信，校园和学习经历本身就是最好的商学院，无须另行设立。2019 年，第一批学生满怀期待地接受了西浦创业家学院的创业教育挑战。每年一度的项目选择活动总能引发大家的兴趣，展现无限的机会。在后续的讨论会上，学生们纷纷表示自己是新教育模式的先行者，敢于尝试新事物，勇于突破界限。他们对即将开展的项目充满期待，热衷于与其他学科的同学合作，体验不同视角带来的新鲜感。他们的父母同样支持他们的决定，展现出同样开放和进取的精神。然而，被传统教育根植的内心总时不时把人们拽回传统思维，需要一些"震荡"才能调整。当这批

"先锋学生"从二年级升入三年级时，他们开始对未来产生担忧。他们担心自己是否掌握了足够的专业知识，是否能拥有美好的前景；他们焦虑地学习着创业课程要求他们掌握的新技能和知识，担心自己与传统专业的学生相比会失去竞争力。此时，他们的心态从"先锋"变成了"小白鼠"，倍感压力，开始质疑创业教育的价值。但是，思想上的"震荡"发生于他们步入毕业年级时，当发现所有积累在某一瞬间融会贯通时，他们又重燃信心。最终，事实证明他们的担心是多余的。那些申请硕士学位的学生获得了比"传统本科生"更好的录取通知书；求职的学生也获得了优于"传统学生"的机会；还有的同学勇敢地迈出了创业的第一步。这一切都证明，他们一直追求的融合式教育模式早已为他们的未来铺平了道路。他们学位的跨学科性质成为他们前进的助力，而非阻碍。在 2024 年 7 月的毕业典礼上，许多学生在拍照后都来到席教授面前表达感激之情。感谢他为他们创造了这样一种教育体验，让他们能够追逐梦想，并在追逐梦想的过程中不断成长和发展。

二是**体验式学习**。融合式教育注重实践经验，鼓励学生通过参与行业合作伙伴的项目和社区活动，进行问题导向的学习。

当学生踏入西浦的大门时，他们往往还深受高中时期那种传统的被动学习方式的影响。然而，在西浦的教育旅程中，我们致力于引导学生们积极参与，让他们在每一个环节都发挥主动性。从参与课程决策，到选择心仪的俱乐部和社团，再到参与课程设计，学生们在这里逐步从被动的信息接收者转变为主动的知识探索者。这正是席教授为这所大学奠定的基因。以夏季本科生研究基金项目为例，它不仅为学生提供了从大一开始就参与前沿研究项目的宝贵机会，还让他们亲身体验基于项目的学习模式。这一选项对所有学生开放，尤其是那些选择在创业家学院深造的学生，以问题和项目为基础的教与学成为他们教育经历的重要组成部分。我们坚信，教育应该不仅仅是让学生在书本中获取知识，更重要的是让他们掌握成功所需的技能，并有机会亲身实践这些技能。创业家学院所采用的基于问题和项目的教学方法正是为了实现这一目标。在主要学科中，我们嵌入了创业相关的内容，让学生在学习过程中不断提升自己的实践能力和创新思维。讲座式的课程早已过时，以项目为基础的课程应成为主流。与创业家学院合作的行业伙伴也为学生们提供了众多参与项目的机会，这些项目在理想情况下将贯穿一个学期甚至数年。然而，这种方法的成功实施需要灵活和敏捷的支持系统来管理项目。根据我的观察，学生和教职员工都仍需要一段时间来适应这种新的教育模式。因此，整个学习过程需要的是全方位的努力和支持，以逐步激发学生的创造力和好奇心。太仓的学生们将二年级形容为"恐怖的一年"，他们害怕新体系、害怕基于项目的学习所带来的责任和挑战。与那些选择更传统路线、生活看似轻松的同龄人相比，三年级时他们可能还会感到有些怨恨。然而，到了四年级，学生们开始"悟"了，他们理解了之前的所有付出和努力都是值得的，因为这一年他们的潜力得到了真正的释放。

席教授深知，如今学生与家长面临着回归传统的呼声，这样的选择固然看似简单，但传统并非简单回归，而是需要一种深入探究"教育何为"的根本性的哲学思考，而非仅随时代乱流盲目追寻。然而，席教授并未被这股"返传统浪潮"所动摇，他勇敢地在教育的海洋中扬帆起航，引领创新教育的潮流。他的远见与勇气，使得这些创新教育理念通过新颖的教学模式得以传播，培养出了一批批具备创新精神的学生。他们已做好准备，随时迎接社会每日"投送"的各种挑战。

生态大学还有一条重要的原则，那就是"敢"，即培养学生的"果敢"。正是基于这一原则，席教授提出了一系列"特立独行"的大学理念、原则和核心价值观，为我们树立了理解教育真谛与实践意义的典范。下面，我想结合我在创业家学院时的所见所闻，进一步阐释这一观点。

我曾亲眼见证创业家学院的学生们如何运用那些看似非传统的方法进行学习。这些方法鼓励他们勇于冒险、充满好奇、敢于实验。更值得一提的是，创业家学院创新性地推出了一种硕士学位项目，它要求学生在追求成功的同时勇于冒险、保持好奇，并鼓励他们以实际行动开始自己的创业之路，将其作为学位课程的一部分。这种方式将"边做边学"的理念发挥到了极致，使学生们能够将所学知识真正应用于现实生活中的商业发展计划和后续的商业活动中，从而使教育成为真实世界的一部分。在项目启动之初，我们都很好奇它的受欢迎程度以及会吸引怎样的学生群体。这个名为创业与创新的硕士学位项目中有多种研究方向可供学生选择。它在很多方面打破了学科的界限，因为大学之外的世界并没有被清晰的学科界限所划分。在第一年，我们鼓励学生放飞好奇心，制订商业计划，以培养他们的创业和创新思维。到了第二年，通过引导他们参与商业冒险，帮助他们充分释放潜力。在这个过程中，每位学生都会得到一位行业导师的指导，帮助他们将理论知识付诸实践，学术与行业的界限也变得愈发模糊，因为部分学习是在行业中进行的。为了营造一种充满好奇和实验氛围的学习环境，西浦还特意创建了创新的学习空间。这些空间通常是从资源利用最大化角度设计的，不只是学生学习的场所，更是师生共同成长的伙伴。它们旨在营造一种无畏的氛围，而非让人心生恐惧。这样的空间鼓励学生们保持好奇心，使他们不仅在校园的物理空间中茁壮成长，更在大学创造的独特学习氛围中实现智慧上的飞跃。

生态大学坚守的另一大原则便是"可持续性"。我们耳熟能详的联合国十七个可持续发展目标，无疑都是值得我们去追求和实现的，教育在其中的角色愈发突出。在生态大学概念中的可持续性也意味着通过打造一个生机勃勃的校园来呵护教育。这不仅仅是校园的物理环境，更包括它承载的精神内涵；不仅仅是校园本身，还有它与周边社区的紧密联系；不仅仅是现实存在，还有我们心中的憧憬与想象。这些元素共同构成了一个鲜活的实验室，一个充满活力的实体。

记得席教授曾强调，"整个校园就是鲜活的大学博物馆"，它不应该被局限在某一物理空间内，而是应该成为开放给全社会共同关注和贡献。那天，我在离开时摇了摇头，并不是因为我不同意他的观点，而是因为我需要理清思路去消化和反思他所讲的内容。后来我恍然大悟，原来这个想法并非空穴来风，它其实一直在影响我，只是我每天看着这个校园却没有发现其奥秘。当我们思考"教育何为"时，需要保持这样的思路，这样才能从历史中学习；也需要从中汲取灵感，这样它才能引导我们走向未来。而校园，正是实现这一目标的重要工具，它既是窥探未来的水晶球，又是记录过去的珍贵史册。这正是我从席教授那里所领悟到的，他的视野深邃且广阔，影响着校园的每一个角落。走在校园里，看不到校园与社会之间的围墙，看到的是学生专业选择的自由。这里有东西方文化的融合与碰撞，创造出一个相互借鉴但独具特色的新体系。而这一切，都充满了多元的文化、多学科的知识和多种的视角。通过从历史中学习，并大胆应用颠覆性的现代理念，大学便能满怀信心地透过水晶球展望未来。

2022 年 7 月，正值新冠疫情，席教授在西浦官网发表的一篇文章中提到，尽管无人能拥有水晶球来预测未来，但我们至少可以打开几扇窗户，遥望未来的轮廓。他进一步强调，要为未来的探索做足准备，学生们确实应当掌握北京师范大学倡导的全球优质教育 5C 模式能力，即文化理解力、批判性思维、创造力、沟通能力和合作精神。显然，正如席教授一贯的前瞻性，他认为这还不够，他强调，在当下这个变革迅猛的时代，21 世纪的核心能力还应涵盖数字素养、终身学习能力、社会责任感、可持续发展意识以及复杂心智。在这篇文章中，席教授还着重指出了转变教育者教学方式的重要性。正如多数学生成长于传统的被动学习环境中，大部分教育者也是在传统教育模式下培养出来的，所以他们也需顺应时代潮流，实现教学方式的转型，以更好地适应未来的素质教育需求。我想要就这个话题简要展开一下，为我的反思收个尾。正如我一直强调的，教育是一个既复杂又多元的现象。它不仅是知识和技能的传授，还关乎人类潜能的挖掘、批判性思维的培养以及社会正义的实现。教育的可能性无穷无尽，其发展方向取决于教育者和学习者的背景、目标和愿景。有些共通的原则，比如在新时代背景下教师培训对学生产生的影响，可以为我们对"教育何为"的思考提供指引。

我相信我们都认同教师培训对于提升教育质量和效能起着至关重要的作用。教师培训应当为教师赋能，使其在实践中游刃有余，实施以学生为中心的注重协作、变革、整体性的终身教育。因此，教师培训不仅要让教师掌握必要的知识和技能，还要培养他们正确的态度和价值观，使他们能在西浦这样多元化的大学环境中给予学习者支持，并不断提升自身的专业水平。还有一点吸引我加入西浦的便是其对教师培训的坚定承诺，这无疑对学生和教育工作者都大有裨益。这一点从西浦为内部发展而设立的教育发展部门，以及 ILEAD 的教师培训项目在校内及省内外取得的显著成就中便可见一斑。西浦在教师培训方面积累了丰富的经验和实至名归的成就，吸引了英国高等教育学院三名首席教学研究员中的两名在西浦工作。然而，随着颠覆性技术的冲击和人工智能时代的到来，大学在培养新时代教育工作者时面临着新的挑战。这些挑战很难像过去那样仅通过内部努力来解决,颠覆性技术需要我们采用颠覆性的解决方案,确保教育工作者在未来能够保持其影响力。在这一层反思中,我需要再一次提到融合式教育的概念。行业学位是与行业密切合作开发的,行业参与了概念设计、教学大纲制定、教学实施及提供项目和就业机会等各个环节。这种深度的伙伴关系是教育应有的核心组成部分,它为学生提供了独特且宝贵的学习体验。这也是我们在培训教育者时所需要的模式,即与那些正在开发人工智能、颠覆性技术以及日常在用数据驱动做决策的行业人士合作,共同培养。只有当我们模糊行业与教育之间的界限,我们的教育工作者才能掌握 21 世纪所需的技能,从而有效地指导我们的面向未来的学生。换句话说,我们需要重新思考教师培训的形式以及培训者的角色,使他们能够支持那些每天与学生密切互动的教育工作者。

教师培训的重要性不言而喻,因为它对学生有着直接或间接的深远影响。首先,直接的影响体现在教师培训会左右教师如何构思、实施和评估学生的学习体验。通过培训,教师们学会了如何打造富有吸引力、与实际生活紧密相连且有意义的学习场景,以此来满足新时代学生多元化的兴趣、需求与期待。同时,培训也赋予了教师们灵活运用各种策略、方法和工具的能力,特别是那些有助于推动问题导向学习和技术驱动学习的工具,更让教师们对人工智能在学习过程中的运用有了清晰的认知。更重要的是,培训让教育工作者们敢于突破传统,勇于尝试新事物,面对不确定性时也能保持从容,正如我们期待学生们做到的那样。此外,教师培训还间接地作用于教师与学生之间的互动,影响着他们的共同成长。那些对新兴颠覆性技术驾轻就熟的教育工作者,不仅把人工智能视作一个宝贵的机遇,更能借此建立起师生间基于信任、尊重和关怀的积极关系。这样的关系还有助于营造出一个积极向上的学习环境,进一步推动学生的协作、参与、动力和幸福感。最后,教师培训还能帮助教育工作者引导学生形成 21 世纪所需的积极价值观和行为模式,诸如好奇心、探究精神、反思能力及终身学习的态度。

带着席教授给我的关于 21 世纪教育哲学和生存模式的启迪,我对"教育何为"的观察和反思进入尾声,我试图简单概括一下我的思考。

教育是一项全面、整体性的学习体验，我们重视的不仅仅是学生的学术成就，还包括他们的智慧、情感、社交及个人成长等多个方面。学生并不是孤立存在的，而是与同学、社会及充满活力的大学环境一起，共同行进在超越学科主题的学习之旅中。

教育本质上是一个不断变革的过程，学生们在其中积极参与，接触各种新思想、新经验和新挑战，同时保持好奇心。而大学，则成了学生们进行探索、培养批判性思维及实现个人成长的广阔空间。

教育，是一个为广大师生重塑自我而搭建的舞台。学生们在学习的道路上，会经历各种挑战和成长，这些经历都会成为塑造他们独特自我的重要因素。教育更给了他们构建理想自我、追寻目标、树立价值观的广阔空间。而在教育环境中，师生间的互动交流让不同观点得以碰撞，新的想法得以产生，这对于学生们形成独特的自我认知至关重要。

教育的核心在于构建一个充满活力的学习社区。在这个社区中，我们鼓励、促进彼此之间的对话、协作及共享学习。通过不断革新学习空间的设计，学生们不仅可以在课堂上与同学、老师交流互鉴，更可以与校外的教师、行业的专业人士进行深度互动，从而真正实现知识的碰撞与融合。

教育的目标在于塑造能够驰骋 21 世纪的全球公民。学生们应当具备数字素养，无论是在现实世界还是数字空间，都能够游刃有余。同时，学生们还应肩负起道德责任，具备环保意识，积极助力人类社会可持续发展。

教育旨在帮助学生顺利过渡，并为他们终身学习的旅程做好充分准备。学习并不仅仅局限于学位课程，而是伴随着学生从正规教育走向工作岗位，通过不断学习和个人成长，实现自我超越。教育如今已经变得多元化，它融合了物理空间与数字平台，使得两者之间的过渡变得无缝而流畅。学生们不仅可以享受面对面的互动学习，还能自如地利用在线资源、虚拟实验室及交互式内容，比如西浦学习超市中的丰富资源，学习变得更加便捷与高效。

最后，借用席教授的话为本文收尾：在这个由人工智能主导的、充满变革与挑战的新时代，教育就像一个指南针，引导着学生们踏上一条充满求知欲的、个人成长的和积极主动的终身学习之旅。

观思行录

在中国和世界走到一个新十字路口的关键时刻,更需要每个"我"的创新、能动性和智慧,但如果大的政治社会环境及其治理和管理问题解决不好,社会缺乏必要的创新空间和思想自由,就会限制每个"我"的光芒、减少"我"闪耀的机会,甚或使"我"陷入沉默或黯淡,因而阻碍国家强大、世界美好的实现。

——席酉民

春风化雨

李春萱[①]

龙年新春，大雪纷飞。于故乡草庐中温茶，赏雪，忽接席老师（也有人称呼席校长或席教授）新春祝福，并嘱以师门一徒身份写写教育感悟，当即应允。一，席师之命焉敢违；二，教育之重，于国于族于民乃为之大者，思之久矣，亦稍有心得；三，得识席师三十五年，尤其近六年于先生膝前得耳提面命之福，收获业力可谓宏大，有总结提炼之需。

说起教育，得先说说学校，因最早之教育见存于学校之中，如孟子曰"谨庠序之教"。学者，效也；校者，教也。我们能够追溯到的学校最早乃是官办，如辟雍、泮宫、庠、序、瞽宗；到了孔子那时，私学兴起，教育由官办转入私学；汉后至今日则官私俱存，如宋时官办的太学与孙复的泰山书院、胡瑗的安定书院，皆同存而俱兴。西方历史上与现代的学校亦大体为官学私学共存。说教育为什么非得说学校呢？国人对择校，不论是幼儿园还是大学，对好学校的追崇已到了无以复加的地步，仿佛一进了好学校，子女之教育大业便可高枕无忧了。从微观考察亦不无道理，名校多得名师，无名师亦无名校，但何为名师？

教者，尤点化之意，如孟子所言"如时雨化之"，雨后泥土中所自有之肥料养分便自化了。而育者，如《中庸》所言，乃"万物育焉"，万物并育而不

[①] 李春萱，中芬电力集团公司董事长，洲际绿电物流公司董事长。爱好武术、书法，是个在角落里用冷峻的眼光观察社会的人！

相害，道并行而不相悖，育即是一种内在生命之各自成长，只是以外力加以启发。故又曰"十年树木，百年树人"，由此，教之者谁，育之者谁，便为关键了。退之先生名言"传道，授业，解惑"，教育之要在于传道，道之不传，业即无存。传道之师，非精于一门功课、一门学问，非有品性之胜而不能为之。古人云"经师易得，人师难求"。师道所贵，主要在为师者之人格与学问，振衰起弊，为教而兴者，故多在师不在校。观今日之中国，为师者一千八百万之众，堪称得师道者几人？

先生生于乡野，经历练造化，人品、人格简单总结起来有"五贵"。以俗人之眼去看先生，任主管基建之西安交大副校长数年，创办、管理西浦近十八年，位高权重。虽未与先生求证，但大可相信，定有不止一两凡夫，曾企图利诱过先生，但先生于物欲横流中洁身自好，此为"身贵"。

先生辍耕垄上，求学长安，取得内地第一个管理工程博士学位，获得中国青年科学家等殊荣，著述等身，以学术闻于四海，此为"术贵"。

须知学问乃为师者根本之一，退之之"授业，解惑"，孔子之"六艺"，胡瑗之"经义，治事"，无不与学问有关。先生以学问入仕，且得道甚早，仕途可期，其间有机会官至副部，然先生醉心于西浦大业，以实现教育报国、教育济世之理想，视顶戴花翎如无物。此品格、格局之高，可谓"品贵"。

先生以其不停的探索、思考，汇东西方智慧，集百家之长，于泥泞土地上建起巍巍西浦。学校规模、学术水平、毕业学生素质，扶摇直上，以余度之，假以不长时日，必位列世界名校，风格独特、包容兼蓄已非假想而正成为现实。当知在有无数个软硬约束的条件下创办一所大学，生存已属不易，更遑论位列世界名校。其中定有过身心疲惫的时刻，然先生未曾放弃，而是坚定目标以持续的创新精神把西浦从 1.0 发展到 2.0、3.0 乃至 4.0，一步步推向中国高等教育的新高地。很多次听先生讲述西浦的过去、当下及未来规划，先生不守旧、不止步、不屈服、不守常的精神已成为西浦的重要基因和前进动力。做校长不难，做一个有作为的校长难，做一个持续探索、超越自我、成就斐然的教育家更难，纵观当今世界，十指可数也。先生以并不强健的身躯支撑探索建设中国教育未来的宏伟大厦，此番业果可称为"业贵"。

每与先生讨论"教育何为"论题，虽为先生的创新、超越精神所感染，但更重要的是于其中洞见先生为中国教育探索、为世界公民教育奋斗的远大抱负。此种抱负非有大气度、大胸怀而不能得。每念及此，常使我想起横渠先生言"为天地立心，为生民立命，为往圣继绝学，为万世开太平"。此不亦先生品格之真实写照乎？先生虽出身工科，常年来往于府衙，然以中国人的人品观而论，每遇相游，如沐春风。先生于学术之外，雅趣可圈，书、茶、艺皆广泛涉猎，而非专注一端。尤与人交往温润如玉，有谦谦君子风。先生信义诚达之誉播于四海，比之装腔作势者，高下立见。此种品质实乃师道之核心。师者，为人师表。其人格精神乃无音之语、无字之书，常有让受教者潜移默化之功。故中国古人以为师道之贵，主要在为师者之人格与学问，而人格排在第一等重要，此可谓"格贵"。

对此我亦深有体会，与先生近距离接触已近十年，未见先生大声呵斥于人。先生不紧不慢的语速，谦和亲近的气度，是定格于大多数学生脑海中的形象。此种形象使与先生有交往的学子辈在不知不觉中受到教益，当为身教之典型，故古人云身教尤胜于言传。然先生正值壮年，"五贵"之量亦当与日俱增。予常想，入师门之道，并非一定得通过某种考试或者固定手续。即便通过考试入了师门，成为硕士生或博士生，但如果只是学习了先生的术，仅仅读几本书、上几十堂课，通过了考试与答辩，却不能领会、感悟先生的人格、精神、抱负、情怀、师道，则以我愚人之见，亦不一定算入了师门，或曰"过宫门而不入"。倘能深切领会、体悟、实践了先生的师道实质，再以所学之术辅之，亦应算是入了师门了。故推而广之，学校存于无形，课堂也随处可在，倘遇大师如先生者，眼神语气即为教授，茶舍饭桌皆为课堂，此亦余之心得也。

由此言之，论教育之事，注重体系样式，更该注重人物。体系可以坏而复修，人物则不可坏；体系样式可以随时改变，人物则自有不可变之典型；有了体系样式而无真人物，体系是虚空的，有了人物而无体系，则体系可随时创立。

教育是个太宽泛的话题，这里我不太想把技术培训类的教育、职业培训类的教育划入我思考的范围。这两类教育从教育的本源上说不属于教育，而应归于培训学艺之类。中国古人有"先器识而后文艺"的说法，中国的教育从古至今的核心主张（当世仅有先生等为数不多的人坚持并一直实践着）是以人格品德的塑造为原点、以培训学习能力为基础的人的教与化。非常巧合的是，西方也有不少教育家坚信此点。耶鲁大学的前校长 Richard Levin 坚信"如果耶鲁的毕业生掌握了某一项技能或专业时，那就是耶鲁的失败。真正的教育不传授任何知识和技能，却能让人胜任任何学科和职业"。还没来得及与先生仔细求教，但我想先生在西浦创新实践的目标应该是塑造学生的健全人格、全球视野、学习能力。这正是让西浦在中国卓尔不群、与众不同之处，也许也是先生环视周边而心痛之处。

就我本人在席门经历而言，感受良多。就读书而言，仅认真通读了一本叙事体管理学著作《管理何为：一个"理想主义"践行者的人生告白》，但多次聆听了先生的谈话讲座，感受最多的不是了解了"和谐管理"的基本逻辑和思想，而是在深入了解先生的经历和心志后总结出的"五贵"。此"五贵"也化作我精神与追求的一个重要部分，化为我情绪中的一个元素，从待人接物到人格品性再到抱负情怀，无一不深受感染。是言传更是身教，席门所拥有的纯粹、专业、进取、智慧的独特气质是师道的立体化呈现。使身处其中的人实时有春风化雨的感悟，而先生的人品与学识在其中无处不在却又隐于无形。而深处其中越久，越觉得自己的浅薄与孤陋，这不正是教育的意义所在吗？

愿席门枝叶常青，荫泽苍生。

> **观思行录**
>
> 管理者所面临的资源是差不多的，要做出新意和创造性来，就需要有像主妇下厨那样常做常新的能耐，使顾客、员工、合作伙伴、股东、社会都喜欢他/她，忠诚于他/她，这样的管理才有竞争力，才彰显管理的水准和价值！
>
> ——席酉民

两种不同的人生：携众前行与孤独呐喊

赵向阳[①]

2024年1月30日，席酉民老师给我发来微信："我们师门在根据自身经历、感悟、经验、认知、反思，谈教育，你似乎也算半个师门的人，韩巍的关系人、薄连明的徒弟、'管理学在中国'的参与者，可否从旁观者的角度写篇文章？"我回答说："荣幸之至，必须完成。"席老师接着说："希望你从独特的角度看教育（然后是三种表情符号）。"

我在中国管理学界是"孤魂野鬼"，属于"无门无派"。53岁了，忽然忝列门墙，既感到高兴，又显得滑稽。我与席酉民老师之间的关系，本来是没有任何师承关系的学术界同行，名义上我们是"平起平坐"的，客气一点称呼他为"前辈"。因为机缘巧合，先是变成他的得意门生韩巍的兄弟，再后来又变成他在实务界的高徒薄连明的徒弟，一路上身价不断"暴跌"，最后竟然变成了席酉民老师的"徒子徒孙"，想起来真是好笑。好在我和席酉民老师都不是俗人，从来视所谓的传统道德观念和等级秩序为无物，所以，对于这种身份贬值，我不以为耻，反以为荣。重要的是，席门是我在中国管理学界唯一感到温暖的地方，不是家，胜似家。

在这篇文章里，我会先简单地描述一下我与席门结缘的故事梗概，然后浅

[①] 赵向阳，德国吉森大学博士，北京师范大学经管学院副教授，《大变局下的中国管理》三部曲作者，纪录片《一个人的战斗》制片人与主演。

谈一下我对学派和师门传承的一点观察和比较,最后以席酉民老师和我泾渭分明的人生轨迹(现实中也的确如此,我生于渭北高原上的旬邑,他长于泾水之南的长安),谈谈两种不同的人生——携众前行与孤独呐喊——及其对"教育何为"的启示。如果换作古人言的话,则是(达则)兼济天下与(穷则)独善其身。

一、半个席门中人——我与席门的交往

初识席酉民教授,应该是 2009 年在重庆某个大学的一个学术会议上,会议的名称我早就忘了。那是我从德国博士毕业回国工作三年后第一次参加国内的学术会议。那时的管理学会议不像今天这样名目繁多,山头林立,大家忙着赶场子,在朋友圈里晒照片……而是很简朴,就在一个普通大教室里,没有明亮绚烂的 LED 大屏,演讲者日常上课一般发表着自己的学术观点,不会像今天的学术明星一样踏着音乐闪亮登场。

就是在那次会议上,我第一次听席酉民教授介绍他所提出的和谐管理理论。自成一体而陌生的名词术语(和则、谐则、和谐主题),深奥拗口的逻辑框架(演化与设计、有限干预、和谐耦合、不确定性消减等),令我感到晦涩,甚至望而生畏。那次会议之后,我还特意买了一本《和谐管理理论:案例及应用》(席酉民、葛京等著,西安交通大学出版社 2006 年出版),打算深入学习一下,但是,后来也就是随手翻了翻便束之高阁,任书页发黄变色。这次为了写这篇文章,我特地又从书架上把这本书找出来,仔细地阅读了一下其中的序言和目录,我发现其中的很多作者,包括葛京、曾宪聚等,不仅在后来的岁月中变得非常熟悉,甚至成为好朋友、好兄弟、好大姐。人生真的很奇妙!你在生活中偶遇一个人的时候,根本看不清楚你们之间未来关系的走向,一切都是在时间和社会互动中建构出来的。

从 2009 年到 2014 年,我与席酉民教授和他的团队之间应该没有过任何实质性接触。那段时间是我的学术彷徨期,我也很少参加国内的学术会议。虽然我对占据主流地位的定量实证研究范式深表怀疑,但是,还是顺着昔日的学术

积累和惯性，在《管理世界》和其他英文刊物上发表了几篇学术论文，包括《国家文化与早期创业活动之间的权变关系》《中国区域文化地图："大一统"抑或"多元化"》等。

2014 年到 2015 年，发生了两件非常重要的事情，对于我后来学术研究的第一次转型（接纳多元范式，尤其是诠释学和批判理论等后实证主义）产生了巨大的影响。第一件事情是在 2014 年 2 月底，在武汉大学举行的"中国本土管理研究现状与展望"学术会议上，我非常偶然地认识了深圳大学的韩巍（那个时候他是副教授，我还是讲师）。第二件事情是在 2014 年 10 月到 2015 年 4 月，我得了一场重度抑郁症，持续时间长达半年。走出重度抑郁症的地狱之后，我脱胎换骨，心智模式发生了极大变化或者升级。

关于我是如何认识韩巍的，这里面有一个传奇得不能更传奇的故事，是我的人生中的精彩瞬间，它改变了我的人生命运。我经常会想一个问题，即使我和韩巍之间有那么多上一辈人的交往和缘分（他姑姑在我家里住过 15 年时间，两家人有超过 60 年的友谊，我能来到这个世界在很大程度上也要感谢他姑姑的帮忙，等等），即使我们两个今天都活跃在中国管理学界，但是，如果没有那次发生在会议餐桌上的非常偶然的对话，也是"纵使相逢应不识"，更不会发展出如此深厚亲密的关系。而如果没有后来韩巍的帮助，我在学术道路上的迷茫与挣扎还会花更长的时间。为了不喧宾夺主，不影响本文叙述的主要逻辑顺序，我就不再重复这个传奇故事，感兴趣的朋友可以参考《大变局下的中国管理 1》（中国人民大学出版社 2021 年出版）韩巍的推荐序的后半部分。

至于为什么我会得重度抑郁症，原因很复杂，也很简单。主要的导火索就是我对中国管理学界和中国大学现状的愤懑。愤懑而不知道如何改变，不知道改变的方向。或者即使努力了，但却看不到任何改变的效果，于是就产生了习得性无助（learned helplessness），就产生了焦虑，最后陷入重度抑郁症的地狱。2015 年 4 月，走出抑郁症之后，我把自己的经历拍成了一部纪录片《一个人的战斗》，这个纪录片全网播放量曾经超过百万，感动了无数人，甚至挽救了不少人的生命。这让我在中国管理学界一下子变得"非常有名"，估计席酉民老师因为这个纪录片也记住了我的名字。

不过，另外一种可能性是我在某个中国管理学术界的微信群里分享自己与韩巍相识的故事，引起了席酉民老师的最初关注，而我那个时候还不清楚他和韩巍之间的师徒关系，以及这种师徒关系的真正含义。我估计，真正让他关注我的应该是后来发生的两次学术论战。第一次是 2014 年 3—7 月，我参与了一个发生在电子邮件群里的学术争论，这个邮件群里有大约两百名管理学者（后来韩巍把这次学术争论写成了一篇论文《管理学在中国：学术对话及意义生成》）。但是，更让我出名的可能是 2016 年 8—10 月，在同一电子邮件群里，因我转发蔡玉麟老师的一篇文章《也谈中国管理研究国际化和管理理论创新：向张静、罗文豪、宋继文、黄丹英请教》而不经意引发的第二次学术论战。如果说，在第一次学术论战中我只是一个消极的参与者，那么在第二次里我就是论战的主将。后来我和韩巍还因此合作了一篇论文《"非科学性"让管理研究变得更好："蔡玉麟质疑"继续进行中》。趁着第二次学术论战的热乎劲，我以一己之力在北师大举办了两三期"煮茶问道·本土管理研究"会议，又在《管理学报》上主持了同名专栏，试图在中国管理学界树立一种"坦诚辩证，理性对话"的新学风。在负责这个专栏期间，我曾经邀请席酉民教授和张晓军老师撰写了一篇学术争鸣文章《从实践者视角看管理研究的价值与范式》，因此我和席老师之间的关系才开始熟络起来。

然后，稀里糊涂地，不知道具体从什么时候开始，我被连续邀请参加席酉民教授发起的"管理学在中国"的会议，每次我几乎都参加，而且每次去了都要做主题演讲，或者担任第一天下午的实践环节的对话嘉宾。于是，我与席酉民老师和席门同仁变得越来越熟悉，以至于即使没有收到特殊邀请，我也大大咧咧地直接参加席门的各种内部活动，从来不把自己当外人。而且每次去了之后，开会都坐在第一排中间，经常"旁若无人"地抢夺提问和发言的机会；或者席门内部聚餐的时候，我也堂而皇之地坐在主桌，与大家觥筹交错。如果说，韩巍在席门享受特权是因为他的学术研究得到了席酉民老师的信任和认可，"两个'自负者'负负得正"，而我一个席门的外人，在席门能享受到特权，完全是因为席酉民老师的包容和另眼相待。

每次席西民老师见了我都很开心，大会小会上，只要我在场，他总是念念不忘拿我调侃：

"赵向阳，你的抑郁症最近好点了吗？"（呵呵，您真的是缺乏医学和心理学常识呀！以为抑郁症是终生"遗传"的呀？靠血型判断企业家的性格和行为方式？这些都是伪科学！）

"赵向阳又来蹭饭了？"（嗯，主要不是为了吃饭，而是为了会友嘛！）

"赵向阳自己什么都学，从物理学到心理学再到管理学，但是，就是反对别人进行跨学科学习！"（我对西浦所推行的多学科融合的教育方式表示谨慎怀疑。我认为靠谱的方式不是同一时间里每门学科浅尝辄止、并行加工，而是学完一门学科之后再顺藤摸瓜学习另外一门新的学科，也就是串行加工。）

"赵向阳，我和侯老师都感到好笑，你竟然滑雪能把腿摔断。"（拜托，滑雪从来就是高风险运动。我那是在高级道上练习猫跳时韧带断裂，而你们只不过是从初中级道上滑下来而已。）

"赵向阳为了报销两千块钱的书费竟然在网上吐槽北师大！"（的确如此，而且又收获了一篇"100 000+"文章，最后实实在在地改变了北师大的财务报销制度，这是我所写过的文章中产生了立竿见影的社会影响的文章，自认胜过一篇SCI论文。）

"赵向阳每次来开会都发言，这样不好，下次应该换个新人新面孔。"（你以为我每次都想发言呀，我也正在帮你物色几个符合"管理学在中国"会议特点的、有思想的学术新秀，让他们多抛头露面。）

……

对于自己经常被席老师拿来调侃，我一点局促感都没有。相反，我觉得我的存在为会议增加了许多欢乐和松弛感。而且以前只要我在场，会议的讨论环节就一定很热烈、很尖锐，这也符合席西民老师对"管理学在中国"会议的殷切期待（不过现在的我，再也不想通过学术争论改变别人的观点了，我现在主要是努力自己先活明白，自己先搞清楚管理到底是什么）。我猜想他最看重我的正是这种独立思考、勇于创新和敢言直言的性格特点，这与他个人的价值观和做事风格也是一致的，感兴趣的读者可以参考《管理何为：一个"理想主义"践行者的人生告白》。

至于我怎么突然又变成了薄连明的徒弟呢？话说来很短，一点都不复杂。但是，我得先介绍一下薄连明是谁。20 世纪 90 年代，薄连明曾经是陕西财经学院的管理学老师、系主任。后来下海去了深圳，是深圳航空的创始人之一，曾经在 TCL 工作 18 年，执掌华星光电帅印多年。后来他离开 TCL 加盟一家创业公司光峰科技，带领该公司冲上科创板。2022 年，薄连明创立深圳明微管理咨询公司。薄连明在 TCL 工作期间，在职攻读西安交大的管理学博士，指导教授就是席酉民老师。2023 年 4 月，我与薄连明博士在"管理学在中国"会议（西浦太仓校区）上相识，此时我已经在酝酿我人生的另外一次转型，那就是向管理培训和管理咨询转型。因为薄连明博士曾经读过我的一些文章，对我已经有所了解，所以，经过短暂的现场交流之后，我给薄连明老师留下了良好的印象。一个多月之后，我正式向他表达了拜他为师，向他学习管理经验和管理咨询的想法，他欣然同意。每年两次，我去深圳调研期间，都要抓住机会，近距离地参与或者观摩明微管理咨询公司的一些项目。就这样，我名正言顺地成了席酉民老师的"徒孙"。

以上就是我与席酉民老师和席门同仁交往的故事梗概。

在我看来，像席酉民教授这样集管理学家、教育家和企业家三种身份于一身的人，在全世界可谓凤毛麟角。而韩巍教授在管理研究哲学和本土管理研究方面的深刻见解和特立独行，更让他跻身中国管理学界的一流人物。至于薄连明博士，他不仅实战经验丰富，而且还有自己发展出来的"一体两翼"全景管理钻石模型（他所著的《企业经营方法论》即将出版），属于真正地打通了管理理论与管理实践之间鸿沟的名师（明师）。他们都是人中龙凤，是我十辈子都无法企及的。与他们这些高手交往，我受益匪浅，所以，当席酉民教授的徒子徒孙，我心甘情愿，乐此不疲。

至于席门中的梁磊教授、葛京教授，那对我更是亲如兄弟或者姐弟一样，让我感到非常温暖。每次开会，我最期待的是晚上房间里的小范围聚会，他们与我分享了很多中国管理学界的"趣闻轶事"，让我对制度规范的形成、演化及锁死（lock-in）有了深入洞察。我与曾宪聚教授更是知无不言，言无不尽。他每次开口与我说话，从来都是"赵大哥长，赵大哥短"。对于比我年轻很多的刘鹏、庞大龙、梁朝高等，我也尽量给他们提供一些力所能及的支持。总之，席门待我不薄，我就是半个席门中人。

二、优秀的师门传承——席门与其他学术门派的异同

有人的地方就有江湖，学术界也是一个江湖。有江湖就有门派，就有权力斗争，而权力是人类社会活动的基本特点之一（此处提及的权力是一个中性词）。一个良性发展的江湖依赖于不同门派之间的竞争与合作，相互促进，共同繁荣；而一个恶性发展的江湖，不同门派占山为王，结党营私，党同伐异，乌烟瘴气。

学术从来不是一个人的事业，它需要群体合作，需要薪火相传，需要耳濡目染，需要通过师徒制分享其中的内隐知识、技巧和人脉资源，甚至需要相互提携，才能在竞争激烈的学术界生存发展、扬名立万或开宗立派。哲学界有维也纳学派，物理学界有以尼尔斯·玻尔为代表的哥本哈根学派和以爱因斯坦为代表的反哥本哈根派，经济学界有奥地利经济学派，管理学界有卡耐基-梅隆学派，甚至最新的人工智能领域也已产生三种不同学派：以 A. N. Chomsky 为代表的符号主义学派，以 Geoffery Hinton 为代表的连接主义学派（深度学习），以及以 Rodney Brooks 等为代表的行为主义学派。每一个学科都有林林总总各种门派，其中很多门派也都是基于师徒关系发展起来的。学术界从来不是一个人的战斗。要让某种学术观点、立场、理论和方法等生根发芽，在思想市场的自由竞争中脱颖而出，甚至广为流传，需要群体奋斗。更何况，科学技术的发展早已经超越阁楼上的沉思和小作坊里的小打小闹，进入了需要海量资金投入和政府科技政策支持的大科学、大工程阶段，基于师门传承的学派是现代学术世界的基本特点之一。

根据我的观察，优秀的学术门派有这样几个特点：第一，他们是一个学术共同体，有自己鲜明的学术观点、系统性的研究成果。否则，只能是暂时聚拢

在一起的松散群体，甚至是基于利益交换的乌合之众，不能被称为学派。第二，学派中有一个领袖群伦的开山鼻祖，有几个发扬光大的骨干力量，也有摇旗呐喊的群演，而且每个人都积极地扮演好自己在学派或者师门中的角色，就像唐僧取经团队中的每一个人一样。第三，既有比较明确的圈层（in-group vs. out-group）和身份意识（"咱们自己人""You are our team member"），以及或明确或隐晦的规范规则，但是，也有一定程度的开放性、边界可渗透性。这就为外人的加入，或者自家人按照自己的兴趣爱好自由地发展提供了空间。而且这种开放性和渗透性很大程度上不是基于某种物质利益，而更多的是基于对于特定学术观点的认同，对学术带头人人格魅力的认同，或者学术带头人对自己学生的因材施教，等等。第四，优秀的学术门派是一个平台，他们愿意在内部共享资源，为彼此的发展创造机会，甚至相互提携。但是，这种相互提携总体上是基于公平公正的原则，符合基本的科学精神和学术伦理，对圈外人士不构成严重的伤害，否则就是伤天害理的结党营私，就是学阀统治。据此可见，席门就是一个比较优秀的学术门派。其他的不说，仅仅围绕"和谐管理理论"，根据席酉民教授的统计，国内外已经发表了超过 1 000 篇论文和专著，体现了强大的生命力。

如果把优秀的师门传承和恶性的师门传承当作一个谱系的两端，我曾经亲身经历过两种最极端的情况。一个是我在德国导师 Michael Frese 所领导的学术共同体，另外一个是我在国内某大学短暂经历过的学阀统治。前者更加以学术为纽带，强调基于个体主义的自由合作；而后者更多以权威控制和利益交换为主，典型的家长式领导。我的德国导师曾经担任世界上最古老的心理学组织 IAAP（International Association of Applied Psychology）的主席，他以吉森大学为中心，联合南边的法兰克福大学和北边的马堡大学的心理学家和经济学家（好几位教授也是他的早期博士生），每两三周开一次研讨会，致力于共同发展自己的学术思想。我导师和围绕他的这个团队在组织行为学和创业领域发表了大量论文，而且论文的引用率是欧洲最高的，在全世界也都属于 TOP 级。但是，他对于我的个人期望从来就是"你应该努力成为你自己。你应该成为最优秀的。如果仅仅因为我是 Michael Frese，你就选择做与我的研究类似的研究，那完全大可不必"。从上小学开始,我就是一个与老师不断发生冲突的叛逆者,只有到了博士阶段,才真正地得遇明师,他彻底改变了我对老师的刻板印象,让我最后走上了成为一名大学老师的道路。感兴趣的读者可以参看《大变局下的中国管理 3:商学院批判与自我革新》中《那个改变了我对老师印象的博士之父》一文。我在德国基本上没有经历过任何文化震荡(culture shock),我的德国导师和同事甚至开玩笑地称呼我为"German Zhao"。博士毕业之时,导师给我写的推荐信是这样的:"我是赵向阳的博士之父。他颠覆了我们关于中国学者的所有刻板印象。他满怀激情、有自己的独特思想、顽固地坚持己见、非常严谨高效地工作,学习曲线令人惊讶地陡峭,他与德国文化非常契合……"

非常遗憾的是,博士毕业回国之后,我曾经在国内某个导师的团队短暂工作过几个月。该导师也是管理学界响当当的大佬,集学术和行政工作于一身,大权在握,坐拥国内外各种优质学术资源。但是,他很少愿意与自己的学生分享所拥有的资源。即使他愿意栽培学生,也经常是颐指气使,盛气凌人,非常霸道,让人苦不堪言,感觉没有任何尊严。因为他的行政工作非常繁忙,即使师门内的学术讨论会也只能是见缝插针地开,没有任何提前的时间安排,甚至需要在两个小时内从同一个城市的不同校区赶到某一个地方开会,这是最令我难以忍受的。要知道在德国开任何会议,都需要至少提前一个月安排好才行。所以,回到中国之后,我经历了严重的逆向文化震荡(reversed culture shock),对中国的学术环境评价极低,满腹牢骚,完全看不惯。从 2006 年到 2015 年,我经历了差不多十年的心理挫折,这差点断送了我的学术前途,最后让我深陷重度抑郁症长达半年之久。

就是在我得抑郁症前后,我遇见了韩巍,遇见了席西民教授的团队。在我走出抑郁症之后,他们给了我各种思想引领和情感支持。首先,我对管理研究哲学进行了比较系统的研读,广泛地接触了不同的研究范式。每当我有任何学术上的困惑,我就会毫不犹豫地拨通韩巍的电话,肆无忌惮地"骚扰"他。我们一聊就半个多小时,甚至一个小时,他的点拨让我在不到一年时间里就扫清了以前的许多困惑,坚定了走自己的路的信心。

其次，借助于"管理学在中国"（席酉民教授是主要发起人）、"管理50人论坛"（席酉民教授和王方华教授联合发起，我是其中唯一的一个副教授。其他人都是教授、院长、校长、杰青甚至院士等）和"管理学者交流营"（陈明哲教授发起）等平台，我发出了属于自己的独特声音，做了几次重磅主题演讲，写了一些引起轰动的爆款文章（有的文章全网浏览量超过百万），这让我慢慢建立起了学术自信。

当然，相比席酉民老师这位各种奖项的大满贯选手，我的成就根本不值得一提。但是，我们两个之间也有相似的地方。年轻的时候，他曾经给自己写过一句话——"自己走路，走自己的路"。中年的时候，他更是强调"逆俗生存"，将自己的办公室命名为"日新堂"。他致力于成为一个敢言直言善言的人，成为一个好人（a good man），一个有正向的社会影响力的人。他认为：人生价值＝做人的成功×做事的成功＝（人格魅力＋某方面或多方面的专家权威＋一定资源控制和利用能力）×［人生的丰富性×（影响的人数×影响的地域×影响的程度）］×影响的方向性。在这些方面，我们都是"心心相印"。我认为，"逆俗生存"大概就是我与席酉民老师之间最大的公约数之一。

回顾半个世纪的人生，我走过的路比较坎坷曲折（或者说丰富多彩），缺乏前瞻性的生涯规划（受兴趣和思想驱动，率性而为，信马由缰，走到哪里算哪里）。更没有席老师那么多机遇，没有像他那样刚好赶上一个恰到好处的时间点（比如，获得中国内地第一个管理工程博士学位），没有遇到那么多贵人（当然，贵人和机遇在某种程度上也都是自己创造出来的、积累出来的），更缺乏他历练多年之后所养成的圆融智慧和强大领导力（他四十岁之后就可以心平气和地看待一切，而我则是一个晚熟的人，需要到了50岁以后才能获得更加通透的智慧），所以，截至目前，我没有他那么多世俗意义上的成就。

不过，古人说的好，"达则兼济天下，穷则独善其身"。我想趁此机会分享一下，作为一个"失败者"或"边缘人士"，面对俗世的洪水猛兽，我的一些与众不同的想法和坚守，以及这些想法与"教育何为"之间的关系。事先声明一点，席酉民那条道路不好走，我的这条道路也不好走。任何一条道路，最忌半途而废。坚持到底，就是胜利，都能看到光明。

三、两种不同的学术人生——携众前行与孤独呐喊

我本科毕业于陕西师范大学（有一天读《管理何为：一个"理想主义"践行者的人生告白》时，我惊讶地发现，我们当年的校长王国俊教授就是席酉民老师的中学数学老师。可见我与席酉民之间的差距是由来已久的），毕业之后，也曾经在北京某重点中学当过两年中学物理教师。我目前就职于北京师范大学经管学院，已经17年之久了。北京师范大学号称是中国师范教育的最高学府，精研教育和教学。按理说，关于教育，我应该是内行才对。

但是，我要公开承认自己不知道什么是教育。或者说，我要故意否认自己懂教育。教育在我的头脑里从来没有占据太多的注意力。

我当然可以引经据典论述什么是教育，或者人云亦云"教育就是点燃，而非灌输""教育就是一棵树摇动另外一棵树""教育就是发现学生的优点，因材施教"。甚至，我还出版了一本书《大变局下的中国管理3：商学院批判与自我革新》来探讨商学院的教育改革问题。对，这些事情我都在做，但是，这些都是雕虫小技，根本起不到多大的效果。因为在中国，教育首先是大政治（grand politics）。在我看来，如果政治体制改革无法深入，所谓的教育改革都是小打小闹，都是修修补补，我们都是一群"裱糊匠"。

席酉民老师的过人之处就是，他可以"以荒谬应对荒谬"，他可以"戴着镣铐跳舞"，在很多的现实约束条件下，独辟蹊径甚至左右逢源地为自己、为西交大和西浦等，开拓出一片更大的生存发展空间。而我则选择了一种非暴力不合作的方式，以自甘边缘化的方式恪守自己的价值观，表达对一个"非正常世界"的抗议。年轻的时候，我也曾经试图改变世界，改变中国大学，改变中国管理学界，但是，现在我只想自己活明白。如果他是佛教中的大乘，那我就是小乘。他想普度众生，兼济天下；我只想独善其身，自己活明白，做一个自了汉。他门徒众多，携众前行，改变世界，挺好；我孑然一身，且歌且行，自得其乐，也不错。

很多人以为我是研究管理哲学的，事实上，我真正的应用之学是创新与全

球化，管理哲学只是我的"童子功"而已。我的确给北师大的博士生开设了一门"管理理论与管理思想"课程，其中的重头戏是管理研究哲学和管理思想史。我很感恩管理（研究）哲学和管理思想史对我的思想的滋养和磨砺，让我面对错综复杂的现象，经常能直抵问题的本质和深层逻辑。但是，创新与全球化才是我用力最多的地方，这也是当今时代最重要的主旋律，是中国企业和个人破除内卷的主要突破口。在创新方面，我力图打通"三创"（创造力 creativity、创新 innovation、创业 entrepreneurship），而在全球化方面，从非常具体微观的"跨文化沟通"（Cross-cultural communication）课程到非常博大宏观的"全球企业战略"（Global Strategic Management）和"全球商务"（Global Business）课程，我都给学生开设过。可惜，这个主题的相关课程在北师大经管学院从来都不是核心必修课程，我得挤破脑袋才能有上课的机会，才能凑够必要的教学工作量。我很羡慕席酉民教授能在西浦把创新与全球化作为最核心的教育教学主题，整合全球最优质的教育资源赋能学生（请参考席酉民教授的各种五角星模型，其中对创新和全球化这两个主题都有涉及）。因此我经常叮嘱席门中年轻的刘鹏老师：一定要珍惜平台的价值！很多人离开平台，啥也不是。只有极个别的人，才能成为平台的创立者。席酉民教授50岁之前，依赖别人的平台（例如，西安交大），一人长袖善舞；50岁之后，自己创立平台（例如，西浦），让众人翩翩起舞。

我很重视教学（希望学生觉得我在课堂上讲得还可以，不至于太差，不要去投诉我），但是，我从来不参评什么"校园十佳教师"，不申报任何科研项目和教学奖励，我不参与任何类型的"帽子游戏"。在我看来，这些都是"拴狗的绳子"或者"逗狗的骨头"。如果我讲得好，你们应该直接给我一个"优秀教师"的称号才对。如果我在学术上真的有见地，你们就应该请我升教授才对。让我填表申报，自吹自擂，甚至走关系，上台表演，对不起，我不奉陪。在这一点上，席酉民也有类似的看法。因为组织上的动员，他曾经先后两次申请院士，但是，没有成功。后来他干脆放弃了院士的申报，就是因为他不认同现行的院士评审制度或实际评选过程中的肮脏动作，他不愿意违背自己的良知去做自己不喜欢的事情。他觉得世界上最好的评选制度就是诺贝尔奖的评选——完全由业内专家匿名进行客观公正的评选，然后，直接给获奖人打电话，给他们一个惊喜。我深以为然。现在国内学术界的各种评选和申请项目已经完全异化了。关于这一点，因为众所周知，我就不再赘述。感兴趣的朋友可以去看《大变局下的中国管理3：商学院批判与自我革新》最后一篇文章《我为什么不打算升教授》。

令我感到最悲哀的是，每次给北师大的本科生上课，即使我使出了洪荒之力，启发学生提问，或者我直接提问，但还是鲜有学生愿意主动地回答问题，更别说提出有价值的问题了。即使我故意保持沉默，试图用沉默施压，也没人接招，教室里三四分钟内可能都没有人讲话。我对中国教育的失望难以言表，这种教育需要从根子上改革起才行。幸运的是，每当我走在西浦校园的时候，我欣喜地观察到，西浦的学生不管是面目表情、穿衣打扮还是文体娱乐等，都表现出一种更加朝气蓬勃和灵动的风尚，我衷心祝愿西浦的教育改革能够辐射和引领中国的教育改革。

我很关心学生，努力通过不同方式帮助学生成长。但是，我极少带自己的研究生，更不会把学生当作廉价的学术劳工。截至目前，我只带过三四个学术硕士，指导过五六十个MBA的论文而已，完全无法同席酉民老师的桃李满天下相提并论。提起学生的毕业论文，我就气不打一处来。别说学术研究生的论文早已经有了约定俗成的所谓"标准"，甚至连MBA论文也变得越来越像学术论文。我指导的那些MBA论文在开题时难以通过的原因经常就是"题目太大了，一定要小点"（MBA论文连公司战略或者商业模式都不能写，都觉得大，那你们觉得MBA教育应该培养什么样的人呢？），或者"一定要有模型、假设和问卷调查""案例研究没有普适性"（对此我还能说什么呢？）。既然我改变不了现行的占主流地位的管理学研究范式和学术论文的样子，那么，我也不希望违逆自己的良知，为了所谓的职称或者"工分"，让学生去做那些我明明觉得毫无意义甚至是错误的事情。谁愿意带学生，谁去带，反正我不带。独善其身的底线就是"不作恶"，或者如《道德经》所言"不妄为"。在一个方向错误的潮流中，选择不做什么，比同流合污需要更大的勇气。停下来哪怕原地踏步，你也离真理更近，而不是更远。

说一句得罪人的话，不是每一个学生都有悟性，都应该走学术这条路。做老师的也想得一天下英才而教之，但是，这是可遇而不可求的事情，很多学生事实上是带不出来的。我指导学生论文时也有自己的"独门秘籍"。我一般前期抓得很紧，从选题到研究思路和方法，我都是根据学生过往的工作经验、未来的职业生涯规划或个人兴趣爱好等，因材施教，帮助他们扪心自问，"反求诸己"，找到合适他们的选题。但是，越到后面，我基本上就是采取"大撒把""怂管娃"（陕西方言，放任不管的意思）的态度。因为我相信你们是成年人，自己首先应该为自己的论文负责。特别是，别想让我逐字逐句地帮你们修改论文，我实——在——受——不——了！学生写作能力的提高，这不是我能在短期内教会的。（你们的中小学语文老师干什么去了？）

还有，我从不与我的学生一起发表论文。不同于定量实证研究，所有思想性最强的论文从来都是独角戏，一个人一气呵成。而定量实证研究则类似一个工程项目，可以进行分拆"发包"——你写文献综述和研究假设，我分析数据，他写"讨论与未来展望"，再来一个人负责投稿、与编辑和评委沟通。在现实中，他们的确也是这么干的，批量生产了很多看似科学规范、实则毫无洞见的论文。

关于老师是否应该带学生的问题，我还可以稍微拓展开来再讨论一下。应华人管理学者中第一个担任美国管理学会主席的 Rosalie Tung（董林雪英）教授的邀请，2005 年博士毕业之后我曾经去加拿大 Simon Fraser University 商学院做访问学者。她曾经一度希望我考一个 GRE，跟她读第二个博士，以后留在北美工作。她在此之前从来没有带过博士（好像后来也没有单独带过博士生），无独有偶，第三位担任美国管理学会主席的华人学者陈明哲教授也从来没有单独带过博士生。甚至韩巍也极少带硕士研究生，因为怕"误人子弟"，也因为实在受不了现在的学术评价制度。他带过的最后一个硕士研究生非常用功，也很有才华，后来去席酉民教授门下攻读博士学位，可惜到现在已经六年了还没有毕业，皆因"中毒太深"。坦率地说，韩巍和我坚持的这条学术道路，不是一般人能走得通的。它需要悟性，需要自己内心里有强大的信念，更需要宽松自由、多元化的学术环境。

当然，我与韩巍之间还有点不同，他有点社恐，而且是一个纯粹的学者。写起文章来，他坚持无文献不成文。因为他信奉李敖曾经说过的一句话，大意是，骂别人是王八蛋很容易，关键是要有理有据地证明那人是王八蛋，这才是真功夫。而我既没有他那么高的语言天赋，对文字很少精雕细刻，对于文献我也没有那种过分的尊重（当然，写纯粹的学术论文时，我也很遵守规范）。大多数情况下，我希望我写的文章通俗易懂，有趣好玩，有很强的思想穿透力，可以影响更广泛的读者。

虽然我对中国的教育非常失望，但是，我也不满足于只做一个纯粹的学者。我有自己的阵地，我通过其他方式积极地影响管理学界的年轻学者，甚至影响企业界。我经常写公众号文章，我出版通俗易懂的专著，偶尔也做几场直播，甚至接受媒体采访，还上过《新闻联播》。即使我恪守独善其身的基本伦理，但是，兼济天下的贼心也不死，试图成为一个对社会有积极影响和贡献的人。这大概是我的悖论之所在。我不认为"兼济天下"和"独善其身"非得要二选一，完全可以整合在一起。席西民的"兼济天下"也是基于他的"独善其身"之上，或者在"兼济天下"的过程中，始终不忘初心。不管在世俗标准上每个人取得的成就最后如何，这都应该是席门同仁努力的方向！

教育何为（第四声，强调教育的目标和理念）？

教育何为（第二声，强调教育的操作层面）？

简单地说，就是找到人生的目标和方向，勇敢绽放出与众不同的色彩（生命的自我完型）。即使走在一条孤单的道路上，没有多少观众的掌声，也要善于自我鼓励和陶醉，给自己日常生活中的点点滴滴赋予一种伟大的意义（意义生成与意义赋予）。把当下手上的每一件事做到极致，充分利用人生中的机遇，甚至把困难和挫折也转化为自我提升的机会（活在当下与机遇导向）。面对熙熙攘攘的俗世，一定要逆俗生长，永不放弃，成为一个好人，成为一个对社会有积极影响的人。即使做不到"飞黄腾达"、成为席西民这样的全明星冠军，也可以活成类似赵向阳这样一个"无法被忽视"的异类。多元化的社会环境，才能涌现出多元化的人才来，才能有真正的创新。教育从来不仅仅是学校的事情，或者在学校的事情。教育（和学习）是一个终身自我修炼的过程，也需要一个良性社会的潜移默化和大力支持。这大概就是我对"教育何为"最基本的认知了。

感谢席酉民老师，收留我这个"孤魂野鬼"，让我在中国管理学界找到了某种学术共同体的感觉，让我融入了一个大家庭，让我不再孤单，也让我有机会表达我对席门各位同仁的感恩。谢谢你们！

（有一个朋友读完这篇文章的初稿之后，非常精辟地分析道："你与席酉民的最大共同点都是一意孤行，都是按照自己的想法去做。不同点在于，席酉民是摇旗呐喊、从者如云，而你是一个人在战斗、负笈独行。你们俩联系的纽带是，他的呐喊声，你愿意跟从；而你的呐喊声，他也听到了，愿意和你一起呐喊。遇到他以后，你就不是一个人在战斗了。从此以后，你依然要保持孑然一身，但同时也有了坚强的后盾。"不愧是知己呀！）

观思行录

"共生"已日益成为一种社会生态和生存模式，其基本原理是：①个人存在的意义——融入而不失自我的使命感；②共生的观念——利他才能长期利己；③共生的逻辑——以自我价值贡献赢得合作价值的实现；④共生的基础——健康的个人、群体、社会价值观；⑤共生的最高境界——幸福、和谐。

——席酉民

教育何为

一个"过来人"的点滴感悟

席酉民

> 我知道自己的无知,我探询,我寻求,我在寻找中进步。
>
> ——苏格拉底

学生李娜想为《管理何为:一个"理想主义"践行者的人生告白》出一本姊妹篇《教育何为:发现自我,成为自我》,年轻人的创意值得鼓励,我就发动各路学生及友人,分享他们各自的体验、感悟和反思,意在引起更多人对"教育何为"的关注。大家的故事和洞见勾起了我很多美好的回忆,文中的"溢美之词"也使我局促不安。教育即人生,涵盖"学习、成长、为人",我曾据此提出了西浦的"和谐教育模型"(详见我的另一本书《特立独行:和谐教育之路》,清华大学出版社 2021 年出版),也一直行进在探索和实践的路上。这里,也想以我的人生经历简要回应"教育何为"这一宏大的问题。

一、学习:"把学上到顶"

我出生在知识和物资匮乏的 20 世纪 50 年代末,成长于秦岭北麓的一个小山村,当时能吃饱饭就很不容易,持续学习、增长见识纯属奢望。受环境激发,加之生性好胜,从稍知事起,便一切自主,很少让家人操心。五六岁时,早上就会主动爬起来，即使是黑乎乎的冬晨，也会踩着厚厚的积雪，一个人从村西头走到村东头去上小学。十岁后就结队（防止狼的袭击）走四五里地去邻村上初中。在初中，我做过"学生老师"，给别人讲算术，在全公社观摩教学会上讲语文，最后成为考进高中的极少数人中的一个（全班50人仅4人升学）。因知道学习机会来之不易，因此劲头十足，成绩在全年级300多名学生中始终名列前茅，甚至创造过6门功课取得597分超高成绩的"壮举"。学习的同时，做班长、养猪，样样不落后。

在基础教育时期（小学5年，初高中各2年），我表面上看是乖孩子、好学生，但其实内心倔强、叛逆和不安分。当时大学关门，1974年3月2日，不到17岁的我用破旧自行车推着一个竹皮箱回乡务农，内心很不服气，发誓如有机会一定要"把学上到顶"。

随后四年农村生活我于苦中作乐。各种政治运动、科学种田、最基层的生活、人民公社运行的困惑等，刺激我思考，助我不断成熟，虽然没有学习机会，资源极度短缺，学习环境无从谈起，但积极向上的态度令我的农村生活并不像大家想的那么单调，我先后做过村团支部书记、公社团委委员、生产队会计、队长等，还在极度繁忙的空隙利用一切资源和机会学习，让生活尽可能出彩。应了"机会总是留给有准备的人"那句话，1977年恢复高考，为我"把学上到顶"的志向带来了希望，我跌跌撞撞地进入大学，成为1977级大学生。1978年3月2日，我再次推着四年前回乡时的破旧自行车和箱子，进入陕西机械学院（现西安理工大学）物理师资班。

尽管当时社会固化、信息闭塞，但难得的学习机会释放了我们这批人积压多年的学习能量，大家夜以继日地发奋学习。然而，由于缺乏系统学习和训练，刚入学时我数次考试不及格，这与我从小到大几乎事事走在前面的状况形成极大反差，刺激我更加勤奋。一年后，我的成绩迅速攀升为基础部三个师资班的前几名，还担任班长、校学生会生活部部长等职。学习虽然有些单调，但也充满激情。我毕业论文选了很有难度的课题，即研究波进入非均匀介质后的轨迹，这是一个非常复杂的理论演绎过程，要用到数学上的张量运算。我曾陷入死胡同，长时间百思不得其解，夜不能寐，但后来"梦中灵光一现"，得出光线（波）从一种固体介质进入另一种固体介质方向变化夹角的理论解，得以走出困境，也正式发表了我人生第一篇学术文章。物理学习，特别是差不多四年的数学熏陶，训练了我的逻辑推演能力和理性思维习惯，使我终身受益。

因有"把学上到顶"的念想，毕业时我毫不犹豫地决定考研。当时研究生教育刚刚恢复，我有两条路可选：一是李政道赴美理论物理研究班，二是西安交大新设的系统工程（管理）硕士。在复习两个月后，我判断两者都考的"双保险"可能更不保险，于是断然选取了犹如冉冉升起的新星的系统工程专业。这一决策彻底改变了我的生命轨迹，把我从纯物理世界拉向"个人、组织、社会、世界"的生活场域。1982年3月2日，推着同一辆自行车，载着同一只箱子，跨入了梦寐以求的西安交大，开启了我人生的新篇章。"把学上到顶"的念想推动着我在获得硕士学位后留校任教，紧接着于1984年10月开始了在职读博，1987年10月获得了中国内地的第一个管理工程博士学位。

获得博士学位，似乎已经把学上到"顶"了。其实，当年心里想的"顶"，是一种极朴素的对学习机会的渴求，是一种难以企及的极限表达，同义于学无止境，更接近今日的终身学习！教育，起步于学习，更在于学会学习，围绕兴趣和理想的终身学习！一辈子的学习经验和反思，帮我基于和谐管理理论，提炼出了五个阶次递进的学习模式，即继承性学习、批判性认知、探索性整合、兴趣驱动性积累、心智升级性进步，也有了对学习的"顶"的新的解读。

二、成长："三人行必有我师"

学习的目的是成长，可以帮我们站在前人的肩膀上快速发展，还可以为我们树立榜样，激励我们进步，为我们指引方向，引导我们少走弯路。回眸我这几十年，我庆幸自己虽有特立独行的个性、不太喜欢给自己制造标杆（benchmark），但却坚信"三人行必有我师"的理念，因为这样我可以随时随地找到各式各样的"镜子"，更多元地对照、反思和学习，从而使自己的成长空间更大，生活更丰富多彩，生命更有意义。

当读着同学们回忆师门的各种精彩故事、有趣经历及其对自己人生的影响，感叹当时的体悟或启迪如何帮他们迈出成长的关键一步，反思教育是怎样成就了自己……我的脑际也浮现出了很多老师的形象，也回忆起他们对我的影响。幼时王老师那温柔动听的声音唤醒我对学校的热爱，初中刘老师给我的信任让我有勇气做一回"学生老师"，高中教语文的李志虎老师不时给予我点拨，高中教物理的王国俊老师（后成为陕西师范大学校长）的才华横溢和出众气质更是激励我进步。进入大学后，教物理的刘老师循循善诱、教电磁场的郑老师宽厚慈善，教英语的王老师乐观开朗……特别是硕博阶段指导我的汪应洛教授海纳百川、敏锐前瞻，陶嵌坎老师兢兢业业，李怀祖老师严谨细致……还有很多虽然职业不是老师，但是对我成长影响很大的人，比如帮我们生产队购买手扶拖拉机的具有大局观的国营农场刘场长，在农村一直给我分享各种人生经验的和蔼可亲的领导李大叔，与我一起在农村备考、同时考进大学的勤奋博学的同乡好友何建民……随着我人生成长足迹的延伸，这些"我师"的名单很长很长。以下仅选取几位，具体说明"师"之于我的意义。

第一应该说的是，汪应洛院士的大气、敏锐和方向感，李怀祖教授的真诚、勤恳、严谨、灵气的学术践行，深深地影响了我的成长，塑造了我既重战略方向、又善有效落实（管理）的领导行为。他们还长于为学生创造机会和搭建平台。例如，1983年在我做硕士论文阶段就有机会进入国家科委（现在的科技部），协助预测局总工传凯先生组织协调国家"六五"攻关项目三峡工程的研究，他言传身教，让我有机会站在国家层面看中国科技发展和了解国家级学者们的责任和担当，以及中国与世界相关科技组织的合作。在我博士研究之初的1985年，又推荐我进入中南海，在国务院发展研究中心、国家计委燃动局参加南海石油开发研究，为国家决策提供方案。更有幸的是，在这个过程中与多位国家级科学家一道工作，他们高贵的人品、极端的责任感为我做人树立了新的样板，如一位化工大专家兰先生，虽蒙冤入狱，刚出牢门，就立即投身工作，还夜以继日地为中央大胆建言……

第二是著名管理学者亨利·明兹伯格教授，他善于面对实践，敢于从独特角度审视主流管理理论。与他交流时，他敏锐的思维、犀利的眼光令人印象深刻，他的管理活动学派以及十大管理角色给传统的管理理论带来极大冲击，在我心中埋下了敢于挑战权威，独辟蹊径、独树一帜地开展理论研究的种子。我还把他的"管理三角形"（科学、艺术、手艺）拓展为"五星模型"（哲学、科学、技术、艺术、手艺）。

第三是被誉为管理界"大师中的大师"的詹姆斯·马奇，他反对学术探索的功利主义，将研究视作认知世界的旅行。当他开车载着我去参加他的周五红酒会时，我深深意识到学问即人生。

第四是管理大师彼得·德鲁克，他敏于前瞻、善于洞察、精于总结、长于哲思、勤于著述的非凡智慧，鼓励着我戴着管理的眼镜生活和工作，孜孜不倦、终身努力，学习管理、研究管理、实践管理、传播管理、享受管理。

第五是管理实践家张瑞敏先生，他"把简单的事情长期地做好就不简单"的理念、网络时代试图引领未来管理的豪情（在研究中国本土领导时，我们曾与他深聊，他动情坦露）和长期持续学习的习惯（每周读几本书）激励我终生追求"更好"（我认为"管理就是一场从更好到更好的旅行"）。

第六是世界著名系统生物学家、牛津大学著名教授丹尼斯·诺布尔先生，他把大学问做得通俗化的主张（如其大作《生命的乐章：后基因组时代的生物学》），他不断挑战主流的勇气（如其近作《随生命节律起舞：生物相对论》用生物相对论挑战基因中心论），特别是他整合东西方哲学应对复杂生物演化的系统哲学与和谐管理理论相呼应，使我更坚定了自己以和谐理论为方法论框架融合东西方智慧的努力。

第七是美国管理学会前会长、著名华裔管理学者、朋友陈明哲先生，他的"做人、做事、做学问"一体化的亲身示范，动态竞争的精一和文化双融的执两用中的理论贡献，与我的人生追求和创立的和谐管理理论一脉相承、相互呼应。这些榜样的力量、思想的启迪、理论的背书，不断坚定着自己的理论与实践自信，升华着自己的探索和实践。

每个人都有值得玩味的人生，认真想想，成长不正是一个不断与"我师"学习、借鉴、照镜子、提升的旅程吗?!"我师"影响我们决定做什么样的人、想拥有什么样的人生，"我师"帮助我们形成特定的人生态度、行为模式，"我师"启示我们坚定信念、开放包容、持续反思，"我师"激励我们形成某领域的独特造诣和走进未来的心智……

三、为人（师）：亦师亦友一起成长

为人即做人处事的态度，每个人的人生都是自己"为人"决策的结果，有什么样的"为人"之道，就很可能演化出相应的人生轨迹。然而，若按"三人行必有我师"之理，人生也是一个"为师"之路，这里的"为师"非老师的自称，而是因"为人"的成功——清正廉明、博学多识、德高望重——可"为师"，即有资格、有能力被委以重任，从而释放师者的影响。"因为你不知道，谁会借着你的光走出黑暗……谁会借着你的善良走出绝望……谁会借着你的信仰走出迷茫……谁会因为相信你而开始选择相信他们自己。"（摘自泰戈尔《用生命影响生命》。）

现代社会日益网络化、数字化、智能化，为人的根本虽未有大变，但成就人生的路径却变化巨大。优秀的人格和拥有知识已无法确保人生的成功，因为在技术和做事的能力上你可能打不过智能机器人。数智时代成功人生需要在人格、知识的基础上，强化素养、想象力、创造性、整合能力、人机协作能力，强调在某个感兴趣或擅长的领域有造诣并形成"绝招"，从而拥有创造独特价值的能力和智慧，这样方有生存的空间和发展事业的机会。如果再善于建立或融入社群，创造平台或营建生态，则更可以放大价值、释放影响。简言之，当代成功的为人需要某方面的独特造诣，并强调社群创立、平台打造和生态营建。

成功的为人是为师的基础，反思自己"过来人"的经验和感悟，我对为师有以下基本认知：

第一，为师要做好自己，关爱他人，服务社会。用自己的真爱温暖他人，用智慧的行动感召更多人行动，用真知灼见促进社会进步。其真诚、直率、敢言，甚至真学者般的理性和冷血，让人感受到"捅破那层窗户纸"的勇气，"道破皇帝新衣"的天真，打破"公认不可能魔咒"的魅力……从而感染他人，让人们意识到"自己行"，有信心通过自身努力让这个世界变得更好。

第二，为师要善于帮他人认识自己、发现自我，从而唤醒、点燃、激发他人的潜能。特别是面对被应试教育长期扭曲的年轻人，要刺激他们扪心自问，

自己到底对什么感兴趣，想要什么样的人生，进而引导他们承担起自己成人的责任，被兴趣驱动着学习，追求自己的梦想。按西浦的实践，就是帮学生实现三个维度、九个方面的转型：从孩子到年轻成人，再到世界公民；从被动学习到主动学习，再到研究导向型学习；从盲目学习到兴趣驱动，再到关注人生规划。

第三，为师还要为他人创造机会。回想起来，若汪先生在我读研期间没有推荐我到国家科委协助国家攻关项目负责人组织研究的机会，就没有我站在国家角度看待问题、结识大学者、见识大舞台的契机；没有我在中南海与一群高人一道工作的经历，就难有我今日的人生格局和国际视野，我可能依然是一只见识短浅的井底之蛙，以狭隘的眼光仰视和猜想着那些"大格局""大事业"。

第四，为师更要为他人打造平台。假如我没有在早期登上国家平台、参与国内国际重大项目的研究，我的视野、为人、成事的能力就难以得到锻炼和提升，也不会争取或创建今日之舞台，为世界探索未来教育的方案。也可能不会打造西浦未来教育学院平台，影响中国教育变革和世界教育发展，同样不可能创建和谐管理研究中心和产业家学院，培养产业家，促进产业的数智化转型升级和产业创新生态的营造。

第五，为师要尽己所能，给他人提供资源，支持他们释放潜能。每个人潜力可能不会均等，都难免有资源或条件捉襟见肘之时，有认知受限、情绪波动的瞬间，适时恰当的援手，不仅可以帮人走出窘境，甚至帮人重新振作、调整人生方向、释放发展潜能。

第六，为师也应为他人撑起"犯错误"的保护伞，鼓励他们大胆突破，敢为天下先。例如，我在博士生选题时经常问学生：有一个钓鱼人簇拥的池塘，还有一个人烟稀少的野湖，你选择哪个垂钓？前者风险较小，但钓上来的是小鱼；后者风险较大，但有可能钓上大鱼。绝大多数学生因惧怕风险会选择前者，如果为师者能给予学生一定的风险减轻方案或防范措施，学生也许会勇于挑战，有更大机会取得惊人成就。

第七，为师还需要改良土壤，变革环境，激发更多人的参与感，促进社会进步和文明。比如，我们发起和坚守的"管理学在中国"年会，不仅让管理研究更真诚和有效，而且为韩巍等挑战主流的实证主义提供了舞台，让赵向阳等的呐喊有了发声之地；我们发起的"中国管理50人论坛"，吸引了更多人关注中国和当下的管理问题；我们发起的"寻找新时代中国杰出教育家"行动，以寻找过程和与大家对话引发各界参与教育的大讨论，从而撬动社会认知的升级，让教育行进在符合未来发展的道路上。

……

"三人行必有我师"，为师是相互的，与学生也应是亦师亦友，相互成就，共同进步。

总而言之，为人（师）是一个发现自我之旅，是一个协同合作、相互启迪和共同发展的过程，是一个局中人都能收获"帕累托最优"的"学习、成长和为人"的切身体验。

个人的点滴感悟，浓缩成抽象的几个概念（主题），或许可以作为一份暂时的答卷，却不可能撑起"教育何为"。我"生逢其时"，有贵人相助，加之个人的勤奋努力，有幸让"话语权"转变为对中国高等教育事业的积极探索和实践。对于教育，无论中外，我其实远谈不上乐观，但我试图从"和谐心智"看到未来教育的可能性。就如同学生们记忆中被重现的那一幕幕具体、生动的"画面""场景"，或许已经被渲染得过于美好，但它至少展示了我们生命历程中留下过的印记。作为一种可能性，也意味着我们总有选择，也应该选择，从信念、思想、行动，从方向、格局、路径，从部长、校长、老师，少一些随波逐流的声势浩大，多一点与众不同的激情澎湃，让教育变得更好，让教育共同体的大多数人成为参与者、批判者、建设者、受益者。

教育何为？大家一起来思考和回答，它关乎民生幸福，寄托民族希望，影响世界和平，牵动人类文明！

| 后 记

没有反思，难言教育何为

韩 巍

席老师希望凝聚师门的力量出一本对教育有所思考的文集，让我写一篇"打个样"，我也早已习惯了他的"鞭打快牛"，满口答应，没几天便提交了《两个"自负者"的"负负得正"》。书名暂定《教育何为：发现自我，成为自我》，征稿由他和张晓军共同指导的学生李娜负责，我不认识她，但看到通知里"宗师"和附文中的"巨擘"字样，便给席老师发信息，建议禁用这些吓人的词汇，席老师回复"立即着手改正了"。2021年与席老师一起为《管理何为：一个"理想主义"践行者的人生告白》一书取名时，我很确定在那个抽象且"自负"的表述下，有席老师六十多年丰富的人生经历作支撑；而看到"师门故事分享"几个字，则有点儿担心大家把焦点都放在师生间的故事，却忘了"教育何为"。

席老师拉了一个三人群组成"编辑小组"，嘱咐我帮助李娜编辑文稿。陆续收到几份稿件，我也看得仔细，了解到一些师门过往。其间，席老师又布置了撰写前言和后记的任务，但我只答应写一篇后记。稿件越来越多，无论有趣或平淡，我愈发怀疑这可能是一本"名实不副"的小书。李娜从师门聚会的感人景象所激发的灵感，源自满怀的敬意，也暗含一丝冲动。教育，兹事体大；教育何为，早已是千钧一发。

诠释主义者把语言当作存在的家，对话语的多义性、歧义性、开放性比较敏感；习惯从一个人的表达（文本）去揣摩背后的视角、框架，甚至范式和信念。表面上,我们表达、书写,但很大程度上,不过是特定心智、认知、语言的"传声筒"。加之我入师门较早(1997年),因重点课题与师门保持了长期、密切的合作,经历和知道的事也不少,因此容易从文本内容与其人、其事间的关联去猜测作者的"话里话外"。我清楚,最好以一颗平常心去看待这些文字,尽量从师生关系去窥探"教育何为"。

一、文集概览

教育何为?人人都有资格给出自己的答案,但谁也别指望自己的答案不是偏见。比较特殊的是,我们这些作者都是管理研究者、管理实践者或身兼两职,都来自一个少年得志的、只有寥寥数十年历史的新兴学科——管理学(管理科学与工程)。简言之,这一群人的"代表性"十分有限。

撰写后记,不用照顾到方方面面,也没有导读的义务,心理会比较轻松。一篇篇文章看下来,的确发现很多可圈可点的地方,还是先勾勒一幅简要画面吧。

感谢王刚在"心潮澎湃"之际讲述的动人故事,一个16岁就下井的煤矿工人如何在35年里完成了知识改变命运的嬗变。历史不应该被遗忘,他身上发生的一切,不仅仅是中国近当代教育演变史的折射,还是一代人成长的缩影,可以让更多年轻人借由"家庭出身""阶级队伍""狗崽子""下放当工人""推荐为'优秀工农兵'上大学""政审"等陌生的词汇,去了解制度、社会、文化的"凶险"。正因为如此,王刚叩问:"当今,虽然法定教育公平了,但在同一片蓝天下,是否还存在新的教育歧视?该如何避免?"就显得意味深长。

吴淑琨提到战略所的自由"抬杠",生动还原了学术讨论曾有、该有的样子:"大家的讨论天马行空,或就某个题目、某个观点,抑或某件事,没有长幼、没有师生、没有组织,只是纯粹在讨论。我在其中年轻一些,颇有点年少轻狂的样子,这也得益于老师、师兄们的谦忍。"

关于学术研究的目的,白云涛写道:"当时受蒙蔽的我好像发现了一条'发家致富'之路,兴奋地跑去和席老师沟通,请求席老师利用研究项目经费也为师门构建一个庞大的'数据库'。席老师确实明辨方向,回答我说:'**我们**

师门不要搞这些没有太大意义的论文,我们的项目即使最后就出一本书,只要在思想理论上有所突破,就是为研究做出了贡献,所以要始终考虑做有贡献的研究。'一番'泼冷水'般的教育让我明白了席老师那份对于学术纯粹性的坚守,不希望学生被所谓'主流'学术价值观所遮蔽的苦心。"徐立国写道:"要相信自己,我们走了一条不同寻常的领导研究之路(质性研究)……"刘鹏写道:"让我感到幸运的是,在研究生开始阶段就被教导'好的研究不等于论文发表或所谓顶刊论文的发表'。"也才会有张琳的感悟:"席老师及研究团队推动的'探索中国本土管理研究'对我理解'为什么要做管理研究、做什么样的管理研究'影响很大。"

关于大学前教育,有几位作者的分享是对整本书视角局限性的弥补,作为学生的刘鹏说:"我从中学到大学本科毕业的十年教育历程中,主线任务是刷题、考试和分数,也就是说**应试教育在十年间持续给我灌输的具体人生方向就是更精细地刷题和考试、极端的唯分数论**。"曾经当过老师的祝菲菲说:"每当我与人提起我来西浦之前在基础教育体系做过几年老师,我都有一丝羞愧,因为我当时没有坚持多久就放弃了。**考试成绩的'分分必争'、公开课的'表演'和评价体系的'整齐划一'带来的压迫感,轻易就战胜了那时内心微末的社会责任感**……基础教育和家庭环境对于学生的影响有时是决定性的,这更让我觉得想要革新整个教育体系,以及推动社会教育观念的改变,似乎是一个不可能完成的任务。"作为旁观者的王洪涛说:"师弟肖宏文曾经跟我聊天,说他们那的教育部门想专门成立一个处室来抓幼小衔接工作。这是**一件多么可笑的事情**。"

关于席老师的特立独行,这里不用再连篇累牍,只看看书里提到的几个场景。

张晓军:"邀请了席老师……尴尬的是,当时现场仅有个位数的听众,加上工作人员还不到十人,这让我很难堪也很紧张。席老师第一个演讲,尽管人数很少,他还是把故事讲得精彩纷呈,一点也不含糊。让我惊讶的是,会后他也并没有找我询问为什么会场里人那么少。"

祝菲菲:"跟着席校长出去参加一些会议,有一些嘉宾以家长身份提出所谓的教育问题,大概类似于'西浦是不是一本、是不是211',但每次席校长都很耐心地从教育最基础的问题解释。我很不解，为什么要与'话不投机'的人解释这么多？席校长说：'能改变一个是一个，能"解救"一个家庭也是收获'。"

路一鸣："在一次颁奖仪式上，席老师和几位校领导向获奖学生颁完奖后照例要合影，老师们都很自然地站到了队伍的两边，把中间位置都留给了获奖学生。我以为站错了，还要提醒，席老师说：'在西浦，颁奖合影的主角是获奖者，颁奖者都是站到两边的。'""席老师带着我参观校园，一路上碰到不少即将毕业的学生在校园里拍照留念，谁看见席老师都直接在原地喊'席校长，来跟我们合个影吧'，还招手，一点不客套。席老师也总是答应同学们的要求，径直走过去，一点没架子。"

这看起来都是小事，但很多所谓的领导、牛人却做不到，更做不好。张琳的一段话可以做个类比："校领导 A 讲述了自己曾经跟另一所学校的校领导 B 聊天的故事。B：我是真的觉得这学校要是再不改，再就这么下去，那是不行的。A：那你改啊。B：我哪改的了啊？A：**你是校长啊，你都改不了，那别人谁能改的了啊？**"我从《管理何为：一个"理想主义"践行者的人生告白》可以负责任地推断，席酉民可以，他一定可以做出某些向好的改变。

关于席老师的影响，刘晓君说："我依据'和谐理论'，**让所有师生员工享受改革红利**，同时对教师实行绩效增量改革，**尽可能保护曾经为学校发展做过贡献的老教师的利益，最大程度减少了改革的阻力**。"这样的大学校长多吗？从传统体制下的教师转型为"西浦"行政体系的参与者，祝菲菲的感受是："一开始，国内传统院校毕业的我对于高校行政工作的理解仍停留在'根据规章制度，追求整齐划一地管理学生及相关事务'的阶段，但频繁收到席校长回复学生的邮件抄送时，我才知道**原来'以学生成长为中心'不只是一个口号**……"还有她提及的湖南"细妹子"刘老师："身处教学一线的她眼神里透着一股热切……她在专业领域早已获得'教学能手'之类的一系列荣誉，但深知**'从学生出发，从需求出发，心中有目标和方向，才是所有教学行为的压舱石'**，她决定来西浦做教育访问学者，与'同频人'一道出发探寻未来教育之路。她的西浦访学计划并不符合历来访学进修的'主流'选择（如去 985、211 高校进修），因而**没有获得任职单位支持，但她仍然坚持自费前来**。"或许，我们还可以有更多期待，夏静雯写道："正是关于'教育何为'的思考让我选择了一条**非股东利益至上之路**，采纳了利益攸关者价值创造观，倡导商业向善这条人迹稀少、布满荆棘的道路。"

总体来说，多数作者对"教育何为"涉及不多、不深，爱用隐喻的李娜则留下一连串问题："反观当下教育，是否过于追求分数和成绩？我们是否忽略了孩子们的**兴趣和特长**？我们是否应该反思，如何才能真正做到因材施教，让每个孩子都能找到属于自己的道路？""教育何为？是误人子弟，还是传道授业？是厚此薄彼，还是有教无类？是冷眼旁观，还是仁者爱人？"

二、没有反思，难言教育何为

作者大都对教育历程有着长期、完整的体验，尤其是身处高校的众多作者，部分作者人生最好的年华更是与中国四十余年的改革开放重叠，即使在特别重大的历史变故中，也未曾深度卷入。大家从生命片段中撷取特定的观察、体悟，既可以再现一个更加全貌的席老师——他说过什么、他做了什么、自己感受到什么，又可以展示各自对教育的所思所想，让对"教育何为"的理解体现出多样性、探索性、开放性、争议性，使不同阅历、性别、身份，不同体制、行业、职业的观察与体会擦出火花。若能如此，除了"感恩"，这本小书就会多一分"庄重感""历史感"。当然，这只是我的畅想。

如果把所有的文章看作一个"大文本"，它的确让席老师的形象更加生动、鲜活，无论是用"你应该大气一点"让能在冬天坚持洗冷水澡的硬汉唐方成止住泪，还是用简单的话劝慰遭受人生重大挫折的尚玉钒，又或是在农家小院跟学生掰手腕，字里行间洋溢的那种亲近、温暖、感动，都让人浮想联翩、心情愉悦。正如一般读者的期待，眼前的这些文字仿佛又一次给中国传统文化中对师生关系的美好愿望进行了注解，师生关系就应该如此，或者，最好如此。然而，果真只是如此？

私下与葛京聊天时，她透露过一丝犹豫——"没啥好说的"，寥寥数字当然也是一种回应。好在她最终完成了很葛京的《走过路过，没有错过》。我们也说起"碌碌无为"，其实，没几个人能真正幸免。我们通过重构人生片段，赋予意义，很大程度上也是借师生话题完成一种自我认同的保护性、强化性叙事。于是，大多数作者沉浸在美好回忆带来的温暖、感动当中，对教育着墨不多，包括我们最熟悉的高等教育。可惜，这不可能是师生间、更不用说教育的真相。教育，从家长到子女，从老师到学生，从学校到职场，教育即成长，成长即磨难，很多人都曾为教育（成长）潸然泪下，甚至痛彻心扉，也曾有弱势的一方赌上自己的性命。我们不习惯反思，关于自己、重要他人（significant others），乃至我们周遭的世界——教育何为？哪怕已危机四伏、积重难返……这就是我们的表达习惯，写出该写、能写的东西，留下"不能说"（有很多禁忌）、"不值得说"（于事无补）、"压根儿不想说"（哀莫大于心死）的空白，然后，文本进入历史、成为"历史"。

有的同门答应写，最终没有成稿，理解！师弟曹瑄玮以"不够优秀"为由婉拒约稿，也理解！还有的同门直接漠视，连理由都不需要，非常理解！我感谢他们的坦诚回应。任何组织（包括非正式组织，例如"席门"），都不可能一派祥和。如果在中国教育的大背景下，我们只看到一群生活在世外桃源的人，就没有任何的真实性可言。我希望读者从那些"懈怠""无言""排斥"的部分看到管理学博硕研究生教育所具有的时间性和个体间互动差异的另一面。席老师指导学生的确有一以贯之的"问题导向"（难能可贵），以他的资源、知识背景和鉴别力，也领导了横跨文理、实证和非实证近乎全面覆盖的管理研究团队（与众不同）。"放手""放任"听起来十分自由、空间广阔，但对学生的要求也就显得"苛刻"，不是所有人都适合、都能适应。席老师事务繁多，2008年后又执掌西浦，在不同阶段指导学生的方式差异很大。他未必能亲身指导部分学生，也就没有对这些学生产生应有的影响，他们可能早已彼此"失去"，这对于尚有渴望、曾经挣扎的师弟师妹们，当然是一种遗憾。我希望席老师能坦然面对他们彼此内心的错过，这不完全是学生的责任。席老师身兼多职，没有时间认真、细致地思考学术的走向，尤其在管理研究存在"道路选择"的激烈冲突时，他对学生的保护也不算及时，没能让席门在多元范式的道路上走得更好。而且，席老师也犯过在学术方向上看不清楚的错误（感谢李鹏翔的贡献）。犯错？！这世上有不犯错的人吗？对于某些人来讲，也许心中还可以有另一个疑问：进入席门，曾经，过往，当下，快乐吗？后悔吗？

时间不完全是让我们拼凑一种田园风光般的美好回忆，**时间具有内在的否**

定性。回头看，在足够长的时间尺度，不妨问一句：是否可以做得更好？所以说，我们这个群体的分享存在"盲点"，也折射出一个更为紧迫的问题——关于教育何为，缺乏的正是反思。

三、大学教育何为？

教育何为，始于反思！尤其作为教育工作者，我们必须反思，这是教育能给他人影响的前提，是教育之意义最重要的来源。对方向的反思：教育的目的，就是教育本身，而不是其他。不是当一个年轻生命离开世界的时候，控制舆情，让大家不觉得他的离开与自己有关——在这样的氛围里成长的个体，不可能关爱生命。在这样的极端案例面前，讲"情怀"近乎自取其辱，可这就是校园里时常发生却讳莫如深的事情。对文化的反思：我们给予教育/教育工作者/教师以蜡烛或人类灵魂工程师形象的传统设定。但如果看到很多学生心智萎缩、价值迷失恰恰是因为蜡烛或人类灵魂工程师的话，煽情是不是在自欺欺人？对机制的反思：教育究竟该如何组织和实践？社会离不开行政管理，但学校（尽管是以公立为主）应该是"行政化"（或官僚化）的"天敌"。官僚化加技术是可以支配社会资源建立起暂时的运行秩序的，但"创新"、解决"卡脖子"问题却不能指望官僚化的学校（大学），这类学校更乐于沉浸在完成自上而下的各种指令、指标，应付各种检查、评估！

四、管理教育何为？

（一）"我不知道的东西，就不是知识"：西安交通大学管理学院为例

席老师示范了"问题导向——多元范式——不追热点——轻视指标"的一贯性，殊为不易。然而，"百花齐放"的代价之沉重，也让人猝不及防。我对中国管理学界某些"看门人"的不满由来已久，基于个人研究的体会，范式冲突虽然在所难免，但"范式偏见"在某些学校的根深蒂固，实在让人惋惜。无辜者不得不面对教授评委们"我不知道的东西，就不是知识"的态度。如同赵向阳所提及的"别说学术研究生的论文早已经有了约定俗成的所谓'标

准'，甚至连 MBA 论文也变得越来越像学术论文……MBA 论文在开题时难以通过的原因经常就是'题目太大了，一定要小点'（MBA 论文连公司战略或者商业模式都不能写，都觉得大，那你们觉得 MBA 教育应该培养什么样的人呢？），或者'**一定要有模型、假设和问卷调查**''**案例研究没有普适性**'（对此我还能说什么呢？）。"我在深圳大学指导的第一篇 MBA 论文也因采用案例研究而遭受质疑，当时受一篇英文文章标题的启发，还洋洋洒洒地写了一页文字进行反击——"You can generalize the stupid"。

关于西交大管院，这个教训始自冯耕中的分享，可谓"源远流长"了。"在三峡工程项目研究期间，我们的一位同学在席老师指导下做了一篇硕士论文，**梳理三峡工程从概念提出到当前的历史决策过程**：民国时期各个**重大决策事件是怎么回事儿**？1949 年后各个阶段对三峡工程的考虑和**争论是什么**？等等。希望从完整的历史总结中提炼出富有价值的管理启示和决策建议。非常遗憾的是，这篇论文当时并没有得到教授们的认可，我们这位同学的毕业遇到了一些挫折，他的论文在调整后才通过了毕业答辩。"席老师当年不大可能了解叙事研究（narrative research）、意义生成/给赋（sensemaking/sensegiving），因而他的直觉和鉴赏力更加令人称道。那些"教授们"的自以为是，不仅挫伤了一个学生对于研究的热情，扼杀了学术的多样性，更错过了重大项目决策史这么重要的一个方向。

张晓军也有过类似的经历：在大量质性研究文献的基础上，如对中国大学领导，尤其是对席老师近身观察（shadowing）、深度访谈，他对领导现象的复杂性有了深一层的感悟，发现"**领导者的行为和决策背后，隐藏着他们对世界的理解和自我认知。领导者的成长经历、文化背景和制度环境都会对其领导风格产生深远影响**。我的观察主要基于事件和对其的诠释，虽然与理论的连接并不紧密，但更像是在讲述一个生动的故事。""然而，在 2011 年年底，当我将基于这些故事形成的第一稿报告提交至西安交通大学进行博士学位预答辩时，却遭遇了严重的质疑。几位答辩老师对论文持否定态度……甚至有答辩委员拒绝做出详细评价，**拒绝在预答辩表上签字**。这些评价对我来说无疑是**沉重的打击**。"感谢命运吧?!"巧合的是，2012 年 10 月，我们关于本土领导研究方法论的一篇文章被国际领导力著名期刊 *Leadership Quarterly* 录用。**这篇文章的发表**

也给我博士答辩带来了转机。"

徐立国也有类似的好运气，而比他晚一届的刘鹏，因为没有拿到"国际发表"的通行证，尽管中文发表优秀，却不得不受着煎熬。于此，表面乐观、和气的刘鹏甚至不愿意回顾这一段往事，只留下一腔激愤："因博士论文的研究方法、写作风格'非主流'，又没有英文顶刊文章证明自己，博士毕业答辩过程中论文**被反复要求大修改，也因此陷入漫长的挣扎困顿期**。我采用质性研究方法探讨企业通过战略创业实现转型的过程……当我试图在博士论文研究中这样做的时候，反被时下主流的学术话语权所伤。中国管理学术界（包括我所在的学院）在实证主义范式的定量研究道路上走得太远，其精细、自我强化的程度已十分严峻，影响了学术生态的多样性，其大量研究严重脱离了管理实践，已经变得琐碎而无价值。"

主流的顺遂和非主流的坎坷在师门也是天壤之别。好在张晓军、徐立国通过国际发表以"自救"，加之刘鹏的坚持，席老师迟来的庇护，最终的结果并不显得过于"悲壮"。但前车如此，还会有多少后来者去"以身试法"呢？

偏执于实证范式研究，遗祸已久，个人以为，当研究者只愿意通过轻松的手段测量那些可见的要素特征，却试图理解和解释中国企业实践的复杂性，就是在缘木求鱼。最可怕的是，它会严重削弱研究者的认知能力。少不更事时的吴淑琨有过如下经历："好像是为西安的一家国企做课题，我们事先做了详细的准备和调研提纲，在调研访谈阶段，刚问了几个问题就被访谈者直接打断，说你们这些问题都是书本上的，实际的企业运作不可能是这样的，当时气氛还是有点小尴尬的。"其实，这种事天天都在发生，有几个实践者今天还会像王方胜"问道"于师者席酉民、像薄连明一样潜心回答"席酉民之问"？如白云涛所说："商学院现在发展的一大危机就是近十年的科研指挥棒让教师群体一定程度上脱离了管理实践。近十年，商学院普遍看重国际化指标和国际期刊（如美国UTD期刊列表）发表指标，引进的博士主要以海归为主……可以发表更多国际论文。很多商学院许以这些海归教师丰厚的年薪，但也立下了苛刻的'非发即走'的条件。在这些教师职业生涯的前6—8年，他们把更多的精力放在了发表论文上，没有什么时间关注企业实践的问题，这在一定程度上使商学受到'学术与实践两张皮'的批评。"我个人并非不尊重热衷国际发表的同行，包括大批海归研究者、海外华人研究者，但前提是要先了解中国，了解中国管理实践中曾经和正在发生的那些具体的故事，然后再娓娓道来。只是我比较武断地认为单靠实证主义的脑袋根本讲不好中国管理故事。

已经主政西交大管院多年的冯耕中提到："我有个体会，在相对稳态的社会里，问题常常是微观的；在剧烈变化的社会里，关键问题往往是战略性的，而**战略问题**是比较**难以用定量模型来刻画的**。"继而，"2023年，我们思考西安交大管理学院的未来发展，对学院的特色形成初步总结，概括为三点。一是人才培养观：管工结合，数理基础，工程驱动，系统思维；二是学术研究观：问题导向，多维定量，系统建模，交叉创新……"我想对冯院长说，不仅仅是"战略问题"，很多管理问题都是"ongoing""entangled""emerging""interactive""provisional""becoming"的，都不适合数理基础上的关于"工程""模型"或者这类封闭系统的想象，千万别把曾经中国排名第一的管理学院彻底变成"管理科学与工程研究院"。

李鹏翔对研究生教育的反思也让人产生强烈共鸣：一是文献传承的缺失令研究生在攀登学术巅峰的最后一公里时倍感无奈；二是研究问题不明确、不具体；三是投稿环节的腐败和内卷增加了学生毕业的困难；四是"一切只能靠自己"的模式难以出高水平成果；五是毕业标准的逐年提高令研究生毕业更加困难。

于是，在西交大管院已算资深教师、坚信和谐管理理论的尚玉钒，只好使出"权宜之计"："研究有两条线路：一条线是我带领学生做规范的定量研究，努力发表高水平的论文（这有利于学生毕业）；另一条线，则是我自己不断尝试，把和谐管理理论放到一个管理现实场景中去探索其应用的价值……因为我发表的文章都是学院考核中不太记分的，即那种俗称是'不打干粮'的活儿……我会在上课时与学员们分享，他们给我的反馈大多是'这种思考是他们从来没有过的，很有启发意义'。"

写到这里，我想附带两段插曲。

插曲1：当席老师在朋友圈说："**管理实践中，不要简单地相信任何一个理论，因为没有一个管理理论可以直接套来解决问题。有效的管理一定是基于管理者的认知、组织的问题、所处的环境，甚至领导的个性和习惯、组织的文化，借助理论的启示或洞见，形成独特的管理方案。"——他到底在说些什么？他已经在本体论—认识论意义上判定了管理知识的"非科学"性，远离了让他赖以成名的"科学"轨道，他还在重构管理研究与实践的关系，他不再是任何意义上的科学主义者。可能他自己都意识不到，他的人生感悟早已偏离主流范式的约定俗成，他已经蜕变为一位行走在通向实践智慧道路上的诠释主义者、建构主义者、行动主义者。他的个体实践，恰好佐证了我的一个猜想：在这个世界上，多数信奉实证主义（科学主义）的研究者，在精神气质上更愿意成为遵循者、重复者、"忍者"，只有诠释主义者、建构主义者才会更在意"make sense of……""无中生有"，更迷恋"事在人为""力所能及"地带来改变。谁在聆听他的这些教诲呢？西安交大管理学院的师生吗？

插曲 2：管理如果是致用之学，如果要把"论文写在祖国大地"上，我在文集中倒有一个意外的发现，不管是还在大学的，还是身处实践界的同门，很多人师从席老师、受益席老师，都与读他的非学术书籍（essay books）有关（当然也有例外）。爱读书固然是学生的选择，但它也提醒我们需关注今日之管理学院的评价标准为何与现实越来越远。一个管理学院的老师，近似医院的医生，拿了多少课题、发了多少文章，与治病没有多大关系；一个管理研究者，如果不能被实践者所需求，再多的"业绩"也只能自娱自乐。论文？顶刊？没有几个人是因为席老师的某篇论文而被启发的，若以此为据，我们今天评价管理学者贡献的套路，应该是非一般的荒谬。

（二）"没有问题"的课堂：管理学院的教学

席老师很早就头顶各类光环，他出现在课堂上之前，名字就已回荡在学生脑海，因此不太有教学第一线教师的烦恼。不重视课堂教学，是我在西交大管院工作 8 年的一种感受，当然，MBA 教学例外。因为，那个时代的 MBA 学生还十分生猛，动辄集体签字，请求罢免某个老师的任课资格，也才有 MBA 中心葛京主任"年轻老师站住讲台"一说。

作为一名大学管理学院的教师，我很早就觉得管理学院的老师不该、不必，其实也不能那么执着于所谓的"科研"，而应该把更多的精力放在课堂教学或社会服务上。来自中央财经大学教学一线、已从教多年、**"对中国教育现状非常悲观"**的毕鹏程说道："我们的大学仿佛还停留在百十年前……很多教师依然照本宣科，学生依旧死记硬背，学术考核和评估更是乏善可陈。长期以来，我们过于重视用外在的统一标准来塑造人，忽视作为人的学生的基本需求，排斥其多样性，难以容忍其犯错，不鼓励创新。我们的学生，普遍缺乏创造性和独立批判意识。""**教书多年，我几乎从未遇到过学生的公开质疑，课堂上的沉默经常令人感到尴尬**。这太不正常了，因为有时候我明明讲得不对，也没有人提出疑问。"这与北京师范大学赵向阳的观察、体会何其相似："令我感到最悲哀的是，每次给北师大的本科生上课，即使我使出了洪荒之力，启发学生提问，或者我直接提问，但还是**鲜有学生愿意主动地回答问题，更别说提出有价值的问题了**。即使我故意保持沉默，试图用沉默施压，也没人接招，教室里三四分钟内可能都没有人讲话。"——大学，课堂如此，一流如此，教育何为？！

对此我又想插一句，身为老师，我对席老师的影响力有着别样的感受。席老师在很多文章里被反复引用的洞见，如关于学术的"树桩子、编篱笆、补篱笆"，关于人生的"浸淫在世俗里，活在理想中，行在从世俗到理想的路上"，也不见得有多么特别。我们普通人的苦口婆心，显然比不上他的只言片语，不是话语本身多么令人茅塞顿开，而是席老师说出来就变得醍醐灌顶！一个好老师，的确需要一些"光环效应"，还是要努力把自己打造成一个品牌。

五、关于教育何为，席老师与席门的一份答卷

一本文集，尽管有样本和写作方面的局限性，且以反思之名被我在后记中拼凑成另一幅画面，但席老师，包括"席门"，在我眼里称得上对"教育何为"提供了一份特殊答卷。要言之，就是**他和他的很多追随者从来不是社会秩序、习惯、文化（他爱讲的"世俗"）的毫无批判的"响应者""追随者""复制者"**。"社会"在这里不是什么抽象的概念，就是指我们**如何看待及对待权力、财富和身份**。

一者，在个体与社会关系层面，我认识席老师将近三十年，受到他的赏识和提携，但在他那里感受最深的不是很多同门提及的勤奋、包容、格局、智慧、能力等，而是另一种与个人经历和研究者的"问题意识"关联密切的生命

体验。即这位拥有很大的学术、行政话语权的领导（院长、导师、校长），其**个人"做派"很少让我产生反感而心生隔阂**。看他的出身和成长经历，虽是苦尽甘来再飞黄腾达，但却保有一种强悍的**"去社会化之弊"**的素养。他也"霸道"，偶尔会有特权思想，但很少刚愎自用；他财务自由，偶尔会在亲近的人面前显示财富对生活的点缀，但很少嫌贫爱富；他身份"尊贵"，偶尔也会居高临下，但很少颐指气使。一个农村出来的普通小孩子恐怕不容易自然天成至此，这应该是**教育在他那里结出的丰硕成果，个人以为那是人类与世界周旋最重要的品质——如何看待、对待权力、财富与身份**。

二者，在组织与社会关系层面，组织很大程度上是社会的缩影，蕴含着关于权力、财富、身份的既定秩序、思维和话语模式，关乎"大小、多少、高低"，笼统说就是"成败输赢"。无论我们是否有清醒的认识，它以一种时而可见、时而无形的面貌执着地进入我们的机体和心智，伴随社会化进程被悄然内化，仿佛世界向来如此，我们只能顺应时势。不无遗憾的是，连大学（学校）也在花样翻新地再造这些陈腐的"社会积习"，热衷于权力意志，让自己越来越像行政部门，如"工程""项目""督察""整改"；热衷于财富逻辑，让自己越来越像市场，如引进院士、"长江""顶刊"；热衷于身份等级，如各种名目的"头衔""基地""排行榜"。而席门就像一个微型组织，也正是席老师对权力、财富与身份的"另眼相看"，尤其是他的亲身示范，在这样一个学术共同体中，让学术，而不是权力、财富、身份，成为焦点，让不同思想可以碰撞，让多元研究范式得以共存。席门的确曾经是一个极富"个性"、拥有不同"气质"的存在（being-becoming），可以弥补、抵抗或修正来自家庭与社会的某些缺失和遗憾。**教育不应该是重现从家庭开始的组织化、社会化过程中的那些糟粕，这是教育在组织层面的重要成果，即与"社会化之弊"保持必要的距离**。

三者，在个体/组织与社会的互动方面，没有哪个个体或组织能够孤立于"社会"，席老师和"席门"自然也离不开权力、财富、身份。我们不是席酉民，他成名已久，资源丰沛，身份特殊，所以他对唐方成所讲的**"评上或没评上，你还是你"**，以及让我愤愤的"你已经可以了，很多人知道你，不当教授也没啥"，确有"站着说话不腰疼"之嫌。但我很清楚，他从没有陶醉于自己已有的权力、财富、身份，而是执着于利用社会资源、资本去做值得、应该做的事。换言之，保持距离，并不意味着排斥权力、财富和身份，而是如何借助社会之力去实现工作、事业的目标。培养学生如此，创办"西浦"更是如此。什么是目的，什么是手段，他分得清清楚楚，不像今天很多校长、院长那样本末倒置。**这是教育在个体/组织与社会的互动关系中的重要成果——于席老师，就是做有价值的研究，建设让学生能够"自我发现、努力成长、贡献社会、造福世界"的大学。**

而在课堂教学这个被"社会"近乎遗忘的角落，席门子弟也有独特的示范。张琳说："我花费了大量的时间和精力来备课，几乎占到当时所有工作内容的90%以上……作为跟学校签订'非升即走'指标的青年教师，这么备课似乎有点不太合适，因为这门课程教得好或不好，并不直接体现在学校考核我的KPI中。但是，**因为喜欢，也就来不及计较，只是由衷地想把这件事做好。**"曾宪聚说："当老师之后，每年都会收到几十封学生来信，有一部分是学业心得……成长过程、生活点滴、人生理想、前途规划、困惑、迷茫、挣扎、难题和泪水、苦恼和喜悦、寻求老师帮助、少年心事……每年也都会有五六封万字长信，信里的内容和真诚时常让我动容。新冠疫情前每学期结课时都会有学生过来专门道别，甚至眼里含泪说一声'老师再见'"。无论考核体系如何，"对学生尽责尽心就是当老师的'本分'""教'育'无小事，成'人'多艰难。**学生课堂上有所思、有所获的眼神以及考试后长信里的诚意，是我觉得做老师意义感的主要来源**"。

席门传承跨越三十多年，伴随时代的变迁，席老师自身的心智转变，在不同时期与他相遇的学生，成长之路也会因天分、努力及机缘而存在很大差别。应该说，西浦的"李娜们"非常幸运，她们遇到了最成熟、最友善也是最清醒的席老师。席老师眼中的"一颗颗闪亮的星"只是他的良好祝愿，我觉得他"去社会化之弊"的这份答卷，或许已成为他的某些学生，在当下"有所作为""大展宏图"的"牵绊"，因为世界已经变了，完全变了！席门也从来没有一个固定的模样，大家意愿不同、道路各异，碰巧遇见，汇集在一把"大伞"之下。人生路上，这把伞对于多数人来说既不蔽日也不挡雨。迈入席门，"虚荣"肯定有，也应该有，但如何追随他、怎么追随他，只能是每个人自己的选择。说一句讨人嫌的话，席门终将曲终人散，但至少今天的席门还是这样：已经贵为"长江"的井润田乐于坦言学术探索中的"弯路"；一直很"科学"的唐方成也会有"不科学"的断言——"管理研究永远离不开对环境的依赖，更强调权变性，成功不可复制，也不存在放之四海而皆准的管理理论或管理原理"；见多识广的路一鸣，还在问大学为什么非得有围墙；韩巍则正试图用一篇后记让席老师多一些反思。

六、关于教育何为，允许我发出几声苍白的呐喊

教育何为？教育要让其参与者，尤其是教师，找到从事这项事业的意义，让学生探寻成长的意义。它不应被功利主义、工具主义、职业主义、管理主义之流驱使，它应该是一项人类特有的事业、志业。它不是科学主义的、技术主义的，**它是人文主义的，它的核心是善与美。**

教育何为？**教育要对人类的选择给予尊重！**教育的意义不止于成才、成就，教育是成长，是在不同的时空中学会"选择"和"努力"。家庭、社会连同学校，要编织一个全新的意义之网，让更多鲜活的生命，从幼年到成年，多一分快乐、多一分激情、多一种选择，**找到自己的兴趣，通过持续的努力见证自己的成长——成为更好的自己！**

教育何为？**教育不是制造成功者—失败者的"分拣"装置，教育是让更多人发现生活的意义、赢得生存权利的"孵化器"**，它不应该成为制造知识（技术）霸权、鼓噪财富攀比、强化社会等级的土壤。教育尤其不应该沉溺于复制那些无聊、无趣的权力游戏、资本游戏、身份游戏，不要让一级级学生成为变幻莫测的"社会"的附庸者。

教育何为？作为家长，不要再执着于"起跑线"或者"输赢"，谁都会败在时间面前；作为老师，讲好一堂课，唤醒学生的独立思考意识，让学生"眼里有光"；作为院长，让老师有归属感、荣誉感，觉得此生值得；作为校长，让院长不再为指标惶恐，让老师不再为督查焦虑，让更多的师生把学校当作"诗意栖居"之地……"社会"，请安静些吧，如果我们绝大多数人的未来，基于效率、效益的竞赛（或是超级竞赛）都"可能""应该"被人工智能取代的话，那就放平心态，去亲近人类几千年来留下的那些伟大的文学、艺术和哲

学思想吧！我们一定能从中找到人生的其他去处，无论是"可能性"，还是"有选择"，都是人之为人最重要的"意义"所在。我们无法想象有限的力所能及去解决身不由己的"社会化之弊"，但更多的力所能及会造福一个家庭、一间课堂、一个学院、一所大学……但愿聚沙成塔，而不必愚公移山。

教育何为？这本小书给出的答案不过是：**发现自我，成为自我！**

小记

截稿日收到席老师转来的一篇英文文章，作者是西浦语言中心前主任、现任首席生态官 Stuart Perrin。他在文中提及教育的"乌托邦"，碰巧，2024 年 1 月，在中国管理学者交流营的报告中我也用过这个词，我仍展望大学（学院）变成一个诗意栖居之地。感慨之余，用 Stuart 文中自己感兴趣的词汇堆砌成以下几行，算是对这位外籍作者的呼应：

Education of ⋯

To blur and to blend,

to encourage and to engage,

to unleash and to release,

to nurture and to foster,

to reshape, to recreate, to overcome.

To be agile and to be flexible,

to be tumultuous and to be vibrant,

to be curious and to be inquisitive,

to be creative and to be reflective,

to be meaningful, to be relevant, to be fearless.

To have an ongoing dialogue,

our new identity calls,

reality or utopia,

dreamers, join us, as one.